D0908389

LECTURAS DEVOCIONALES PARA ADULTOS

No tenemos nada que temer del futuro,

A menos que olvidemos

la manera en que el Señor nos ha conducido, y lo que nos ha enseñado en nuestra historia pasada.

George R. Knight

A menos que olvidemos
George R. Knigth
Título original: *Lest We Forget,*
Copyright de la edición original en inglés © 2008 Review and Herald
Publishing Association. Todos los derechos reservados.
La edición en español se publica con permiso de los dueños del copyright.

Es una coproducción de:

Asociación Casa Editora Sudamericana
Av. San Martín 4555, B1604CDG Florida Oeste, Buenos Aires, Argentina.
Tel.: (54) 1155 444800
www.aces.com.ar

Agencia de Publicaciones México Central, A. C.
Uxmal 431, Col. narvarte, 03020 México, D. F., Tel. 5687-0941

Presidente	David Javier Pérez
Vicepresidente de Finanzas	Fernando Quiroz Ocampo
Vicepresidente Editorial	Pablo Partida Gómez
Vicepresidente de Ventas	Hortencio Vázquez Vázquez
Vicepresidente de producción	Abel Sánchez Álvares

Dirección: Martha Bibiana Claverie
Traducción: Claudia Blath
Diseño de interior: Nelson Espinoza
Diseño de tapa: Rosana Blasco
Ilustración: Archivo ACES/Shutterstock (tapa)
Shutterstock (interior)

Es propiedad. Copyright © 2013
Asociación Casa Editora Sudamericana
Agencia de Publicaciones México Central, A. C.

ISBN: 978-987-701-066-4

Impreso en México por: Litografía Magno Graf, S. A. de C. V.

1era. edición: Julio 2013

LECTURAS DEVOCIONALES PARA ADULTOS

A menos que olvidemos

George R. Knight

Una palabra a mis compañeros de viaje

Bienvenidos al viaje en el que dedicaremos 365 días a recorrer los años de formación de la historia adventista.

Escribí estas meditaciones con la firme convicción de: 1) que Dios ha guiado a la Iglesia Adventista del Séptimo Día en el pasado, y continúa haciéndolo en el presente; 2) que el adventismo es un movimiento profético, y no meramente una confesión religiosa entre otras; 3) que el mayor peligro que enfrenta en el siglo XXI es que se olvide de su identidad, y de ese modo pierda de vista su propósito y su razón de ser. Por ello, el título: *A menos que olvidemos*.

A diferencia de la tendencia general de las meditaciones que se centran en pensamientos elevadores e inspiradores relacionados con alguna porción bíblica, *A menos que olvidemos* asume un enfoque histórico, que trata de informar a los lectores sobre el desarrollo del adventismo y, al mismo tiempo, inspirarlos. Esa unión de propósitos no siempre ha sido fácil de realizar en segmentos de una página, pero he intentado, a pesar de las dificultades, trabajar siempre bajo la firme convicción de que la mayoría de los miembros de iglesia poseen escasa comprensión de la historia del adventismo. De modo que debo admitir que mi propósito consciente, al preparar este libro, ha sido instructivo al igual que devocional. A la larga, los dos ámbitos no están separados, en realidad; después de todo, toda devoción verdadera debe estar cimentada en hechos, y no en ficciones. Al final del libro se ha incluido una lista cronológica de las lecturas del año, como referencia útil de los temas tratados.

Espero que las lecturas de este año acerquen al lector a la iglesia y a su Señor. Más allá de eso, es mi oración que la comprensión de cómo Dios ha conducido a su pueblo en el pasado brinde inspiración y ánimo, a medida que avanzamos en el futuro hacia la meta de la segunda venida.

La preparación de este libro habría sido imposible sin la ayuda especializada de mi esposa y de mis editores de la Review and Herald Publishing Association: Gerald Wheeler y Jeannette Johnson.

George R. Knight
Rogue River, Oregon, EE.UU.

"No tenemos nada que temer del futuro, a menos que olvidemos la manera en que el Señor nos ha conducido, y lo que nos ha enseñado en nuestra historia pasada".

–Elena G. de White

CLAVE DE ABREVIATURAS

CE   El colportor evangélico
CM   Consejos para los maestros, padres y alumnos
CS   El conflicto de los siglos
DTG El Deseado de todas las gentes
EC   La educación cristiana
Ed   La educación
Ev   El evangelismo
GCB General Conference Bulletin
MC   El ministerio de curación
MM   El ministerio médico
MS   Mensajes selectos (3 tomos; MS 1, etc.)
NASB New American Standard Bible (traducción)
NB   Notas biográficas de Elena G. de White
NCV The Holy Bible, New Century Version (traducción)
NVI   Nueva Versión Internacional
OE   Obreros evangélicos
PE   Primeros escritos
PP   Patriarcas y profetas
PT   The Present Truth
PVGM Palabras de vida del gran Maestro
RSV Revised Standard Version of the Bible
SG   Spiritual Gifts (4 tomos; SG 1, 2, 3 SG; SG-a 4; SG-b 4)
SW   The Southern Work
TEV Good News Bible (traducción)
TI   Testimonios para la iglesia (9 tomos; TI 1, etc.)
TM   Testimonios para los ministros
WLF A Word to the "Little Flock"

Piedras del recuerdo

Y Josué erigió en Gilgal las doce piedras que habían traído del Jordán. Y habló a los hijos de Israel, diciendo: Cuando mañana preguntaren vuestros hijos a sus padres, y dijeren: ¿Qué significan estas piedras? declararéis a vuestros hijos, diciendo: Israel pasó en seco por este Jordán. Josué 4:20-22.

¡Esas no eran solo algunas viejas piedras cualesquiera! Cada una tenía un significado especial. Eran piedras del recuerdo; piedras de la historia.

Las rocas en sí eran bastante comunes, parecidas a millones de otras en las colinas de Palestina. Pero, estas doce señalaban algo: recordaban la conducción de Dios en la experiencia de Israel.

La Biblia es un libro histórico, basado en una serie de acontecimientos que comienzan con la Creación y la entrada del pecado, y pasan por el pacto de Dios con Abraham, el Éxodo, la cautividad y la restauración de Israel, la encarnación y el nacimiento virginal de Jesús, su vida sin pecado y su muerte en la cruz, la resurrección y la segunda venida.

De modo que la Biblia es un libro que recuerda la conducción milagrosa que Dios tuvo con su pueblo.

Cuando las iglesias pierden de vista la trascendencia de esas remembranzas, están en problemas. A la deriva de su amarre en puerto seguro, han perdido el rumbo. En el ámbito judeocristiano, la pérdida del rumbo comienza con el olvido del pasado; más específicamente, con el olvido de la conducción de Dios en el pasado.

Cuando ocurre esto, los cristianos pierden su sentido de identidad. Y, tras la falta de identidad, sucede la extinción de la misión y el propósito. Después de todo, si no sabemos quiénes somos en relación con el plan de Dios, ¿qué tenemos para contar al mundo?

La historia cristiana está plagada de cuerpos religiosos que han olvidado de dónde provienen y, como resultado, no tienen un rumbo para el futuro. Y ese olvido es una tentación muy real para el adventismo.

No fue por casualidad que Elena de White, ya anciana, haya alertado a sus lectores sobre el tema. "Como he participado en todo paso de avance hasta nuestra condición presente –escribió–, al repasar la historia pasada puedo decir: ¡Alabado sea Dios! Al ver lo que el Señor ha hecho, me lleno de admiración y de confianza en Cristo como director. No tenemos nada que temer del futuro, a menos que olvidemos la manera en que el Señor nos ha conducido, y lo que nos ha enseñado en nuestra historia pasada" (*NB*, p. 216).

Como veremos en nuestro viaje a través de la historia del adventismo este año, nuestra iglesia tiene sus propias piedras del recuerdo.

Si las descuidamos, las consecuencias las padeceremos nosotros mismos.

Un tiempo de entusiasmo profético-1

Pero tú, Daniel, cierra las palabras y sella el libro hasta el tiempo del fin. Muchos correrán de aquí para allá, y la ciencia se aumentará. Daniel 12:4.

"**E**stados Unidos a comienzos del siglo XIX" –afirma el historiador Ernest Sandeen– "estaba ebrio del milenio". Cristianos de todas las extracciones creían que estaban al borde mismo del Reino de Dios.

El terremoto de Lisboa de 1755, espantosamente destructor, había dirigido las mentes de muchos al tema del fin del mundo. Pero, el estímulo más importante tenía sus raíces en los acontecimientos de la Revolución Francesa, en la década de 1790. Las agitaciones sociales, políticas y religiosas que tenían lugar recordaban a la gente las descripciones bíblicas del fin del mundo. La violencia y la magnitud de la catástrofe francesa hicieron volver la mirada de los eruditos, en ambos lados del Atlántico, a las profecías de Daniel y el Apocalipsis.

En particular, muchos estudiosos de la Biblia pronto se interesaron en las profecías de tiempo y en el año 1798. En febrero de ese año, Berthier, el general de Napoleón, había entrado en Roma y había destronado al papa Pío VI. De modo que 1798, para muchos eruditos bíblicos, llegó a ser el punto de anclaje para correlacionar la historia secular con la profecía bíblica. Al utilizar el principio de que en la profecía un día equivale a un año, vieron en el arresto del Papa la "herida mortal" de Apocalipsis 13:3 y el cumplimiento de la profecía de los 1.260 días de Daniel 7:25 y de Apocalipsis 12:6, 14 y 13:5.

Los eruditos bíblicos, escribe Sandeen, creían que ahora tenían un "punto fijo en la cronología profética de Apocalipsis y de Daniel. Algunos estaban seguros de que ahora podían marcar su ubicación en la cronología profética en desarrollo".

Finalmente, muchos sugirieron que la profecía de Daniel 12:4 se estaba cumpliendo. Seiscientos años antes del nacimiento de Cristo, el profeta había escrito: "Pero tú, Daniel, cierra las palabras y sella el libro hasta el tiempo del fin. Muchos correrán de aquí para allá, y la ciencia se aumentará". Debido a la magnitud de los acontecimientos mundiales, muchos ahora tenían la convicción de que había llegado el "*tiempo del fin*". Como nunca antes, los ojos de los estudiosos de la Biblia literalmente corrían "de aquí para allá" sobre las profecías de Daniel, mientras buscaban obtener una comprensión más clara de los acontecimientos del tiempo del fin. Los últimos años del siglo XVIII y los primeros del siglo XIX fueron testigos de una cantidad sin precedentes de libros publicados sobre profecías bíblicas.

La profecía bíblica se estaba cumpliendo. La gente no solo examinaba los escritos de Daniel como nunca, sino también el conocimiento de esas profecías iba en rápido aumento. Era un tiempo de entusiasmo profético.

Un tiempo de entusiasmo profético-2

Y será predicado este evangelio del reino en todo el mundo, para testimonio a todas las naciones; y entonces vendrá el fin. Mateo 24:14.

El estudio de las profecías bíblicas no fue la única reacción religiosa a la Revolución Francesa. La segunda fue el mayor reavivamiento religioso que haya conmovido a los Estados Unidos alguna vez. Desde comienzos de la década de 1790 y siguiendo con la de 1840, el Segundo Gran Despertar hizo más que cualquier otra cosa en la historia del joven país para transformar a los Estados Unidos en una nación cristiana.

Hubo una oleada de reformas sociales y personales que acompañaron el reavivamiento religioso. Muchos han llegado a creer que los avances políticos y tecnológicos de finales del siglo XVIII y comienzos del XIX habían comenzado a proveer de la maquinaria para la "creación del cielo en la Tierra". Surgieron cientos de movimientos reformistas con el propósito de mejorar a la sociedad humana.

Las sociedades reformistas surgieron en el siglo XIX en casi cada ámbito concebible de interés humano. Fue en esas décadas que las campañas en pro de la abolición de la esclavitud, la guerra y el uso del alcohol llegaron a ser factores importantes en la cultura estadounidense. Además, surgieron sociedades con el fin de promover la educación pública; para mejorar el trato hacia los sordos, los ciegos, los discapacitados mentales y los prisioneros; la igualdad de los sexos y las razas; etc. Más allá del ámbito social, encontramos organizaciones patrocinadoras del avance personal, en esferas como la reforma moral y la salud, incluyendo la Sociedad Vegetariana Estadounidense.

Tanto religiosos como secularistas aunaron energías y recursos, con la esperanza de perfeccionar a la sociedad mediante una reforma. Pero, los religiosos fueron más allá de sus contemporáneos, mediante el establecimiento de sociedades bíblicas, sociedades misioneras nacionales y extranjeras, uniones de escuelas dominicales y asociaciones para la promoción de la sacralidad del domingo. Por primera vez, los cristianos protestantes sintieron la necesidad de predicar el evangelio a todo el mundo.

Debido a las reformas y al entusiasmo de la extensión misionera, las expectativas milenaristas eran omnipresentes en la década de 1830. Charles Finney, el gran evangelista estadounidense de la época, enunció la opinión predominante de las iglesias, cuando escribió en 1835 que "si la iglesia hiciera su deber" en la reforma, "el milenio llegaría a este país en tres años".

La idea era que las reformas y otros aspectos del Despertar prepararan al mundo para el comienzo del milenio descrito en Apocalipsis 20, durante el cual la Tierra continuaría mejorando, hasta que Cristo regresara al final de los mil años.

Fue un mundo de frenesí milenarista al que Miller vino a predicar su mensaje adventista. Como resultado, iglesias de todas partes lo recibían con los brazos abiertos.

Dios había preparado el camino. Siempre lo hace. Nuestro trabajo es seguir su conducción.

Un candidato poco probable para el ministerio

De cierto, de cierto te digo, que el que no naciere de nuevo, no puede ver el reino de Dios. Juan 3:3.

Fue en la euforia optimista y expectante del Segundo Gran Despertar que descubrimos a quien parecía ser un candidato bastante desahuciado para el ministerio. De hecho, a los veinte años de edad, Guillermo Miller (nacido en 1792) estaba más interesado en burlarse de los predicadores que en imitarlos. En particular, descubrió que aquellos de su familia eran objetivos especialmente buenos para esa clase de diversión. Los "favorecidos" por esa actividad incluían a su abuelo Phelps (un pastor bautista) y a su tío Elihu Miller, de la Iglesia Bautista de Low Hampton.

La imitación que Miller hacía de las peculiaridades devocionales de su abuelo y de su tío aportaba mucho entretenimiento para sus compañeros escépticos. Él imitaba con "seriedad grotesca" las "palabras, los tonos de voz, los gestos, el fervor y hasta el pesar que [sus parientes] pudieran manifestar por personas como él".

Más allá de funcionar como entretenimiento para sus amigos, esas exhibiciones servían de testimonio de lo que era el joven Miller. Al igual que otros jóvenes en tiempos de rápida transición cultural, Miller había pasado por su propia crisis de identidad. Parte de su rebelión en contra de su familia, indudablemente, había sido un aspecto de la eterna lucha de los adolescentes por discernir quiénes son, en contraposición a sus padres.

Esa lucha, desgraciadamente, es igualmente difícil para los padres y los adolescentes. Ese era el caso de la madre de Guillermo, profundamente religiosa, que sabía de sus travesuras, pero lo que menos pensaba era que eran divertidas: para ella, el proceder de su hijo mayor era "la amargura de la muerte".

Sin embargo, Guillermo no siempre había sido un rebelde religioso. En sus primeros años, había sido intensa y hasta atormentadoramente devoto. La primera página de su diario (que comenzó a llevar en su adolescencia) contiene la declaración: "De chico, me enseñaron a orar al Señor". Como es la única declaración descriptiva de sí mismo en la introducción de su diario, debió haberle parecido una característica distintiva.

Pero, no duraría demasiado. En su adultez temprana, Miller dejó el cristianismo y se convirtió en deísta agresivo y escéptico, que satirizaba no solo a su abuelo sino también al cristianismo en sí.

Pero, el anciano abuelo Phelps nunca se dio por vencido. "No te aflijas tanto por Guillermo", consolaba a su madre. "Todavía hay algo por hacer por él en la causa de Dios".

Y así era. Pero, desdichadamente para ella, llevaría tiempo hasta que esa profecía llegara a cumplirse.

Phelps nunca dejó de orar por sus hijos y sus nietos. Aquí hay algo importante para quienes vivimos en el siglo XXI.

La desesperanza apunta hacia la esperanza

"Me di cuenta de que el sabio y el necio tienen el mismo destino: los dos mueren. Así que me dije: 'Ya que voy a terminar igual que el necio, ¿de qué vale toda mi sabiduría? ¡Nada de eso tiene sentido!' Pues tanto el sabio como el necio van a morir. Al sabio no se le recordará más que al necio. En los días futuros, ambos serán olvidados". "Las personas [...] mueren [...] Terminan en el mismo lugar: del polvo vienen y al polvo vuelven". Eclesiastés 2:14-16; 3:19, 20, NTV.

El servicio de Miller como capitán en la segunda guerra contra Gran Bretaña (1812-1814) facilitó un cambio en su vida. Incluso antes del conflicto, había comenzado a albergar dudas sobre lo aceptable de su creencia deísta. Parte del problema era que el deísmo prometía vida después de la muerte, pero en realidad Miller había llegado a la conclusión de que, por deducción lógica, la muerte no conducía a nada.

Casi al mismo tiempo, Miller comenzó a contemplar su propia mortalidad y su significado. El 28 de octubre de 1814, escribió a su esposa en relación con un amigo del ejército que falleciera: "Poco tiempo más y, al igual que Spencer, no seré más. Es un pensamiento solemne".

La dura realidad de la vida estaba empujando al capitán Miller a la fe que una vez había rechazado con tanto vigor.

No obstante, todavía no abrigaba ninguna esperanza. Si tan solo pudiera hallar un verdadero patriotismo en las filas del ejército, podría llegar a la conclusión de que su fe en el deísmo no estaba errada. "Pero", escribió, "dos años de servicio fueron suficientes para convencerme de que la naturaleza humana parecía mucho más precisa que la perspectiva deísta, que enseñaba que la naturaleza humana era básicamente buena y honrada". Pero, Miller no pudo verificar esto en la historia. "Cuanto más leo", escribió, "el carácter del hombre parece ser más horrendamente corrupto. No podría discernir ningún punto brillante en la historia del pasado. Aquellos conquistadores del mundo, y los héroes de la historia, aparentemente no eran más que demonios en forma humana [...]. Comencé a sentir desconfianza de todos los hombres".

La crisis final de Miller, relacionada con su creencia en el deísmo, tuvo que ver con lo que pareció ser un acto de Dios en la historia en la Batalla de Plattsburg, en septiembre de 1814. En esa batalla, una "apología de un ejército" estadounidense venció a una fuerza superior de regulares británicos de primera, algunos de los cuales recientemente habían vencido a Napoleón.

Era casi seguro que Estados Unidos sería derrotado. "Un resultado tan sorprendente contra esas probabilidades", concluyó Miller, "me dio la impresión de que era obra de un poder superior al hombre".

Al igual que el autor del Eclesiastés, Miller se vio forzado por la dura realidad de la vida a volver a evaluar a Dios. La buena noticia es que la dura realidad de la vida está cumpliendo la misma función en nuestros días todavía.

Dios obra en formas extrañas

Así que la fe es por el oír, y el oír, por la palabra de Dios. Romanos 10:17.

El alejamiento de Miller de las insuficiencias del deísmo no supuso que estuviese del todo enfervorizado en convertirse en cristiano.

Pero, comenzó a asistir a la iglesia… al menos, cuando le daba la gana.

El siguiente cambio en la vida de Miller ocurrió en mayo de 1816, cuando se descubrió "en el acto de tomar el nombre de Dios en vano". Como resultado, el hecho precipitó una crisis en su vida. "En el mes de mayo de 1816", escribió más adelante, "me convencí; y ¡oh, qué horror llenó mi alma! Me olvidé de comer. Los cielos parecían como bronce; y la tierra, como hierro. Así continué hasta octubre, cuando Dios me abrió los ojos".

Dos cosas ocurrieron en septiembre de 1816, que prepararon a Miller para su crisis de octubre. La primera fue la celebración de la batalla de Plattsburg. Mientras se preparaban para un momento de "gran alegría", los veteranos asistieron a un sermón la noche anterior a la gran fiesta. Regresaron sumidos en sus pensamientos. La oración y la alabanza habían reemplazado a las risas y los pensamientos de la juerga cuando recordaron las circunstancias de la dura lucha y de su victoria "sorpresiva".

El segundo hecho tuvo lugar el domingo siguiente. La madre de Miller había descubierto que él se ausentaba de la iglesia cada vez que el pastor no estaba en la ciudad. En esas ocasiones, uno de los diáconos leía mal un sermón.

Miller cometió el "error" de dar a entender que si él pudiera dar la lectura siempre estaría presente. De modo que Miller, quien todavía era deísta, regularmente recibía invitaciones para presentar los sermones que elegían los diáconos. Fue el 15 de septiembre de 1816 cuando leyó un sermón que lo impactó tanto que se vio obligado a sentarse en medio del mensaje. Había llegado a una crisis espiritual.

Pocas semanas después, según escribió, "Dios me abrió los ojos; y ¡oh, mi alma, qué Salvador descubrí que era Jesús!" Ese descubrimiento impulsó al joven converso al estudio regular de la Biblia. En poco tiempo, notó que la Biblia "[había llegado] a ser mi delicia, y en Jesús encontré a un amigo".

Dios es una Deidad de milagros. El hecho de que pudiera tomar a un escéptico como Miller y llevarlo a la conversión mediante la lectura pública de un sermón es un milagro. Servimos a un Dios que utiliza una multitud de medios a fin de llevar a cabo su voluntad.

Un hombre de la Palabra

Lámpara es a mis pies tu palabra, y lumbrera a mi camino. Salmo 119:105.

Aunque leía mucho, como intelectual deísta, al convertirse al cristianismo, en 1816, Miller se convirtió en un hombre de un libro esencialmente: la Biblia. Algunos años más tarde, escribió a un joven pastor amigo: "Debes predicar la *Biblia*, debes probar todas las cosas mediante la *Biblia*, debes hablar la *Biblia*, debes exhortar con la *Biblia*, debes orar con la *Biblia* y amar la *Biblia*, y haz todo lo posible para hacer que los demás también amen la *Biblia*".

En otra ocasión, afirmó que la Biblia es "un tesoro que el mundo no puede comprar". No solo trae paz y "una firme esperanza en el futuro", sino también "sostiene la mente" y "nos da un arma poderosa para destruir la infidelidad". Aparte de eso, "nos habla de acontecimientos futuros, y nos muestra la preparación necesaria para hacerles frente". Quería que los pastores jóvenes estudiaran la Biblia en forma intensiva, y no que fuesen adoctrinados en "algún credo sectario... Los haría estudiar la Biblia por su cuenta... Pero si no tuviesen mente, ¡los estamparía con la mente de otro, escribiría fanático en sus frentes y los enviaría como *esclavos*!"

Miller no solo llevaba a otros a la Biblia, sino también practicaba lo que predicaba. Fue el estudio extensivo de la Biblia lo que lo llevó a sus conclusiones más bien alarmantes. Su enfoque era minucioso y metódico. En cuanto a su primer estudio de la Biblia, comentaba que comenzó con Génesis y que leía cada versículo, y "no avanzaba más hasta que no se me revelara el significado de los diversos pasajes como para librarme del desconcierto en cuanto a cualquier misticismo o contradicción". "Cada vez que descubría algo oscuro", explicó, "mi práctica era compararlo con todos los pasajes colaterales y, con la ayuda de la concordancia *Cruden* de la Biblia, examinaba todos los textos de la Escritura en los que se encontraban cualesquiera de las palabras prominentes halladas en cualquier porción oscura. Luego, al permitir que cada palabra tuviese su relación adecuada sobre el tema del texto, si mi visión de esto armonizaba con cada pasaje colateral de la Biblia, dejaba de ser una dificultad".

El estudio de la Biblia por parte de Miller no solo era intensivo, sino también extensivo. La primera vez que la leyó por completo le tomó dos años, de lo que pareciera haber sido un estudio de tiempo completo. En ese momento, "estaba plenamente satisfecho de que [la Biblia] sea su propio intérprete"; de que "la Biblia sea un sistema de verdades reveladas, dadas en forma tan clara y sencilla que 'el que anduviere en este camino, por torpe que sea, no se extraviará' ".

Podemos agradecer a Dios porque él todavía nos guía mediante su Palabra.

El asombroso descubrimiento de Miller

Y él dijo: Hasta dos mil trescientas tardes y mañanas; luego el santuario será purificado. Daniel 8:14.

Miller no evitó lo que algunos consideran los aspectos más infructuosos de la Escritura, como la cronología. "Como estaba plenamente convencido de que 'toda la Escritura es inspirada por Dios, y útil', que no vino en cualquier momento por voluntad humana, sino que fue escrita cuando hombres santos fueron movidos por el Espíritu Santo, y fue escrita para nuestra enseñanza, para que mediante la paciencia y el consuelo de las Escrituras pudiésemos tener esperanza, no puedo menos que considerar que la porción cronológica de la Biblia es una porción de la Palabra de Dios, y tiene tanto derecho a nuestra seria consideración como cualquier otra porción de las Escrituras.

"Por lo tanto, creo que al tratar de comprender lo que Dios, en su misericordia, consideró oportuno revelarnos, yo no tenía derecho a pasar por alto los períodos proféticos. Vi que como los eventos predichos que tendrían cumplimiento en días proféticos habían sido extendidos durante la misma cantidad de años literales; como Dios había designado un día por un año en Números 14:34 y Ezequiel 4:4 al 6 [...] solo podría considerar que el tiempo es simbólico, y que un día representa un año, de acuerdo con las opiniones de todos los comentarios protestantes estándar. Entonces, si pudiéramos obtener algún indicio del tiempo de su comienzo, supuse que deberíamos ser guiados hasta el momento probable de su terminación; y, como Dios no nos daría una revelación inútil, consideré que esta nos guiaría al tiempo en que podríamos buscar con confianza la venida" de Cristo.

Al construir sobre Daniel 8:14, Miller interpretó que la purificación del Santuario era la purificación de la Tierra con fuego, en la segunda venida. Puesto que los eruditos bíblicos generalmente concuerdan en que la fecha de inicio de los 2.300 días fue el año 457 a. C., él llegó a la conclusión, en armonía con muchos escritores sobre profecías, que la profecía de Daniel se cumpliría alrededor del año 1843.

La diferencia de opinión sobre Daniel 8:14 no era la fecha, sino la naturaleza del acontecimiento en sí. Para 1818, Miller había arribado a la asombrosa conclusión de que "en unos 25 años [...] todos los acontecimientos de nuestro estado actual se acabarán; que todo su orgullo y poder, pompa y vanidad, debilidad y opresión llegarán a su fin; y que en lugar de los reinos de este mundo se establecería el Reino pacífico y por tanto tiempo anhelado del Mesías".

La venida de Jesús todavía es la esperanza de todas las esperanzas, el acontecimiento que marcará el comienzo del gozo supremo.

El gozo del descubrimiento

Y fui al ángel, diciéndole que me diese el librito. Y él me dijo: Toma, y cómelo; y [...] en tu boca será dulce como la miel. Apocalipsis 10:9.

Apocalipsis 10 es un interludio fascinante en el flujo de las siete trompetas. A partir de un examen de Apocalipsis 9:13 a 11:15 al 18, queda claro que Apocalipsis 10 se da entre la sexta y la séptima trompetas. Además, es obvio que el toque de la séptima trompeta tiene que ver con los acontecimientos de la segunda venida, cuando "los reinos del mundo han venido a ser de nuestro Señor y de su Cristo", y luego "él reinará por los siglos de los siglos" (Apoc. 11:15).

El punto focal del capítulo 10 es un "librito" (vers. 2, 8-10), que el tiempo verbal (vers. 2) indica que se abrirá (en el contexto del capítulo) en el tiempo del fin. Ahora bien, el Antiguo Testamento nos habla de un solo libro que será sellado hasta el tiempo del fin: "Pero tú, Daniel, cierra las palabras y sella el libro hasta el tiempo del fin. Muchos correrán de aquí para allá, y la ciencia [el conocimiento del libro de Daniel] se aumentará".

Curiosamente, el libro de Daniel solo contiene dos partes de las cuales se afirma explícitamente que permanecerán selladas hasta el tiempo del fin. Una tiene que ver con la profecía de tiempo de los 1.260 años del capítulo 12 (ver vers. 7-9). La otra es Daniel 8:26, donde leemos: "Esta visión de los días con sus noches, que se te ha dado a conocer, es verdadera. Pero no la hagas pública, pues para eso falta mucho tiempo" (NVI). Joyce Baldwin, en su comentario sobre Daniel 12:4, señala con mucho acierto que "la razón de que Daniel debiera sellar sus dos últimas visiones era que todavía no tenían relevancia (8:26; 12:9); al menos, no en todos sus detalles". Como indica Leon Wood, en su comentario sobre Daniel: "Puesto que la única mención" en el capítulo 8 "de una tarde y una mañana está en el versículo 14, debe ser que se refiere [en el vers. 26] a las 2.300 tardes y mañanas".

También, es interesante que Gabriel explícitamente haya dicho a Daniel dos veces que su visión de Daniel 8 se extendería hasta el "tiempo del fin" (vers. 17, 19). En la explicación del ángel, tres de los cuatro símbolos de Daniel 8 tienen su cumplimiento en la historia (vers. 20-25); y solo queda uno (los 2.300 días) para su cumplimiento en el tiempo del fin (vers. 26).

Miller percibió estas cosas. De modo que pudo indicar, en un cronograma en la revista *Signs of the Times* [Señales de los tiempos] de mayo de 1841, que Apocalipsis 10 se había cumplido y que el librito se había abierto. Y por cierto que la apertura fue dulce. "No necesito hablar del gozo que llenó mi corazón en vista de la deliciosa perspectiva" de la pronta venida de Jesús.

En verdad, el mensaje del librito sellado había sido dulce. Pero Miller, al igual que la mayoría de nosotros, atesoró aquellas partes de la profecía que pensaba que entendía... y se saltó el resto. Como resultado, de algún modo se perdió la conclusión de que la apertura de las profecías del librito finalmente traería amargura y chasco (Apoc. 10:8-10).

Señor, ayúdanos a aprender a leer con los ojos bien abiertos.

La interpretación de la profecía por parte de Miller

Ninguna profecía de la Escritura es de interpretación privada, porque nunca la profecía fue traída por voluntad humana, sino que los santos hombres de Dios hablaron siendo inspirados por el Espíritu Santo. 2 Pedro 1:20, 21.

Miller estaba bien acompañado en su interpretación de las profecías. La interpretación profética se divide en tres escuelas principales. Los *preteristas* consideran que el cumplimiento profético tuvo lugar en algún momento antes o durante la redacción de un libro profético. Así, por ejemplo, el libro de Apocalipsis hablaría, fundamentalmente, de acontecimientos que habrían sucedido al final del siglo I de la Era Cristiana.

El *futurismo*, una segunda escuela de interpretación profética, sostiene que la mayor parte de la profecía apocalíptica se cumplirá en un corto período de tiempo, justo antes de la segunda venida. La tan popular serie "Left Behind" [Dejados atrás], de nuestros días, se basa en el futurismo.

La tercera visión, el *historicismo*, considera que el cumplimiento de las profecías comenzó en la época del profeta, continúa a través del espectro de la historia y culmina en la segunda venida.

La interpretación historicista de la profecías se ilustra mejor con Daniel 2, cuyo cumplimiento comienza durante la vida de Nabucodonosor y de Daniel, se extiende a través de los tres reinos subsiguientes que dominan el mundo mediterráneo, continúa a lo largo de las divisiones de Roma y alcanza su cumplimiento en el tiempo del fin, con la llegada del Reino de Dios. Las visiones de Daniel 7, 8, 9, y 10 al 12 reproducen exactamente el modelo historicista; al igual que Apocalipsis 12, que traza la historia mundial desde el tiempo de Cristo niño hasta el tiempo del fin, en el versículo 17. Y así sienta las bases para los acontecimientos finales que se desarrollan en los capítulos 13 al 22.

Miller era historicista, así como la iglesia primitiva y casi todos los intérpretes protestantes desde mediados del siglo XIX. El futurismo y el preterismo, si bien captan aspectos importantes de la profecía bíblica, no tuvieron mucha presencia en el estudio apocalíptico hasta la Reforma de Martín Lutero, cuando ciertos expositores de la iglesia dominante buscaban escapar de lo que consideraban como interpretaciones historicistas problemáticas de temas como el gran dragón escarlata y la ramera de Babilonia. Los últimos años del siglo XIX y el siglo XX fueron testigos de una oleada de futurismo y preterismo, en parte como respuesta a las fallas percibidas en el millerismo.

Pero, las fallas del adventismo millerita no han cambiado la perspectiva historicista obvia de Daniel 2, o incluso del principio día por año, que se encuentra tan cimentado en Daniel 9 que los traductores de la *Revised Standard Version* tradujeron el versículo 24 como "setenta semanas o años", a pesar del hecho de que el hebreo solo reza "setenta semanas". El agregado era necesario incluso para personas que no creían en la profecía predictiva, si iban a dar algún sentido a una profecía que pretendía extenderse desde la época de la restauración de Jerusalén hasta el Mesías.

El pecado del estudio de la Biblia

Hijo de hombre, yo te he puesto por atalaya a la casa de Israel; oirás, pues, tú la palabra de mi boca, y los amonestarás de mi parte. Cuando yo dijere al impío: De cierto morirás; y tú no le amonestares ni le hablares, para que el impío sea apercibido de su mal camino a fin de que viva, el impío morirá por su maldad, pero su sangre demandaré de tu mano. Ezequiel 3:17, 18.

El descubrimiento de 1818 de Guillermo Miller, de que Jesús regresaría a la Tierra en "unos 25 años, lo llenaron de gozo". Eso era bueno.

Pero, señaló, "capté la convicción con gran poder en cuanto a mi deber para con el mundo, en vista de las evidencias que habían afectado mi mente". Si el fin estaba cerca, era importante que el mundo lo supiera.

Supuso que sus conclusiones sobre el advenimiento podrían hallar oposición entre los "impíos", pero no tenía dudas de que los cristianos de todas partes las aceptarían ni bien tuviesen oportunidad de escucharlas. Pero, temía presentar sus hallazgos, "no sea que haya alguna posibilidad de que esté errado, y sirva de medio para descarriar a alguien". Como resultado, dedicó otros cinco años (1818-1823) al estudio continuo de la Biblia. A medida que eliminaba una objeción a su visión del advenimiento, se le venía otra a la mente, como "del día y la hora nadie sabe". Durante ese período de cinco años, Miller señaló, en 1845: "Surgieron más objeciones en mi mente de las que habían sido promovidas por mis oponentes posteriormente; y no conozco ninguna objeción que se haya presentado que no se me haya ocurrido antes a mí". Pero, después del estudio continuado, creyó que podía responder a todas ellas con la Biblia. Por lo tanto, después de siete años de estudio, Miller se había convencido plenamente de que Cristo regresaría "alrededor del año 1843".

A esa altura, Miller informa que "el deber de presentar las evidencias de la proximidad del advenimiento a los demás –que me las arreglé para evadirlo mientras pudiera encontrar la sospecha de una objeción que todavía hubiese contra su verdad– nuevamente me impactó con gran fuerza.

Como resultado, comenzó a hablar más abiertamente de sus posturas, en conversaciones privadas con sus vecinos y el pastor. Pero, para su asombro, "muy pocos [...] escuchaban con algún interés".

Miller continuó estudiando la Biblia. Pero, cuanto más lo hacía, más se convencía de que tenía el deber de contarlo a los demás. "Ve, y cuéntale al mundo de su peligro" era el mensaje que lo asaltaba día y noche.

Pero, eso era lo último que quería hacer. Como verán, al igual que muchos de nosotros, a Miller le encantaba estudiar la Biblia, pero carecía de ambición para hacer algo. Ese es el pecado del estudio de la Biblia: todos somos tentados a hacer de él un fin en sí mismo, en vez de un medio de motivación para la acción.

¡Ten cuidado con lo que prometes a Dios!

Entonces entendió Elí que Jehová llamaba al joven. Y dijo Elí a Samuel: Ve y acuéstate; y si te llamare, dirás: Habla, Jehová, porque tu siervo oye. 1 Samuel 3:8, 9.

Pero, a veces no queremos oír. Ese era el caso de Guillermo Miller. Aunque los oídos de su conciencia resonaban con la orden de advertir al mundo respecto del peligro venidero, él no tenía ningún deseo de hacerlo.

"Hice todo lo posible para evitar la convicción de que se requería algo de mí; y pensé que al hablar libremente de esto con todos cumpliría con mi deber, y que Dios levantaría al instrumento necesario para el cumplimiento de la obra. Oré para que algún pastor pudiera ver la verdad y se dedicara a su promulgación".

Ahora, hay una solución práctica: conseguir a un pastor que haga nuestra obra. He llegado a la conclusión de que, si la iglesia depende de los pastores para "terminar la obra", esta tarea llevará un poco más que la eternidad. La mala noticia de la buena noticia es que Dios nos llama a cada uno a hacer nuestra parte.

Pero, eso es justo lo que el muy humano Guillermo Miller no quería hacer. Con la esperanza de dar testimonio por poderes, finalmente arribó a la excusa de Moisés. "Le dije al Señor que no estaba acostumbrado a hablar en público, que no tenía las calificaciones necesarias para captar la atención de una audiencia". Pero, no podía encontrar alivio. Durante nueve años, Miller luchó con la convicción de que tenía una tarea que hacer para Dios. Entonces, un sábado, alrededor del año 1832, se sentó en su escritorio, dispuesto a examinar un detalle de la enseñanza bíblica. De repente, se sintió abrumado con la creencia de que necesitaba volverse activo para el Señor.

En agonía, clamó que él no podía ir.

"¿Por qué no?", fue la respuesta.

Y entonces recitó todas sus trilladas excusas.

Finalmente, su angustia llegó a ser tan grande que prometió a Dios que cumpliría con su deber si recibía una invitación a hablar en público sobre el tema de la venida del Señor. Con eso, experimentó un suspiro de alivio; después de todo, tenía cincuenta años, y nunca nadie le había pedido que presentara el tema anteriormente. Finalmente, se sintió liberado. Pero, a la media hora recibió esa invitación. Y, junto con ella, llegó un destello de ira por haberle prometido algo a Dios. Sin responder, salió furioso de su casa. Después de luchar con Dios y consigo mismo durante casi una hora, por último aceptó predicar al día siguiente. Ese sermón fue el comienzo de uno de los ministerios más fructíferos del siglo XIX.

La moraleja: Ten cuidado con lo que prometes a Dios. Él puede tener en mente para tu vida más de lo que alguna vez soñaste.

Mensaje poderoso en envoltorio común

Él le dijo: Sal fuera, y ponte en el monte delante de Jehová. Y he aquí Jehová que pasaba, y un grande y poderoso viento que rompía los montes, y quebraba las peñas delante de Jehová; pero Jehová no estaba en el viento. Y tras el viento un terremoto; pero Jehová no estaba en el terremoto. Y tras el terremoto un fuego; pero Jehová no estaba en el fuego. Y tras el fuego un silbo apacible y delicado. 1 Reyes 19:11, 12.

A menudo, Dios utiliza las cosas comunes de la vida. Y eso es bueno, porque la mayoría de nosotros somos comunes; también lo era Guillermo Miller.

La experiencia de Timothy Cole, pastor de la congregación Conexión Cristiana en Lowell, Massachusetts, Estados Unidos, ilustra ese hecho. Después de oír, a finales de la década de 1830, del asombroso éxito de Miller como predicador evangelista, Cole lo invitó a celebrar una serie de reuniones en su iglesia. Fue a saludar al exitoso evangelista a la estación de trenes, esperando ver a un caballero vestido a la moda, cuyo porte correspondiera con su reputación. Cole observó de cerca, a medida que los pasajeros bajaban del tren, pero no vio a nadie que correspondiera con su imagen mental. Finalmente, un anciano poco convincente, con síndrome de Parkinson, descendió del coche. Para consternación de Cole, el "anciano" resultó ser Miller. En ese momento, se arrepintió rápidamente de haberlo invitado. Alguien con la apariencia de Miller, concluyó, no podría saber mucho de la Biblia.

Más que un poco avergonzado, Cole hizo pasar a Miller por la puerta de atrás de su iglesia, y después de mostrarle el púlpito se sentó en medio de la congregación. Miller se sintió un poco maltratado, pero prosiguió con el culto. Pero, si a Cole no le causó impresión la apariencia de Miller, ocurrió lo contrario con su reacción a su predicación. Después de escuchar durante quince minutos, se levantó de entre el público; subió y se sentó detrás de Guillermo, en la plataforma. Miller habló diariamente durante una semana, y regresó al mes siguiente para efectuar una segunda serie. El reavivamiento fue un éxito; incluso Cole se convirtió a las creencias de Miller.

El hecho es que Dios puede hacer cosas extraordinarias con gente común. El *Maine Wesleyan Journal* [Revista Wesleyana de Maine] caracterizó a Miller como un "agricultor común", pero informó que "logra encadenar la atención de su auditorio por una hora y media o dos". No era el hombre, sino su mensaje. El mensaje de Miller era sincero, lógico y bíblico. Y, además, tenía algo de humor con agallas. En una ocasión, al ser criticado por sus creencias, bromeó con su audiencia: "Ellos declararon que yo era demente, y que había estado en un manicomio siete años; si hubiesen dicho que estuve en un mundo loco durante 57 años, me hubiese declarado culpable de los cargos".

Una persona común con un mensaje poderoso. Dios lo utilizó. Él puede utilizarte a ti también, si se lo permites.

El clamor de medianoche

Y a la medianoche se oyó un clamor: ¡Aquí viene el esposo; salid a recibirle! Mateo 25:6.

P ara Miller, era bastante natural que sus seguidores se sintieran atraídos al gran sermón de Jesús sobre el advenimiento, en Mateo 24 y 25. Pero, la parábola de las diez vírgenes, que se encuentra en Mateo 25:1 al 13, captaba especialmente su atención: veían a su propio movimiento y a su mensaje en el pasaje. En el proceso, contextualizaban los detalles de la parábola.

Por lo tanto, interpretaban las diez vírgenes como la humanidad en general, en su período de prueba. Las cinco vírgenes prudentes eran creyentes en Dios, mientras que las insensatas representaban a los incrédulos.

Las lámparas eran la Palabra de Dios, y el aceite representaba la fe.

El casamiento, para ellos, era el punto focal de la parábola. Ese era el momento en que Cristo, el esposo, aparecería en las nubes del cielo. El casamiento era el gran acontecimiento hacia el cual avanzaba toda la humanidad. La venida del esposo era la esperanza que los motivaba a sacrificar sus recursos con el fin de sostener la predicación de su mensaje.

La condición soporífera de las vírgenes, para los milleritas, indicaba la apatía y la ignorancia de los cristianos y de los incrédulos ante la proximidad y el cumplimiento del advenimiento.

El "clamor de medianoche", escribió Miller, "es el vigía, o algunos de ellos, que por la palabra de Dios descubren el tiempo según lo revelado, e inmediatamente dan la voz de advertencia: '¡Aquí viene el esposo; salid a recibirle!' " En otras palabras, el clamor de medianoche era el llamado final a despertarse, de modo que la gente se preparara para la llegada del Esposo divino.

Sin embargo, no todos responderían. Por lo tanto, según pensaba Miller, la reacción a la proclamación del clamor de medianoche produciría una división entre "las prudentes" y "las insensatas"; entre los que aceptaban el mensaje y se preparaban para el Esposo, que se acercaba, y los que seguían durmiendo.

En la Segunda Venida en sí, las prudentes entrarían en el Reino con el Esposo. Pero, para el resto "se cerró la puerta". Miller consideraba que el momento en que se cerraba la puerta era el fin del tiempo de prueba para los seres humanos.

De allí la urgencia de su mensaje. Había que advertir a la gente, a fin de que pudiera prepararse para el acontecimiento de los siglos.

Ese mensaje todavía reviste importancia en nuestros días. Miller pudo haber estado errado en cuanto al tiempo del acontecimiento, pero la Segunda Venida misma es todavía la esperanza de los siglos. Y la función del pueblo de Dios continúa siendo la de despertar a los pecadores somnolientos a la realidad esencial de que nuestro mundo no durará para siempre.

El napoleón de la prensa

Vi volar por en medio del cielo a otro ángel [...] diciendo a gran voz: Temed a Dios, y dadle gloria, porque la hora de su juicio ha llegado. Apocalipsis 14:6, 7.

El hombre que puso al adventismo millerita en la palestra no fue Miller, sino Joshua V. Himes, un joven pastor de la iglesia Conexión Cristiana, que había adquirido las habilidades de publicista trabajando con Willam Lloyd Garrison, la bujía incendiaria del movimiento para libertar a los esclavos.

En el primer encuentro con Miller, en noviembre de 1839, Himes se convirtió a su mensaje. Pero, se preguntaba por qué no era más conocido.

–¿*Realmente* cree en este mensaje? –preguntó Himes al anciano predicador.

–Por supuesto que sí; de otra manera, no lo predicaría.

–Pero ¿qué está haciendo para propagarlo o difundirlo a todo el mundo?

–Todo lo que puedo –respondió Miller.

–Bueno, todo esto todavía está en un rincón. Existe poco conocimiento del tema, después de todo lo que usted ha hecho. Si Cristo ha de venir en pocos años, como usted cree, no deberíamos perder tiempo en dar la advertencia a la iglesia y al mundo, con voz de trueno, para que se levanten y se preparen.

–Lo sé, lo sé, hermano Himes. Pero ¿qué puede hacer un viejo agricultor?... Estuve buscando ayuda; quiero ayuda".

"Fue en ese momento", recuerda Himes, "que puse el yo, mi familia, la sociedad, mi reputación, todo, sobre el altar de Dios para ayudarlo, en la medida de mis posibilidades, hasta el fin".

Con el ingreso de Himes, el millerismo asumió una dinámica que nunca antes había experimentado. Como un dínamo de energía e ingenio, entre 1840 y 1844 Joshua puso al movimiento en velocidad máxima, e hizo del millerismo una palabra que todos reconocían.

Nathan Hatch, un descollante historiador de la religión estadounidense, ha descrito los esfuerzos editoriales de Himes como "un bombardeo mediático sin precedentes", y "una avalancha comunicacional sin precedentes". Uno de los detractores de Himes lo designa como el "napoleón de la prensa".

En poco tiempo, el activo Himes había creado *The Midnight Cry* [El clamor de medianoche] y *The Signs of the Times* [Las señales de los tiempos], revistas que llevarían el mensaje del advenimiento hasta los confines de la Tierra, y que lanzarían un flujo inagotable de libros y folletos. En pocos años, con tecnología bastante primitiva, había distribuido millones de ejemplares impresos. Himes pudo haber sido publicista y Miller un hombre de ideas, pero se necesitaba de ambos, y de toda una cantidad de otras personas menos visibles, para realizar un movimiento dinámico.

La buena noticia es que Dios nos necesita a todos. Cada uno de nosotros cuenta con algún talento que podemos usar para su gloria. De hecho, hoy mismo Dios te está llamando con el propósito de que redediques tu vida y tus habilidades a él, y a su obra en la Tierra.

Un mensaje urgente

Id, pues, a las salidas de los caminos, y llamad a las bodas a cuantos halléis. Mateo 22:9.

Los creyentes milleritas percibían una sensación de urgencia para advertir al mundo a fin de que se preparara para la venida de Cristo. Uno de los principales instrumentos que utilizaron era la reunión campestre, una forma de encuentro religioso empleada por los metodistas y otros desde alrededor de 1800.

La iniciativa de la primera reunión campestre tuvo lugar en el Congreso General de Boston, en mayo de 1842. Para esa fecha, el año 1843 parecía peligrosamente cerca, y la mayor parte del mundo aún no había sido advertida.

L. C. Collins expresó la fe de muchos, al escribir: "Mi fe es *fuerte* en la venida de Cristo en el año '43. No hago ningún cálculo de otra cosa que no sea la gloria más allá de eso [...]. Pero, con tan poco tiempo para despertar a las vírgenes adormecidas y salvar a las almas, de-bemos *trabajar; trabajar* día y noche. Dios nos ha empujado afuera deprisa, para dar la última invitación, y debemos trabajar con fervor y *forzarlos* a entrar, para que su casa se pueda llenar [...]. Hombres fuertes de Israel se movilizan en nuestra ayuda. Todavía debe hacerse resonar el clamor de medianoche, y hacerlo resonar en cada valle, y en cada pico y planicie. Un temblor horrible todavía ha de embargar a los pecadores de Sion. *Debe venir* una crisis antes de que la puerta de la misericordia se cierre eternamente contra ellos. Debe hacérseles sentir que es *ahora o nunca*".

Un sentido de urgencia y de responsabilidad descansaba pesadamente sobre los mille-ritas a mediados de 1842. Al día siguiente de que Collins escribiera su carta, se dio apertura al trascendental Congreso General de Boston, con José Bates al timón. Ese congreso no solo votó celebrar reuniones campestres; también designó una comisión para supervisarlas. El objetivo principal de las reuniones era "despertar a los pecadores y purificar a los cristianos dando el Clamor de Medianoche".

Algunos milleritas creían que el mero hecho de celebrar esas reuniones era un poco presuntuoso; después de todo, una reunión campestre era un gran proyecto. Algunos decla-raban: "¡Que un puñadito de adventistas celebren una reunión campestre! ¡Si apenas pueden realizar una reunión en sus casas!" Pero, la palabra clave era que lo "INTENTARÍAN", a pesar de las apariencias.

Y Dios recompensó la fe de ellos. Josiah Litch calcula que entre quinientas y seiscientas personas se convirtieron a Dios durante las dos primeras reuniones campestres adventistas. Aquí encontamos una lección. No son las apariencias externas las que cuentan, sino las bendiciones de Dios. Y él todavía está dispuesto a bendecir a aquellos que dan un paso de fe y lo "INTENTAN".

Charles Fitch: un hombre con mucho celo

Porque me consumió el celo de tu casa. Salmo 69:9.

En 1838, un ejemplar de las charlas publicadas de Miller sobre la Segunda Venida cayó en manos de Charles Fitch, un pastor presbiteriano, y abolicionista, de cierta importancia. "Lo *estudié*", escribió a Miller el 5 de marzo, "con enorme interés, como nunca sentí con ningún otro libro, salvo la Biblia. Lo comparé con las Escrituras y con la historia, y no encuentro nada en donde depositar ni una sola duda con respecto a la exactitud de sus opiniones".

Fitch, fiel a su carácter entusiasta y sincero, no quedó satisfecho con solo la lectura. En poco tiempo, había leído *seis veces* el libro de Miller, al notar que su "mente estaba muy abrumada con el tema".

Impulsado por el mensaje de Miller, inmediatamente "escribió a la gente de Boston y le predicó" acerca de su nueva fe. Al predicar sus dos primeros sermones sobre las creencias de Miller el 4 de marzo, escribió, eufórico, a Miller al día siguiente, diciendo que deseaba ser "un vigía en los muros"; que quería *"dar el toque certero con la trompeta"*.

Como paso importante al desempeñar su papel con fe, Fitch anunció a Miller que al día siguiente, 6 de marzo, estaba programado que él leyera un documento sobre la doctrina adventista ante la Asociación Ministerial de Boston. Pero, a veces, el entusiasmo excede al conocimiento y la sabiduría. Y eso ocurrió con Charles Fitch el 6 de marzo de 1838. El predicador entusiasta, que apenas había tenido tiempo de examinar la doctrina por su cuenta, se sintió intimidado y sorprendido por la respuesta que recibiera. Para sus colegas en el ministerio, eran "sandeces". "Hubo muchas risas sobre el tema", recordaba Fitch; "y no pude evitar sentir que me consideraban como un simplón". Después de eso, dejó de predicar la proximidad del Advenimiento. Según dijo más adelante, "el temor del hombre me puso una trampa".

Pero, no por mucho tiempo. En 1841, volvió a estudiar de la Biblia sobre el tema. Posteriormente, llegó a ser uno de los defensores más prominentes del movimiento. Fue el único de los principales predicadores del millerismo que no pasó por el chasco de octubre de 1844. Mientras estaba en Búffalo, Nueva York, a finales de septiembre, bautizó a un grupo de creyentes en el helado lago Erie, durante un día frío y ventoso. Después de salir con la ropa mojada en dirección al lugar donde se hospedaba, dos veces regresó para bautizar a más candidatos. La exposición prolongada lo llevó a enfermarse, y a morir el 14 de octubre. Pero, ni siquiera su muerte inminente ahogó el fervor del predicador de 39 años. Él sabía que "solo tendría que dormir un poco, antes de despertar en la mañana de la resurrección".

El ruido de los ángeles

Otro ángel le siguió, diciendo: Ha caído, ha caído Babilonia, la gran ciudad, porque ha hecho beber a todas las naciones del vino del furor de su fornicación. Apocalipsis 14:8.

Los milleritas creían que estaban predicando el mensaje del primer ángel de Apocalipsis 14:6 y 7: "Vi volar por en medio del cielo a otro ángel, que tenía el evangelio eterno para predicarlo a los moradores de la tierra, a toda nación, tribu, lengua y pueblo, diciendo a gran voz: Temed a Dios, y dadle gloria, porque la hora de su juicio ha llegado; y adorad a aquel que hizo el cielo y la tierra, el mar y las fuentes de las aguas".

Para ellos, la "hora de su juicio" era la Segunda Venida. Por lo tanto, era equivalente a la purificación del Santuario de Daniel 8 y a la venida del novio de Mateo 25. Ellos creían que los tres pasajes señalaban al regreso de Jesús.

La predicación de ese mensaje parecía bastante inofensiva, al comienzo. Pero, cuanto más se aproximaba la fecha prevista, surgían más fricciones entre los creyentes adventistas y otros de sus iglesias. Debemos recordar que los milleritas, antes de 1843, no tenían congregaciones separadas; por el contrario, adoraban con los miembros no adventistas de sus iglesias locales. No obstante, no pudieron quedarse callados al acercarse la fecha prevista de la Segunda Venida.

Eso era bueno en sí. Sin embargo, muchos de sus hermanos de iglesia habían escuchado hablar tanto del tema que eso sentó las bases para entrar en conflicto a medida que los milleritas se aproximaban a lo que ellos creían que sería su último año en la Tierra. Muchas congregaciones, finalmente, decidieron que ya habían escuchado suficiente de los adventistas. La única solución parecía ser desfraternizar y expulsar a los pastores adventistas de sus púlpitos.

Los adventistas reaccionaron con la predicación de Charles Fitch sobre el mensaje del segundo ángel: "Ha caído Babilonia" (Apoc. 14:8); "salid de ella, pueblo mío" (Apoc. 18:4). Para Fitch y sus hermanos creyentes, cualquier miembro de iglesia que no esperara con ansias la pronta venida de Jesús verdaderamente estaba confundido (es decir, eran Babilonia).

El mensaje del segundo ángel brindaba una justificación teológica para que los adventistas se separaran de sus congregaciones y formaran una propia. Lo más importante es que esto les posibilitó la independencia necesaria a fin de continuar estudiando la Biblia, a medida que Dios los guiaba del mensaje del segundo ángel al del tercero, en los meses posteriores al chasco de octubre de 1844.

El camino progresivo de la verdad no siempre es fácil, pero Dios nos guía aun cuando no podamos ver el camino, en medio del ruido y el humo de la confusión terrenal.

José Bates invade el sur

Mi Dios envió su ángel, el cual cerró la boca de los leones, para que no me hiciesen daño. Daniel 6:22.

El millerismo, dado el hecho de que la mayoría de sus lectores era abolicionista, no era bienvenido en el sur. A pesar de esto, seguían llegando pedidos de predicadores. Sin embargo, el Congreso General de mayo de 1843 decidió no enviar conferenciantes a los estados esclavistas, debido al peligro y las dificultades.

Pero, a comienzos de 1844, José Bates llegó a la convicción de que Dios lo había llamado para ministrar a los esclavos y a sus amos. El misionero intrépido, después de experimentar algún éxito modesto en Maryland, se vio desafiado y denunciado por un dirigente laico metodista, que atacó la "doctrina del advenimiento de manera violenta". En medio de su ataque, el hombre "comenzó a hablar de *mandarnos de vuelta caminando sobre los rieles*".

–Estamos preparados para eso, señor –retrucó Bates–. Si le pone una montura, preferiría montar, antes que caminar.

"No crea usted –continuó–, que hicimos casi diez mil kilómetros por hielo y nieve, por nuestra cuenta, para darles el Clamor de Medianoche, sin primero sentarnos a calcular el costo. Y ahora, si el Señor no tiene algo más que podamos hacer, [con gusto] estaríamos tirados al final de la Bahía Chesapeake, como todos los demás, hasta que el Señor venga. Pero, si él tiene algún trabajo más que necesita que hagamos, ¡usted no podrá tocarnos!"

El *Newark Daily Advertiser* informó el incidente, señalando que "la destrucción de la materia y la colisión de los mundos es una cuestión menor para alguien que se toma las cosas tan fríamente".

En otra ocasión, durante el mismo viaje, un juez del sur abordó a Bates, diciendo que entendía que él era un abolicionista, que había venido "a hacer que los esclavos se fueran".

–Sí, juez –respondió Bates–: soy abolicionista. Y he venido a llevarme a sus esclavos, y ¡a usted también!

Bates y su compañero estaban especialmente agradecidos de poder dar su mensaje a los esclavos. A veces, incluso decidían caminar de una cita a otra con el objetivo de poder conversar con los esclavos que se encontraban donde los otros blancos no podían oírlos. "Esos pobres esclavos", informó, "se deleitaban" con el mensaje adventista; "especialmente cuando se enteraban de que el Jubileo estaba tan cercano. Parecían beberlo como los bueyes toman agua, y por lo que he oído desde entonces, creo que muchos de ellos estarán preparados cuando Jesús venga".

Dios nunca dijo que nuestro paso por la vida sería fácil. Pero, ha prometido que si le somos fieles nos bendecirá y estará con nosotros.

Como cristianos, podemos alabar a Dios por todas sus bendiciones cada día.

El rostro afroamericano del millerismo

El Espíritu del Señor está sobre mí, por cuanto me ha ungido para dar buenas nuevas a los pobres [...]
a pregonar libertad a los cautivos [...] a poner en libertad a los oprimidos. Lucas 4:18.

El millerismo era, básicamente, un movimiento entre los blancos del norte, en un momento en que la mayoría de los negros todavía vivían en el sur. Sin embargo, tenemos evidencias concretas de que los afroamericanos asistían a los cultos adventistas y a las reuniones campestres. Para mediados de 1843, la responsabilidad de trabajar agresivamente entre la población de color se estaba volviendo más obvia para los dirigentes milleritas. Como resultado, Charles Fitch presentó una propuesta importante, en mayo, de "hacer una colecta para que un obrero vaya entre nuestros hermanos de color". Al día siguiente, los asistentes reunieron fondos para permitir que John W. Lewis, "un predicador de color muy estimado", trabajara tiempo completo "entre aquella clase de nuestros hermanos tan descuidados, con los que él está más estrechamente relacionado".

Para febrero de 1844, Himes pudo informar que "mucha gente de color había recibido la doctrina" en Filadelfia. "Uno de sus pastores más eficientes había abrazado la doctrina en su totalidad, y se dedicará enteramente a su proclamación".

Otro disertante de color que predicaba el mensaje adventista era William E. Foy, quien tuvo varias visiones que comenzaron el 18 de enero de 1842. Esas visiones lo llevaron a creer en el pronto regreso de Jesús, aun cuando, según dijo, "yo estaba en contra de la doctrina de la pronta venida de Jesús" hasta que recibiera las visiones. Más allá de creer en el pronto regreso de Jesús, Foy escribió que "el deber de declarar las cosas que hasta ahora me han sido mostradas, a mis semejantes, y advertirles que huyan de la ira venidera, descansaba con gran peso sobre mi mente".

Foy se resistió a sus convicciones durante algún tiempo, en parte porque el mensaje adventista era "muy diferente" de lo que la gente esperaba, y en parte debido al "prejuicio entre la gente contra los de mi color". Pero, en medio de una oración de profunda aflicción, recibió una impresión específica de que Dios estaría con él si compartía el mensaje. Como resultado, comenzó a predicar su nueva fe.

El mensaje de la esperanza adventista siempre ha hallado corazones receptivos entre los oprimidos del mundo, sin importar cuál sea su raza o cultura. Aquellos que han estado construyendo su propio reino en esta Tierra son los que están endurecidos al mensaje. Lo que debemos recordar es que todos los habitantes de la Tierra están bajo la esclavitud del pecado y necesitan ser emancipados por aquel que vino a librar a los esclavos. La esperanza adventista es el sueño de libertad de toda persona para la eternidad.

Mujeres adventistas en marcha

Y María les respondía: Cantad a Jehová, porque en extremo se ha engrandecido; ha echado en el mar al caballo y al jinete. Éxodo 15:21.

L as mujeres siempre han tenido una parte en la obra de Dios. Y así también en el adventismo millerita.

Lucy María Hersey, por ejemplo, se había convertido a los 18 años, y sintió que el Señor la había llamado a predicar el evangelio.

En 1842 aceptó la doctrina millerita. Poco después, acompañó a sus padres en un viaje a Schenectady, Nueva York, donde un creyente pidió a su padre que ella hablara ante un grupo no adventista sobre las evidencias de su fe. La gente "se oponía tanto a que *hablara una mujer*" que el anfitrión pensó que lo mejor sería que el padre hiciera la presentación. Pero, oh milagro, Hersey enmudeció.

Después de un largo silencio, el anfitrión presentó a Lucy como alguien que podía hablar sobre el tema. Eso hizo. Y recibió una respuesta tan amplia que pronto tuvieron que mudarse a un auditorio más grande, que contuviera a la multitud. Ese fue el comienzo de un ministerio fructífero, que dio como resultado la conversión de varios hombres que se transformaron en predicadores adventistas.

Aún más exitosa fue Olive María Rice. Convertida al millerismo en 1842, se "convenció de que el Señor tenía algo más para que yo haga que asistir a las reuniones de oración". Para marzo de 1843, Dios había bendecido su ministerio con cientos de conversiones. Escribió a Himes que "constantemente hay cuatro o cinco lugares que piden mis servicios al mismo tiempo".

Rice reconoció que muchos se oponían a su obra porque era mujer, pero declaró: "No me atrevía a detenerme por la simple razón de ser mujer. Aunque los hombres pueden censurar y condenar, yo me siento justificada ante Dios, y espero con gozo rendir cuentas por advertir de ese modo a mis semejantes".

Elvira Fassett tuvo que superar la oposición de su esposo. Se le había enseñado que una mujer no debía hablar en público. Pero, al ser presionada por los demás, finalmente cedió, ¡solo para descubrir que el Señor bendecía sus esfuerzos! Uno de sus conversos más importantes fue su esposo, que había sido testigo del impacto de su predicación y había llegado a reconocer la importancia de la profecía de Joel 2, de que en los últimos días Dios derramaría su Espíritu sobre las jóvenes. De allí en más, los Fassett predicaron el mensaje adventista como equipo ministerial.

La buena noticia es que Dios nos llama a todos a proclamar su mensaje. Y nos bendecirá cuando nos sometamos a su voluntad.

El año del fin del mundo

He aquí que viene con las nubes, y todo ojo le verá. Apocalipsis 1:7.

"**E**ste año [...] es el último año que Satanás reinará en nuestra Tierra. Jesucristo vendrá [...]. Los reinos de la Tierra se harán añicos [...]. El grito de victoria se oirá en los cielos [...]. El tiempo no será más". Así escribió Guillermo Miller, en su "Discurso de Año Nuevo a los creyentes en la Segunda Venida", el 1° de enero de 1843. ¡Por fin, el año del fin del mundo había llegado!

Y, como era de esperar, el entusiasmo era grande. Pero, no estaban completamente seguros del momento del año al cual debían señalar. Miller mismo, al saber que Cristo había dicho que nadie sabía el día ni la hora, había sido muy cauteloso sobre el tema. "Alrededor del año 1843" era casi tan preciso como él quería que fuese.

Pero, para diciembre de 1842, sus seguidores lo estaban presionando para que fuera más específico. Después de todo, al mes siguiente comenzaría 1843. Miller concluyó que en verdad podría ser más específico. Al basar sus conclusiones en la festividad judía de la Pascua, escribió que creía que Jesús aparecería en las nubes del cielo en algún momento entre el 21 de marzo de 1843 y el 21 de marzo de 1844.

Los que pensaban que habían descubierto alguna fórmula para determinar con precisión el día exacto pusieron muchas fechas específicas entre esos dos puntos. Miller mismo esperaba un cumplimiento a fines del año, pues pensaba que la fe de ellos sería probada.

Y así fue: la Segunda Venida no ocurrió el 21 de marzo de 1844. Los optimistas decidieron que habían calculado mal la fecha de la Pascua; quizá sería el 21 de abril. Pero, esa fecha también pasó. Y así, los grupos milleritas experimentaron su primer chasco de primavera.

El movimiento evitó desintegrarse en ese momento, porque no habían puesto demasiadas esperanzas en una fecha específica. Por otro lado, se sintieron desanimados. Continuaron estudiando la Biblia, en su deseo de discernir dónde estaban ubicados en el tiempo profético. Entonces, a comienzos del verano, descubrieron Habacuc 2:3: "Aunque la visión tardará aún por un tiempo, mas se apresura hacia el fin, y no mentirá; aunque tardare, espéralo, porque sin duda vendrá, no tardará". Concluyeron que estaban en el "tiempo de tardanza"; después de todo, Mateo 25:5 ¿no enseñaba abiertamente: "*tardándose* el esposo"?

La fe tenía una resistencia que debemos admirar. Sí, estaban chasqueados. Pero, en vez de darse por vencidos, acudieron a sus Biblias para descubrir dónde estaban parados en la historia profética. Eso no es lo que querían que ocurriera, pero es la única opción para los que continuamos clamando: "¿Hasta cuándo, Señor?" (Apoc. 6:10).

El movimiento del séptimo mes

A los diez días de este mes séptimo será el día de expiación. Levítico 23:27.

La esperanza halló un nuevo nacimiento en las filas de los adventistas milleritas un tanto apáticos en agosto de 1844, cuando un pastor metodista, de nombre Samuel S. Snow, demostró con la Biblia que habían estado fijándose en las fechas equivocadas para el cumplimiento de la profecía de los 2.300 días de Daniel 8:14.

Miller mismo tuvo que mostrar la lógica de la nueva interpretación en un artículo de la *Signs of the Times* del 17 de mayo de 1843. En ese momento, razonó que el primer advenimiento de Cristo se había cumplido durante las fiestas de primavera del año ceremonial establecido en Levítico 23, pero que las fiestas de otoño, o del séptimo mes, debían estar relacionadas con la Segunda Venida.

Esa lógica es bastante convincente. Después de todo, la ofrenda de las primicias, la muerte de Cristo como el Cordero pascual y el derramamiento pentecostal, todos habían ocurrido de acuerdo con el Nuevo Testamento. Pero, ninguna de las fiestas del séptimo mes ligadas al tiempo de la cosecha había tenido cumplimiento durante el período neotestamentario.

Esos hechos llevaron a Miller a sugerir que sus seguidores debían tener puestas las esperanzas en el séptimo mes del año religioso judío, para el cumplimiento de la profecía que habían identificado con la Segunda Venida.

Es posible que Miller haya desarrollado el argumento del séptimo mes en mayo de 1843; pero dejó el asunto de lado y volvió a la fecha del primer mes, o pascual. Sin embargo, Snow siguió la lógica de Guillermo hasta su conclusión natural. Al esperar el regreso de Cristo al final de los 2.300 días, predijo que Jesús vendría el 22 de octubre de 1844, el séptimo mes del año judío, el Día de la Expiación.

Snow había publicado sus hallazgos en *The Midnight Cry* [El clamor de medianoche] el 22 de febrero de 1844, por primera vez; pero, no había nadie preparado para escuchar. Sin embargo, para agosto eran todo oídos.

El movimiento del séptimo mes tomó por asalto al millerismo. En el número del 3 de octubre de *The Midnight Cry*, George Storrs escribió: "Tomo la pluma con sentimientos que nunca antes experimenté. *Indudablemente*, en mi mente, el *décimo día* del *séptimo mes* será testigo de la revelación de nuestro Señor Jesucristo en las nubes del cielo. Por tanto, estamos a *pocos días* de ese acontecimiento [...]. Ahora viene el VERDADERO *Clamor de medianoche*. El anterior fue la alarma. AHORA ESTÁ SONANDO EL VERDADERO: y, oh, qué hora solemne".

Ahora bien, esto es verdadero entusiasmo. ¿Cómo vivirías tú si creyeras que podrías calcular matemáticamente que Jesús vendría en menos de tres semanas? Así es precisamente como necesitamos vivir cada día.

Dulce en la boca, pero amargo en el vientre

Entonces tomé el librito de la mano del ángel, y lo comí; y era dulce en mi boca como la miel, pero cuando lo hube comido, amargó mi vientre. Apocalipsis 10:10.

¡Y qué dulce que era! Al escribir el 6 de octubre, el día que finalmente aceptó la fecha del 22 de octubre, Miller exclamó, en el artículo de tapa de *The Midnight Cry* [El clamor de medianoche] del 12 de octubre, "Veo una gloria en el séptimo mes que nunca antes vi. Aunque el Señor me había mostrado la relevancia típica del séptimo mes hace un año y medio [el artículo de mayo de 1843], sin embargo, no me di cuenta de la fuerza de los caracteres [...]. Gracias al Señor, oh, mi alma. Benditos sean el hermano Snow, el hermano Storrs y los demás por su intervención para abrirme los ojos. Casi estoy en casa. ¡Gloria! ¡Gloria!! ¡Gloria!!! Veo que el tiempo es correcto [...].

"Mi alma está tan llena que no puedo escribir [...]. Veo que todavía estamos en lo correcto. La palabra de Dios es verdadera; y mi alma está llena de gozo; mi corazón está lleno de gratitud a Dios. Oh, cómo me gustaría poder gritar. Pero, gritaré cuando el 'Rey de reyes venga'. Me parece oírte decir: '¡El hermano Miller no es un fanático!' Muy bien, llámame como quieras; no me importa. Cristo vendrá en el séptimo mes, y nos bendecirá a todos. ¡Oh!, gloriosa esperanza. Entonces lo veré, y seré como él, y estaré con él por siempre. Sí, por siempre y siempre".

¡No había nada más dulce que la esperanza de la pronta venida de Cristo!

¡Sin embargo, no regresó! Y el chasco fue amargo.

El 24 de octubre, el dirigente millerita Josiah Litch escribió a Miller y a Himes, desde Filadelfia, que "es un día oscuro aquí –las ovejas se dispersaron–, y el Señor aún no ha venido".

Hiram Edson informó que "nuestras esperanzas y expectativas más preciadas fueron destruidas, y nos sobrevino un espíritu de llanto tan grande como nunca antes había experimentado. Parecía que no había punto de comparación por la pérdida de todos los amigos terrenales. Lloramos y lloramos, hasta el amanecer".

Un joven predicador millerita, de nombre Jaime White, escribió: "El chasco, con el paso del tiempo, fue amargo. Los verdaderos creyentes habían sacrificado todo por Cristo, y habían compartido su presencia como nunca antes [...]. El amor de Jesús llenaba cada alma [...] y con un deseo inexpresable oraban: 'Ven, Señor Jesús, y ven rápido'. Pero no vino. Y ahora, volver a los cuidados y las perplejidades de la vida, a la vista de las burlas y los denuestos de los incrédulos, que ahora se mofaban como nunca, fue una prueba terrible de fe y paciencia".

La apertura del libro de Daniel por cierto había sido dulce en la boca, pero amargo en el vientre.

Retrospectiva: el error y la conducción de Dios

Pero nosotros esperábamos que él era el que había de redimir a Israel; y ahora, además de todo esto, hoy es ya el tercer día que esto ha acontecido. Lucas 24:21.

G uillermo Miller y sus hermanos creyentes, obviamente, se habían equivocado en determinados aspectos de su interpretación bíblica. Al fin y al cabo, Jesús no regresó a la Tierra el 22 de octubre de 1844, ni en ningún momento cercano a la década de 1840. La pregunta que se plantea es: Dios ¿podría haber estado guiando un movimiento como este?

Hallamos la mejor respuesta en el Nuevo Testamento. Allí, vemos a los discípulos malinterpretando repetidamente las palabras de Cristo en cuanto a su crucifixión futura y a la naturaleza de su Reino. Recién después de su resurrección comenzaron a comprender lo que Jesús había tratado intensamente de enseñarles. Pero, como ellos no tenían oídos para escuchar, tuvieron que pasar por un chasco abrumador, que sacudió los mismos cimientos de su creencia en la conducción de Dios. Necesitaban estudiar más, y crecer en entendimiento antes de que pudieran comprender lo que les había sucedido.

El problema es que Dios ha escogido obrar a través de agentes humanos, en el plan de salvación. De modo que incluso aquellas situaciones terrenales que Dios dirige contienen elementos divinos y también humanos. Y todo lo tocante a la humanidad está manchado de falibilidad. Esa es la larga historia de la búsqueda de Dios para trabajar en y a través de los seres humanos, a lo largo de la historia.

Más específicamente, con el millerismo solamente podemos preguntarnos: puesto que Miller creía que la apertura de las profecías del librito de Daniel, que se reflejaban en Apocalipsis 10, habían visto su cumplimiento en su época, ¿por qué no leyó el resto del capítulo? Es decir, si creía que el libro había sido abierto y su mensaje era dulce en la boca, ¿por qué no se dio cuenta de que sería amargo en el vientre (vers. 10) y que surgiría otro movimiento a partir de las cenizas de la amargura, con un mensaje mundial para "muchos pueblos, naciones, lenguas y reyes" (vers. 11)? La misma lógica de Miller lo habría llevado a ver que Dios había predicho el amargo chasco, así como Jesús había predicho el de sus discípulos.

Una vez más, si Miller pudo aseverar que estaba predicando el mensaje del primer ángel (Apoc. 14:6, 7) y muchos de sus seguidores creían que estaban haciendo resonar el segundo (vers. 8), ¿por qué es que no dieron el énfasis debido al tercero (vers. 9-12)? Los tres, progresivamente, llevan a la Segunda Venida, descrita en los versículos 14 al 20.

Lo triste es que Dios ha elegido usar a seres humanos falibles en su misión terrenal. La buena noticia es que continúa obrando en nosotros, a pesar de nuestras debilidades. Por eso, podemos alabarlo.

El tiempo de la dispersión -1

He aquí la hora viene, y ha venido ya, en que seréis esparcidos cada uno por su lado, y me dejaréis solo; mas no estoy solo, porque el Padre está conmigo. Juan 16:32.

Josiah Litch usó palabras cargadas de significado bíblico al escribir, dos días después del chasco de octubre, que "es un día oscuro aquí –las ovejas se dispersaron– y el Señor aún no ha venido". Los chascos espirituales profundos siempre han tendido a la desilusión y a la dispersión de los creyentes.

Así ocurrió con los adventistas milleritas a fines de 1844 y principios de 1845. Por decirlo de alguna manera, estaban desorientados y confundidos, mientras trataban de encontrar algún significado a su reciente experiencia. El apogeo de su esperanza había dado lugar a la profundidad de su desesperación.

Es imposible obtener un cuadro completamente certero de la condición de los milleritas chasqueados, pero es probable que la mayoría haya abandonado su fe adventista y haya regresado a sus iglesias anteriores, o se haya dejado llevar por la incredulidad secular.

Podemos visualizar que quienes mantuvieron su esperanza en el pronto regreso de Cristo pertenecían a tres grupos. La gran pregunta que todos ellos afrontaban era: ¿Qué había ocurrido el 22 de octubre, al cierre de los 2.300 días de Daniel 8:14?

El primer grupo identificable que surgió en el despertar del Chasco eran los espiritualizadores. Este sector del adventismo afirmaba que el movimiento había estado en lo correcto tanto en la fecha como en el acontecimiento. Es decir, Cristo había venido el 22 de octubre, pero había sido una entrada espiritual en sus corazones, y no un regreso visual, concreto, en las nubes de los cielos.

Con esa interpretación, dieron un gran paso al costado en la interpretación bíblica de Miller. Comenzaron a espiritualizar su significado, incluso en lugares donde, obviamente, habla de acontecimientos literales; y con eso, se abrieron a toda clase de engaño.

El fanatismo surgió fácilmente entre los espiritualizadores. Algunos afirmaban que, como estaban en el Reino, necesariamente eran libres de pecado y estaban más allá del pecado. Entre ese grupo, algunos tomaban esposos y esposas "espirituales"... con resultados muy poco espirituales. Otros sostenían que, como estaban en el séptimo mes, estaba mal trabajar. Y aun otros, siguiendo el mandato bíblico de que los miembros del Reino serían como niñitos, descartaban los tenedores y los cuchillos, comían con las manos y gateaban. Huelga decir que hubo brotes de entusiasmo carismático que se extendieron por sus filas.

Aquí hay una lección importante para nosotros. Necesitamos tener cuidado y ser inteligentes en nuestra lectura de la Palabra de Dios. Espiritualizar el significado claro de la Escritura es abrirnos al desastre espiritual.

El tiempo de la dispersión -2

Entonces Jesús les dijo: Todos vosotros os escandalizaréis de mí esta noche; porque escrito está: Heriré al pastor, y las ovejas del rebaño serán dispersadas. Mateo 26:31.

Si Guillermo Miller temía una cosa por sobre toda otra, era el fanatismo. Su movimiento se había mantenido libre de esto hasta octubre de 1844. Pero, para la primavera de 1845, el fanatismo y los excesos carismáticos tenían rienda suelta entre determinados segmentos de los espiritualizadores.

Para abril de 1845, Miller estaba fuera de sí con el creciente fanatismo. Ese mes, escribió a Himes que "este es un momento peculiar. La mayor variedad de interpretaciones antojadizas de la Escritura ahora están siendo prescritas por nuevas luminarias que reflejan sus rayos de luz e irradian calor en todas direcciones. Algunos de ellos son estrellas errantes, y algunas solo emiten penumbras. Estoy harto de este cambio perpetuo. Pero, mi querido hermano, debemos aprender a tener paciencia. Si Cristo viene esta primavera, no la necesitaremos por mucho tiempo; y si no viene, necesitaremos mucha más. Estoy preparado para lo peor, y espero lo mejor".

Desgraciadamente para Miller, el tiempo continuó corriendo, y él y sus seguidores fueron testigos de algo menos que lo "mejor" que esperaban. Dieciocho meses después, un Miller achacoso escribió: "Mis dolores no se terminaron. He tenido problemas de dolor de cabeza, dolor de muela, dolor de huesos y angustia desde que te fuiste; pero, mucho más de esto último, cuando pienso en tantos de mis hermanos queridos y amados, que desde nuestro chasco han caído en todo tipo de fanatismo, y abandonaron los primeros principios de la manifestación gloriosa del gran Dios y nuestro Salvador, Jesucristo".

Él no era el único confundido y perturbado por el desconcierto general producido por la desorientación entre los espiritualizadores a comienzos de 1845. Himes señaló, en mayo, que "el movimiento del séptimo mes [había] producido un mesmerismo de dos metros de profundidad".

El problema de todos los milleritas a comienzos de 1845 era la cuestión de la *identidad*. Diferentes sectores del movimiento produjeron diferentes respuestas a esto, pero todos enfrentaban los mismos problemas.

En pocas palabras, es difícil mantenerse erguido en tiempos de gran dificultad. Siempre ha sido así y siempre lo será. Nuestra oración diaria debe ser que Dios nos ayude a mantener ambos pies sobre la tierra, y nuestra mente con la mejor claridad de pensamiento, especialmente en tiempos difíciles.

Y, al igual que Miller, debemos entrar en esos tiempos de prueba esperando lo mejor, pero preparados para lo peor.

Ayúdanos este día, nuestro Padre, a tener una actitud equilibrada y una oración en nuestro corazón.

El tiempo de la dispersión -3

Pero hágase todo decentemente y con orden. 1 Corintios 14:40.

Poner orden en medio de la confusión: ¡eso era lo que los adventistas necesitaban en la primavera de 1845! Al menos, eso era lo que pensaba Joshua V. Himes. Podía ver claramente que los espiritualizadores fanáticos conducirían al movimiento a la ruina.

Pero, el fanatismo de ellos no era el único punto en el que Himes difería de los espiritualizadores. Tampoco estaba de acuerdo en que la profecía se hubiese cumplido en octubre de 1844. Como vimos antes, los espiritualizadores decían que sí, que Jesús había llegado a sus corazones el 22 de octubre de 1844; que la profecía de los 2.300 días había alcanzado su cumplimiento, y que habían estado en lo cierto tanto en la fecha como en el acontecimiento.

Himes, finalmente, decidió que el millerismo se había equivocado en el tiempo, pero que tenía razón en lo que debería haber ocurrido al final de los 2.300 días. Por decirlo de otra manera, no se había cumplido ninguna profecía el 22 de octubre, pero debían continuar esperando el regreso de Jesús en las nubes del cielo en los próximos años del "tiempo en discusión". En el proceso de arribar a esa conclusión, ya en noviembre de 1844 Himes había comenzado a abandonar la interpretación de la profecía que sostuviera Miller. Finalmente, apartó a los que estaban en este segmento del movimiento de la interpretación profética, que le había dado fuerza y apuntaba a la evangelización millerita.

Pero, ese final no estaba claro para nadie durante la primavera de 1845. Todo lo que Himes sabía era que tenían que escapar de las falsas enseñanzas y de los fanáticos. Ese mismo temor fue el que llevó a Miller, cada vez más enfermo y debilitado, al campo de Himes a fines de abril de 1845. Himes había persuadido a Miller para que lo acompañara en un congreso, cuyo comienzo estaba programado para el 29 de abril en Albany, Nueva York. Allí, el grupo mayoritario de adventistas se organizó en una cuasidenominación, con una base doctrinal y una propuesta organizativa rudimentaria, enunciada en los términos del congregacionalismo.

El acontecimiento de Albany fue algo bueno, en el sentido de que trató de poner orden en medio del caos. Sin embargo fue inútil, al divorciar su segmento del millerismo de una interpretación de las profecías que le había dado nacimiento y significado. El problema subyacente era que su mayor motivación era definir su movimiento en términos de aquello en que estaban en contra. Habían caído en el foso de hacer teología, principalmente, en contra de su prójimo. Y eso conlleva la pérdida del equilibrio.

Ayúdanos, Señor, a mantener nuestros ojos en tu Palabra y no en los problemas de nuestro prójimo, mientras tratamos de navegar a través del día.

El tiempo de la dispersión -4

Por la fe entendemos. Hebreos 11:3.

El entendimiento no se da fácilmente. Especialmente, cuando más lo necesitamos; cuando nuestra confusión sacude el fundamento mismo de nuestra vida.

Es casi imposible, para quienes vivimos más de 160 años después del hecho, comprender la profundidad de la confusión y el caos en las filas milleritas, a raíz del chasco de octubre.

Las respuestas a lo que había ocurrido en octubre de 1844, como hemos observado en los tres días anteriores, eran varias. El segmento espiritualizador, que sostenía que habían estado en lo cierto con respecto al tiempo y al acontecimiento, afirmaba que Cristo verdaderamente había venido el 22 de octubre. Los adventistas de Albany, por otro lado, decían que se habían equivocado en la fecha, pero no en el hecho que tuvo lugar al final de los 2.300 días. Es decir, no se había cumplido ninguna profecía en octubre, pero la purificación del Santuario por cierto era la Segunda Venida; acontecimiento que todavía debía tener lugar.

Ambos grupos habían abandonado algo esencial. Para los espiritualizadores, era la interpretación literal de la Biblia, mientras que para el grupo de Albany era el discernimiento que Miller tenía de la profecía.

Pero, había una tercera postura posible, en cuanto al cumplimiento de la profecía de los 2.300 días en octubre de 1844. Postulaba que los milleritas habían estado en lo cierto en cuanto al tiempo, pero no en cuanto al acontecimiento. En otras palabras, la profecía de los 2.300 días se había cumplido, pero la purificación del Santuario, obviamente, no era la Segunda Venida.

Lo interesante de esta perspectiva es que, a diferencia de las dos respuestas en cuanto a lo que había ocurrido, no tenía ningún adherente visible. Mientras miles, a mediados de 1845, se identificaban con las ideas, los dirigentes y las publicaciones de los espiritualizadores y de los adventistas de Albany, la orientación que sostenía que había ocurrido algo el 22 de octubre, pero que la purificación del Santuario no era la Segunda Venida, no tenía ninguna presencia visible.

No obstante, es a partir de la tercera postura que finalmente surgiría el mayor de los grupos adventistas: los adventistas del séptimo día. Pero, ese acontecimiento aguardaba tres cosas: 1) el surgimiento de líderes; 2) la evolución de las doctrinas que explicaban la experiencia millerita y clarificaba las nociones erróneas; y 3) el desarrollo de publicaciones y estrategias organizativas que pudieran difundir esas enseñanzas. El resto del trayecto de este año seguirá a este tercer grupo.

Mientras tanto, podemos estar agradecidos por la paciencia de Dios; porque nos espera, incluso en nuestros días, mientras procuramos resolver las dificultades de la vida.

Conozcamos a José Bates

He aquí, yo estoy contigo, y te guardaré por dondequiera que fueres. Génesis 28:15.

José Bates es la persona clave durante el primer período del adventismo del séptimo día. No solo ocupó un lugar destacado en el desarrollo de la postura doctrinal del movimiento, sino también, con el tiempo, presentará el sábado a otros dos fundadores del adventismo del séptimo día. Bates, como veremos, además de ser el fundador clave del adventismo, sería también el misionero más entusiasta. Se puede decir que no habría adventismo del séptimo día, como lo conocemos hoy, sin su liderazgo pionero.

Pero, Bates no siempre había sido cristiano. Nacido en Massachusetts el 8 de julio de 1792, abandonó la fe de su padre temprano en la vida. Su ciudad natal se estaba convirtiendo en la capital de la caza de ballenas de los Estados Unidos, y él soñaba día y noche con una vida de aventuras en el mar.

Su padre, que tenía planes más grandes para el muchacho, finalmente le dio permiso, con la esperanza de que un viaje lo "curaría". Pero, tuvo el efecto contrario.

En junio de 1807, justo antes de cumplir quince años, José zarpó como grumete en un viaje a Europa. Sus experiencias tempranas en altamar podrían haber hecho que una persona tímida renunciara a sus sueños y regresara a casa. Por ejemplo, en el viaje de regreso desde Inglaterra, el joven marinero cayó al océano desde uno de los mástiles, cerca de un gran tiburón, que algunos de sus compañeros habían estado hostigando. Si la criatura no hubiese cambiado su posición en ese preciso momento, Bates habría tenido una carrera muy corta en el mar.

En la primavera de 1809, Bates tuvo otra experiencia casi fatal, cuando un barco chocó contra un iceberg al salir de Terranova. Atrapados en la bodega del barco, él y otro marinero se abrazaron en la oscuridad y se prepararon para morir, al escuchar de tanto en tanto "los gritos y los llantos de algunos de nuestros compañeros miserables, en la cubierta que estaba encima de nosotros, suplicando a Dios por misericordia".

Años después, Bates escribió sobre sus conmociones espirituales en ese entonces: "¡Oh, qué pensamiento terrible! Aquí estoy para rendir cuentas y [...] hundirme con el barco que se hunde al fondo del océano, tan lejos de mi hogar y de mis amigos, con la mínima [...] esperanza del cielo".

El tosco joven había tenido una llamada de atención. Pero, todavía no estaba preparado para ofrecer su vida a Dios.

Podemos estar agradecidos de que Dios no se diera por vencido. Y la bendita verdad es que él todavía está obrando, incluso por nuestros seres queridos.

El prisionero Bates

Basta a cada día su propio mal. Mateo 6:34.

Me llevó bastante tiempo de mi vida hasta que finalmente entendí ese versículo. La Nueva Versión Internacional lo dice con más claridad: "Cada día tiene ya sus problemas".

El joven Bates, sin duda, hubiese estado de acuerdo con eso. Sus aventuras entre 1807 y 1809 fueron apenas un pequeño anticipo de las dificultades que aún enfrentaría.

Un momento crucial importante en su vida ocurrió el 27 de abril de 1810. Esa noche, una patrulla de reclutamiento, que constaba de un oficial y doce hombres, entró en su pensión de Liverpool, Inglaterra, lo detuvo junto con otros estadounidenses y los arrastraron a punta de espada como "reclutas" para la armada británica, a pesar de que sus documentos declaraban que eran ciudadanos estadounidenses.

Para nosotros, un trato así quizás esté al límite de nuestra imaginación. Pero, aquellos eran tiempos diferentes. Gran Bretaña estaba en medio de una lucha a muerte con Napoleón, y su armada necesitaba hombres. Debido a los bajos salarios, a las repugnantes condiciones de vida, las raciones pobres y las palizas habituales, era casi imposible conseguir suficientes reclutas. Para el comienzo de la guerra de Estados Unidos contra Gran Bretaña en 1812, la armada británica tenía aproximadamente seis mil estadounidenses.

Bates, de 17 años, pasaría los cinco años siguientes (1810-1815) como "huésped" del Gobierno británico, sirviendo casi la mitad de su tiempo como marinero en la Armada Real y la otra mitad como prisionero de guerra. Sus experiencias indican la resistencia que tenía el joven. Cuando estalló la guerra en 1812, los británicos incitaron a los doscientos estadounidenses del escuadrón de Bates a luchar a favor de ellos y en contra de los franceses. Solo seis, incluyendo a Bates, rechazaron. Su negativa, basada en principios, le costó muy cara.

En una ocasión, en un conflicto con una flota francesa, todos los estadounidenses salvo él, informó Bates, ayudaron a los británicos. Por su intransigencia, un oficial británico lo arrojó al suelo y le mandó poner grilletes en las piernas. Bates respondió que él era libre para hacerlo, pero que no trabajaría, porque era prisionero de guerra. En ese momento, el oficial notificó a Bates que cuando comenzara la acción haría que lo "aten en el aparejo principal para que los franceses lo usen como blanco".

Ese espíritu de independencia y de determinación caracterizaría a José Bates por el resto de su vida. Y fue esa actitud hacia la vida, llena de coraje y basada en principios, lo que hizo que fuese una persona enérgica que pondría sus energías para levantar un movimiento sobre las ruinas del millerismo.

Su tribu podría aumentar. Dios necesita de "Josés Bates" en cada congregación.

Bates echa mano de la religión

Busqué a Jehová, y él me oyó. Salmo 34:4.

El padre de Bates había sido un hombre religioso e intentó, sin mucha suerte, criar a su hijo de modo que fuese espiritual. Sin embargo, en 1807, una de las oleadas de reavivamiento del segundo Gran Despertar sacudió profundamente al joven José. Pero el interés le duró poco, después de que la carrera marítima desviara su vida.

Sin embargo, el mar tiene su forma de hacer que un marinero dirija su vista a Dios, especialmente cuando viajan en barquitos de madera. Según expresó Bates posteriormente, en los mares tormentosos, "el espesor de un tablón era lo único que nos separaba de la eternidad". Fue ante la posibilidad de perder ese tablón que Bates sitúa sus primeros indicios religiosos. En medio de un furioso huracán de cuatro días, que levantaba olas de la altura de los mástiles, el joven capitán hizo dos cosas por desesperación: arrojó cuarenta toneladas de hierro al mar y tomó la inédita medida de pedir al cocinero que orara.

El cocinero no era el único que oró; también lo hacía la esposa de Bates, Prudy. Más allá de eso, como creyó que su esposo había empacado demasiadas novelas y libros de romances para sus viajes, Prudy introdujo un Nuevo Testamento y otras publicaciones cristianas en su equipaje. A través de ellos, el Espíritu Santo efectuó su obra característica. Pronto, Bates había perdido el interés en leer solamente para entretenerse y comenzó a devorar libros como *Rise and Progress of Religion in the Soul* [Surgimiento y progreso de la religión en el alma], de Philip Doddrige. El capitán, de 32 años, se estaba volviendo religioso. Pero, temía que sus oficiales y los demás hombres pudieran descubrirlo y burlarse de él.

El momento decisivo llegó con la muerte de un marinero llamado Christopher. Como capitán, era deber de Bates supervisar el entierro. Sin embargo, se sentía muy indigno.

Después de hacer lo mejor de su parte, cuatro días después del entierro entregó su vida a Dios, y "prometí al Señor que lo serviría el resto de mi vida".

El significado de la sepultura de Christopher no solo afectó a Bates; utilizó la ocasión para estimular a su tripulación, al predicar un sermón sobre la vida eterna el domingo siguiente.

Viéndola en retrospectiva, Bates consideraba que su conversión fue hallar "la Perla de gran precio, que valía muchas más riquezas de lo que mi embarcación pudiera contener". Su único deseo, observó, "es que pueda enseñar [a otros] el camino de la vida y la salvación".

Y eso fue lo que enseñó. Esa misión dominó el resto de su vida.

Servimos a un Dios poderoso, que puede cambiar la vida de nuestros hijos e hijas; y la nuestra también.

Un reformador suelto

Escudriñemos nuestros caminos, y busquemos, y volvámonos a Jehová. Lamentaciones 3:40.

En su último viaje (el que hizo después de su conversión), Bates creía que su deber no solo era convertir a su tripulación al cristianismo, sino también asegurarse de que se comportaran como cristianos, aun antes de que llegaran a serlo.

De modo que, a la puesta del sol del 9 de agosto de 1827 (el día que zarparon del puerto), reunió a su tripulación, y definió las reglas y las regulaciones que regirían el viaje. Debió haber sido un sobresalto para los rudos marineros que estaban frente a él. No solo debían dejar de maldecir, sino además debían mostrar respeto mutuo, al usar los nombres propios en vez de los sobrenombres. Tan radical era la pauta que no tendrían salida los domingos mientras estuviesen en el puerto. En vez de eso, proclamó el capitán, "guardaremos el día de reposo" a bordo del barco.

La tripulación, en su mayoría, quedó sentada en silencio ante las proclamaciones. Algunos expresaron opiniones en contra, pero ¿qué iban a hacer? Después de todo, ya habían zarpado, en un viaje que probablemente les llevaría 18 meses.

Pero, la verdadera bomba todavía no había caído. The Empress [La emperatriz], anunció Bates, sería un barco temperante. No habría licor ni otras bebidas alcohólicas a bordo; y, si pudiera, los persuadiría de no beber nunca, aun estando en tierra.

En ese momento Bates se arrodilló, y se entregó a sí mismo y a la tripulación a Dios.

Esa era la atmósfera de lo que debió haber sido un viaje extraño para la tripulación. No conocemos todos sus sentimientos, pero un integrante de la tripulación exclamó que habían zarpado a "un muy buen comienzo"; y al menos otro dijo que era un muy mal comienzo.

En ese viaje, Bates comenzó a tener una mejor comprensión del sábado. El viaje fue testigo de que Bates leyó al menos dos de los *Five Discourses on the Sabbath* [Cinco discursos sobre el sábado], de Seth Willinston. En la primera lectura, Bates declaró que no sabía que la Biblia hablara tanto sobre el tema. Por supuesto, señaló, "fue cambiado al primer día de la semana", como recordativo de que en ese día "nuestro Salvador resucitó, triunfante, de la tumba". Pocas semanas después, escribió que "cuanto más leo y reflexiono sobre este día santo [domingo], más me convenzo de la necesidad de santificarlo por completo".

El cristianismo fue determinante en la vida de Bates. Cambió cada una de sus facetas. Y así debe ser, si hemos hallado a Cristo como nuestro Salvador y Señor. Seguir sus pasos es llevar una vida radicalmente diferente de la del mundo que nos rodea.

Bates descubre la reforma final

Pero nosotros esperamos, según sus promesas, cielos nuevos y tierra nueva, en los cuales mora la justicia. 2 Pedro 3:13.

Primeramente, Bates recibió la enseñanza del pronto regreso de Cristo a través de un pastor local. Pero, la idea no progresó mucho en su mente hasta 1839. En el otoño de ese año, oyó hablar de la predicación de Guillermo Miller acerca de que Cristo vendría alrededor de 1843.

Cuando Bates puso objeciones a la idea, alguien le explicó que Miller usaba una gran cantidad de versículos bíblicos para demostrarlo. Pronto, Bates asistió a una serie de reuniones adventistas, y "se sorprendió mucho al saber que cualquiera podía mostrar algo acerca del *tiempo* de la segunda venida del Salvador". En el camino de regreso, después de la primera conferencia, dijo a su esposa: "Esa es la verdad".

Su próximo paso fue leer *Evidence From Scripture and History of the Second Coming of Christ, About the Year 1843* [Evidencias bíblicas e históricas de la segunda venida de Cristo, alrededor de 1843], de Miller. Bates aceptó de todo corazón la enseñanza de Miller, y se transformó en el primero, de quienes más adelante llegarían a ser adventistas del séptimo día, en abrazar el movimiento millerita del advenimiento y participar en él.

El millerismo pronto dominó la vida de Bates, y a la larga usurpó el tiempo que anteriormente había dedicado a la reforma social. En ese momento, algunos de sus amigos le preguntaron por qué ya no asistía a las reuniones de las sociedades de temperancia y las abolicionistas. "Mi respuesta fue", les dijo, "que al abrazar la doctrina de la segunda venida del Salvador, me pareció suficiente para comprometer todo mi tiempo a prepararme para ese acontecimiento y ayudar a los demás a hacer lo mismo; y que todo el que acepta esta doctrina es, y necesariamente debe ser, defensor de la temperancia y de la abolición de la esclavitud".

Bates llegó a decir a sus amigos que "se podría lograr mucho más si se trabajara en la fuente" del problema. Al fin y al cabo, los vicios que las diversas sociedades reformistas procuraban erradicar eran producto de la existencia pecaminosa. Pero, el regreso de Cristo daría lugar a una "eliminación repentina y total de todo mal". Por lo tanto, el millerismo, para Bates, se convirtió en "la reforma fundamental". Había llegado a la conclusión de que "la humanidad corrupta no podría reformar la corrupción": la venida de Cristo sería la única solución verdadera y permanente.

Desde el comienzo, Bates se convirtió en un líder importante en el millerismo, al ser uno de los 16 que citó al primer Congreso General en 1840 y presidió el de mayo de 1842. Esas responsabilidades lo colocaron en una posición desde la cual, a la larga, pudo gestionar el surgimiento del adventismo sabatario a finales de la década de 1840.

Dios dirigió la vida de Bates paso a paso. Y hace lo mismo por ti y por mí. Nuestro trabajo es no adelantarnos, sino seguir su dirección día a día.

Conozcamos a Jaime White

Vino palabra de Jehová a Jonás [...] diciendo: Levántate y ve a Nínive, aquella gran ciudad, y pregona contra ella; porque ha subido su maldad delante de mí. Y Jonás se levantó para huir de la presencia de Jehová. Jonás 1:1-3.

Algunos escuchamos el llamado del Señor a predicar la Palabra, pero no estamos del todo dispuestos a hacerlo. Así ocurrió con Jaime White, la segunda persona que contribuyó a la fundación del adventismo del séptimo día.

Jaime nació en Palmyra, Maine, el 4 de agosto de 1821. "A los quince", informa, "me bauticé, y me uní a la iglesia [de la Conexión] Cristiana. Pero, a los veinte años me había enterrado en el espíritu del estudio y la docencia, y habían depuesto la cruz. Nunca había descendido al pecado común de la blasfemia, y no había usado tabaco, té ni café, ni había acercado un vaso de licor espirituoso a mis labios. No obstante, amaba a este mundo más de lo que amaba a Cristo y todo lo relacionado con él, y estaba adorando a la educación en vez de al Dios del cielo".

El joven Jaime había oído hablar del millerismo, pero lo consideraba un "fanatismo descabellado". Con ese estado de ánimo, se sorprendió al oír que su madre, en quien confiaba, hablaba a favor de la doctrina adventista. No estaba preparado para el impacto que le causaría, en parte porque ya había hecho planes para su vida. Pero, no pudo evitar convencerse de su veracidad.

"Cuando regresé al Señor", informa, "fue con una fuerte convicción de que debía renunciar a mis planes mundanales y entregarme a la obra de advertir a la gente que se preparara para el día de Dios. En general, me encantaban los libros; pero en mi estado apóstata, no tenía tiempo ni afición para el estudio de las Sagradas Escrituras. Por lo tanto, ignoraba las profecías".

Más específicamente, Jaime White se sintió impresionado a visitar a los alumnos que había estado preparando en una escuela pública local. "Oré para que se me excusara de esa tarea", escribió, "pero no sentí ningún alivio". En ese estado mental, se fue a trabajar en los campos de su padre, "con la esperanza de poder desahogarme de los sentimientos bajo cuyo peso sufría".

Pero, no pudo. Entonces, Jaime oró pidiendo consuelo, pero no lo recibió. Finalmente, "mi espíritu se levantó en rebelión contra Dios, y dije precipitadamente: No iré". Con un fuerte pisotón puso fin al asunto, y se dispuso a hacer su vida.

La experiencia de Jaime White no es muy diferente de la del resto de nosotros. Oímos el llamado de Dios para que hagamos esto o aquello, y damos un pisotón o nos resistimos.

Pero, Dios no se da por vencido. Tiene un plan para cada uno de nosotros. ¿Cuál es su plan para ti hoy? Y, lo que es más importante, ¿cuál será tu relación con su voluntad?

Predicador a pesar de sí mismo

Te encarezco delante de Dios y del Señor Jesucristo [...] que prediques la palabra; que instes a tiempo y fuera de tiempo; redarguye, reprende, exhorta con toda paciencia y doctrina. 2 Timoteo 4:1, 2.

Ayer dejamos a Jaime White todavía rebelándose contra el llamado de Dios. "Finalmente", informa, "resolví que haría mi deber". Poco después, una "dulce paz de parte de Dios inundó mi mente, y el cielo parecía brillar a mi alrededor. Levanté las manos, y alabé a Dios con voz de triunfo". Sus luchas con sus ambiciones terrenales no terminaron, pero al menos avanzaba en la dirección correcta.

El testimonio de Jaime causó un impacto desde el mismo comienzo. En un lugar, una dama reunió a unos 25 vecinos; ninguno de ellos profesaba ser cristiano. Él dio su testimonio y luego se inclinó para orar. "Me quedé asombrado", escribió, "al descubrir que estos 25 pecadores se inclinaron conmigo. No pude más que llorar. Todos lloraron conmigo".

Estaba teniendo éxito. Pero se sentía constantemente desgarrado entre sus ambiciones terrenales y el llamado de Dios a predicar el advenimiento inminente. "La lucha", expresó, "era intensa". Después de una ocasión en la que "se sintió avergonzado" porque su predicación fue muy improvisada debido a la falta de conocimiento bíblico, quedó impactado al saber que algunos oyentes lo llamaban "pastor White". "La palabra pastor", recordaba, "me cortó el corazón. Estaba confundido y casi paralizado".

Las cosas continuaron bastante bien, hasta que intentó hablar en presencia de dos predicadores que no habían aceptado la doctrina del advenimiento. Después de veinte minutos, se "confundió y se avergonzó, y se sentó". En ese momento, señala, "finalmente abandoné todo por Cristo y su evangelio, y hallé paz y libertad".

Más allá de la entrega, Jaime entendió que si iba a ser un predicador exitoso necesitaba prepararse para la tarea. Como resultado, nos manifiesta que compraba "publicaciones adventistas, las leía con atención, estudiaba la Biblia", y hablaba públicamente a medida que Dios abría el camino.

Podemos encontrar una lección en la experiencia de Jaime White para todos nosotros. Por supuesto, no todos somos llamados a ser pastores, pero Dios convoca a todos a que utilicemos los talentos que nos ha dado. Algunos sostienen una lucha constante para responder. La buena noticia es que Dios no pierde la paciencia con nosotros. Así como lo hizo con Jaime, continuará obrando *en* nosotros, a fin de poder trabajar *a través de* nosotros. Nuestra oración diaria debe ser para que no solo Dios nos muestre su voluntad, sino también nosotros aceptemos su voluntad para nuestra vida.

Nadie dijo que sería fácil

Sé prudente en todas las circunstancias, soporta los sufrimientos, dedícate a la evangelización; cumple con los deberes de tu ministerio. 2 Timoteo 4:5, NVI.

Nadie dijo que hacer la voluntad de Dios sería fácil; al menos, no lo fue para el predicador Jaime White, recientemente comprometido. Para empezar, era pobre. Al salir al "gran campo de cosecha", recordaba, "no tenía caballo, ni montura, ni riendas ni dinero, y sin embargo sentía que debía ir. Había usado mis últimos ingresos del invierno en ropa necesaria para asistir a las reuniones de la Segunda Venida, y para la compra de libros y el gráfico [profético]. Pero, mi padre me ofreció usar un caballo para el invierno, y el pastor Polley me dio unas riendas con los cojinillos arrancados, y varios pedazos de una rienda vieja".

Era pobre, pero de todos modos salió. Sin embargo, no todos estaban felices con su llegada. En un lugar, informa que una bola de nieve casi le arrancó la cabeza mientras oraba. Luego, recibió un diluvio de bolas de nieve junto con el ruido de una turba, por lo que tuvo que gritar para sobreponerse. "Mi ropa, y también mi Biblia", recordaba, "estaban mojadas por los fragmentos derretidos de cien bolas de nieve".

El qué hacer se volvió un desafío. "No era tiempo para la lógica", concluyó, "así que cerré la Biblia y entré a describir los terrores del Día de Dios [...]. Arrepiéntanse y conviértanse" fue su llamado. Al final de la reunión, cerca de cien personas se levantaron para orar.

Dios nunca dijo que sería fácil. Pero, solo porque el camino sea duro no significa que la bendición de Dios no esté con nosotros. Jaime White, como predicador joven, aprendió a crecer a pesar de las dificultades. Y, en el proceso, desarrolló abordajes innovadores para hablar al corazón y la mente de la gente.

En un lugar ruidoso, donde se le hacía difícil incluso llegar hasta el púlpito, las primeras palabras que oyeron de sus labios fueron un canto alto y claro:

Verán al Señor venir,
Verán al Señor venir,
Verán al Señor venir,
En pocos días más,
Mientras un conjunto musical,
Mientras un conjunto musical,
Mientras un conjunto musical,
Cantará por el aire.

Su canto no solo acalló a la multitud, sino también expresaba esperanza en la pronta Venida, por la cual había dado la vida. Dios nunca nos dijo que sería fácil seguir a Jesús. Pero, sí prometió bendiciones ilimitadas cuando lo sigamos.

Conozcamos a Elena de White

Acuérdate de tu Creador en los días de tu juventud. Eclesiastés 12:1.

"**M**ientras estaba orando ante el altar de la familia, el Espíritu Santo descendió sobre mí, y me pareció que me elevaba más y más, muy por encima del tenebroso mundo. Miré hacia la Tierra para buscar al pueblo adventista, pero no lo hallé en parte alguna, y entonces una voz me dijo: 'Vuelve a mirar un poco más arriba'. Alcé los ojos, y vi un sendero recto y angosto trazado muy por encima del mundo. El pueblo adventista andaba por ese sendero, en dirección a la ciudad que se veía en su último extremo" (PE, p. 14). Esas palabras registran parte de la primera visión celestial de Elena G. Harmon, de 17 años de edad, en diciembre de 1844.

Elena y su hermana melliza nacieron el 26 de noviembre de 1827. Eran las más pequeñas de una familia de ocho hijos en Gorham, Maine. Su padre, fabricante y vendedor de sombreros, finalmente se mudó con la familia a Portland, Maine.

Fue en Portland que Elena, entonces de nueve años, experimentó un accidente que la afectó profundamente. Estuvo al borde de la muerte durante varias semanas, al ser golpeada por una piedra arrojada por una compañera de la escuela. Finalmente se recuperó, pero la experiencia la dejó tan mal de salud que no pudo continuar su educación formal, aunque lo intentó de todo corazón. La mala salud continuaría atormentándola durante la mayor parte de su vida.

Sin embargo, su incapacidad para asistir a la escuela no detuvo su educación informal. Sus bocetos autobiográficos reflejan a una joven con una mente penetrante y un carácter sensible. Y el tamaño de su biblioteca personal, al momento de su muerte, indica que poseía una amplia cultura en una variedad de temas.

Su sensibilidad no solo se muestra en su relación con los demás, sino también con Dios; de hecho, incluso una lectura casual de su autobiografía lleva a la conclusión de que se tomó muy en serio la religión desde sus primeros recuerdos.

El pensamiento de que Jesús podría volver en cuestión de años traumaba especialmente a la joven Elena. Primero, descubrió por casualidad esa enseñanza a los ocho años, cuando de camino a la escuela levantó un trozo de papel que indicaba que Jesús podría venir en pocos años. "El terror se apoderó de mí", escribió. "Me impresioné tan profundamente [...] que apenas pude dormir durante varias noches, y oraba continuamente para estar lista cuando viniera Jesús" (NB, p. 22).

Su experiencia temprana nos ayuda a ver la verdad de que algunas cosas que tememos, a la larga, pueden convertirse en la esperanza de nuestra vida, especialmente cuando llegamos a entender mejor el carácter de Dios.

Luchando con Dios

Creo; ayuda mi incredulidad. Marcos 9:24.

L a experiencia religiosa no es igualmente placentera para todos. Esto es especialmente cierto para aquellos que tienen un carácter sensible. Y la joven Elena era una de esas almas sensibles.

Ayer, descubrimos que "el terror se apoderó" de ella cuando de niña leyó sobre la proximidad del advenimiento. Su temor por la Segunda Venida provenía de varias fuentes. Una era la profunda sensación de indignidad. "Sentía en mi corazón", escribió, "que yo no lograría merecer llamarme hija de Dios [...]. Me parecía que yo no era lo suficientemente buena como para entrar en el cielo" (NB, p. 23).

Durante años, Elena luchó con sus temores. Dos creencias falsas agravaban su problema. La primera era que ella tenía que ser buena, o incluso perfecta, antes de que Dios pudiera aceptarla. La segunda era que si verdaderamente se salvaba, tendría una sensación de éxtasis espiritual.

Sus tinieblas emocionales comenzaron a disiparse durante el verano de 1841, cuando asistió a una reunión campestre metodista en Buxton, Maine. Allí, escuchó en un sermón que toda la autosuficiencia y el esfuerzo eran inútiles para ganarse el favor de Dios. Se dio cuenta de que "tan solo al relacionarse con Jesús, por medio de la fe, puede el pecador llegar a ser un hijo de Dios, creyente y lleno de esperanza" (*ibíd.*, p. 24).

De allí en más, fervientemente buscó el perdón de sus pecados y se esforzó por entregarse completamente a su Señor. "Decía yo en mi corazón", escribió más adelante: "'¡Ayúdame, Jesús! ¡Sálvame o pereceré!' " "Mi carga me abandonó repentinamente", nos dice, "y se me alivió el corazón" (*ibíd.*, p. 25).

No obstante, pensó que esto era demasiado bueno para ser cierto. Como resultado, trató de volver a asumir la carga de aflicción y de culpa que habían sido su compañía constante. Según dijo: "No me parecía tener derecho a sentirme alegre y feliz" (*ibíd.*, pp. 25, 26). Solo gradualmente comprendió la maravilla de la plenitud de la gracia redentora de Dios.

Pero, a pesar de su nueva comprensión, continuó luchando con las dudas porque no siempre tenía los sentimientos de éxtasis que creía que debía tener si era verdaderamente salva. Como resultado, continuó sintiendo temor de no ser lo suficientemente perfecta como para encontrarse con su Salvador en su venida.

¿Te suena conocida la reacción de Elena? A muchos se nos hace difícil creer que el evangelio realmente es tan bueno como Dios dice que lo es. Finalmente, la solución no son los sentimientos, sino leer las promesas de Dios tal cual están escritas.

Ayúdanos hoy, Señor, en nuestra incredulidad.

Una joven millerita -1

En la casa de mi Padre muchas moradas hay; si así no fuera, yo os lo hubiera dicho; voy, pues, a preparar lugar para vosotros. Y si me fuere y os preparare lugar, vendré otra vez, y os tomaré a mí mismo, para que donde yo estoy, vosotros también estéis. Juan 14:2, 3.

Elena Harmon había escuchado por primera vez a Guillermo Miller en una serie de reuniones en Portland, Maine, en marzo de 1840. Cuando él regresó para una segunda serie, en junio de 1842, ella asistió gustosa.

Aceptó el mensaje de Miller, pero no podía escapar al temor persistente de que no era "suficientemente buena". Más allá de eso, el pensamiento de que Dios torturaba a la gente en un infierno eterno la preocupaba.

Mientras Elena tenía esto en mente, su madre le sugirió que buscara consejo de Levi Stockman, un pastor metodista que había aceptado el millerismo. Stockman alivió la mente de Elena, al hablarle "del amor de Dios por sus hijos que yerran y que, en lugar de regocijarse en su destrucción, él anhela atraerlos hacia sí con fe sencilla y confianza. Me habló detenidamente del gran amor de Cristo y del plan de salvación".

"Puedes retirarte en plena libertad", le dijo; "regresa a tu hogar confiando en Jesús, porque él no retirará su amor de ninguna persona que busca de verdad" (1 TI, pp. 34, 35). Esa entrevista fue uno de los momentos decisivos más importantes en la vida de Elena Harmon. De allí en más, consideró que Dios era "como un padre bondadoso y tierno, más bien que como un severo tirano que fuerza a los hombres a obedecerlo ciegamente". Su corazón "sentía un profundo y ferviente amor hacia él. [Ahora] consideraba que era un gozo obedecer su voluntad, y me era un placer estar en su servicio" (NB, p. 43).

Su nueva comprensión de Dios como un padre tierno ayudó a la joven Elena en diversas formas. Sobre todo, en cuanto a la naturaleza del infierno, un tema que examinaremos más adelante.

La percepción de que Dios es un padre bondadoso también la ayudó a esperar la Segunda Venida con alegre entusiasmo. Vio que no tenía nada que temer de un Ser tal, sino que podía esperarlo todo de él.

Y ¡qué bendita esperanza es esa! Con mucha frecuencia, en el siglo XXI nos vemos atrapados en nuestra vida diaria hasta tal punto que no nos damos cuenta de la magnitud de las promesas de la Segunda Venida.

Por más cosas buenas que nuestro "Padre bondadoso" nos haya dado en esta Tierra, sabemos, por la Biblia, que las que nos esperan serán infinitamente mejores.

Podemos estar agradecidos por nuestro Padre bondadoso.

Una joven millerita -2

Porque el Señor mismo con voz de mando, con voz de arcángel, y con trompeta de Dios, descenderá del cielo; y los muertos en Cristo resucitarán primero. Luego nosotros los que vivimos, los que hayamos quedado, seremos arrebatados juntamente con ellos en las nubes para recibir al Señor en el aire, y así estaremos siempre con el Señor. Por tanto, alentaos los unos a los otros con estas palabras. 1 Tesalonicenses 4:16-18.

¡Qué palabras consoladoras! Especialmente para la joven Elena Harmon. Su descubrimiento de Dios como "padre bondadoso" le infundió vigor para hacer sonar la buena noticia de la Segunda Venida, a fin de que otros pudiesen prepararse para el feliz acontecimiento.

Por lo tanto, en contra de su carácter naturalmente tímido, comenzó a orar en público, a compartir con otros, en las reuniones de las clases metodistas, su creencia en el poder salvífico de Jesús y en su pronto regreso; y a ganar dinero para comprar materiales impresos a fin de difundir la doctrina adventista.

La última actividad la fatigó especialmente. Debido a su mala salud, tenía que sentarse recostada en la cama, para tejer medias a 25 centavos por día, para hacer su parte. Intensamente sincera, su convicción se mostraba en cada aspecto de su vida. Llevó a muchas de sus amigas jóvenes a la fe de Jesús.

No solo Elena sentía entusiasmo por la verdad adventista predicada por Miller, sino también sus padres y sus hermanos. Pero su congregación metodista local, que enseñaba que Cristo no vendría hasta después de mil años de paz y plenitud, no apreciaba la agitación constante de la enseñanza del pronto regreso de Cristo. Como resultado, en septiembre de 1843 expulsó a la familia Harmon de su membresía.

La experiencia de ellos reflejaba la de muchos otros adventistas milleritas de todas partes, que se negaban a permanecer callados sobre el tema del regreso de Jesús en el futuro cercano.

Pero, Elena y la mayoría de los demás milleritas no se preocupaban demasiado por su expulsión de las diferentes confesiones religiosas; después de todo, Jesús aparecería en pocos meses más, y entonces todos sus problemas se terminarían. Con esa esperanza en mente, los creyentes milleritas continuaron reuniéndose con el propósito de animarse, a medida que se acercaba el tiempo predicho.

El gozo llenaba sus corazones. Según diría Elena más adelante, el período que se extendió de 1843 a 1844 "fue el año más feliz de mi vida" (NB, p. 66). Al mirar atrás, nos damos cuenta de que aquellos creyentes estaban errados en cuanto al tiempo del advenimiento, pero no estaban equivocados en cuanto a la esperanza en sí. La bendita esperanza del advenimiento de Jesús todavía es un gozo que llena nuestro corazón con expectación.

El pueblo del Libro -1

Toda la Escritura es inspirada por Dios, y útil para enseñar, para redargüir, para corregir, para instruir en justicia. 2 Timoteo 3:16.

La cuestión más básica para cualquier grupo religioso es la autoridad. Los que iniciaron el movimiento adventista del séptimo día fueron claros sobre el tema. Según afirmó Jaime White a comienzos de 1847: *"La Biblia* es una revelación perfecta y completa. Es *nuestra única regla de fe y práctica"* (cursiva añadida).

Los sabatarios, como veremos en los días siguientes, desarrollaron sus creencias doctrinales distintivas sobre la base del estudio de la Biblia. Ese hecho no siempre fue obvio para sus detractores. Miles Grant, por ejemplo, argumentó en 1874, en el *World's Crisis* [La crisis mundial] (una revista adventista importante en los primeros días), que "los adventistas del séptimo día afirman que el Santuario será purificado al final de los 1.300 días mencionados en Daniel 8:13 y 14, [que] está en el cielo, y que la purificación comenzó en el otoño de 1844. Si alguien llegara a preguntar por qué creen eso, la respuesta sería que la información llegó a través de una de las visiones de la señora E. G. de White".

Urías Smith, editor de la *Review and Herald,* una revista adventista, respondió vigorosamente a esa acusación: "Se han escrito cientos de artículos sobre el tema [del Santuario]. Pero, en ninguno de ellos aparecen las visiones a las que se ha hecho referencia como una autoridad sobre el tema, o la fuente de la que se deriva alguna postura que sostenemos. El llamado es invariablemente hacia la Biblia, donde hay abundantes evidencias para las posturas que tenemos sobre este tema".

Deberíamos señalar que Smith hizo una declaración que cualquier persona dispuesta a revisar la literatura adventista puede verificar o refutar. Paul Gordon ha hecho esto sobre el tema del Santuario en *The Sanctuary, 1844, and the Pioneers* [El Santuario, 1844 y los pioneros] (1983). Sus hallazgos apoyan las declaraciones de Smith.

El hecho es que, mientras que muchos adventistas posteriores han tendido a apoyarse en la autoridad de Elena de White o en la tradición adventista, los primeros adventistas eran el *pueblo del "Libro".* Los adventistas actuales de todas las convicciones deben notar este hecho, al tratar de descubrir la auténtica historia adventista. La buena noticia es que Dios ha dado en su Libro las palabras de vida. Podemos regocijarnos hoy con el salmista, quien declaró: "En mi corazón he guardado tus dichos, para no pecar contra ti" (Sal. 119:11).

El pueblo del Libro -2

Recibieron la palabra con toda solicitud, escudriñando cada día las Escrituras para ver si estas cosas eran así. Hechos 17:11.

Elena de White estaba en total armonía con Bates y su esposo sobre la centralidad de la Biblia. En su primer libro (1851), escribió: "Recomiendo al amable lector la Palabra de Dios como regla de fe y práctica" (PE, p. 78). Y 58 años después, pasó al frente en el congreso de la Asociación General de 1909 con la Biblia en las manos, diciendo: "Hermanos y hermanas, les recomiendo este libro". Sus últimas palabras pronunciadas en el Congreso de la Asociación General de la iglesia reflejaban el sentimiento de su ministerio a lo largo de más de seis décadas.

Jaime White, en 1847, se refirió al rol único de la Biblia en la formación doctrinal adventista, al afirmar que la Escritura es "nuestra única regla de fe y práctica". En el contexto del ministerio profético de su esposa, escribió que "las visiones verdaderas son dadas para conducirnos a Dios y a su palabra escrita; pero las que se dan para una nueva regla de fe y práctica, aparte de la Biblia, no pueden ser de Dios, y deberían rechazarse".

Cuatro años después, volvió a explicitar ese punto. "Todo cristiano", escribió, "por lo tanto, tiene el deber de tomar la Biblia como una perfecta regla de fe y responsabilidad. Debería orar con fervor para ser ayudado por el Espíritu Santo en la búsqueda de toda la verdad y de toda su responsabilidad en las Escrituras. No tiene la libertad de apartarse de ellas, para aprender cuál es su responsabilidad a través de alguno de los dones. Decimos que, en el mismo momento que hace eso, coloca los dones en un lugar equivocado y asume una posición extremadamente riesgosa. La Palabra debería estar al frente, y los ojos de la iglesia deberían estar sobre ella como la regla por seguir y el fundamento de la sabiduría, para saber cuál es su deber 'en toda buena obra' ".

En resumen, los primeros adventistas del séptimo día rechazaban la tradición, la autoridad de la iglesia y hasta los dones del Espíritu como autoridad final en su formación doctrinal.

Con eso en mente, es importante preguntarnos dónde estamos como adventistas hoy (tanto en forma individual como colectiva), en cuanto al tema de la autoridad. En muchos casos, pareciera que somos débiles en la Biblia.

Hoy es el mejor día posible para revertir ese problema. Ahora mismo, mientras oras, deseo que te reconsagres al estudio serio y diario de la Biblia. ¿Por qué no empezar con los evangelios, las cartas de Pablo o los Salmos?

Sin embargo, lo importante no es dónde comiences a estudiar, sino que en el espíritu de los pioneros adventistas dediques al menos media hora al estudio de la Biblia cada día. Sé que esto interferirá con tu tiempo para mirar televisión. Pero eso es bueno.

La centralidad de la puerta cerrada

Pero mientras ellas iban a comprar, vino el esposo; y las que estaban preparadas entraron con él a las bodas; y se cerró la puerta. Después vinieron también las otras vírgenes, diciendo: ¡Señor, señor, ábrenos! Mas él, respondiendo, dijo: De cierto os digo, que no os conozco. Mateo 25:10-12.

Algunos símbolos bíblicos adquieren más de un significado a través del tiempo. Así fue con el de la puerta cerrada en el adventismo posmillerita, durante la última parte de la década de 1840.

Anteriormente, vimos que ya en 1836 Miller había considerado la puerta cerrada de Mateo 25:10 como el fin del tiempo de prueba para la humanidad. Es decir, antes de que Cristo venga, todo ser humano habrá tomado una decisión a favor o en contra de él.

Desde que Miller asoció la Segunda Venida con la fecha de octubre de 1844, sostuvo que el tiempo de prueba concluiría antes de esa fecha. Continuó sosteniendo esa opinión después del chasco de octubre. El 18 de noviembre de 1844, por ejemplo, escribió que "hemos [terminado] nuestra obra de advertir a los pecadores [...]. Dios, en su providencia, ha cerrado la puerta; solo podemos estimularnos mutuamente a ser *pacientes*".

Pero, ese no era el único punto de vista sobre los acontecimientos confusos del otoño de 1844. J. V. Himes, por ejemplo, ya el 5 de noviembre había concluido que no se había cumplido ninguna profecía en octubre de 1844. Y si así fuese, la puerta del tiempo de prueba no se había cerrado. Por lo tanto, el pueblo de Dios todavía necesitaba dar el mensaje de salvación.

Por más extraño que nos parezca esto hoy, fueron las diferentes interpretaciones de la puerta cerrada lo que separó las diversas corrientes del adventismo en 1845 y más adelante. Con el fin de comprender las controversias, es importante ser conscientes de que, para comienzos de 1845, la frase "la puerta cerrada" había asumido dos significados:

(1) El fin del tiempo de prueba;

(2) Que la profecía se había cumplido en octubre de 1844.

Con ese reconocimiento en mente, podemos pensar en los adventistas de Albany que seguían a Himes como los "adventistas de la puerta abierta", y en los espiritualizadores fanáticos y en los sabatarios en formación como los "adventistas de la puerta cerrada".

Jaime White estaba tan empeñado en el hecho de que la profecía se había cumplido al final de los 2.300 días que llegó a caracterizar a los sabatarios como "el pueblo de la puerta cerrada del séptimo día". (Podemos estar agradecidos de que el nombre no haya quedado...)

Mientras tanto, la tarea teológica de los sabatarios, a fines de la década de 1840, fue separarse de sus primeros fanáticos en el sector de la puerta cerrada del adventismo. Eso solo pudo ocurrir mediante un mayor estudio de la Biblia y mediante la conducción de Dios.

Nueva luz sobre el Santuario -1

Y él dijo: Hasta dos mil trescientas tardes y mañanas; luego el santuario será purificado. Daniel 8:14.

Nunca debemos olvidar que quienes llegarían a ser adventistas sabatarios eran de la creencia de la puerta cerrada. Es decir, creían que la profecía de Daniel 8:14 había tenido cumplimiento en octubre de 1844. No tenían dudas en cuanto a la fecha de la profecía. Los intérpretes historicistas de Daniel siempre han coincidido ampliamente en que la profecía de los 2.300 días se cumpliría entre 1843 y 1847. La controversia no había sido por causa de la fecha, sino por lo que ocurriría al final del período de tiempo profético. En otras palabras, había habido un consenso general acerca de la interpretación de la figura simbólica relacionada con la fecha, pero un desacuerdo generalizado en cuanto a la interpretación de los otros dos símbolos proféticos de Daniel 8:14.

La labor teológica que los adventistas debían realizar a raíz del chasco de octubre era descubrir el significado del Santuario y la purificación.

Miller, como vimos antes, había interpretado que el Santuario era la Tierra, y la purificación era la purificación de la Tierra por fuego en la Segunda Venida. Su postura, obviamente, había fracasado. Deberíamos reconocer que algunos habían expresado dudas en cuanto a la interpretación de Miller antes del chasco de octubre. Josiah Litch, por ejemplo, escribió en abril de 1844 que "no se ha demostrado que la purificación del Santuario, que había de tener lugar al final de los 2.300 días, era la venida de Cristo o la purificación de la Tierra". Volvió a señalar, cuando luchaba con el significado del texto, que lo más probable era que estuvieran "equivocados en cuanto al acontecimiento que marcaba su cierre".

Esa línea de pensamiento volvió a surgir poco después del chasco de octubre. De modo que Joseph Marsh pudo reconocer, a principios de noviembre: "Admitimos con alegría que nos hemos equivocado en la *naturaleza* del acontecimiento que esperábamos que ocurriera [...] pero todavía no podemos admitir que nuestro gran Sumo Sacerdote *en ese día* no haya cumplido *todo* lo que el tipo justificaría que esperemos".

Podemos espigar una lección aquí. A veces, estamos más seguros de una interpretación particular de la Escritura de lo que tenemos derecho. Necesitamos ser humildes, y hacer nuestra tarea al estudiar la Palabra de Dios.

Ayúdanos, Padre, a tener la mente abierta a tu conducción progresiva, al estudiar tu Palabra.

Nueva luz sobre el Santuario -2

Ahora bien, el punto principal de lo que venimos diciendo es que tenemos tal sumo sacerdote, el cual se sentó a la diestra del trono de la Majestad en los cielos, ministro del santuario, y de aquel verdadero tabernáculo que levantó el Señor, y no el hombre. Hebreos 8:1, 2.

Años después del acontecimiento, Hiram Edson escribió acerca de la experiencia que afirmó haber tenido el 23 de octubre de 1844, el día posterior al chasco: "Comencé", escribió, "a sentir que podría haber luz y ayuda para nosotros en medio de nuestra angustia. Les dije a algunos de nuestros hermanos: 'Vayamos al granero'. Entramos al granero, cerramos las puertas y nos inclinamos delante del Señor.

"Oramos con fervor; porque sentíamos nuestra necesidad. Continuamos orando fervientemente, hasta que recibimos el testimonio del Espíritu de que nuestra oración era aceptada y que se nos daría luz, el chasco sería explicado, aclarado, y sería satisfactorio. Después de desayunar, le dije a uno de mis hermanos [probablemente a O. R. L. Crosier]: 'Vayamos a ver, y animemos a algunos de nuestros hermanos'.

"Salimos, y mientras atravesábamos un campo grande, me detuve en medio del campo. El cielo parecía abierto ante mi vista, y vi en forma clara y distinta que en vez de que nuestro Sumo Sacerdote saliera del Lugar Santo del Santuario celestial, para venir a la Tierra el décimo día del mes séptimo, al final de los 2.300 días, él por primera vez entraba ese día en el segundo compartimento de ese Santuario; y que tenía una obra que llevar a cabo en el Lugar Santísimo antes de venir a la Tierra".

Los recuerdos de Edson, generalmente, son muy conocidos entre los adventistas del séptimo día. Y algunos parecen pensar que fue por su "visión" que la iglesia recibió la doctrina del Santuario.

Pero, necesitamos preguntarnos si sus visiones o revelaciones (o las de cualquier otro) son el fundamento adecuado para una doctrina. Por otra parte, ¿y si el adventismo nunca hubiese tenido un informe de la experiencia de Edson? ¿Qué diferencia habría? ¡Ninguna!

Hiram sigue diciendo que Crosier (que estuvo viviendo con él parte del tiempo) y el Dr. F. B. Hahan estudiaron con él el tema del Santuario, con la Biblia en mano. Crosier hizo un estudio exhaustivo, que Edson y Hahan aceptaron financiar para su publicación.

Este es el punto importante. A lo sumo, la experiencia de Edson señalaba hacia una posible interpretación del significado del Santuario. Pero, el estudio de la Biblia y solo el estudio de la Biblia podía brindar una base sólida.

Nosotros debemos erigir todas nuestras enseñanzas sobre el sólido estudio de la Biblia. ¡SIEMPRE!

Nueva luz sobre el Santuario -3

[Los servicios del santuario terrenal] sirven a lo que es figura y sombra de las cosas celestiales, como se le advirtió a Moisés cuando iba a erigir el tabernáculo, diciéndole: Mira, haz todas las cosas conforme al modelo que se te ha mostrado en el monte. Hebreos 8:5.

Ayer conocimos a O. R. L. Crosier, el amigo de Hiram Edson que dedicó tiempo al estudio intensivo y extensivo de la Biblia sobre el significado del Santuario y la purificación que tendría lugar al final de los 2.300 días de Daniel 8:14. Al escribir en el *Day Dawn*, publicado por Edson y F. B. Hahn, Crosier expuso sus hallazgos en forma muy sistemática. Una de sus primeras conclusiones fue que la interpretación de Miller era errada, puesto que "la palabra Santuario no puede aplicarse a la Tierra bajo ningún principio". Crosier, obviamente, tiene su concordancia a mano cuando señala que "la palabra Santuario aparece 104 veces en la Biblia: 100 en el Antiguo Testamento [...] y 4 veces en el Nuevo Testamento, todas en la Epístola a los Hebreos".

Más adelante en su artículo, Crosier concluye que el Santuario de Daniel 8:14 posiblemente no sea el Santuario judío, ya que este había sido irremediablemente destruido. "Sin embargo, aunque el Santuario judío dejó de ser *el* Santuario hace 1.800 años, existió algo más hasta el final de los 2.300 días que se llamó *el santuario*, y al final de ese período iba a someterse a un cambio que se expresa mediante la palabra 'purificado', 'justificado', 'vindicado' o 'declarado justo' ".

Una cosa es clara en el libro de Hebreos, señaló Crosier: "Que Cristo, en su ascensión, entró en el lugar del que el Santuario judío era figura, modelo o tipo, y ese es el lugar de su ministerio durante la dispensación evangélica". El libro de Hebreos indica incuestionablemente que 'tenemos tal sumo sacerdote, *el cual se sentó a la diestra del trono de la Majestad* EN LOS CIELOS, MINISTRO DEL SANTUARIO...' Este es el único texto del Nuevo Testamento en el que se encuentra la palabra santuario, salvo los tres que hablan del Santuario judío. Y ahora nos sentimos seguros al afirmar que no existe ninguna autoridad bíblica para llamar santuario a cualquier otra cosa, bajo la dispensación evangélica, que el lugar del ministerio de Cristo en los cielos, desde el momento de su ascensión al Padre hasta su segunda venida".

Hoy, podemos agradecer a Dios porque tenemos a Jesús como nuestro Sumo Sacerdote en el Santuario celestial. "Por lo cual puede también salvar perpetuamente a los que por él se acercan a Dios, viviendo siempre para interceder por ellos" (Heb. 7:25). ¡Amén!

Nueva luz sobre el Santuario -4

Por lo cual puede también salvar perpetuamente a los que por él se acercan a Dios, viviendo siempre para interceder por ellos. Hebreos 7:25.

C rosier había comenzado a escribir acerca del Santuario celestial ya en marzo de 1845. Pero, fue el 7 de febrero de 1847 cuando presentó su interpretación completa del tema, en un artículo titulado "La ley de Moisés".

Podemos resumir las conclusiones más importantes de "La ley de Moisés" de la siguiente manera: 1) Existe un Santuario literal en el cielo. 2) El Santuario hebreo era una representación visual completa del plan de salvación, inspirado en el modelo del Santuario celestial. 3) Así como los sacerdotes terrenales tenían un ministerio en dos fases en el Santuario del desierto, así Cristo tiene un ministerio de dos fases en el celestial. La primera fase comenzó en el Lugar Santo en ocasión de su ascensión; la segunda, el 22 de octubre de 1844, cuando Cristo pasó del primer compartimento del Santuario celestial al segundo. De modo que el Día de la Expiación antitípico, o celestial, comenzó en esa fecha. 4) La primera fase del ministerio de Cristo se ocupó del perdón, mientras la segunda conlleva la eliminación de los pecados, y la purificación del Santuario y de los creyentes individuales. 5) La purificación de Daniel 8:14 significaba una purificación del pecado y, por lo tanto, se efectuaba mediante la sangre, y no el fuego. 6) Habría un período de tiempo entre el comienzo del ministerio de Cristo en el segundo compartimento y la Segunda Venida.

Los resultados del estudio bíblico de Crosier habían respondido a las preguntas sobre la identificación del Santuario y la naturaleza de la purificación. Además, indicaban lo que había ocurrido al finalizar la profecía de los 2.300 días de Daniel 8:14.

El artículo de Crosier no pasó inadvertido, por lo que llegaría a ser conductor de los adventistas sabatarios. Ya en mayo de 1846, José Bates recomendó el tratado de Crosier sobre el Santuario como "superior a cualquier cosa que exista de este tipo".

Al año siguiente, Elena de White escribió que "el Señor me mostró en visión, hace más de un año, que el hermano Crosier tenía la luz verdadera sobre la purificación del Santuario, etc.; y que era su voluntad que el hermano C. transcribiera la postura que nos dio en el *Day-Star, Extra*, del 7 de febrero de 1846" (WLF, p. 12).

Podemos estar agradecidos porque no solo Dios tiene un plan para salvar a su pueblo de sus pecados, sino también este avanza hacia su culminación mientras Cristo ministra en nuestro favor en el cielo.

Nueva luz sobre el Santuario -5

Fue, pues, necesario que las figuras de las cosas celestiales fuesen purificadas así; pero las cosas celestiales mismas, con mejores sacrificios que estos. Porque no entró Cristo en el santuario hecho de mano, figura del verdadero, sino en el cielo mismo para presentarse ahora por nosotros ante Dios.
Hebreos 9:23, 24.

D ada la importancia de la enseñanza de Daniel 8:14 sobre la purificación del Santuario al final de los 2.300 días para el "adventismo de la puerta cerrada", no es de extrañar que descubramos que había otros, aparte de Hiram Edson, O. R. L. Crosier y F. B. Hahn, preocupados por la identidad del Santuario y su purificación, y por lo que ocurriría al terminar la profecía de los 2.300 días.

Otros estudiosos que han publicado respecto del tema incluyen a Emily C. Clemons, que editó una revista, a mediados de 1845, titulada gráficamente *Hope Within the Veil* [Esperanza dentro del velo], y G. W. Peavey, que en abril de 1845 enseñaba que Cristo había "cerrado la obra tipificada por los servicios diarios anteriores al décimo día del séptimo mes, y en ese día pasó al Santísimo".

Peavey también vio una interrelación entre Daniel 8:14, Hebreos 9:23 y 24 y Levítico 16, y concluyó que el Lugar Santísimo del Santuario celestial necesitaba de purificación mediante la sangre de Cristo, en el Día de la Expiación antitípico. Sin embargo, creía que la purificación del Santuario celestial había ocurrido el 22 de octubre de 1844, mientras que Crosier y sus amigos consideraban que la expiación era un proceso inconcluso, que había comenzado en esa fecha. Fue la interpretación de Crosier la que finalmente se incorporaría al adventismo sabatario.

Las primeras visiones de Elena Harmon también tocaron el tema del Santuario. A principios de 1845, ella informó una visión durante la cual vio "al Padre levantarse del trono, y en un carro de llamas entró en el Lugar Santísimo, al interior del velo, y se sentó", al comienzo de la segunda fase del ministerio celestial de Cristo (PE, p. 54).

Si bien su visión armonizaba con las conclusiones de Crosier y otros, basadas en la Biblia, debemos recordar que ella no tenía preeminencia ni autoridad en el adventismo en ese tiempo. Ella era casi una desconocida, para los actores principales de la teología del Santuario en desarrollo. Para ellos, ella era, simplemente, una muchacha de 17 años que afirmaba tener visiones, en medio de las voces conflictivas de un adventismo de la puerta cerrada literalmente rebasado por una multitud de personas que decían tener dones carismáticos.

Gracias, Padre, porque estás dispuesto a guiar nuestra mente, al tratar de conocer tu gran plan de redención.

La primera visión de Elena de White -1

Y después de esto derramaré mi Espíritu sobre toda carne, y profetizarán vuestros hijos y vuestras hijas. Joel 2:28.

En diciembre de 1844, Elena Harmon estaba orando junto con otras cuatro mujeres en la casa de una tal señora Haines, de Portland, Maine. "Mientras orábamos", observa Elena, "el poder de Dios descendió sobre mí como nunca hasta entonces" (NB, p. 71).

En cuanto a la experiencia, escribió: "Mientras estaba orando ante el altar de la familia, el Espíritu Santo descendió sobre mí, y me pareció que me elevaba más y más, muy por encima del tenebroso mundo. Miré hacia la Tierra para buscar al pueblo adventista, pero no lo hallé en parte alguna, y entonces una voz me dijo: 'Vuelve a mirar un poco más arriba'. Alcé los ojos, y vi un sendero recto y angosto trazado muy por encima del mundo. El pueblo adventista andaba por ese sendero en dirección a la ciudad, que se veía en su último extremo. En el comienzo del sendero, detrás de los que ya andaban, había una brillante luz, que, según me dijo un ángel, era el 'clamor de medianoche [la predicación de la fecha del 22 de octubre como el cumplimiento de Daniel 8:14].

"Esta luz brillaba a todo lo largo del sendero, y alumbraba los pies de los caminantes para que no tropezaran. Delante de ellos, iba Jesús guiándolos hacia la Ciudad, y si no apartaban los ojos de él, iban seguros.

"Pero, no tardaron algunos en cansarse, diciendo que la Ciudad estaba todavía muy lejos, y que contaban con haber llegado más pronto a ella. Entonces, Jesús los alentaba [...].

"Otros negaron temerariamente la luz que brillaba tras ellos, diciendo que no era Dios quien los había guiado hasta allí. Pero entonces, se extinguió para ellos la luz que estaba detrás y dejó sus pies en tinieblas, de modo que tropezaron y, perdiendo de vista el blanco y a Jesús, cayeron fuera del sendero abajo, en el mundo sombrío y perverso [...].

"Pronto se volvieron nuestros ojos hacia el oriente, donde había aparecido una nubecilla negra del tamaño de la mitad de la mano de un hombre, que era, según todos comprendían, la señal del Hijo del Hombre. En solemne silencio, contemplábamos cómo iba acercándose la nubecilla, volviéndose cada vez más esplendorosa hasta que se convirtió en una gran nube blanca [...].

"Luego, resonó la argentina trompeta de Jesús, a medida que él iba descendiendo en la nube [...]. Miró las tumbas de sus santos dormidos. Después, alzó los ojos y las manos hacia el cielo, y exclamó: '¡Despertad! ¡Despertad! ¡Despertad los que dormís en el polvo, y levantaos!'" (PE, pp. 14-16).

La primera visión de Elena de White
-2

Y en los postreros días, dice Dios, derramaré de mi Espíritu sobre toda carne, y vuestros hijos y vuestras hijas profetizarán. Hechos 2:17.

Curiosamente, la primera visión de Elena de White no abordó el tema del Santuario ni su purificación. Más bien, tuvo la intención de animar a los chasqueados adventistas milleritas, ofreciéndoles seguridad y consuelo. Más específicamente, les dio instrucciones en cuanto a varios temas.

Primero, indicaba que el movimiento del 22 de octubre no había sido un error; al contrario, el 22 de octubre había sido testigo del cumplimiento de la profecía. Como tal, era una *"brillante luz"* tras ellos, destinada a ayudar a los adventistas chasqueados a orientarse mejor y a guiarlos en el futuro. Es interesante notar que Elena Harmon había renunciado a sus creencias en el mensaje de octubre el mes anterior a su primera visión. De modo que la visión revirtió su propio pensamiento.

Segundo, la visión indicaba que Jesús continuaría guiándolos, pero necesitaban mantener la vista fija en él. Así, el adventismo tuvo dos focos para su orientación: el acontecimiento de octubre en la historia pasada y la continua dirección de Jesús en el futuro.

Tercero, la visión parecía dar a entender que pasaría más tiempo de lo esperado antes de que Jesús viniera otra vez.

Cuarto, fue un error grave renunciar a su experiencia vivida en el movimiento de 1844 y afirmar que no había sido de Dios. Los que llegaron a esa conclusión se dejaron llevar por las tinieblas espirituales y perdieron el rumbo.

La primera visión de Elena de White proveyó una cantidad de lecciones positivas. Pero, por favor, observa una cosa: no indicaba *qué* había pasado el 22 de octubre de 1844; *ese conocimiento se aclararía mediante el estudio de la Biblia*. En vez de brindar explicaciones específicas, la primera visión de Elena meramente destacaba el hecho de que Dios verdaderamente estaba guiando a su pueblo, a pesar de su chasco y confusión. Fue la primera señal de su cuidado y conducción proféticos a través de Elena Harmon.

El tema de que Dios dirige a su pueblo a través de los peligros y los escollos de la historia se convertiría en el tema central de su ministerio. Llegaría a su madurez en los cinco libros importantes que trazan la historia de la conducción de Dios desde la entrada del pecado, en *Patriarcas y profetas,* hasta la culminación del plan de Dios, en *El conflicto de los siglos.*

Gracias a Dios hoy, por su continua dirección.

El llamado a testificar

No temas, sino habla, y no calles. Hechos 18:9.

Aproximadamente una semana después de su primera visión, Elena tuvo una segunda, que le indicaba que contara a otros adventistas lo que Dios le había revelado a ella. También, le decía que enfrentaría una gran oposición.

Ella se resistió a su deber; después de todo, razonó, tenía mala salud, apenas tenía 17 años y era tímida por naturaleza. "Durante algunos días", explicó más adelante, "rogué a Dios que me quitase de encima aquella carga y la transfiriese a alguien más capaz de sobrellevarla. Pero, no se alteró en mí la conciencia del deber, y continuamente resonaban en mis oídos las palabras del ángel: 'Comunica a los demás lo que te he revelado' " (NB, p. 76). Continuó señalando que prefería morir antes que hacer la tarea que tenía por delante. Habiendo perdido la dulce paz que había venido con su conversión, una vez más estaba desesperada.

No es de extrañar que Elena Harmon se sintiera consternada al tener que hacer público todo esto. Después de todo, la población en general despreciaba abiertamente a los milleritas. En el verano de 1844, José Smith, el "profeta" mormón, perdió su vida a manos de una turba en Illinois, mientras a fines de 1844 y principios de 1845 surgió una gran cantidad de "profetas" adventistas de carácter cuestionable, y un buen número de ellos actuaba en Maine. Y en la primavera de 1845, los adventistas de Albany votarían que "no tenían ninguna confianza en ningún mensaje, visión, sueño, lengua, milagro, don extraordinario ni revelación nuevos", etc.

En ese clima, no es de extrañar que la joven Elena Harmon tratara de evitar su llamado al ministerio profético. Pero, a pesar de sus temores personales, se aventuró a salir y comenzó a presentar los consoladores consejos de Dios a los adventistas confundidos.

Incluso una mirada superficial a varias de sus primeras declaraciones autobiográficas indica que enfrentó mucho fanatismo y oposición personal. Algunas de sus primeras visiones abordaban el fanatismo y la oposición, dando consejos y reprendiendo lo que a menudo era de naturaleza muy personal.

Hoy, oh, Señor, ayúdanos a ser fieles en el lugar donde nos has puesto para hacer resonar el mensaje que nos has dado.

La relación de los dones espirituales con la Biblia -1

Y él mismo constituyó a unos, apóstoles; a otros, profetas; a otros, evangelistas; a otros, pastores y maestros, a fin de perfeccionar a los santos para la obra del ministerio, para la edificación del cuerpo de Cristo, hasta que todos lleguemos a la unidad de la fe y del conocimiento del Hijo de Dios, a un varón perfecto, a la medida de la estatura de la plenitud de Cristo. Efesios 4:11-13.

Los primeros adventistas sabatarios sostenían que la Biblia enseñaba que los dones espirituales, incluyendo el profético, existirían en la iglesia hasta la Segunda Venida.

Urías Smith les proveyó una ilustración que presenta muy bien esta idea. "Supongamos", escribió, "que estamos a punto de iniciar un viaje. El dueño de la embarcación nos da un libro de indicaciones y nos dice que contiene suficientes instrucciones para todo el viaje, y si les prestamos atención llegaremos a salvo a nuestro puerto de destino.

"Al zarpar, abrimos nuestro libro para aprender sus contenidos. Descubrimos que su autor establece principios generales para gobernarnos en nuestro viaje y nos instruye, en la medida de lo posible, tocando las diferentes contingencias que pueden surgir, hasta el fin. Pero, además, nos dice que la última parte del viaje será especialmente peligrosa; que las características de las costas cambian constantemente, debido a las arenas movedizas y las tempestades; 'pero para esta parte del viaje', dice, 'les proporcioné un piloto, que se reunirá con ustedes y les dará instrucciones que requieran las circunstancias que los rodeen y el peligro; y deben prestarle atención a él'.

"Con estas indicaciones, llegamos al tiempo peligroso especificado, y aparece el piloto, según la promesa. Pero algunos de la tripulación, cuando él ofrece sus servicios, se levantan contra él. 'Nosotros tenemos el libro de instrucciones original', dicen, 'y eso es suficiente para nosotros. Nos basamos en él, y solo en él; no queremos tener nada que ver con usted'.

"¿Quién tiene en cuenta ahora ese libro de instrucciones original? ¿Los que rechazan al piloto o los que lo reciben, según las instrucciones del libro? Juzguen ustedes.

"Pero algunos [...] pueden enfrentarnos en este punto diciendo: 'Entonces tomarían a la hermana White como nuestro piloto, ¿verdad?' Es anticiparse a cualquier esfuerzo en esta dirección la forma en que está redactada esta frase. Nosotros no decimos eso. Lo que sí decimos claramente es esto: que los dones del Espíritu son dados por nuestro Piloto por causa de estos tiempos peligrosos, y cada vez que hallamos manifestaciones auténticas como estas, estamos obligados a respetarlas, a estas y a las personas que las portan. No podemos hacer lo contrario, pues de ese modo rechazamos la Palabra de Dios, que nos manda recibirlas".

Una lección secundaria sobre el restauracionismo

Y los tuyos edificarán las ruinas antiguas; los cimientos de generación y generación levantarás, y serás llamado reparador de portillos, restaurador de calzadas para habitar. Isaías 58:12.

Al originarse en forma independiente en varias partes de los Estados Unidos alrededor de 1800, el restauracionismo apuntaba a reformar las iglesias recuperando todas las enseñanzas del Nuevo Testamento. Los restauracionistas rechazaban la postura de que la Reforma era algo que ocurrió únicamente en el siglo XVI, y postulaban que la Reforma comenzó en ese entonces, pero continuaría hasta que desaparezcan los últimos vestigios de la tradición y hasta que las enseñanzas de la Biblia estén firmemente en su lugar en la iglesia. La tarea del movimiento restauracionista era completar la reforma inconclusa.

Los restauracionistas propugnaban una postura radical de *sola scriptura*. Demandaban evidencias bíblicas para cualquier postura que establecieran. La Biblia debía ser su única base de fe y práctica. El movimiento también era anticredo. Una frase popular entre sus adherentes era que "no tenemos otro credo que la misma Biblia".

El espíritu del movimiento restauracionista sentó las bases para una gran agenda teológica para la mayoría de los protestantes estadounidenses a comienzos del siglo XIX. Promovía la actitud de regreso a la Biblia que impregnaba la mentalidad protestante estadounidense de la época.

Una rama del movimiento tuvo especial importancia para los adventistas del séptimo día: la Conexión Cristiana. Jaime White y José Bates (dos de los tres fundadores del adventismo) eran miembros de ella.

Esos dos hombres llevaron consigo al adventismo la filosofía con orientación bíblica de la Conexión Cristiana, y su impulso para devolver a la iglesia *todas* las enseñanzas perdidas de la Biblia. Estaban convencidos de que esa restauración debía ocurrir antes de la Segunda Venida.

Una postura restauracionista de la historia continúa influyendo en el adventismo actual. Tomemos, por ejemplo, las palabras iniciales de la Declaración de las Creencias Fundamentales de la Iglesia: "Los adventistas del séptimo día aceptan la Biblia como su único credo". Más allá de eso, *El conflicto de los siglos,* de Elena de White, se basa en un modelo restauracionista, al trazar la recuperación de las enseñanzas bíblicas perdidas en los primeros siglos del cristianismo, comenzando con la Reforma y extendiéndose hasta el *escatón*.

Como adventistas del séptimo día, podemos estar agradecidos de pertenecer a un movimiento que es sólido en la Escritura.

La relación de los dones espirituales con la Biblia -2

Y a unos puso Dios en la iglesia, primeramente apóstoles, luego profetas, lo tercero maestros, luego los que hacen milagros, después los que sanan, los que ayudan, los que administran, los que tienen don de lenguas. 1 Corintios 12:28.

La Conexión Cristiana causó un fuerte impacto en el adventismo sabatario, incluyendo su visión de los dones espirituales.

Nos enteramos de la visión conexionista sobre el tema a través de los escritos de William Kinkade (n. 1783), uno de los teólogos principales del movimiento. Kinkade escribió, en 1829, que en sus primeros años había rehusado que lo llamaran por "cualquier otro nombre que no fuese el de *cristiano*", y que no tomaría ningún otro libro como "norma que no sea la *Biblia*".

Indudablemente, estaba en lo cierto en cuanto a la autoridad suprema de la Biblia en cuestiones religiosas. Sin embargo, en su extenso debate acerca de la "restauración del antiguo orden de cosas", afirmaba que no podía aceptar que hubiese "ni una pulgada de diferencia" respecto del orden del Nuevo Testamento.

Y en el centro del orden neotestamentario, argumentaba, había dones espirituales, incluyendo, escribió: "el don de profecía, enunciado en lugares como 1 Corintios 12:8 al 31 y Efesios 4:11 al 16. La presencia de los dones espirituales en la iglesia *es el orden antiguo de las cosas;* todo el que se opone a esto se opone al cristianismo primitivo. Decir que Dios hizo que estos dones cesaran es lo mismo que decir que Dios ha abolido el orden de la iglesia neotestamentaria [...]. Estos dones constituyen el antiguo orden de las cosas".

Kinkade sugería que no se trataba de dones temporales que terminaron con la era apostólica, sino que "estos dones, como están formulados en la Biblia, componen el ministerio evangélico" como se establece en el Nuevo Testamento.

La teología neotestamentaria de la perpetuidad de los dones espirituales, de William Kinkade, en el contexto de la Biblia como la única fuente de autoridad, es importante para comprender el adventismo del séptimo día primitivo, ya que dos de los tres fundadores de nuestra confesión habían sido activos en la Conexión Cristiana. Jaime White y José Bates entraron en el adventismo sabatario desde un movimiento que se atenía a la Biblia como el único determinante de fe y práctica, y la continuación de los dones espirituales.

El delicado equilibrio entre los dos se refleja en los escritos de Jaime White, que marcó la pauta para la función apropiada de los dones espirituales en la iglesia.

Nuestro Padre Dios, te agradecemos por haberte preocupado por tu iglesia lo suficiente como para derramar los dones del Espíritu. Ayúdanos a ser sabios en nuestro uso de tus dones.

La relación de los dones espirituales con la Biblia -3

No apaguéis al Espíritu. No menospreciéis las profecías. Examinadlo todo; retened lo bueno.
1 Tesalonicenses 5:19-21.

Qué fácil es menospreciar a cualquiera que afirme tener el don de profecía. Después de todo, tenemos la Biblia. Y además, mucha gente desquiciada y cuestionable ha hecho esas afirmaciones a lo largo de la historia. A la luz de esos hechos, es natural dudar, si no despreciar.

Por otro lado, está el consejo bíblico sobre el tema: "No apaguéis al Espíritu. No menospreciéis las profecías. Examinadlo todo; retened lo bueno" (1 Tes. 5:19-21).

Menospreciar abiertamente a quienes aseveran tener el don de profecía no era una opción para los cristianos del Nuevo Testamento. Al contrario, la Biblia requiere que los "prueben".

La Biblia, afortunadamente, no solo nos recomienda que los evaluemos; también sugiere algunas formas para hacerlo. Una aparece en el Sermón del Monte, en que Jesús nos ordena: "Guardaos de los falsos profetas, que vienen a vosotros con vestidos de ovejas, pero por dentro son lobos rapaces. Por sus frutos los conoceréis [...]. Todo buen árbol da buenos frutos, pero el árbol malo da frutos malos" (Mat. 7:15-17).

Aplicado a alguien que diga ser profeta, necesitamos evaluar los resultados de los principios que propugna y si su vida refleja el cristianismo del Nuevo Testamento.

Otra prueba aparece en 1 Juan 4. Nos indica: "Probad los espíritus si son de Dios; porque muchos falsos profetas han salido por el mundo. En esto conoced el Espíritu de Dios: Todo espíritu que confiesa que Jesucristo ha venido en carne, es de Dios; y todo espíritu que no confiesa que Jesucristo ha venido en carne, no es de Dios" (vers. 1-3).

Debemos preguntarnos: ¿cuál es el testimonio acerca de Jesús que da aquel que asevera ser profeta?

Isaías 8:20 presenta una tercera prueba: las enseñanzas de esa persona ¿concuerdan con la Biblia?

Todos esos son criterios importantes, pero aún más importante es si sus enseñanzas se dirigen a ellos mismos y a su propia palabra, o a Jesús y la Biblia.

Aquellos primeros adventistas se vieron obligados a acudir a sus Biblias, al tratar de evaluar las afirmaciones de la joven Elena Harmon White y de otros, a finales de la década de 1840. Y no siempre fue fácil tomar decisiones.

Todavía no es fácil hoy. Pero, ese no es el tema. Tenemos un mandamiento.

Ayúdanos hoy, Padre, a convertirnos en estudiantes entusiastas de tu Palabra, con el fin de que podamos evaluar mejor todas las cosas espirituales.

Examinar al profeta -1

Guardaos de los falsos profetas, que vienen a vosotros con vestidos de ovejas [...]. Por sus frutos los conoceréis. Mateo 7:15, 16.

Ayer vimos el mandato bíblico de examinar a los que dicen tener el don profético. Los primeros adventistas sabatarios hicieron justamente eso.

Tomemos a José Bates, por ejemplo. Después de observar varias veces a Elena de White en visión, declaró que él era un "Tomás que dudaba". "No creo en sus visiones", dijo. "Pero, si pudiera creer que el testimonio que la hermana ha relatado hoy verdaderamente era la voz de Dios para nosotros, sería el hombre vivo más feliz".

Afirmó que su mensaje lo conmovió profundamente; creyó que era sincera y estaba un tanto desconcertado en cuanto a la experiencia de ella. "Aunque no pude ver nada en [las visiones] que militara contra la Palabra", escribió más adelante, "sin embargo, me sentí alarmado y probado al máximo, y por mucho tiempo [fui] reacio a creer que fuese nada más que el producto de un prolongado estado de debilitamiento de su cuerpo".

Pero, aunque tenía sus dudas, no dejó de prestarle atención. Al salir de la Conexión Cristiana, al menos estaba abierto a la idea de que los dones del Espíritu Santo presentados en el Nuevo Testamento (incluyendo el de profecía) seguirían activos en la iglesia hasta el regreso de Cristo.

Como resultado, Bates decidió investigar lo que Elena afirmaba que era el don de profecía divino. "Por lo tanto", escribió, "busqué oportunidades en presencia de otros, cuando la mente de ella parecía libre de emociones (fuera de una reunión), para interrogarla y hacer un careo entre ella y sus amigas que la acompañaban, especialmente con su hermana mayor, para llegar en lo posible a la verdad". Cuando ella estaba en visión, agregó Bates: "Escuchaba cada palabra y observaba cada movimiento, para detectar si había algún engaño o influencias mesmerianas".

Con Bates, encontramos un estudio de caso de una persona que luchaba entre la proclividad natural a rechazar una afirmación individual de don profético, y el mandato bíblico de probar y aceptar lo que es bueno (1 Tes. 5:19-21).

Volveremos sobre la lucha de Bates respecto del tema. Pero, debemos ser honestos con nosotros mismos: ¿Cómo es conmigo? ¿Tengo la mente y el corazón realmente abiertos? ¿O estoy tan lleno de prejuicios en contra (o a favor) de un don semejante que cierro los ojos ante las evidencias? Que Dios nos conceda una visión clara y un corazón abierto en cuanto a esto.

Examinar al profeta -2

Amados, no creáis a todo espíritu, sino probad los espíritus si son de Dios; porque muchos falsos profetas han salido por el mundo. 1 Juan 4:1.

El punto de inflexión en la evaluación de Bates sobre el don de Elena de White se dio en noviembre de 1846, en Topsham, Maine, cuando ella tuvo una visión que incluía datos astronómicos. Como ex marinero, Bates estaba muy familiarizado con el tema. Posteriormente, habló a J. N. Loughborough de su experiencia en Topsham. "Una noche, en presencia del hermano Bates, que todavía no creía en las visiones", informa Loughborough, "la señora de White tuvo una visión, en la que pronto comenzó a hablar de estrellas. Dio una descripción brillante de los cinturones teñidos de rosa que veía a través de la superficie de algún planeta, y luego añadió: 'Veo cuatro lunas'. 'Oh', dijo el hermano Bates, 'está viendo Júpiter'. Ella continuó describiendo varios otros fenómenos astronómicos".

Después de que Elena de White salió de visión, Bates le preguntó si alguna vez había estudiado astronomía. "Yo le dije", recuerda ella, "que no recordaba haber mirado jamás un libro que tratase de esta ciencia" (NB, p. 106).

La evidencia había sido suficiente para el escéptico Bates. De allí en más, creyó firmemente que ella tenía el don divino. Para abril de 1847, había llegado a la conclusión de que Dios le había dado el don a ella, "para consolar y fortalecer a su pueblo 'diseminado', 'destrozado' y 'pelado' " desde el chasco de 1844.

Y, en enero de 1848, Bates instó a sus lectores a no rechazar la obra de Elena de White "debido a su infancia y a sus enfermedades corporales, y a la falta de conocimiento mundano". Después de todo, señaló, "el método de Dios ha sido usar las cosas débiles de este mundo para confundir a los entendidos y los poderosos". El Señor, según Bates, estaba empleándola a ella con el propósito de "animar a la manada pequeña", en el preciso momento en que muchos de los dirigentes anteriores la estaban desamparando.

"Una vez", observó, "tardé en creer que las visiones de esta hermana eran de Dios". Sin embargo, "no me opuse a ellas, porque la Palabra del Señor es muy clara en que se darán visiones espirituales a su pueblo en los últimos días".

Y así fue. Nuestra tarea es no despreciar, sino examinar. Que Dios nos ayude con esa tarea.

Bates recibe el sábado -1

Acuérdate del día de reposo para santificarlo. Seis días trabajarás, y harás toda tu obra; mas el sépti-mo día es reposo para Jehová tu Dios. Éxodo 20:8-10.

L os adventistas del séptimo día consideramos que José Bates es el apóstol del sábado. Pero, debemos preguntarnos cómo dio con el tema.
La respuesta a esa pregunta tiene más de una bifurcación. Por un lado, desde que se hizo cristiano, guardó el domingo como día de reposo. Y hasta llegó a imponer su posición a su tripulación cuando capitaneaba un barco.

Un segundo camino, indudablemente, tuvo que ver con su estudio de las profecías. Después de todo, un estudiante del libro de Apocalipsis no tiene ninguna dificultad en comprender que los Mandamientos de Dios serán guardados en el tiempo del fin (ver Apoc. 12:17; 14:12).

Pero ¿cómo se sensibilizó Bates respecto del hecho de que el día de reposo del Nuevo Testamento es el sábado, y no el domingo?

Allí es que entran en el cuadro los Bautistas del Séptimo Día. Ese grupo nunca ha sido gente evangélica agresiva. En los Estados Unidos, había solamente seis mil de ellos en 1840. Y, para el año 2000, las cifras se habían reducido a cuatro mil ochocientos; un veinte por ciento menos de miembros en 160 años. En otras palabras, la evangelización nunca ha sido el traje que mejor les queda.

Pero, durante al menos una vez en su historia sí fueron agresivos. En el Congreso de su Asociación General de 1841, concluyeron que Dios "requería" evangelización sobre el tema del sábado. Entonces, informa Merlin Burt, en 1842 la Sociedad de Publicaciones de esta confesión "comenzó a publicar una serie de folletos con el objetivo de 'introducir el sábado' al 'público católico' ". Nuevamente, en el Congreso de su Asociación General de 1843 una vez más resolvieron que era su "deber solemne" iluminar a sus compatriotas sobre el tema del día de reposo sabático.

Sus esfuerzos tuvieron algunos resultados positivos. En su reunión de 1844, los bautistas del séptimo día agradecieron a Dios porque "había surgido un interés más profundo y amplio sobre el tema como nunca antes se había visto en nuestro país".

La historia de estos bautistas nos dice que la verdad es algo bueno; pero, también indica que incluso la verdad no puede hacer nada de bueno si la gente simplemente se "sienta" sobre ella.

Recién cuando tomaron una decisión consciente de permitir que su luz brillara sobre el tema, comenzaron a ocurrir cosas. Nosotros todavía necesitamos esa clase de decisiones, para hacer brillar la luz en la actualidad.

Bates recibe el sábado -2

Y bendijo Dios al día séptimo, y lo santificó, porque en él reposó de toda la obra que había hecho en la creación. Génesis 2:3.

Ayer vimos que los bautistas del séptimo día habían tenido algunos resultados en su esfuerzo, a comienzos de la década de 1840, para estimular la atención entre otros cristianos en cuanto al día de reposo bíblico.

Curiosamente, una parte importante de ese interés se había originado entre los adventistas milleritas. Como resultado, el *Sabbath Recorder* informó, en junio de 1844, "que una cifra considerable de los que esperan la pronta aparición de Cristo han aceptado el séptimo día, y comenzaron a observarlo como el día de reposo". El *Recorder* llegó a sugerir que la obediencia del sábado formaba parte de "la mejor preparación" para el advenimiento.

No sabemos exactamente qué quiso decir el *Recorder* con eso de que "una cifra considerable" de milleritas había comenzado a guardar el sábado en el verano de 1844; pero, sí sabemos que el tema del día de reposo sabático se había vuelto problemático hacia septiembre, porque el *Midnight Cry* [Clamor de medianoche] millerita publicó dos artículos extensos sobre el tema.

"Muchas personas", leemos, "han ejercitado mucho su mente con respecto a una supuesta obligación de observar el séptimo día". Los editores decidieron que "no hay ninguna porción de tiempo en particular que se requiera que los cristianos guarden como santo". Pero, si esa conclusión era incorrecta, "entonces pensamos que el séptimo día es el único día para la observancia de la que haya alguna ley".

El artículo final cerraba con el pensamiento de que "los hermanos y las hermanas del séptimo día [...] están tratando de reparar el antiguo y roto yugo judío, para ponérselo en el cuello". El artículo también sugería que los cristianos no deberían llamar día de reposo al domingo.

Los bautistas del séptimo día respondieron a los artículos del *Midnight Cry* observando que "el nuevo descubrimiento de los creyentes en la Segunda Venida, que hace que sea moralmente cierto, para ellos, que Cristo vendrá el décimo día del séptimo mes, probablemente haya incapacitado en gran medida sus mentes como para que centren su atención en la consideración de las argumentaciones sobre el sábado".

Y así fue. Pero, la verdad bíblica es persistente. Y podemos estar agradecidos por eso. Dios guía a su pueblo en general y a cada uno de nosotros en particular paso a paso, en la senda de su Palabra.

Bates recibe el sábado -3

Porque de cierto os digo que hasta que pasen el cielo y la tierra, ni una jota ni una tilde pasará de la ley, hasta que todo se haya cumplido. Mateo 5:18.

De entre el grupo de bautistas del séptimo día que interactuaron con los milleritas, una de las personas más significativas fue Rachel Oakes. A comienzos de 1844, no solo había aceptado el mensaje adventista sino también había compartido su perspectiva sabática con la congregación adventista de Washington, Nueva Hampshire, de la cual su hermana (la esposa de Cyrus Farnsworth) era miembro.

Su primer converso, aparentemente, fue William Farnsworth, que anteriormente la había convencido a ella de las enseñanzas milleritas.

Otra persona a la que llevó al sábado fue Frederick Wheeler, quien mientras predicaba en la iglesia de Washington remarcó que todas las personas que confesaban tener comunión con Cristo debían "estar preparadas para seguirlo, obedecerlo y guardar los Mandamientos de Dios en todas las cosas".

Posteriormente, Rachel Oakes recordó a Wheeler sus comentarios. "Casi me paro en la reunión en ese punto", le comentó ella, "para decir algo".

"¿Qué era lo que tenía en mente para decir?", preguntó Wheeler.

"Quería decirle que sería mejor que apartara esa mesa de Comunión y le pusiera el mantel encima, hasta que comience a guardar los Mandamientos de Dios".

Wheeler quedó bastante impactado con la embestida frontal de ella. Posteriormente, le dijo a un amigo que las palabras de la señora Oakes "calaron más profundo que cualquier cosa que alguna vez le hayan dicho". Pero reflexionó al respecto, estudió la Biblia sobre el tema y pronto comenzó a observar el día de reposo sabático.

Eso, aparentemente, ocurrió en marzo de 1844. Más tarde, varios miembros de la congregación de Washington se unieron a Wheeler y a William Farnsworth para honrar el sábado bíblico.

Cuando yo llegue al Reino, una persona a la que quiero buscar es a Rachel Oakes. Debió haber sido todo un personaje. Lo menos que podemos decir de ella es que no era tímida para compartir sus creencias. Dios le había dado una voz, y ella la usó para difundir la verdad del sábado. No sé si su manera de abordar era cristocéntrica o algo ofensiva, pero confío en que era la primera porque Wheeler, un pastor metodista, no se alejó de ella disgustado.

Una de las lecciones que extraemos de la vida de Rachel Oakes es que quizá nunca conoceremos en esta vida la gran influencia que tenemos sobre los demás. ¡Y eso vale para todos, incluso para ti!

Bates recibe el sábado -4

Si me amáis, guardad mis mandamientos. Juan 14:15.

L a experiencia adventista con el sábado en Washington, Nueva Hampshire, durante la primavera de 1844, fue significativa. Pero, de mayor impacto aún fue la conversión de Thomas M. Preble al sábado bíblico. Preble, pastor de la congregación bautista "El libre albedrío", cerca de Nashua, había sido millerita desde 1841. Aparentemente, recibió la verdad acerca del sábado de parte de Frederick Wheeler, cuya congregación de Washington quedaba a 56 kilómetros de su casa. Preble nos cuenta que comenzó a observar el sábado en el verano de 1844.

No tenemos registros de ninguna publicación de Preble sobre el tema del sábado antes del chasco de octubre, aunque es probable que él formase parte de la agitación que terminó en varias respuestas publicadas en el *Midnight Cry* [Clamor de medianoche] en septiembre, para poner un freno a la discusión del séptimo día.

Pero, a comienzos de 1845 Preble salió fortalecido del tema al publicar un artículo sobre el sábado en la *Hope of Israel* [Esperanza de Israel], el 28 de febrero. Finalizó su estudio señalando que "todos los que guardan el primer día como 'el día de reposo' ¡son *observadores del domingo del Papa! ¡Y TRANSGRESORES DEL DÍA DE REPOSO DE DIOS!!!"*

"Si yo tuviese solo un día en esta Tierra para dedicar", declaró Preble, "renunciaría al error por la verdad tan pronto como pudiese verla. Que el Señor nos dé sabiduría y nos ayude a guardar todos sus Mandamientos, 'para tener derecho al árbol de la vida' (Apoc. 22:14)".

Un folleto de doce páginas, titulado *A Tract, That the Seventh Day Should Be Observed as the Sabbath, Instead of the First Day; "According to the Commandment"* [Un folleto, acerca de que debería observarse el séptimo día como el día de reposo, en vez del primer día; "conforme al mandamiento"], salió publicado inmediatamente después del artículo.

Para abril de 1845, Bates había descubierto el artículo de Preble sobre el sábado en la *Hope of Israel.* Nos cuenta que "leyó y comparó" las evidencias de Preble con la Biblia, y se convenció de que "nunca había habido un cambio" del sábado al primer día de la semana.

"¡ESTO ES CIERTO!", se dijo. Y "en pocos días", informa, "tomé la decisión de comenzar a guardar el cuarto Mandamiento".

Una de las cosas impresionantes de Bates es que estaba dispuesto a cambiar opiniones firmes ante evidencias bíblicas adecuadas. Dios desea que cada uno de nosotros tenga un corazón y una mente dóciles, mientras nos guía por la senda de la vida.

Bates difunde el sábado -1

Después oí la voz del Señor, que decía: ¿A quién enviaré, y quién irá por nosotros? Entonces respondí yo: Heme aquí, envíame a mí. Isaías 6:8.

Poco después de aceptar el sábado, Bates viajó a Washington, Nueva Hampshire, con el fin de encontrarse con Wheeler, los hermanos Farnsworth y otros adventistas que lo observaban. George, el hijo de Wheeler, informa que Bates llegó a eso de las 22, "después de que toda la familia se había ido a dormir". George oyó que su padre hizo pasar a alguien. Y durante la noche se despertaba de tanto en tanto, para escuchar sus voces. Conversaron durante toda la noche, y luego continuaron hasta el mediodía. En ese momento, Bates salió para su casa.

Al regresar a Massachusetts, Bates se encontró con James Madison Monroe Hall, en el puente que unía las ciudades de Fairhaven y New Bedford.

Fue en ese encuentro que Hall dejó escapar la fatídica pregunta que, probablemente, desvió sus actividades por el resto del día; y ciertamente cambió su vida para siempre. "¿Qué noticias trae, capitán Bates?"

"La noticia", respondió él, es la del "día de reposo sabático; y que debemos guardarlo".

No sé cuánto tiempo estuvieron en ese puente, pero dado el estilo habitual de Bates, podría haber sido todo el día. Lo que sí sabemos es que Hall se fue a su casa, estudió la Biblia sobre el tema y guardó el día de reposo al sábado siguiente. Su esposa lo siguió una semana después. Hall fue el primer converso de Bates, a una noción que daría forma a la vida de ambos hombres desde ese día en adelante.

Por su parte, después de este incidente, Hall tuvo en tan alta estima a Bates que a su único hijo le puso por nombre José Bates Hall.

De allí en más, José Bates fue un hombre con una misión. Y no aflojó en ese esfuerzo hasta que estuvo en su lecho de muerte. Nada pudo detenerlo.

A comienzos de la década de 1850, por ejemplo, Bates informa de un viaje misionero de cinco semanas por Canadá, durante el cual luchó con fuertes nevadas y el frío extremo por más de veinte días; en una ocasión, "vadeando a través de la nieve profunda por 64 kilómetros", en el intento de llevar su mensaje a una familia interesada.

En otro momento, cortó casi un metro de hielo a fin de poder encontrar agua suficiente para bautizar a siete personas, a una temperatura de -34°C.

¡Y pensar que nos creíamos fervorosos!

Dios, ayúdame hoy a tomarme tu mensaje más en serio. Ayúdame a salir de mi zona de comodidad.

Bates difunde el sábado -2

Estad siempre preparados para presentar defensa con mansedumbre y reverencia ante todo el que os demande razón de la esperanza que hay en vosotros. 1 Pedro 3:15.

Por decirlo suavemente, José Bates era un testigo entusiasta de su nueva comprensión del día de reposo sabático. En 1854, por ejemplo, el joven Stephen N. Haskell (predicador adventista del primer día) se encontró con ese torbellino de energía, convicción y entusiasmo. A Haskell, de 21 años, le habían presentado el día de reposo sabático, pero no estaba totalmente convencido del tema.

Entonces, alguien guió a Bates hasta la casa de Haskell. Haskell informa que José pasó diez días con ellos, predicando cada noche, y también el sábado y el domingo. Pero, más allá de eso, el irreprensible Bates daba estudios bíblicos para Haskell y otros más "de la mañana hasta el mediodía, y del mediodía hasta la noche, y luego en la noche hasta la hora de irse a dormir".

"Hizo eso durante diez días consecutivos", informó Haskell más adelante; "y desde entonces soy adventista del séptimo día". Ni una sola vez dudó de la importancia del sábado después de eso. ¡Bates lo había vuelto a hacer!

Pero, no siempre tuvo éxito en su testificación. Uno de sus mayores fracasos ocurrió en agosto de 1846, el mes en que conoció a un joven predicador de la Conexión Cristiana y a su novia: Jaime White y Elena Harmon. Bates, por supuesto, dio rienda suelta a uno de sus amplios estudios bíblicos sobre aquello que se había convertido en su tema predilecto. ¿El resultado? ¡Fracaso! ¡Un fracaso total!

Ambos rechazaron su enseñanza sobre el día de reposo sabático. Elena recordaba que "el pastor Bates observaba el sábado y hablaba de su importancia. Yo no veía cuál podía ser su importancia, y pensaba que el pastor Bates erraba al espaciarse en el cuarto Mandamiento más que en cualquiera de los otros nueve" (1888 TI, p. 76).

Su encuentro con Jaime White y su futura esposa no fue el único acontecimiento importante que ocurrió en agosto de 1846. Ese mes, Jaime y Elena se casaron, y también apareció la publicación del primer librito de Bates sobre el sábado, titulado *The Seventh-day Sabbath, a Perpetual Sign* [El día de reposo del séptimo día, una señal perpetua].

Pero, antes de comenzar con esos acontecimientos debemos detenernos un poco más en Bates. Podemos aprender al menos tres lecciones de él. Primero, que es fácil volverse parcial y desequilibrado en nuestra presentación del mensaje bíblico. Segundo, que incluso los más fervientes fracasan de tanto en tanto. Tercero, que el fracaso no es una excusa para dejar de intentarlo.

Jaime White cambia de opinión en cuanto al matrimonio

Él, respondiendo, les dijo: ¿No habéis leído que el que los hizo al principio, varón y hembra los hizo, y dijo: Por esto el hombre dejará padre y madre, y se unirá a su mujer, y los dos serán una sola carne? Mateo 19:4, 5.

Indudablemente, es una sorpresa para los adventistas del séptimo día más atrincherados descubrir que Jaime White no creía en el matrimonio.

Sí, escuchaste bien: Jaime se oponía al matrimonio en 1845. Por lo tanto, pudo publicar en el *Day-Star* que una pareja adventista había "negado su fe", al anunciar su casamiento. El matrimonio, sostenía White, era un "ardid del Diablo. Los hermanos firmes de Maine que esperan que Cristo venga no tienen asociación con esa maniobra". Te preguntarás por qué asumió esa postura. La respuesta aparece en su siguiente frase: "Buscamos la redención en la Vigilia de la Mañana".

El hecho es que esperaban que Jesús regresara en octubre de 1845. Más allá de eso, los primeros adventistas creían que el tiempo era extremadamente corto. Y, desde esa perspectiva, casarse y formar un hogar parecía ser una negación de la fe en el *pronto* regreso de Jesús; después de todo, si Jesús viniera cuando lo esperaban, no habría necesidad de hogares y matrimonios terrenales.

De modo que, más adelante, Jaime informó que "la mayoría de nuestros hermanos que creían, como nosotros, que el movimiento de la Segunda Venida era la obra de Dios, se oponían al matrimonio porque creían que el tiempo era muy corto, y consideraban que casarse era una negación de nuestra fe, ya que ese paso parecía contemplar años de vida en este mundo".

Pero, el tiempo continuó. Y con él, vino la reevaluación.

Como resultado, Jaime y Elena se casaron en agosto de 1846. La razón: "Dios tenía una obra para que ambos hicieran, y vio que podríamos ayudarnos mucho en esa obra". Después de todo, la joven Elena necesitaba de un "protector legal", si iba a viajar por el país llevando su "importante [...] mensaje al mundo".

La lección: a veces, nos equivocamos. Y entonces, lo único razonable es admitirlo y corregir el rumbo.

Pero, a algunos no nos resulta fácil.

Ayúdame, Señor, a ver tu conducción a pesar de mis errores. Ayúdame a ser lo suficientemente humilde como para adaptarme cuando me equivoco.

Bates difunde el sábado -3

Y hablará palabras contra el Altísimo [...] y pensará en cambiar los tiempos y la ley. Daniel 7:25.

En agosto de 1846, salió publicado el primer librito de Bates sobre el sábado: *The Seventh-day Sabbath, a Perpetual Sign, From the Beginning to the Entering Into the Gates of the Holy City, According to the Commandment* [El día de reposo del séptimo día, una señal perpetua, desde el comienzo hasta entrar por las puertas de la Santa Ciudad, conforme al Mandamiento].

¡Qué título! Pero, indica su firme creencia en la importancia del sábado en el tiempo del fin.

La edición de 1846 de ese librito (solo de 48 páginas) presentaba, principalmente, un concepto bautista del séptimo día acerca del sábado. Por lo tanto, Bates estableció las ideas de que el día de reposo sabático era el día correcto de adoración y de que el Papado había intentado cambiar la Ley de Dios (Dan. 7:25).

Pero, hay dos puntos de especial interés en la edición de 1846 de ese libro, que indican que Bates estaba comenzando a interpretar el sábado a la luz de un marco teológico adventista.

El primero es el pensamiento, en el prefacio, de que "el *séptimo* día" debe "ser restaurado antes de la segunda venida de Jesucristo". Esa idea proviene de la plataforma restauracionista, que Bates trajo consigo de la Conexión Cristiana. Por lo tanto, la Reforma no estaba completa; y no lo estaría hasta que todas las grandes verdades bíblicas descuidadas o pervertidas a lo largo de la historia hallaran su lugar legítimo en la iglesia de Dios.

El segundo sesgo adventista en la edición de 1846 es la interpretación de Bates acerca del sábado, en el contexto del libro de Apocalipsis. Relaciona el sábado con Apocalipsis 14:12: "Aquí está la paciencia de los santos, los que guardan los *mandamientos* de Dios y la fe de Jesús". También señalaba, en alusión al versículo 7, con el Mandamiento de "adorad a aquel que hizo el cielo y la tierra, el mar y las fuentes de las aguas", que "el día de reposo sabático se incluye más claramente en estos mandamientos" que los otros nueve.

Fue ese mismo énfasis el que había desconcertado a Elena Harmon. Pero, Bates no dio marcha atrás solamente porque se cruzó con la crítica y el rechazo.

Ayúdanos, Señor, a mantener los ojos abiertos a las implicaciones de tu palabra. Y danos fuerzas cuando descubramos verdades importantes.

¿Qué pasó con T. M. Preble y Rachel Oakes?

Escogeos hoy a quién sirváis. Josué 24:15.

Hoy, necesitamos preguntarnos por el destino de T. M. Preble y Rachel Oakes, dos personas decisivas en la cadena de acontecimientos que condujeron a José Bates a la verdad acerca del sábado.

Preble, desgraciadamente, abandonó el día de reposo sabático. "Después de observar a conciencia el día de reposo sabático durante tres años", escribió en 1849, "tengo razones satisfactorias para abandonarlo, y ahora guardo el primer día como hasta entonces". En 1867, publicó *The First-day Sabbath: Clearly Proved by Showing That the Old Covenant, or Ten Commandments, Have Been Changed, or Made Complete, in the Christian Dispensation* [El día de reposo dominical: claramente probado al mostrar que el antiguo pacto, o los Diez Mandamientos, ha sido cambiado, o completado, en la dispensación cristiana].

Al comentar ese libro desde la perspectiva adventista del séptimo día, Urías Smith sugirió, en términos inequívocos, que el libro de Preble sobre el día de reposo sabático había sido el mejor de los dos.

Y el cuñado de Preble dudaba de su sinceridad, en el nuevo cambio al domingo. Según él, Preble se había convertido en administrador de un gran patrimonio y, cuando el sábado interfirió con sus negocios, lo abandonó. "La teoría de la inexistencia de la Ley fue su excusa siguiente en la cuestión".

Pero, aunque Preble rechazó el sábado en su experiencia personal, había causado anteriormente un impacto tal en el corazón y la mente de Bates que no hubo nada que pudiera revertirlo.

Y Bates no sería el único dirigente importante del adventismo sabatario influido por el folleto de Preble de 1845. En la primavera de ese año, cayó en manos de John Nevins Andrews, de quince años, quien se convirtió al tema del séptimo día. Posteriormente, Andrews llegaría a ser el erudito principal del adventismo acerca del sábado, al publicar la primera edición de su importante *History of the Sabbath and First Day of the Week* [Historia del día de reposo y el primer día de la semana], en 1873.

¿Y Rachel Oakes, la persona indirectamente responsable por presentar el sábado a Preble? Ella guardó el sábado por el resto de su vida, pero por mucho tiempo no se unió a la Iglesia Adventista del Séptimo Día, debido a ciertos rumores que había oído acerca de Jaime y Elena White. Cuando esos rumores se despejaron, a finales de la década de 1860, se bautizó, poco tiempo antes de morir.

"Ella duerme", escribió S. N. Haskell en su obituario. "Pero el resultado de haber presentado el sábado entre los adventistas todavía vive".

¡Alabado sea Dios, por las formas misteriosas en que guía a sus hijos!

Bates difunde el sábado -4

No tengas miedo; sigue hablando y no te calles. Hechos 18:9, NVI.

Hemos visto que Bates no era para nada tímido cuando se trataba de hablar del sábado a los demás. Pero, uno de los fracasos más visibles sobre el tema era su propia esposa. Aunque escribió un libro tras otro sobre el tema y debió de haberla fastidiado constantemente, ella habrá sido tan obstinada como él. Como resultado, "él guardaba solo el santo sábado".

Según la tradición de Fairhaven, "el capitán Bates solía llevar a su esposa en el carro a la iglesia cristiana el domingo, pero él no entraba a adorar 'en el día de reposo del Papa'; volvía a buscarla después de la iglesia". La buena noticia es que Prudence Bates aceptó el séptimo día en 1850: las oraciones de él, su ejemplo y la "paciencia impaciente" finalmente habían dado resultado. Al igual que muchos de nuestros amigos y familiares, aparentemente ella escuchaba, cuando parecía que no lo hacía.

Bates recibió más buenas noticias, con la conversión de Jaime y Elena White al séptimo día, probablemente en noviembre de 1846. Posteriormente, Jaime informó que "al leer" el *Seventh-day Sabbath, a Perpetual Sign* [El día de reposo sabático, una señal perpetua], de Bates, "me establecí en el sábado y comencé a enseñarlo".

Esa aceptación sentó las bases para la formación del adventismo del séptimo día. A partir de ese momento, Bates y los White comenzaron a trabajar juntos.

Finalmente, las cosas comenzaron a avanzar. Para diciembre de 1846, el libro de Bates, aparentemente, había llegado al sector occidental de Nueva York. Más tarde ese año, Bates y Jaime habían esperado reunirse con Hiram Edson, O. R. L. Crosier y F. B. Hahn (los originadores de la interpretación del Santuario celestial) en la casa de Edson, en Port Gibson, Nueva York, pero las circunstancias retuvieron a White en el este.

Un tema de agenda era el día de reposo sabático. Edson decía que había estado a favor de él durante algunos meses, pero sin ninguna convicción definitiva.

Pero, después de la presentación de Bates, durante la cual Edson "apenas podía quedarse sentado", "Edson se puso de pie y dijo: 'Hermano Bates, esa es la luz y la verdad. El día de reposo es el sábado, y estoy con usted para guardarlo' ".

De modo que, para fines de 1846, encontramos a un grupo de creyentes unidos en tres doctrinas clave: la Segunda Venida, el sábado y el Santuario celestial. Se sentaron las bases para el surgimiento del adventismo del séptimo día.

Es posible que, desde nuestra perspectiva, Dios nos esté guiando en forma lenta, pero no hay dudas de que dirige.

Ayúdanos, Señor, a ser pacientes con tu dirección.

La tentación al legalismo

Por las obras de la ley ningún ser humano será justificado delante de él; porque por medio de la ley es el conocimiento del pecado. Romanos 3:20.

No todo lo que enseñaba Bates era oro puro. Si bien nadie puede tener la menor duda en cuanto a su devoción por el día de reposo sabático desde 1846 hasta el final de su vida, su interpretación del sábado en relación con el plan de salvación es mucho menos clara.

A veces, el buen capitán parecía extremadamente legalista:

* "Cumplir estos Mandamientos salva el alma".

* "¡La observancia del SANTO SÁBADO DE DIOS SANTIFICA Y SALVA EL ALMA! Pero, la observancia de uno, o de todos los otros nueve, sin este, no".

* "Debemos guardar toda [la Ley] para ser salvos".

* "Los hijos de Dios han de salvarse, en todo caso, haciendo o guardando los Mandamientos".

Mientras que Bates podía hacer declaraciones que sonaran evangélicas, no hay duda de que estaba enredado en un legalismo que fluyó a lo largo de toda su vida.

Uno de sus textos predilectos para sustentar su enfoque legalista con respecto al sábado es el relato del joven rico de Mateo 19. Repetidamente, Bates vuelve a la historia para expresar su punto de vista. "El joven vino y le dijo: 'Maestro bueno, ¿qué bien haré para tener la vida eterna?' Jesús respondió: 'Si quieres entrar en la vida, guarda los mandamientos' ". Además, agregó, si Jesús no quiso decir lo que dijo, "entonces engañó al maestro de la ley".

Veinte años después de expresar esos pensamientos, Bates todavía seguía en la misma línea con la lección del joven rico, al concluir que "si uno realmente desea tener vida eterna cuando Jesús venga, asegúrese, ¡oh!, asegúrese de guardar los Diez Mandamientos de Dios".

Lamentablemente, en la época de 1888, Urías Smith y G. I. Butler todavía empleaban Mateo 19 de la misma manera. De hecho, recuerdo estudios bíblicos publicados que todavía usaban el texto como prueba para guardar los Mandamientos, durante la década de 1960. Para algunos, el guardar los Mandamientos todavía era el camino para la vida eterna.

Ese es exactamente el punto que Pablo enfrenta en el texto de hoy (Rom. 3:20).

Es desafortunado que haya creyentes sinceros que usen buenos textos bíblicos de mala manera.

Ayúdanos, oh Señor, mientras luchamos con el verdadero significado de la Escritura.

Vislumbres del evangelio

Porque por gracia sois salvos por medio de la fe; y esto no de vosotros, pues es don de Dios; no por obras, para que nadie se gloríe. Efesios 2:8, 9.

Bates pudo haber logrado convencer a los otros dos fundadores del adventismo del séptimo día en cuanto al sábado, pero ellos no aceptaron su legalismo.

Jaime White, por ejemplo, fue explícitamente claro cuando escribió: "Que se entienda claramente que no existe salvación en la Ley; es decir, no hay calidad redentora en la Ley". Para White, era sumamente importante tener "una fe viva y activa en Jesús". Al hablar del mensaje millerita de 1850, declaró que "nos conduce a los pies de Jesús, a buscar el perdón de todos nuestros pecados, y a una salvación gratuita y plena mediante la sangre de Cristo".

Si bien Jaime apelaba a la gente a "obedecer y honrar [a Dios] guardando sus Mandamientos", también escribió que "debemos procurar el perdón completo y gratuito de todas nuestras transgresiones y errores mediante la expiación de Jesucristo, ahora mientras interviene con su sangre ante el Padre".

Elena opinaba igual que su esposo. Especialmente esclarecedor es el uso que ella hace del episodio del joven rico de Mateo 19 a lo largo de su extenso ministerio. Discrepaba mucho del de Bates, Smith y Butler. Nunca citó a Jesús en ese contexto, con la idea de que de hecho el camino para ganarse el cielo fuera el guardar los Mandamientos. Sino, más bien, apuntaba invariablemente más allá de lo que ella llamaba la interpretación "externa y superficial" del joven maestro de la Ley (y de Bates), a la necesidad más profunda de una transformación total, que solo podría darse mediante una relación personal con Cristo.

Para ella, la lección de Mateo 19:16 y 17 no era que alguien pudiera ganarse la salvación mediante la obediencia a la Ley, sino que el joven rico había fracasado totalmente. Señalaba que, si bien era cierto que él obedecía los aspectos externos de los Diez Mandamientos, no veía que la Ley estuviese arraigada en el amor de Dios. Para ella, el joven rico no se había salvado por guardar los Mandamientos, sino que estaba totalmente perdido.

Querido amigo, una de las cosas más importantes que debemos entender para el diario vivir es la relación de la Ley con el evangelio salvífico. Repasaremos el mensaje evangélico ampliamente más adelante, este año. Pero, necesitamos comenzar nuestro viaje en este tema hoy.

El sábado y la visión apocalíptica -1

Y el templo de Dios fue abierto en el cielo, y el arca de su pacto se veía en el templo.
Apocalipsis 11:19.

Hace algunos días, nos referimos al librito que José Bates publicó sobre el sábado en agosto de 1846. Vimos que la primera edición de *The Seventh-day Sabbath, a Perpetual Sign* [El día de reposo sabático, una señal perpetua] presentaba, principalmente, un concepto bautista del séptimo día acerca del sábado. Es decir, que el séptimo día es el correcto y que la iglesia lo había cambiado en el período medieval.

También, vimos que el libro convirtió al sábado a los White, a Hiram Edson y a otros estudiosos del Santuario celestial. Las discusiones entre Bates y estas personas lo llevaron a una interpretación más plena de las implicaciones del día de reposo sabático en el período inmediatamente anterior a la Segunda Venida. Bates expuso su interpretación enriquecida en enero de 1847, en una segunda edición de *The Seventh-day Sabbath*. Si bien contenía solo catorce páginas adicionales, presentaban el marco interpretativo en el que tendría lugar todo el pensamiento teológico sabatario futuro.

Una apreciación profunda fue su énfasis en Apocalipsis 11:19: "Y el templo de Dios fue abierto en el cielo, y el arca de su pacto se veía en el templo". José había captado un hecho que armonizaba con su nueva interpretación del segundo compartimento del Santuario celestial de Daniel 8:14. Mientras cada visión de Apocalipsis comienza con una escena del Santuario, en la primera mitad del libro tienen lugar en el Lugar Santo. Pero, a partir de Apocalipsis 11:19 el enfoque cambia al Lugar Santísimo. En otras palabras, Bates vio que el mismo libro de Apocalipsis une la apertura del Lugar Santísimo del Santuario celestial con los acontecimientos del tiempo del fin.

Pero, aún más importante para él era el *contenido del Arca*. Según dijo: "este templo ha sido abierto con algún propósito". Ese propósito, según veía él, era resaltar los Diez Mandamientos, lo más importante del Arca del Pacto (Deut. 10:5).

Bates había comenzado a entender que el verdadero meollo del libro de Apocalipsis vincula la Segunda Venida, la apertura del Lugar Santísimo del Templo celestial en el tiempo del fin y la importancia de los Diez Mandamientos justo antes de la venida de Cristo. Esa interpretación llegaría a ser aún más evidente, para él, en Apocalipsis 12 al 14.

Ayúdanos a ver, Señor, lo que estás tratando de enseñarnos en ese importante pasaje del tiempo del fin.

El sábado y la visión apocalíptica -2

El dragón se llenó de ira contra la mujer; y se fue a hacer guerra contra el resto de la descendencia de ella, los que guardan los mandamientos de Dios y tienen el testimonio de Jesucristo. Apocalipsis 12:17.

El descubrimiento de Bates sobre la enseñanza del Santuario de Apocalipsis 11:19 naturalmente lo llevó a Apocalipsis 12. Este capítulo es una descripción histórica de la iglesia cristiana desde el nacimiento de Cristo hasta el tiempo del fin, durante la cual el dragón (identificado como el "diablo y Satanás" en el versículo 9) se enoja contra la mujer (la iglesia) y sale a "hacer guerra contra el resto de la descendencia de ella, los que guardan los mandamientos de Dios [...]" (Apoc. 12:17).

En ese momento, Bates descubrió el vínculo entre Apocalipsis 11:19 y 12:17. No solo que el segundo compartimento del Santuario celestial sería abierto en el tiempo del fin, revelando el arca que contiene los Diez Mandamientos, sino también que esos mismos Mandamientos fueron presentados como protagonistas en el punto culminante del tiempo del fin de Apocalipsis 12.

En su estudio, Bates llegó a la conclusión no solo de que los Diez Mandamientos serían restaurados en el tiempo del fin, sino también que por causa de ellos surgiría un conflicto. A su juicio, el conflicto, principalmente, involucraría un Mandamiento: el sábado, el cual había sido cambiado por la iglesia (ver Dan. 7:25). Continuó leyendo, para ver que el Mandamiento señalaba con precisión Apocalipsis 14:7.

Según remarcó Bates: "Es indiscutible que todavía habrá una lucha poderosa en torno a la restauración y la observancia del día de reposo sabático, que probará a cada alma viviente que entre por las puertas de la ciudad. Es evidente que el Diablo les está haciendo la guerra a todos ellos. (Ver Apoc.12:17.) 'Acuérdate del día de reposo para santificarlo'. Amén". Con esas palabras, cerró la edición de 1847 de su *Seventh-day Sabbath*.

Sus descubrimientos en el libro de Apocalipsis abrumaron a Bates: no solo tendría Dios un "remanente" que guardaría el sábado en el tiempo del fin, sino además habría discordia en torno a ese Mandamiento. Esa conclusión se hizo más firme cuando estudió Apocalipsis 13 y 14.

Es imposible saber con cuánta claridad lo veía Bates, pero Apocalipsis 12:17 es el texto clave del resto del Apocalipsis. Inmediatamente después, el capítulo 13 se explaya sobre el poder del dragón de 12:17; y el capítulo 14, sobre la mujer de los últimos días. Ambos capítulos reflejan un conflicto concerniente a la lealtad del pueblo de Dios en los últimos días. Más allá de eso, Apocalipsis 15 al 19 se basa en los capítulos 13 y 14, y desarrollan los acontecimientos proféticos del tiempo del fin.

Ayúdanos, Señor, a estudiar estos pasajes trascendentales con más cuidado.

El sábado y la visión apocalíptica -3

Aquí está la paciencia de los santos, los que guardan los mandamientos de Dios y la fe de Jesús.
Apocalipsis 14:12.

En nuestra última lectura, vimos que para enero de 1847 José Bates había llegado a la conclusión, a partir de Apocalipsis 12:17, de que Dios no solo tendría un pueblo en el tiempo del fin que honraría los Diez Mandamientos contenidos en el Arca del Pacto (Apoc. 11:19), sino también el dragón haría guerra contra aquellos que guardaren los Mandamientos. No le llevó mucho tiempo más de estudio ver que el conflicto del tiempo del fin se reflejaba en pasajes como Apocalipsis 13:7 y 8, que describe a los que "adoran" a la bestia haciendo "guerra" contra los que siguen al Cordero.

Desde el capítulo 13, Bates fue a Apocalipsis 14, que describe a los adoradores del Cordero del tiempo del fin siguiendo "al Cordero por dondequiera que va" (vers. 4).

En esa coyuntura, Apocalipsis 14 se convirtió en el punto focal del estudio de Bates, en la segunda edición de *The Seventh-day Sabbath, a Perpetual Sign* [El día de reposo sabático, una señal perpetua]. Antes de considerar sus conclusiones, deberíamos observar el bosquejo del capítulo 14.

1. Los versículos 1 al 5 presentan a los 144.000 redimidos del tiempo del fin, que siguen al Cordero en todas sus enseñanzas y tienen "el nombre [...] de su Padre escrito en la frente" (vers. 1).

2. Los versículos 6 y 7 presentan el mensaje del primer ángel.

3. El versículo 8 examina el mensaje del segundo ángel.

4. Los versículos 9 al 12 explican el mensaje del tercer ángel.

5. El versículo 13 resalta el destino de aquellos seguidores del Cordero atrapados en la persecución del tiempo del fin de Apocalipsis 13.

6. Y el capítulo 14 culmina con la venida de Cristo en las nubes del cielo, para recoger la cosecha de la Tierra (vers. 14-20).

Esa progresión no se le pasó por alto a Bates, mientras luchaba por comprender dónde estaba ubicado el pueblo de Dios en el flujo de los acontecimientos del tiempo del fin. Curiosamente, ciertos milleritas habían enfatizado los mensajes del primer ángel y del segundo ángel. Miller mismo había creído que el mensaje de la hora del Juicio del primer ángel se estaba predicando en sus días. Para Miller, el juicio del versículo 7 era la Segunda Venida.

Charles Fitch comenzó a proclamar el mensaje del segundo ángel sobre la caída de Babilonia en 1843, cuando las distintas confesiones religiosas comenzaron a perseguir a los creyentes en la Segunda Venida. Pero, fue el contenido del mensaje del tercer ángel el que captó la atención de Bates.

Antes de orar esta mañana, sería una buena idea que leyeras Apocalipsis 14.

El sábado y la visión apocalíptica -4

Temed a Dios, y dadle gloria, porque la hora de su juicio ha llegado; y adorad a aquel que hizo el cielo y la tierra, el mar y las fuentes de las aguas. Apocalipsis 14:7.

En los últimos días, hemos estado estudiando la creciente comprensión de Bates sobre Apocalipsis 12 al 14. Estaba especialmente fascinado con el mensaje de los tres ángeles del capítulo 14, descrito como el último que Dios daría al mundo antes de la Segunda Venida.

Descubrió que el versículo 12 era especialmente pertinente. Una vez más (ver Apoc. 12:17), resalta el hecho de que justo antes del tiempo del fin Dios tendrá un pueblo que guarde los Mandamientos. Por supuesto, no omitió las implicaciones del versículo 7, que indican cuál Mandamiento estaría en disputa en la lucha del tiempo del fin. Reconoció correctamente el hecho de que las palabras "Adorad a aquel que hizo el cielo y la tierra, el mar y las fuentes de las aguas" aluden al Mandamiento del sábado de Éxodo 20:8 al 11 (comparar con Gén. 2:1-3). Además, claramente entendió, en Apocalipsis 14:7 y 9, que la adoración sería el tema decisivo al final de la historia del mundo. Según Apocalipsis 14, antes de la Segunda Venida, la gente estaría adorando a la bestia de Apocalipsis 13 (ver Apoc. 14:9) o al Creador del cielo y la Tierra (vers. 7). Ese último grupo, por supuesto, obedecería *todos* los Mandamientos de Dios, mientras esperaba pacientemente (vers. 12) a que Jesús viniese en las nubes del cielo (vers. 14-20).

La lectura de Bates de Apocalipsis 12:17 a 14:20 lo llevó a varias conclusiones. Primero, que desde 1845 Dios había estado levantando un pueblo que honrara todos sus Mandamientos, incluyendo el sábado. "Ahora es claro e indiscutible", escribió en 1847, "que se puede encontrar un pueblo así en la Tierra, según la descripción del versículo 12; y que se ha estado uniendo en grupos en los últimos dos años, en torno a los Mandamientos de Dios, la fe y el testimonio de Jesús".

Segundo, "Juan, además, muestra que este es un remanente (que significa el extremo final) que lucharía (su significado es claro) 'por guarda[r] los mandamientos de Dios [...]' (12:17)".

Y tercero, Bates observó que Apocalipsis describe solamente a dos grupos en el tiempo del fin: "Uno guarda los Mandamientos y la fe de Jesús. El otro tiene la marca de la bestia".

Sus percepciones sentaron las bases para la creación de la teología adventista del séptimo día. En esencia, para 1847 había desarrollado lo que en los círculos adventistas se ha dado en llamar la Teología del Gran Conflicto.

Padre, una vez más, danos mentes claras, al meditar en tu último mensaje para un mundo pecaminoso.

El sábado y la visión apocalíptica -5

Miré, y he aquí una nube blanca; y sobre la nube uno sentado semejante al Hijo del Hombre, que tenía en la cabeza una corona de oro, y en la mano una hoz aguda. Apocalipsis 14:14.

En los días anteriores, hemos estado meditando en el desarrollo de la teología del Gran Conflicto, de Bates. Para comienzos de 1847, él había llegado a la conclusión de que lo que se estaba convirtiendo en el movimiento adventista sabatario no era solo otro impulso hacia el denominacionalismo, sino un *movimiento profético*.

Otra cosa que debemos observar es que el tema del Gran Conflicto está firmemente arraigado en la Escritura. Muchos creen que tiene su origen en los escritos de Elena de White. Ya el 7 de abril de 1847, ella también resaltaba esa enseñanza. Pero, su informe de la visión sobre este tema fue una confirmación del estudio bíblico de Bates, y no su origen. Démosle una mirada a su primera visión del Gran Conflicto.

"Apreciado hermano Bates", escribió el 7 de abril de 1847, "el sábado pasado nos reunimos con los queridos hermanos y hermanas aquí [...]. Pronto perdí el conocimiento de las cosas terrenas y quedé arrobada en una visión de la gloria de Dios [...]. Después de que hube notado la gloria del Lugar Santo, Jesús levantó el segundo velo y pasé al Lugar Santísimo.

"En él vi un arca [...]. Dentro del arca estaban las tablas de piedra [...]. Abriólas Jesús, y vi en ellas los Diez Mandamientos escritos por el dedo de Dios [...]. En una tabla había cuatro; y en la otra, seis. Los cuatro de la primera brillaban más que los otros seis. Pero el cuarto, el Mandamiento del sábado, brillaba más que todos, porque el sábado fue puesto aparte para que se lo guardase en honor del santo nombre de Dios [...]. Vi que, por ser Dios inmutable, no había cambiado el día de descanso [...].

"Vi que el santo sábado es, y será, el muro separador entre el verdadero Israel de Dios y los incrédulos, así como la institución más adecuada para unir los corazones de los queridos y esperanzados santos de Dios" (WLF, pp. 18, 19; PE pp. 32, 33).

Ella continuó, señalando que la predicación fiel del sábado y su observancia llegarían a ser un mensaje poderoso, pero que "al empezar el tiempo de angustia" causaría persecución, hasta tal punto que todo el que "no recibiera la marca de la bestia y de su imagen [...] no podría comprar ni vender". La visión termina en la persecución, y la liberación en la Segunda Venida, al venir Jesús en una "gran nube blanca" (WLF, pp. 19, 20).

Padre, esperamos con ansias esa nube con todo su significado y bendición. Amén.

La tónica de la autocomprensión del adventismo sabatario

Establécete señales, ponte majanos altos, nota atentamente la calzada. Jeremías 31:21.

José Bates nunca separó la historia de la teología. En su mente, constituían dos aspectos del mismo tema. Esa unidad aparece en los títulos de la mayoría de sus libros, incluyendo sus dos ediciones de *The Seventh-day Sabbath, a Perpetual Sign* [El día de reposo sabático, una señal perpetua] (1846, 1847), que lleva el subtítulo de *From the Beginning to the Entering Into the Gates of the Holy City, According to the Commandment* [Desde el comienzo hasta entrar por las puertas de la Santa Ciudad, conforme al Mandamiento]. Esa misma tendencia histórica aparece más explícitamente en su *Second Advent Way Marks and High Heaps: Or a Connected View, of the Fulfilment of Prophecy, by God's Peculiar People, From the Year 1840 to 1847* [Hitos y mojones adventistas: o una visión relacionada del cumplimiento de la profecía, por parte del pueblo peculiar de Dios, desde el año 1840 hasta 1847].

Para Bates, el adventismo sabatario era un movimiento y un mensaje arraigados en la historia profética. La frase "hitos y mojones" es una proyección obvia de Jeremías 31:21, que habla de ellos como guías para el pueblo de Dios, en su viaje de regreso a casa. El 1° de enero vimos, en nuestra primera lectura (Jos. 4:20-22), que Dios utilizó una pila de piedras como recordativo, con el objeto de ayudar a su pueblo a no olvidar cómo lo había guiado en el pasado. Bates empleó la misma metáfora para indicar que Dios todavía estaba conduciendo a su pueblo.

Jaime White estaba entusiasmado con el *Second Advent Way Marks and High Heaps*, de Bates. Lo elogió ante un amigo un mes después de su publicación, observando que "el hermano Bates sacó un libro sobre nuestra experiencia pasada". Tres meses después, Jaime escribió que "las obras [de Bates] sobre el día de reposo del Señor y nuestra experiencia pasada son muy preciosas para nosotros, en este tiempo de prueba". Siguió, "agradeciendo a Dios por capacitar a nuestro hermano Bates para que haya armonizado en forma tan clara nuestra experiencia pasada con la Biblia, y también que haya defendido la cuestión del sábado".

En la mente de White, la contribución central de Bates era lo que Jaime posteriormente describió como la perspectiva de la *"cadena de acontecimientos"* de cómo Dios estaba guiando a su pueblo según lo describe Apocalipsis 14. Esa interpretación de la secuencia de eventos comenzó con la predicación de Guillermo Miller de la buena noticia de la Segunda Venida (Apoc. 14:6, 7), continuó con la proclamación del mensaje de Carlos Fitch de que Babilonia había caído (vers. 8) y estaba llegando a su punto culminante en la predicación de Apocalipsis 14:12, con su mensaje sobre la observancia de los Mandamientos en el tiempo del fin. Bates y, ahora, los White veían que esa cadena conducía a la Segunda Venida.

Gracias, Señor, porque nos has dado hitos proféticos. Ayúdanos a discernir su importancia.

Un paso de fe

Y ella respondió: Vive Jehová tu Dios, que no tengo pan cocido; solamente un puñado de harina tengo en la tinaja, y un poco de aceite en una vasija; y ahora recogía dos leños, para entrar y prepararlo para mí y para mi hijo, para que lo comamos, y nos dejemos morir. Elías le dijo: No tengas temor; ve, haz como has dicho; pero hazme a mí primero de ello una pequeña torta cocida debajo de la ceniza, y tráemela; y después harás para ti y para tu hijo. 1 Reyes 17:12, 13.

¡Y ella así lo hizo! Pero, ni su comida ni su aceite se acabaron hasta que terminó la hambruna. La viuda de Sarepta había dado un paso de fe, y Dios la había recompensado.

José Bates tuvo varias experiencias similares. A los 36 años, había acumulado suficiente dinero como para jubilarse. Pero, para fines de 1844, lo había dado casi todo para el avance del mensaje millerita. Su generosidad lo posicionó donde también él tendría que dar un paso de fe.

Ese pensamiento nos remonta a sus libritos. Descubrió que era más fácil escribirlos que pagar para que se los publicaran. Ese fue el caso en el otoño de 1847, cuando se sentó a escribir un libro de más de cien páginas, siendo que disponía de solo doce centavos y medio.

Justo antes de salir para ver al impresor, su esposa le pidió que comprara algo de harina; pero, con solo doce centavos y medio únicamente podía comprar apenas unos kilos. Ella, al desconocer las circunstancias, le preguntó cómo podía ser que un hombre que había navegado barcos por todo el mundo hubiese llegado a casa con solo un poco de harina.

En ese momento, él le dijo dos cosas. Primera, que había usado todos sus ahorros; y segunda, que estaba escribiendo otro libro sobre el sábado.

La noticia realmente la frustró; después de todo, ella ni siquiera había aceptado el sábado. Según Bates, "ella no comprende mi deber". Como de costumbre, él dijo a Prudy que Dios se ocuparía de ellos.

¡Y lo hizo!

Poco después de eso, sintió la impresión de que tenía que ir a la oficina de correos… donde encontró diez dólares en la correspondencia. Con eso, pudo comprar suficientes mercaderías y, al menos, pensar en producir un libro.

Pero, aun así, llegó al impresor sin dinero suficiente; solo para descubrir que alguien ya había pagado los costos de publicación.

¿Fe o necedad?

Esa continúa siendo una pregunta crucial en nuestros días. Dios continúa bendiciendo a quienes dan un paso de fe. Y, a veces, todavía usa a otros como agentes suyos para "pagar la cuenta".

Tiempo de reunión -1

Id, pues, a las salidas de los caminos, y llamad a las bodas a cuantos halléis. Y saliendo los siervos por los caminos, juntaron a todos los que hallaron. Mateo 22:9, 10.

En enero, vimos que el Gran Chasco de octubre de 1844 había destrozado al millerismo. El movimiento otrora poderoso se había escindido en varias facciones, y muchos habían abandonado el adventismo por completo. La dispersión había comenzado a fines de 1844.

Pero, no todo estaba perdido. Tres años y medio de ferviente estudio bíblico habían permitido que José Bates y los White arribaran a algunas conclusiones poderosas, en cuanto a la causa del Chasco y al perfil de la historia profética según el libro de Apocalipsis.

Para comienzos de 1848, tenían un mensaje basado en el corazón del Apocalipsis de Juan, que relacionaba la Segunda Venida, la apertura del segundo compartimiento del Santuario celestial y la importancia del sábado en el tiempo del fin, en una teología unificada. Para Bates y los White, esas no eran tres doctrinas, o "creencias fundamentales", distintas, sino un mensaje unificado para los últimos días. Veían el paquete en su conjunto, en términos de los tres ángeles de Apocalipsis 14.

Espiemos a Jaime, en su carta al hermano Bowles el 8 de noviembre de 1849: "Mediante la proclamación de la verdad del sábado en relación con el movimiento adventista", escribió White, "Dios está dando a conocer lo que es suyo. El período de dispersión por el que hemos pasado está en el pasado, y ahora ha llegado el tiempo de que los santos se reúnan en la unidad de la fe, y sean sellados por una verdad santa y unificadora. Sí, hermano, ha llegado. Es cierto que la obra avanza lentamente, pero segura, y cobra fuerza a cada paso. Hay gente nueva que está entrando en los campos [...] y está proclamando el mensaje del sellamiento y de separación [...] del tercer ángel de Apocalipsis 14 [...]. ¡Ah, mi alma, qué mensaje!

"Nuestra experiencia adventista pasada, la posición actual y la obra futura están trazadas en Apocalipsis 14 [...] con la mayor claridad con que pudo escribirla la pluma profética. Gracias a Dios por poder verla [...] creo que la verdad del sábado todavía debe resonar por la Tierra como nunca ha resonado el advenimiento. Velemos y estemos listos en todo momento, a fin de trabajar para Dios [...]. Nuestro hogar, nuestro lugar de descanso, nuestro cielo, está más allá, solo un poco más allá [...]. Jesús viene para reunir a los pobres rechazados y llevarlos a casa".

No cuesta mucho captar su entusiasmo. Yo todavía me entusiasmo al leer las promesas de Dios y sus profecías. Nuestro hogar no está aquí, sino un poco "más allá".

Tiempo de reunión -2

Dijo el señor al siervo: Ve por los caminos y por los vallados, y fuérzalos a entrar, para que se llene mi casa. Lucas 14:23.

Para mediados de 1847, los dirigentes de lo que se estaba convirtiendo en el adventismo sabatario generalmente habían llegado a aceptar un conjunto de creencias. El siguiente paso sería compartirlas con otros. Su táctica principal fue organizar una serie de conferencias cuyo propósito, según Jaime White, era la "unificación [de] los hermanos sobre las grandes verdades conectadas con el mensaje del tercer ángel".

Para 1848, muchos adventistas de Nueva Inglaterra y del sector oeste de Nueva York se habían convencido de la verdad de una o más doctrinas sabatarias, pero carecían de consenso.

La serie de conferencias que comenzó en 1848 difundiría de manera evangelizadora el mensaje sabatario. Dado el hecho de que los sabatarios eran adventistas de "la puerta cerrada", que creían que el tiempo de prueba se había cerrado para todos, salvo para los que habían aceptado el mensaje de Miller, los invitados a las conferencias se limitaban a aquellos adventistas que habían aceptado el mensaje del primer ángel y, con suerte, el segundo. La tarea de los evangelistas era presentar el mensaje del tercer ángel como parte de la respuesta a lo que ocurrió al final de los 2.300 días, y así revelar dónde estaban situados en la historia profética.

Jaime White, al informar sobre la primera conferencia en abril de 1848, observó que asistieron unas cincuenta personas. "No todas estaban plenamente en la verdad [...]. El hermano Bates presentó los Mandamientos con claridad, y se enfatizó la importancia de ellos con testimonios poderosos. La palabra tuvo efecto para cimentar a los que ya estaban en la verdad, y para despertar a los que no estaban del todo decididos".

Los objetivos de las conferencias se dejaron ver con mayor claridad en el informe de Elena de White, que se realizó en "el establo del hermano Arnold", en agosto de 1848. Al señalar que había unos 35 presentes, informó que "apenas había dos de la misma opinión [...]. Todos estaban ansiosos de tener una oportunidad para [...] predicarnos". Pero, "se les dijo que no habíamos hecho una distancia tan grande para escucharlos a ellos, sino que habíamos venido para enseñarles la verdad". También observó, gustosa, que después de una reunión agotadora los participantes finalmente se unieron "al mensaje del tercer ángel" (2SG, pp. 97-99).

Dios todavía usa a hombres y mujeres que entienden su Palabra para guiar a otros a la comprensión bíblica. Incluso, es posible que él desee utilizarte en ese esfuerzo este mismo día.

Tiempo de reunión -3

¡Cuán hermosos son sobre los montes los pies del que trae alegres nuevas, del que anuncia la paz, del que trae nuevas del bien, del que publica salvación! Isaías 52:7.

La fase inicial de lo que White denominó el "tiempo de reunión" duró desde 1848 hasta 1850. Las conferencias sabatarias de aquellos años fueron el método que Bates y los White utilizaron con el propósito de formar un conjunto de creencias sobre la plataforma del mensaje de los tres ángeles de Apocalipsis 14. Pero, estas reuniones no eran el único medio que Dios utilizaría.

En la conferencia que se llevó a cabo en Dorchester, Massachusetts, en noviembre de 1848, Elena de White tuvo una visión que cambiaría para siempre el perfil del adventismo.

Después de salir de la visión, dijo a su esposo: "Tengo un mensaje para ti. Tienes que empezar a imprimir un pequeño periódico y enviarlo a la gente. Será pequeño al comienzo; pero, a medida que la gente lo lea, te enviará medios con los cuales imprimir, y será un éxito desde el mismo principio. Se me ha mostrado que de este modesto comienzo *brotarán como raudales de luz que han de circuir el mundo*" (CE, p. 1 cursiva añadida).

Ahora, 160 años después de esa declaración, quizá esta no suene tan impresionante. Después de todo, a comienzos del siglo XXI, las publicaciones adventistas circuyen la Tierra, las cuales salen de a millones por el mundo, en cientos de idiomas y desde veintenas de casas editoras.

Pero ese es el cumplimiento, no la profecía.

¿Qué habrán pensado los primeros creyentes de una visión semejante? Al fin y al cabo, en noviembre de 1848, probablemente, había menos de cien adventistas sabatarios, y la mayoría de ellos eran pobres.

Más allá de eso, todos creían en el concepto de la "puerta cerrada", incluyendo a la misma Elena de White. Según dijo más adelante: "Junto con mis hermanos y hermanas, después del tiempo pasado en 1844, yo creía firmemente que no se convertirían más pecadores" (1 MS, p. 84).

La visión de las publicaciones, de hecho, contradecía la creencia personal de ella y la de sus hermanos sabatarios. Aquí había una visión de la "puerta abierta", en medio de un pueblo de la "puerta cerrada".

Sin embargo, a pesar de sus creencias en ese entonces, las publicaciones adventistas, incluyendo el "pequeño periódico", han brotado como raudales de luz para "circuir el mundo".

Gracias, Dios, porque tu vista es mejor que la nuestra. Ayúdame hoy a ver con tus ojos, y no con los míos.

La publicación del mensaje -1

Recibiréis poder, cuando haya venido sobre vosotros el Espíritu Santo, y me seréis testigos en Jerusalén, en toda Judea, en Samaria, y hasta lo último de la tierra. Hechos 1:8.

Los comienzos modestos fueron el camino de la iglesia cristiana primitiva; así también para el adventismo sabatario. Casi no nos podemos imaginar un comienzo tan humilde para lo que llegaría a ser una iniciativa de las publicaciones en el ámbito mundial.

En respuesta a la visión de su esposa en cuanto a las publicaciones, Jaime White, abatido financieramente y sin techo, dio un paso de fe para escribir e imprimir un "pequeño periódico". Al mirar la experiencia en retrospectiva, escribió posteriormente: "Nos sentamos a preparar la cuestión de ese periódico y a escribir cada palabra; nuestra biblioteca completa está compuesta por una Biblia de bolsillo de tres chelines, una *Cruden's Condensed Concordance* [Concordancia Condensada de Cruden] y un antiguo diccionario Walker, sin una de las tapas. Desprovistos de medios, nuestra esperanza de éxito estaba en Dios".

Como no tenía muchas opciones, White buscó a un impresor no adventista, que produjera el folleto de ocho páginas para un desconocido total, y estuviese dispuesto a esperar a que le pagaran hasta que recibiera contribuciones de los ansiados lectores. Jaime White encontró a ese impresor en la persona de Charles Pelton, de Middletown, Connecticut.

Los primeros mil ejemplares de *The Present Truth* [La verdad presente] salieron de la prensa en julio de 1849. "Cuando trajo el primer número de la imprenta", recordaba Elena de White, "nos arrodillamos alrededor de él y le pedimos al Señor con humildad y muchas lágrimas que bendijera los débiles esfuerzos de su siervo. Luego [Jaime] envió las hojitas a todas las personas que pensó que las leerían, y las llevó al correo [a trece kilómetros de distancia] en un bolso de mano [...]. Muy pronto comenzaron a llegar cartas, con dinero destinado a la publicación de este folleto; y también las buenas nuevas de que muchas personas estaban aceptando la verdad" (1 TI, p. 87).

El contenido de *The Present Truth* era lo que los sabatarios consideraron el *mensaje especial de Dios para su época*: el sábado, el mensaje de los tres ángeles y temas afines. El "pequeño periódico" desempeñó una parte importante en el "tiempo de reunión" de fines de la década de 1840.

Dios, desde una perspectiva humana, a veces obra de maneras extrañas. Nos impresiona la grandeza y el poder en cualquier iniciativa; pero, el Señor valora la humildad y la dedicación. El avanzar con fe y humildad no solo es algo para Jaime White: Dios puede usarnos a ti y a mí, si le damos lo poco que tenemos con humilde dedicación.

La naturaleza de la verdad presente -1

Por esto, yo no dejaré de recordaros siempre estas cosas, aunque vosotros las sepáis, y estéis confirmados en la verdad presente. 2 Pedro 1:12.

Cada uno de los fundadores del adventismo sabatario tenía una interpretación dinámica de lo que ellos llamaban la "verdad presente". Por supuesto, el uso del término no era exclusivo de ellos; anteriormente, los milleritas habían empleado el término para referirse al inminente regreso de Jesús, y posteriormente lo aplicaron al movimiento del séptimo mes (es decir, la proclamación de que Jesús llegaría en octubre de 1844). Por lo tanto, incluso en el uso millerita de *"verdad presente"* encontramos una dinámica progresiva en el conocimiento.

No fue por casualidad el hecho de que Jaime White escogiera el título *The Present Truth* [La verdad presente] para la primera revista adventista sabataria: Bates lo había usado ya en enero de 1847, para referirse al sábado y a las verdades relacionadas.

En la primera edición de su pequeña publicación de julio de 1849, después de citar 2 Pedro 1:12, que habla de estar "confirmados en la VERDAD PRESENTE", Jaime White escribió que "en la época de Pedro había verdad presente, o verdad aplicable a ese tiempo presente. La iglesia siempre ha tenido una verdad presente. La verdad presente ahora es la que muestra el deber actual, y la posición correcta para los que estamos a punto de presenciar el tiempo de angustia". Coincidía con Bates en la identificación del contenido de la verdad presente. Los dos primeros ángeles de Apocalipsis 14 habían resonado; ahora, era hora del tercero.

Los primeros sabatarios creían decididamente que tenían algo que el mundo necesitaba oír; pero se daban cuenta de que Dios todavía tenía más para revelarles. Es decir, consideraban que la verdad era dinámica y progresiva. Como resultado, Elena de White pudo escribir, en relación con los problemas teológicos relacionados con el Congreso de la Asociación General de 1888, que "lo que Dios les da a sus siervos para decir hoy quizá no habría sido verdad presente hace veinte años, pero es el mensaje de Dios para este tiempo" (*Manuscrito 8a, 1888*).

Los White y Bates estaban abiertos a una mayor revelación de la verdad; y los líderes más jóvenes demostraban la apertura de los fundadores. Así, Urías Smith, por ejemplo, escribió en 1857 que los sabatarios habían descubierto verdades crecientes desde 1844. "Se nos ha permitido", observó, "regocijarnos en las verdades mucho antes de lo que percibimos entonces. Pero no nos imaginamos que ya lo tengamos todo [...]. Confiamos en que todavía progresaremos, y nuestro camino se hace cada vez más brillante".

¿Cómo es conmigo hoy? Mi mente ¿todavía está abierta a la conducción de Dios, a medida que revela la verdad en su Palabra?

La naturaleza de la verdad presente -2

Y el tercer ángel los siguió, diciendo a gran voz [...]. Apocalipsis 14:9.

Una manera de captar la interpretación de la verdad presente por parte del adventismo sabatario es examinar uno de los sermones evangélicos de Jaime White. Al vislumbrar su poderoso flujo, necesitamos recordar que estaba predicando y escribiendo a ex milleritas: hombres y mujeres que ya habían aceptado el mensaje del primer ángel y, quizás, el del segundo, de Apocalipsis 14.

"Entonces", declara Jaime, "el sexto versículo del capítulo 14 presenta el segundo mensaje del advenimiento, y comienza otra *cadena de sucesos* relacionados con los mensajes sucesivos que debían proclamarse al pueblo de Dios" antes de la Segunda Venida.

"Todos los creyentes adventistas concuerdan en que el mensaje del primer ángel" se cumplió en la proclamación de la segunda venida de Cristo en la década de 1840. "Con qué solemnidad, fervor y santa confianza los siervos del Señor proclamaron el tiempo. Y, oh, de qué forma sus palabras recayeron sobre la gente, derritiendo el corazón del pecador más endurecido".

El segundo ángel *"siguió* después de que el primero entregó la carga de su mensaje". "Nos llamó a salir de [...] las iglesias, [a una en la cual] ahora somos libres de pensar y de actuar por nuestra cuenta, en el temor de Dios. Es un hecho sumamente interesante que la cuestión del sábado comenzara a agitarse entre los creyentes de la Segunda Venida inmediatamente después de ser llamados a salir de las iglesias mediante el mensaje del segundo ángel. La obra de Dios avanza en orden. La verdad del sábado ocurrió justo en el momento apropiado para cumplir la profecía. Amén".

"Él nos llamó de la esclavitud de las iglesias en 1844, y allí nos humilló, y nos ha estado probando, y ha estado perfeccionando el corazón de su pueblo y viendo si guardaría sus Mandamientos [...].

"Muchos se quedaron con el mensaje del primer ángel, y otros con el del segundo, y muchos rechazarán el del tercero; pero algunos seguirán 'al Cordero por dondequiera que va', y subirán y tomarán posesión de la Tierra".

La verdad presente, para los fundadores del adventismo sabatario, tenía que ver con el flujo de la historia profética. Dios estaba llamando a un pueblo. Paso a paso, le estaba revelando la verdad. Nunca consideraron que fuesen simplemente otra confesión religiosa; al contrario, constantemente veían que su movimiento era profético. Tenían un mensaje especial para dar antes de que Jesús viniera; un mensaje explicado detalladamente en Apocalipsis 14:6 al 12 y que formaba el centro de la proclamación del tiempo del fin de Dios.

La publicación del mensaje -2

Porque irás delante de la presencia del Señor, para preparar sus caminos. Lucas 1:76.

Hay algo en un mensaje emocionante que hace que la gente quiera compartirlo con los demás. Eso es especialmente cierto si el mensaje es de esperanza por parte de Dios. Para 1849, los adventistas sabatarios, aunque pocos en número, estaban más que impacientes por difundir su mensaje mediante la página impresa. Jaime White no solo había dado origen a *The Present Truth* [La verdad presente] para presentar las nuevas interpretaciones sobre el sábado y el tercer ángel, sino también en el verano de 1850 comenzó a publicar la *Advent Review* [Revista del advenimiento], una revista que buscaba impresionar a los milleritas dispersos con la fuerza, la contundencia y la veracidad de los argumentos que reforzaron la base del movimiento de 1844.

La propuesta de White tenía un plan detrás: si la *Advent Review* iba a despertar a los milleritas chasqueados a la veracidad del mensaje del primero y del segundo ángeles, *The Present Truth* los instaba a aceptar el tercero. Combinó las dos revistas en una en 1850, y la llamó *Second Advent Review and Sabbath Herald* [Revista de la Segunda Venida y heraldo del sábado] (hoy conocida como *Adventist Review* [Revista Adventista]).

Los sabatarios estaban convencidos de que tenían el mensaje de Dios para los últimos días. Vemos reflejado su entusiasmo por el mensaje y su disposición al sacrificio al publicar el primer censo adventista general de 1860. Tomado por D. T. Taylor, del Movimiento Cristiano Adventista, el censo encontró a 54.000 adventistas de varios tipos, de los cuales unos 3.000 eran sabatarios. Lo notable de los números de Taylor era el interés relativo a las publicaciones por parte de los diferentes grupos adventistas. Los cuerpos más grandes, con casi 20 veces más de miembros que los sabatarios, tenían una lista de circulación de solo 5.000, mientras que el cuerpo menor tenía una circulación de 4.300. Taylor se tomó la molestia de señalar que los sabatarios, "aunque decididamente son una minoría, son muy devotos, fervientes y activos en la promulgación de sus visiones peculiares del domingo y el día de reposo".

Y así era. Tenían un mensaje para el pueblo de Dios en el tiempo del fin, y ellos lo sabían.

Su agresividad dio sus frutos. El crecimiento de la membresía entre los sabatarios durante el tiempo de reunión se amplió de unos 100, a fines de 1848, a casi 2.500 cuatro años después. Además, otros, gracias al ministerio de las publicaciones, comenzaron a ver la lógica de su mensaje.

Dios todavía utiliza las publicaciones adventistas con el propósito de difundir su mensaje. En esto, cada uno de nosotros podemos contribuir con nuestros medios y nuestras oraciones.

Hasta los buenos amigos entran en grandes discusiones

Y hubo tal desacuerdo entre ellos [Pablo y Bernabé], que se separaron el uno del otro. Hechos 15:39.

Parecían el equipo evangelizador perfecto. Pero, pueden surgir problemas incluso entre buenos amigos cristianos. Así pasó cuando Pablo y Bernabé se enfrentaron en relación con la aptitud de Marcos para el ministerio. Como resultado, ambos tomaron su propio camino, durante lo que parece haber sido una rabieta. Pero, Dios los bendijo a pesar del problema. Ahora tenía dos equipos de evangelización, en vez de uno.

El registro de ese fuerte desacuerdo me recuerda uno que amenazó con separar a los dos líderes sabatarios en 1850. El problema era el "pequeño periódico" de la visión de Dorchester. Si bien es cierto, después de la visión, Elena de White le contó a su esposo –quizá personalmente– que debía publicar una revista que a la larga sería como "raudales de luz que han de circuir el globo", Bates tenía su propia opinión sobre el tema.

El hombre de más edad estaba totalmente seguro de que la revista de White estaba desviando dinero que debía destinarse a la evangelización; White, por otro lado, pensaba que el dinero estaba siendo despilfarrado en otras áreas, y que podía y debía haber sido usado a fin de afianzar el periódico.

Jaime escribió: "El hermano Bates me escribió una carta que me tiró abajo como nunca". "Yo ya había estado en el horno ardiente durante algún tiempo, a causa de la carga que sentía por el pequeño periódico". Pero, la carta de Bates empeoró las cosas: "La carga se hizo cada vez más pesada en mí", y "renuncié para siempre". "Creo" que el periódico "morirá [...] creo que abandonaré todo, por el momento".

La batalla resonó durante la mayor parte de 1850, y amenazó con destruir el adventismo sabatario. El diablo nunca duerme, mis amigos. Después de años de lucha y de sacrificio, Bates y Jaime White finalmente tenían un mensaje para predicar y por fin habían llegado al tiempo de reunión… solo para hacer que el movimiento se fuera a pique por las personalidades obstinadas de sus dos conductores. Elena de White, en su papel de mediadora entre los dos hombres, temía que destruyeran lo que amaban. La buena noticia es que Dios los ayudó a encontrarse y a resolver sus diferencias.

Las cosas no han cambiado mucho. La iglesia del siglo XXI todavía está llena de personalidades fuertes y testarudas.

Y el diablo todavía intenta separar.

Y Dios todavía trata de sanar.

Y nosotros todavía necesitamos estar abiertos al impacto suavizante de su Espíritu.

Himnos para el pueblo peculiar de Dios

Y cantan el cántico de Moisés siervo de Dios, y el cántico del Cordero. Apocalipsis 15:3.

Cuando un movimiento cristiano comienza a tomar una forma específica, generalmente crea su propio himnario. Jaime White emprendió esa tarea para el adventismo sabatario, al publicar *Hymns, for God's Peculiar People, That Keep the Commandments of God, and the Faith of Jesus* [Himnos para el pueblo peculiar de Dios, que guarda los Mandamientos de Dios y la fe de Jesús], en 1849.

Los himnos y los himnarios, por supuesto, nunca son neutrales. Reflejan el mensaje que es de vital importancia para quienes escriben los cantos y compilan los himnarios. Y así como muchas personas en la época del Imperio Romano se abrieron camino cantando la doctrina cristiana ortodoxa, así también muchos del siglo XIX se abrieron camino cantando el mensaje adventista.

Jaime White conocía el poder del canto; también, conocía su función doctrinal. Con eso en mente, no sorprende encontrar que el primer himno de la colección de Jaime se titulara "Holy Sabbath" [Santo sábado]. El mensaje habla por sí mismo.

"1. La palabra pura e infalible de Dios,
fuente siempre segura,
sus estatutos, preceptos y sus leyes,
están escritas para los puros.
"2. En el paraíso, donde el hombre fue puesto,
la palabra guiará con seguridad;
y si él evadiera esta ley,
sus pasos seguramente se deslizarán.
"3. El Santo sábado aquí fue hecho,
y Dios lo santificó;
y si obedeciéramos a Dios,
debemos cumplir con esto.
"4. En tiempos pasados, cuando Moisés vivía,
esta Ley fue ratificada:
Y todo el que guardaba esta Palabra santa,
se sabía santificado.
"5. Aún más atrás, en las arenas del tiempo,

oímos al profeta decir:
Escuchen: no teman el reproche ni la vergüenza,
Los que guardan el séptimo día.
"6. Porque así ha dicho el Dios Todopoderoso
a los que verdaderamente descansan:
Te haré subir sobre las alturas de la tierra,
y te daré a comer entre los benditos.
"7. Aquí también están los que son pacientes,
y guardan los Mandamientos puros,
En la santa ciudad compartirán,
si resisten hasta el fin.
"8. Entonces todavía andaremos en este camino,
hasta que a Canaán lleguemos,
entonces caminaremos por la calle de oro,
y permaneceremos en aquel reposo".

Como el libro de Jaime solo contenía las letras y no las melodías, tendrás que ingeniártelas para cantarlo. Pero, aunque falte la melodía, el poema no deja ninguna duda acerca del mensaje.

Más cantos adventistas

Y los redimidos de Jehová volverán, y vendrán a Sion con alegría; y gozo perpetuo será sobre sus cabezas. Isaías 35:10.

C omo podemos imaginarnos, el *Hymns, for God's Peculiar People, That Keep the Commandments of God, and the Faith of Jesus* tenía una gran cantidad de cantos sobre la Segunda Venida y el cielo. Pero, como la mayoría de ellos habían sido cristianos antes de convertirse en sabatarios, aparentemente no sentían la necesidad de proveer muchos himnos sobre la gracia y la adoración de la majestad de Dios; esos eran muy conocidos. Supuestamente, Jaime los eligió con el objetivo de llenar un vacío doctrinal. Algunos eran muy específicos, como uno que simplemente se titulaba: "Washing Feet" [Lavamiento de los pies].

Si bien "Washing Feet" no fue incluido en el actual *Seventh-day Adventist Hymnal* [Himnario adventista, en inglés], sí entraron algunos himnos de Jaime. Mi preferido es "I'm a Pilgrim" [Soy peregrino]. Si bien ese himno era el número 666 en el himnario de 1941, me alegra decir que ahora lleva la numeración, más, santificada de 444. ¿Por qué no cantarlo conmigo esta mañana? [La música corresponde al himno "Voy al cielo", que figura bajo el número 481 en el himnario en español, pero la letra es otra. Por esta razón, se tradujo literalmente del inglés.]

"1. Soy peregrino, soy extranjero;
no puedo demorarme ni una noche más;
No me detengan, porque estoy yendo
a donde las fuentes siempre fluyen.
"2. ¡Allí, la gloria siempre es brillante!
Oh, mi corazón anhelante, mi corazón anhelante está allí:
Aquí, en este país tan oscuro y triste,
he vagado triste y cansado por mucho tiempo.
"3. Allí está la ciudad a la que viajo;
¡mi Redentor, mi Redentor es su luz!
No hay más tristezas ni suspiros,
ni más lágrimas ni muerte allí".
El coro es un mensaje en sí mismo:
"Soy peregrino, soy extranjero;
No puedo demorarme ni una noche más".

¿De verdad? ¿Es cierto que los adventistas modernos consideramos que somos peregrinos y extranjeros en esta Tierra, y que no podemos demorarnos ni una noche más? Para muchos de nosotros, esta Tierra ha llegado a ser nuestro hogar. Estamos cómodos aquí; y nos gusta.

Y entonces, la policía llama a la puerta para contarnos acerca de nuestra hija; el informe del médico dice que tenemos un cáncer en estado avanzado; el cónyuge inesperadamente demanda el divorcio. De repente, volvemos a la realidad: esta Tierra *no* es nuestro hogar.

Ayúdame hoy, Padre, a revaluar mis prioridades y mi vida diaria.

Sueños providenciales

He aquí el tabernáculo de Dios con los hombres, y él morará con ellos; y ellos serán su pueblo, y Dios mismo estará con ellos como su Dios. Apocalipsis 21:3.

Mientras pensamos en los primeros himnos adventistas, necesitamos darle una mirada a la corta, aunque productiva, vida de Annie Smith, que es autora de tres himnos en el *Seventh-day Adventist Hymnal:* "How Far From Home?" [¿Muy lejos el hogar está?, nº 476 en el *Himnario Adventista* en español], "I Saw One Weary" y "Long Upon the Mountains".

La madre de Annie había sido millerita, y para 1851 se había convertido en adventista sabataria y había conocido a José Bates. Los dos se pusieron de acuerdo con el fin de orar por los hijos de ella, que no tenían ningún interés en el adventismo. Poco tiempo después, Bates programó realizar reuniones cerca de la casa de Annie. Su madre la animó a asistir, pero ella no estaba muy interesada. Sin embargo, quizá para complacer a su madre, aceptó ir.

La noche anterior a la reunión, Bates soñó con ella. Todos los asientos estaban ocupados, menos uno junto a la puerta. Soñó que cambió el tema que tenía planificado por otro sobre el Santuario. Entonaron el primer himno, oraron y cantaron un segundo himno. Y justo cuando estaba abriendo la Biblia y comenzó a leer: "Hasta dos mil trescientas tardes y mañanas; luego el santuario será purificado" y señalaba hacia el dibujo del Santuario en su enorme gráfico profético, la puerta se abrió, y una joven entró y tomó asiento en la silla vacía. Bates también soñó que aquella persona era Annie Smith, por quien él y su madre habían estado orando. Esa misma noche, Annie tuvo, básicamente, el mismo sueño. En el sueño, ella también se veía llegando tarde, justo cuando el predicador comenzaba a leer de Daniel 8:14.

La noche siguiente, Annie salió con tiempo de sobra, pero se perdió en el camino y por eso no llegó hasta el segundo himno. Rápidamente tomó asiento junto a la puerta… justo cuando el predicador comenzó a leer el texto con el que había soñado.

Bates no había pensado en su sueño hasta que ella entró en el salón. Al terminar la reunión se acercó a Annie, dirigiéndose a ella como la hija de la señora Smith con quien había soñado la noche anterior. La vida de Annie Smith nunca más sería la misma. Esa noche aceptó el mensaje adventista sabatario.

Dios obra de maneras maravillosas. Y lo sigue haciendo en nuestros días. Todos tenemos seres queridos que necesitan entender más plenamente el amor y el cuidado de Dios. El Dios que se interesa por nosotros también se interesa por nuestros seres queridos. Nunca dejemos de orar por ellos.

Más sobre Annie Smith

Enjugará Dios toda lágrima de los ojos de ellos; y ya no habrá muerte, ni habrá más llanto, ni clamor, ni dolor; porque las primeras cosas pasaron. Apocalipsis 21:4.

Ayer conocimos a Annie Smith en el momento de su conversión. Poco después, el 21 de noviembre de 1851, ella escribió para la *Review and Herald* : "Espero haber abandonado todo para seguir al Cordero por dondequiera que me guíe. La Tierra perdió sus atractivos. Mis esperanzas, gozos, afectos, ahora todo se centra en las cosas de arriba y en lo divino.

"No quiero ningún otro lugar que no sea sentarme a los pies de Jesús y aprender de él; ninguna otra ocupación que no sea estar al servicio de mi Padre celestial; ningún otro placer que no sea la paz de Dios, que sobrepasa todo entendimiento.

"Oh, alabado sea su nombre por lo que ha hecho por mí. Siento un dulce anticipo de las glorias de aquel mundo mejor –las arras de esa herencia–, y estoy decidida, mediante su gracia, a vencer cada obstáculo, sobrellevar la cruz, despreciando la vergüenza, a fin de que se pueda gestionar una entrada en el Reino eterno de nuestro Señor y Salvador Jesucristo".

Hasta ese momento de su vida, sus esperanzas y ambiciones habían estado depositadas en una carrera docente en un colegio secundario de primer nivel. De hecho, no mucho antes de su conversión, había recibido un ofrecimiento de un cargo prestigioso con un salario excelente. En resumen, para 1851 tenía todo lo que siempre había anhelado en esta Tierra.

Pero, después de aceptar el mensaje adventista a través de José Bates, todas sus ambiciones cambiaron. Al enterarse de que Jaime White necesitaba ayuda para editar la *Review*, se ofreció para ayudarlo sin otro salario que el alojamiento y la comida. Estaba entusiasmada de estar en la obra del Señor, para que otros pudieran aprender acerca del Reino venidero.

Durante tres años trabajó con Jaime White, pero una tuberculosis pulmonar acortó su vida, en 1855, a los 27 años.

El día antes de morir, escribió el prefacio de su poema "Home Here and Home in Heaven" [El hogar de aquí y el hogar celestial], agradeciendo a Dios por la obra que le había dado aquí abajo, pero con la vista fija en el cielo cuando sus años "dejaron de fluir".

La vida de Annie quizás haya sido corta, pero su influencia perduró, especialmente en sus himnos y en la experiencia de su hermano Urías, a quien la experiencia de ella había ayudado a acercarlo al Señor en 1852.

Señor, al reflexionar en Annie Smith, ayúdame a ordenar mis valores y prioridades. Este día, me entrego a tu servicio. ¡Gracias por la vida!

¿Qué sucede con la muerte? -1

Tampoco queremos, hermanos, que ignoréis acerca de los que duermen. 1 Tesalonicenses 4:13.

Hace algún tiempo, aprendimos de qué manera los sabatarios descubrieron las verdades bíblicas sobre el día de reposo sabático y el ministerio de Cristo en dos fases en el Santuario celestial; enseñanzas que integraron a su interpretación de la Segunda Venida, según se encuentra en Apocalipsis 11:19 a 14:20. Esas tres "verdades pilares" se erguían en el centro mismo del adventismo sabatario.

Pero, los lectores perspicaces quizás hayan observado un cuarto pilar adventista que falta en nuestro análisis: lo que los adventistas tradicionalmente han llamado "el estado de los muertos". Necesitamos dar una mirada a la manera en que aquellos adventistas primitivos desarrollaron sus interpretaciones sobre el infierno y lo que sucede con las personas cuando mueren.

Esas cuestiones preocupaban profundamente a muchos. Tomemos a la joven Elena Harmon, por ejemplo. "En mi mente", escribió, "la justicia de Dios eclipsaba su misericordia y su amor. La angustia mental por la cual pasaba en ese tiempo era grande. Se me había enseñado a creer en un infierno que ardía por la eternidad [...]. Siempre me acosaba el horroroso pensamiento de que mis pecados eran demasiado grandes para ser perdonados, y de que tendría que perderme eternamente [...].

"Nuestro Padre celestial me era presentado como un tirano que se deleitaba en las agonías de los condenados, y no como el tierno y piadoso Amigo de los pecadores, que amaba a sus criaturas con un amor que sobrepujaba todo entendimiento, y deseaba salvarlos en su Reino. Cuando me dominaba el pensamiento de que Dios se deleitaba en la tortura de sus criaturas, que habían sido formadas a su imagen, un muro de tinieblas parecía separarme de él" (NB, pp. 33, 34).

No hace falta decir que la joven Elena no podía armonizar la tradicional enseñanza del infierno con el amante Jesús. Sin embargo, ese mismo pensamiento empeoraba las cosas, porque ahora temía estar rechazando la Palabra de Dios y, de este modo, merecía el infierno aun más que antes.

Ayúdanos, Señor, al enfrentarnos con las enseñanzas difíciles de la Biblia.

¿Qué sucede con la muerte? -2

Porque la paga del pecado es muerte, mas la dádiva de Dios es vida eterna en Cristo Jesús Señor nuestro. Romanos 6:23.

Dadas las luchas que la joven Elena tenía con las enseñanzas tradicionales sobre el infierno, no es de extrañar que en sus años de madurez escribiera: "Es incalculable, para el espíritu humano, el daño que ha producido la herejía de los tormentos eternos. La religión de la Biblia, llena de amor y de bondad, y que abunda en compasión, resulta empañada por la superstición y revestida de terror [...]. Las ideas espantosas que respecto de Dios han sido propagadas por el mundo desde el púlpito han hecho miles, y hasta millones, de escépticos e incrédulos". Siguió indicando que la enseñanza tradicional formaba parte de las enseñanzas babilónicas, o confusas, de la iglesia, que mezclaba la teoría humana con la verdad de Dios (CS, pp. 526).

Tengo que admitir que también a mí me han preocupado las mismas cuestiones. Tanto es así que en 1997 escribí un artículo para la *Signs of the Times* [Señales de los tiempos] titulado: "The Infinite Hitler" [El Hitler infinito]. La idea básica era que si la enseñanza tradicional de la iglesia fuese cierta, Hitler y Stalin pasarían por tipos muy agradables. Al fin y al cabo, sus víctimas finalmente murieron, mientras que Dios podría "asar" a las suyas, en agonía consciente, a lo largo de las edades sin fin de la eternidad. Otros debieron haber visto la lógica del artículo, ya que este recibió el Premio al Mérito de la Associated Church Press, en junio de 1998.

Por supuesto, yo sabía que muchos otros concordaban conmigo, ya que había citado a personalidades evangélicas como John R. W. Stott, Clark Pinnock y otros, que han rechazado la visión tradicional, a favor de la bíblica.

Pero ¿cuál es la visión bíblica? Y ¿cómo llegaron a ella los adventistas? Comenzaremos a examinar esas preguntas mañana. Pero primero, es importante reconocer que la cuestión básica reside en *si los seres humanos nacen con inmortalidad*. La filosofía griega sostiene que sí, pero la Biblia, si bien admite que Dios la tiene (1 Tim. 6:16), declara que los únicos seres humanos que recibirán la vida inmortal son aquellos que creen en Jesús; y que no la obtendrán hasta la segunda venida de Jesús (1 Cor. 15:51-55).

Ahora bien, la inmortalidad significa "no sujeto a la muerte". De modo que, si los impíos la poseen, por definición vivirán en cierta forma a lo largo de la eternidad; pero, si no la poseen, deben morir, como menciona Romanos 6:23 con tanta claridad. No existen otras opciones.

Señor, estamos agradecidos porque has dispuesto el don de la inmortalidad para quienes creen en Jesús. E igualmente agradecidos porque el pecado y los pecadores no son inmortales.

¿Qué sucede con la muerte? -3

Entonces la serpiente dijo a la mujer: No moriréis. Génesis 3:4.

Dos corrientes trajeron la verdad bíblica acerca de la muerte y el infierno al adventismo sabatario. George Storrs, a quien conocimos anteriormente como autor principal del movimiento del séptimo mes, alentaba una de ellas. En 1837, se había encontrado con un libro de Henry Grew que hablaba del destino final de los impíos. Grew abogaba por la "extinción total del ser, y la no preservación perpetua en el pecado y el sufrimiento".

Hasta ese momento, Storrs nunca había dudado de que la gente poseyera alma inmortal. Pero, la obra de Grew lo llevó a un estudio minucioso de la Biblia sobre el tema. Como resultado, Storrs "concluyó que el hombre no tiene inmortalidad por creación o nacimiento. Y que 'Dios destruirá a todos los impíos'; *los exterminará por completo".* Había llegado a creer en lo que los teólogos llaman "condicionalismo" (es decir, la gente recibe la inmortalidad *solo por medio de la condición de la fe en Cristo*) y en el "aniquilacionismo" (la destrucción final y eterna de los impíos, y no preservarlos vivos en los fuegos del infierno por las edades sin fin).

La enseñanza de esas doctrinas hizo entrar en conflicto a Storrs con la organización metodista, y contribuyó a su renuncia como pastor en 1840. Storrs expuso sus puntos de vista en libros como *An Inquiry: Are the Souls of the Wicked Immortal? In Six Sermons* [Una pregunta: Las almas de los impíos ¿son inmortales? En seis sermones] (1842). Razonaba que la proclamación del diablo a Eva en el jardín del Edén: "No moriréis" era la mayor mentira de todas.

Para 1842, Storrs se había convertido en millerita mediante el ministerio de Carlos Fitch. Desdichadamente, todos los líderes milleritas, salvo Fitch, reaccionaron vigorosamente ante las posturas de Storrs. El 25 de enero de 1844, Fitch le escribió acerca de sus convicciones: "Como hace tiempo usted ha estado luchando a solas las batallas del Señor, sobre el tema del estado de los muertos y del destino final de los impíos, escribo esto para decirle que finalmente, después de mucha meditación y oración, y de una plena convicción de deber·para con Dios, estoy preparado para ponerme de parte suya. Estoy totalmente convertido a la verdad bíblica de que 'los muertos nada saben' ".

Como no quería esconder su "luz [...] debajo de un almud", pronto Fitch predicó en su congregación dos sermones sobre el tema, a fines de enero. "Han producido un gran escándalo", le escribió a Storrs. "Muchos pensaron que yo tenía un demonio antes, pero ahora se sienten seguros de esto. Pero, ya no tengo más derecho, mi hermano, de avergonzarme de la verdad de Dios sobre este tema que de cualquier otro".

Fitch, como hemos visto antes, era un hombre dispuesto a defender sus convicciones una vez que estaba seguro de la enseñanza bíblica. Ojalá podamos emular su espíritu.

¿Qué sucede con la muerte? -4

¿Podremos saber qué es esta nueva enseñanza de que hablas? Pues traes a nuestros oídos cosas extrañas. Queremos, pues, saber qué quiere decir esto. Hechos 17:19, 20.

Si el interlocutor ateniense tenía deseos de aprender más acerca de la nueva doctrina que el apóstol enseñaba, sin duda no puede decirse lo mismo de los dirigentes milleritas con relación a la interpretación de Storrs sobre el estado de los muertos.

El 7 de mayo de 1844, Miller publicó una carta en la que negaba "cualquier conexión, asociación o simpatía con las visiones del hermano Storrs sobre el estado intermedio y el fin de los impíos". En abril, Josías Litch llegó al extremo de comenzar a publicar una revista titulada *The Anti Annihilationist* [El antianiquilacionista]. La estrategia millerita, en general, era alejarse del tema. Jesús vendría en pocas semanas, y entonces todos sabrían la verdad sobre el asunto.

Esas declaraciones, por supuesto, no hicieron mucho para silenciar a Storrs y a sus colegas. Y su agitación dio frutos. En los años subsiguientes, las dos confesiones más numerosas que salieron del millerismo –los adventistas cristianos y los adventistas del séptimo día– adoptarían el condicionalismo y el aniquilacionismo.

Si la enseñanza de Storrs fue un camino por el cual entró el condicionalismo en el adventismo, la Conexión Cristiana fue el otro. Elías Smith, uno de los fundadores de la Conexión Cristiana, había aceptado la enseñanza a principios de ese siglo. Y muchos conexionistas, en su deseo de restaurar todas las enseñanzas bíblicas perdidas, enfatizaban el condicionalismo y el aniquilacionismo. Eso influyó en Jaime White y en José Bates, quienes habían sido miembros de la Conexión.

La postura de la Conexión sobre el tema también influyó en la joven Elena Harmon después de que su madre la aceptara en la Iglesia de la Conexión Cristiana de la calle Casco, en Portland, Maine. Después de oír a su madre hablar del tema con una amiga, lo investigó en la Biblia y lo aceptó. Esos súbitos descubrimientos constituyeron un gran alivio para su mente y su corazón. No solo disiparon sus dudas acerca del amor y la justicia de Dios, sino también la ayudaron a comprender la razón de la resurrección. Al fin y al cabo, según dijo ella: "Si al morir el hombre, su alma entraba en el gozo de la eterna felicidad o caía en la eterna desdicha, ¿de qué servía la resurrección del pobre cuerpo reducido a polvo?" (NB, pp. 55).

Por lo tanto, los tres fundadores del adventismo sabatario fueron condicionalistas desde la fundación misma del movimiento.

Gracias, Señor, por tus grandes promesas y por las creencias que tienen un sentido consistente y esencial.

Las doctrinas pilares

Que prediques la palabra; que instes a tiempo y fuera de tiempo; redarguye, reprende, exhorta con toda paciencia y doctrina. Porque vendrá tiempo cuando no sufrirán la sana doctrina. 2 Timoteo 4:2, 3.

A principios de 1848, mediante el estudio extensivo e intensivo, los dirigentes adventistas sabatarios habían llegado a un acuerdo básico en al menos cuatro puntos de doctrina:

1. El regreso personal, visible y premilenial de Jesús.

2. La purificación del Santuario celestial, donde el ministerio de Cristo en el segundo compartimento había comenzado en octubre de 1844: el comienzo del Día de la Expiación antitípico.

3. La obligación de guardar el día de reposo sabático y su función en el Gran Conflicto del tiempo del fin, profetizado en Apocalipsis 12 al 14.

4. La inmortalidad no es una cualidad humana inherente, sino algo que la gente recibe solo mediante la fe en Cristo.

Los adventistas sabatarios, y posteriormente adventistas del séptimo día, llegaron a considerar esas enseñanzas como doctrinas "prominentes", o "pilares". Juntos, iniciaron esta rama del adventismo no solo a partir de otros milleritas, sino de los cristianos en general. Esos cuatro distintivos estaban en el corazón del adventismo sabatario en desarrollo, y los definían como un pueblo único. Las llamadas "doctrinas pilares" formaron el núcleo no negociable de la teología del Movimiento.

El lector cuidadoso quizá se pregunte cómo es que no incluí la doctrina de los dones espirituales en relación con Elena de White en la lista anterior. Si bien esa es una perspectiva adventista única, en realidad, como veremos, no recibió intentos de formación doctrinal hasta las décadas de 1850 y 1860. Más allá de eso, Elena de White misma no consideraba que esa enseñanza fuese uno de los pilares.

Los sabatarios, por supuesto, compartían muchas creencias con otros cristianos, como la salvación por gracia, mediante la fe en el sacrificio de Jesús, y la eficacia de la oración. Pero, su enseñanza en los primeros años, al igual que su himnario, se centraba en las diferencias con otros cristianos, y no en las semejanzas.

Ese descuido, con el tiempo, ocasionaría muchos problemas teológicos, que tendrían que enfrentar en la década de 1880. Pero, analizaremos ese tema después.

Por ahora, podemos estar agradecidos por la claridad con la que los fundadores del adventismo del séptimo día hicieron su tarea teológica. La buena noticia es que su sistema de creencias tiene sentido.

Vivir al límite financieramente

Así que, hermanos, os ruego por las misericordias de Dios, que presentéis vuestros cuerpos en sacrificio vivo, santo, agradable a Dios, que es vuestro culto racional. Romanos 12:1.

Es más fácil ser un sacrificio muerto que uno vivo. Al menos, al morir el sacrificio se termina, pero en vida sigue y sigue. Así ocurrió con los fundadores del adventismo.

Bates, como vimos antes, había tenido una cantidad razonable de riquezas. Pero, al haberlo entregado todo al millerismo, salvo su casa, pasó el resto de su vida en el delgado límite de la realidad financiera.

Pero, no era el único. En abril de 1848, Jaime White pudo escribir, de él y de Elena, que "todo lo que tenemos, incluyendo vestimenta, ropa de cama y muebles para el hogar, está en un baúl de un metro, y está lleno hasta la mitad. No tenemos otra cosa que hacer más que servir a Dios, e ir donde Dios nos abra el camino".

Pero, viajar no siempre era fácil en aquellos días, especialmente si una persona estaba en la ruina. Bates, por ejemplo, a comienzos de 1849, se sintió muy impresionado en cuanto a que era su deber predicar el mensaje en Vermont. Como no tenía dinero, decidió caminar desde el sur de Massachusetts.

Sin embargo, él no era el único convencido en cuanto a ese viaje misionero. Sarah, la hermana de Elena de White, sintió la impresión de que debía ayudarlo; solicitó un adelanto de sueldo de su empleador y trabajó por 1,25 dólares por semana como contratada, para pagar el viaje de él.

Pero, el viaje fue fructífero. Jaime White escribió que Bates "tuvo muchas dificultades, pero Dios estuvo con él y se hizo mucho bien. Encontró o dejó un buen número en el día de reposo".

Para quienes vivimos en tiempos más prósperos, es difícil entender las privaciones por las que atravesaron los primeros adventistas para llevar a cabo su misión. Más adelante, Jaime White comentó que "los pocos que enseñaban la verdad viajaban a pie, en vagones de segunda clase o en las cubiertas de los barcos de vapor, por falta de medios". Esos viajes, comentó su esposa, los exponían al "humo del tabaco, y además teníamos que escuchar las maldiciones, y la conversación vulgar de la tripulación y de los pasajeros sin educación" (1TI, p. 77). De noche, a menudo dormían en el piso, sobre cajones o bolsas de granos, con la maleta como almohada, y se cubrían con el abrigo. En invierno, caminaban por la cubierta para entrar en calor.

¡Y nosotros creemos que llevamos una vida difícil; que hemos tenido una vida de sacrificios! Piensa una vez más. La mayoría no tenemos ni la más remota idea de los sacrificios necesarios para establecer nuestra iglesia.

¿Y en cuanto a poner fechas? -1

Pero del día y la hora nadie sabe, ni aun los ángeles de los cielos, sino sólo mi Padre. Mateo 24:36.

A pesar de la claridad de las palabras de Jesús sobre el tema, y a pesar de la crisis millerita al tratar de establecer la fecha para la Segunda Venida, ha demostrado ser una tentación constante, para los adventistas, el determinar una fecha o acercarse lo más posible a una. Y debemos admitir que es una posibilidad emocionante. Pero, el inevitable fracaso tiene un efecto entumecedor en la iglesia y en sus miembros.

Después del fracaso en la predicación de que Cristo regresaría en octubre de 1844, a los adventistas chasqueados simplemente les pareció natural seguir estableciendo fechas para ese acontecimiento, sobre la base de las diversas profecías. Por lo tanto, Guillermo Miller y Josías Litch llegaron a esperar que Jesús apareciera antes del fin del año judío de 1844 (es decir, en la primavera de 1845). H. H. Gross, Joseph Marsh y otros previeron fechas en 1846; y al pasar el año, Gross descubrió razones para esperar a Cristo en 1847.

Los primeros adventistas sabatarios no eran inmunes a la fijación de fechas. En septiembre de 1845, Jaime White creía firmemente que Jesús llegaría el décimo día del séptimo mes judío, en octubre de aquel año. Esa es la razón por la que razonara públicamente que una pareja adventista que había anunciado su boda había caído en un "ardid del diablo", y que había "negado su fe" en la Segunda Venida, porque "un paso así parecía contemplar años de vida en este mundo".

Sin embargo, "pocos días antes de que pasara la fecha", recuerda Jaime, "yo estaba en Fairhaven y en Dartmouth, Massachusetts, con un mensaje sobre este tiempo. En ese entonces, Elena estaba con el grupo en Carver, Massachusetts, donde tuvo una visión de que nos chasquearíamos, y que los santos debían pasar por 'el tiempo de angustia de Jacob' en el futuro. Su visión de la angustia de Jacob era totalmente nueva para nosotros, como también para ella".

Esa experiencia, aparentemente, curó a Jaime White de especular sobre la fecha de la Segunda Venida. Pero, como veremos mañana, por cierto no detuvo a José Bates.

¡Poner fechas para la Segunda Venida!

Indudablemente, parece natural para la mayoría de nosotros. Eso es lo que los discípulos desearon que Jesús hiciera en Mateo 24. Pero, él se negó. Y todavía se niega. Hay una lección importante aquí, que debemos aprender.

¿Y en cuanto a poner fechas? -2

Velad, pues, porque no sabéis a qué hora ha de venir vuestro Señor. Mateo 24:42.

Jesús ¿está realmente seguro de eso? Seguro que debe haber alguna forma de determinar el tiempo; al menos, por parte de los que somos fieles adventistas.

Al menos, eso pensaba José Bates en 1850. El paso del tiempo debió haberlo deprimido. Al fin y al cabo, habían pasado seis largos años desde el chasco millerita. Sin duda, podría descubrir la fecha si trabajaba en ello lo suficiente. Y para 1850 Bates estaba muy seguro de haberlo logrado.

En ese año, escribió que "las siete manchas de sangre en el altar de oro ante el Propiciatorio, creo plenamente que representan la duración de los procedimientos judiciales de los santos vivos en el Lugar Santo".

La mayoría ha escuchado hablar del muy válido principio de interpretación profética de día por año; pero, Bates tenía uno nuevo: el "principio de gota de sangre por año". Al usar su "nueva luz", Bates había llegado a la conclusión de que el Juicio Preadvenimiento duraría siete años, y concluiría en octubre de 1851... momento en que Cristo vendría.

Dada su talla en los círculos sabatarios, Bates pronto reunió partidarios para su nuevo proyecto. Pero, los esposos White lo resistirían vigorosamente.

En noviembre de 1850, Elena declaró públicamente que "el Señor me mostró que el TIEMPO no había sido una prueba desde 1844, y que el tiempo nunca más volverá a ser una prueba" (*PT*, noviembre de 1850).

Luego, el 21 de julio de 1851, dado que aumentara el entusiasmo sobre el tema, escribió, en la *Review and Herald,* que "el Señor me ha mostrado que el mensaje del tercer ángel debe progresar y ser proclamado a los hijos dispersos de Dios, pero no debe depender de una fecha. Vi que algunos están creando una excitación falsa al predicar fijando fechas; pero el mensaje del tercer ángel es más poderoso de lo que puede serlo una fecha. Vi que este mensaje puede subsistir sobre su propio fundamento, y que no necesita ser reforzado con fechas; que irá adelante con gran poder, hará su obra y será abreviado en justicia" (PE, p. 75).

La iglesia actual necesita oír esas reflexiones. Al contemplar el adventismo, lo veo como un pueblo que se ha olvidado del poder de su mensaje. Todavía recuerdo que el vigor de la corriente del Apocalipsis me impactó, cuando llegué a entenderlo por primera vez hace casi cincuenta años. Los años no han disminuido ese poder. Una de las mayores necesidades del adventismo actual es recuperar su mensaje.

¿Y en cuanto a poner fechas? -3

Después de mucho tiempo vino el señor de aquellos siervos, y arregló cuentas con ellos. Mateo 25:19.

Ayer encontramos a José Bates luchando poderosamente contra la característica de "mucho tiempo" del sermón de Jesús en Mateo 24 y 25. Sobre la base del principio de una mancha de sangre por año, había determinado que Jesús regresaría en octubre de 1851. También, vimos que Elena de White desafió a Bates. Pero, ella no acabó con él. Escuchemos un poco más.

"Vi", escribió en la *Review* del 21 de julio de 1851, "que algunos estaban haciendo que todo se incline al tiempo de este próximo otoño; es decir, hacer sus cálculos con respecto a ese tiempo. Vi que esto no era correcto, por una razón: en vez de acudir a Dios diariamente para conocer su deber ACTUAL, miran hacia adelante, y hacen sus cálculos como si supiesen que la obra terminaría este otoño, sin averiguar su deber para con Dios diariamente".

Al mes siguiente, Jaime habló sin restricciones sobre Bates, afirmando que había estado en contra de su enseñanza desde el mismo comienzo, un año antes. Al referirse específicamente a la teoría de José, escribió que "algunos que han escrito así los tenemos en alta estima, y los amamos 'fervientemente' como hermanos, y sentimos que eso nos refrena de decir cualquier cosa que hiera sus sentimientos; sin embargo, no podemos dejar de dar algunas razones de por qué no recibimos el *tiempo*". Entonces, presentó seis razones por las que creía que Bates estaba equivocado.

La confrontación combinada por parte de los White, supuestamente, convenció a Bates (quien creía que Elena era profeta) de que se había equivocado con el tema del tiempo. Pronto, él y la mayoría de quienes lo habían seguido abandonaron el énfasis. Como resultado, Jaime pudo informar, a comienzos de septiembre, que el "tiempo de siete años" no fue un problema en su reciente viaje entre las iglesias. Pero, Elena observó en noviembre que algunos se habían aferrado a la expectativa del tiempo, y estaban muy "deprimidos y apesadumbrados", confundidos y distraídos (*Carta* 8, 1851).

La crisis de las "siete manchas" hizo que Bates se curara de poner fechas. Después de eso, aunque consideraba que el fin estaba cerca, nunca más puso una fecha para la Segunda Venida.

Es una lástima que algunos de sus seguidores espirituales no hayan entendido. La tentación de poner fechas, con su consecuente entusiasmo y posterior desilusión, todavía está entre nosotros. Es lamentable que haya tantos adventistas que todavía estén más interesados en el entusiasmo de la Segunda Venida que en el "deber ACTUAL". No podemos esperar la bendición de Dios hasta que no invirtamos nuestras prioridades.

Señor, ayúdanos a concentrarnos hoy en el "deber ACTUAL".

¿Y en cuanto a poner fechas? -4

Y tardándose el esposo, cabecearon todas y se durmieron. Mateo 25:5.

La ocasión de la confrontación que Elena de White tuvo con Bates en 1851 no fue la primera vez en que la Sra. de White se opuso a la fijación de fechas. Ya en 1845, había advertido repetidamente a sus hermanos creyentes que el tiempo ya no era más una prueba, y que cada vez que pasara una fecha sugerida se debilitaría la fe de aquellos que habían puesto su esperanza en ello. Incluso, su primera visión insinuaba que la Ciudad podría estar "todavía muy lejos". En respuesta a su postura sobre la fijación de fechas, algunos la acusaron "de acompañar al siervo malo que decía en su corazón: 'Mi Señor tarda en venir' " (PE, pp. 14-15, 22).

Ella fue clara al decir que el mensaje del tercer ángel brindaba un fundamento más seguro para la fe que la fijación de fechas. Más allá de eso, en cuanto a establecer fechas, ella constantemente recalcaba a los sabatarios que se alejaran de la excitación y que se concentraran en su deber actual en la Tierra. Ese énfasis, como veremos, formaría la base para la creación de las instituciones adventistas, lo que podría llevar el adventismo del séptimo día hasta los extremos de la Tierra.

Jesús parece ser claro sobre el tema de poner fechas, en Mateo 24. Por si eso no fuese suficiente, Elena de White enfatizó tenazmente los problemas asociados con esto.

Sin embargo, los adventistas que ponían fechas siguieron y siguieron, en un intento desesperado de prolongar el entusiasmo. Recuerdo 1964. Muchos estaban totalmente seguros de que Jesús vendría ese año, porque la Biblia enseñaba que "como fue en los días de Noé, así también será en los días del Hijo del Hombre" (Luc. 17:26). Y Noé, ¿no había predicado su mensaje durante 120 años antes de que viniera el diluvio? ¡Voilá! ¡Ahí está! Los adventistas habían estado predicando su mensaje durante 120 años, desde 1844. La "prueba" era contundente: Jesús regresaría en 1964; probablemente, el 22 de octubre.

Y luego se presentó el año 2000, el comienzo del séptimo milenio; el milenio sabático o el descanso celestial. En todas partes la gente se entusiasmó con esto. Más o menos por ese año, un libro adventista, que fue éxito de ventas, entró en el mercado mostrando un reloj que indicaba que faltaban minutos apenas para la medianoche, "cuando venga el esposo".

Lo triste es que los adventistas están sobreexaltados escatológicamente, y desanimados en el "DEBER ACTUAL". Desgraciadamente, han invertido el énfasis del mensaje de Jesús de Mateo 24 y 25.

Ayúdanos, Señor, a desear alimento sólido, y no azúcar espiritual.

La alternativa a poner fechas -1

Y su señor le dijo: Bien, buen siervo y fiel; sobre poco has sido fiel, sobre mucho te pondré; entra en el gozo de tu señor. Mateo 25:21.

¡**M**ateo 24 y 25 es un extraño sermón! Encuentra a los discípulos preguntando a Cristo acerca de la destrucción del Templo y pidiendo una señal en cuanto a su regreso al final del tiempo. Francamente, la respuesta de Jesús debió haber sido frustrante. Por un lado, brindó una lista de "señales" que ocurrirían en cada época, como guerras, terremotos y hambrunas, y luego sigue diciendo que "aún no es el fin"; que "todo esto será *principio* de dolores" (Mat. 24:6, 8).

Más allá de eso, Jesús mezcló acontecimientos relacionados con la destrucción de Jerusalén, en 70 d. C., y con la Segunda Venida. Y, como si eso no fuese suficiente, les dijo que nadie más que Dios conoce la hora del hecho (vers. 36). Jesús concluye su presentación sobre el pedido de una señal con la amonestación: "Velad, pues, porque no sabéis a qué hora ha de venir vuestro Señor" (vers. 42). Bien podría haber dicho: "No se preocupen por el tiempo".

A esa altura del sermón, Jesús va más allá de las señales, hacia lo que más necesitaba decirles a sus discípulos, quienes deseaban que el fin ocurriese lo antes posible. Desde el versículo 43, Jesús expone cinco parábolas que avanzan progresivamente hacia lo que ellos más *necesitan* escuchar, y no hacia lo que más *quieren* escuchar (es decir, cuán cercano está el fin).

La primera parábola (vers. 43, 44) simplemente nos dice que velemos, porque no se sabe la hora de la Segunda Venida. En la segunda (vers. 45-51), enseña que tenemos deberes mientras velamos y esperamos; y que el tiempo durará más de lo esperado. La tercera (Mat. 25:1-13), continúa el tema de una Venida demorada, pero destaca la necesidad de prepararse para el acontecimiento. La cuarta parábola (vers. 14-30) enfatiza la forma en que debemos prepararnos: debemos desarrollar los talentos y utilizarlos fielmente. Y la parábola culminante –de las ovejas y los cabritos (vers. 31-46)– consigna explícitamente la naturaleza esencial de la obra de ellos mientras esperan y velan.

En otras palabras, Jesús aparta la discusión del entusiasmo por el tiempo y la acerca al "deber ACTUAL". Juan Wesley, el fundador del Metodismo, captó la idea de Jesús. Cuando alguien le preguntó qué haría hoy si supiese con seguridad que Jesús vendría mañana, él respondió que haría exactamente lo que él había planeado.

Señor, ayúdanos a entender que el estar preparado no es emoción, sino hacer la voluntad de Dios en forma responsable, mientras vivimos en este mundo.

La alternativa a poner fechas -2

De cierto os digo que en cuanto lo hicisteis a uno de estos mis hermanos más pequeños, a mí lo hicisteis. Mateo 25:40.

¿Cómo ser un fiel adventista? Esa es la cuestión.

Los discípulos, así como los primeros adventistas (y muchos de nuestra época, además), querían pasar su espera agitados emocionalmente. Pero, Jesús trató de encauzar su atención al terreno, más real, de vivir como cristiano en el mundo diario.

Ayer cerramos con la parábola de las ovejas y los cabritos, de Mateo 25:31 al 46. Elena de White captó el significado que Jesús quiso enseñar, al escribir: "Cuando las naciones estén reunidas delante de él, habrá tan solo dos clases; y su destino eterno quedará determinado por lo que hayan hecho o dejado de hacer por él en la persona de los pobres y sufrientes [...]. Aquellos a quienes Cristo elogia en el Juicio pueden haber sabido poco de teología, pero albergaron sus principios. Por medio de la influencia del Espíritu divino, fueron una bendición para quienes los rodeaban. Aun entre los paganos hay quienes han abrigado el espíritu de bondad; antes de que las palabras de vida cayesen en sus oídos, manifestaron amistad para con los misioneros, hasta el punto de servirlos con peligro de su propia vida. Entre los paganos hay quienes adoran a Dios ignorantemente; quienes no han recibido jamás la luz de un instrumento humano, y sin embargo no perecerán. Aunque ignorantes de la Ley escrita de Dios, oyeron su voz hablarles en la naturaleza e hicieron las cosas que la Ley requería. Sus obras son evidencia de que el Espíritu Santo ha tocado su corazón, y son reconocidos como hijos de Dios" (DTG, pp. 592, 593).

El Espíritu Santo ¿ha tocado mi corazón? ¿En qué centro mi atención, como adventista: en la emoción del último predicador que persuade a la iglesia sobre la proximidad del Advenimiento o en el "deber ACTUAL", mientras espero ese acontecimiento?

Debo admitir que la emoción, por definición, es más cautivadora. Pero, el "deber ACTUAL" es más cristiano.

El verdadero adventista, según Jesús, no es el que solo puede pensar en cuán cercana está la Venida, sino el que vive la vida del amor de Dios mientras espera y vela por ese día mejor.

Hoy, mi amigo, Jesús quiere que cada uno vuelva a dedicar su vida a *ser cristiano en nuestro mundo*, mientras espera el próximo.

Se convirtieron en adventistas de la puerta abierta -1

He aquí, he puesto delante de ti una puerta abierta, la cual nadie puede cerrar. Apocalipsis 3:8.

Hace algunas semanas, vimos que los primeros sabatarios eran adventistas de la "puerta cerrada". Miller había usado la frase "puerta cerrada", de Mateo 25:10, con el fin de expresar la cercanía del tiempo de prueba antes de la llegada del Esposo, o Cristo. Otra forma de decirlo es que Miller creía que cada persona habrá tomado una decisión a favor o en contra de Cristo antes de que él vuelva; que no habrá una segunda oportunidad después de la Segunda Venida. Esa es una buena enseñanza bíblica.

Pero, la interpretación de Miller de la puerta cerrada tenía un problema sustancial; más específicamente, él había unido la Segunda Venida con el fin de los 2.300 días de Daniel 8:14. Por lo tanto, hasta el final de 1844 creyó que el tiempo de prueba se había cerrado el 22 de octubre de ese año; que la obra de predicar el evangelio a los pecadores había terminado; que ya no se podían convertir más pecadores.

Todos los primeros adventistas sabatarios, sin excepción, creían en la puerta cerrada. Sin embargo, el estudio de la Biblia, como vimos antes, pronto los llevó a concluir que la purificación del Santuario no significaba la Segunda Venida, sino que tenía que ver con el ministerio de Cristo en el Templo celestial.

En ese momento, descubrieron que sostenían una teología que ya no encajaba. Habían cambiado su interpretación de la purificación del Santuario, pero no habían reinterpretado la fecha de la puerta cerrada. Sin embargo, la transformación de una creencia demandaba un cambio en la otra. Pero, eso no fue inmediatamente obvio para los sabatarios.

Recién a comienzos de la década de 1850 elaboraron una postura armoniosa sobre el tema. Pero, el cambio no se produjo por haber visto primero su error en la Biblia; al contrario, enfrentaron otro problema, que no desaparecía. Les gustase o no, seguían teniendo conversos a su mensaje que no habían pasado por la experiencia millerita. Al principio, pensaron que debían negarse a bautizarlos, porque esas conversiones eran "imposibles". Ese fue el caso de J. H. Waggoner, quien más adelante llegó a ser un pastor importante entre los adventistas del séptimo día.

Fue la realidad de los nuevos conversos, que "no deberían" haber sido, lo que hizo volver a los sabatarios a la Biblia, para reestudiar el tema. Para fines de 1851 o comienzos de 1852, se habían dado cuenta de su error. Como resultado, llegaron a la conclusión de que, si bien era cierto que el tiempo de prueba terminaría antes del Advenimiento, ese acontecimiento todavía estaba en el futuro. Ese descubrimiento abrió el camino para que difundieran su mensaje a todos. ¡La buena noticia es que Dios nos guía incluso en medio de nuestros enredos!

Dios usa hasta nuestros errores

Te haré entender, y te enseñaré el camino en que debes andar; sobre ti fijaré mis ojos. Salmo 32:8.

Servimos a un Dios misericordioso.

Si yo estuviese tratando con personas que no pueden ver sus errores, probablemente las ignoraría o les haría pagar el precio de sus problemas; desde luego, no las bendeciría a pesar de sus errores. Todos podemos estar agradecidos de que Dios no sea como yo. El Dios al que servimos nos bendice a pesar de lo que somos. No solo nos ayuda a resolver nuestros problemas, sino también nos bendice en el proceso. La verdad evangélica es que Dios incluso utiliza nuestros errores.

Así fue con la experiencia de la puerta cerrada. Los sabatarios tenían un error teológico obvio y grave. Al fin y al cabo, durante el período de la puerta cerrada de la historia adventista, creían que la extensión evangélica de su movimiento se restringía a quienes habían aceptado el mensaje millerita de la década de 1830 y comienzos de la de 1840, ya que la puerta de la misericordia se habría cerrado para todos los demás.

Pero, Dios pudo emplear ese error para el bien del movimiento. Primero, guió al pequeño grupo de sabatarios a que usaran ese período de la historia a fin de construir una base teológica sólida; de modo que gastaron poco de sus escasos recursos en la evangelización, hasta que tuvieron un mensaje. Segundo, después de crear su identidad teológica, restringieron su evangelización, entre 1848 y 1851, a otros milleritas. Solo después de que lograron una sólida base teológica y un considerable grupo de miembros troncales, estuvieron en condiciones de extenderse a la población mayor, y finalmente hasta los confines de la Tierra.

Al considerar la era de la puerta cerrada de la historia adventista, veo que es una etapa necesaria en el desarrollo del movimiento. Dios los iba guiando paso a paso para construir una plataforma sólida, desde la cual lanzar una misión "a toda nación, tribu, lengua y pueblo" (Apoc. 14:6).

Dios nos bendice, de todos modos. Eso es evangelio; esas son buenas noticias.

¿Y tú, mi amigo? ¿Bendecimos hasta al más lento en aprender? Tú y yo ¿poseemos el mismo espíritu? ¿Tan siquiera lo deseamos? Desafío a cada uno hoy a aplicar la gracia divina en nuestra vida diaria, con nuestras esposas, esposos, hijos y hermanos de iglesia.

Ayúdanos, nuestro Padre, a ser una bendición positiva, aunque la gente que nos rodea cometa serios errores.

Se convirtieron en adventistas de la puerta abierta -2

Escribe al ángel de la iglesia en Filadelfia: Esto dice el Santo, el Verdadero, el que tiene la llave de David, el que abre y ninguno cierra, y cierra y ninguno abre. Apocalipsis 3:7.

U no de los acontecimientos más significativos de la historia adventista del séptimo día fue su cambio del adventismo de la "puerta cerrada" al de la "puerta abierta", a comienzos de la década de 1850.

Antes de examinar la nueva postura, necesitamos resumir varios significados que habían interpretado en la postura anterior. A fines de la década de 1840, la frase "puerta cerrada" tenía al menos tres significados en sus mentes: (1) que el tiempo de prueba se había acabado el 22 de octubre de 1844, (2) que la profecía se había cumplido en esa fecha, y (3) que su misión evangélica después de ese tiempo se restringía a quienes habían sido milleritas.

La mayoría de los debates sobre el tema se centran en los puntos 1 y 3, pero el segundo era igualmente importante. Cuando Jaime White se refirió a los sabatarios como al pueblo de la puerta cerrada del séptimo día, se estaba refiriendo a sus dos doctrinas cardinales: el sábado y su interpretación de que la profecía se había cumplido en 1844, al final de los 2.300 días. Ellos nunca cambiaron su interpretación del segundo significado.

Pero, según vimos antes, el cumplimiento de la profecía, obviamente, no constituyó la Segunda Venida; por lo tanto, el tiempo de prueba no se había cerrado. Como resultado, a la larga se dieron cuenta de su error en el punto 1, y abandonaron esa interpretación de la puerta cerrada.

Esa conclusión los llevó a cambiar el tercer punto. Comenzando con la visión de Elena de White en noviembre de 1848 sobre el mensaje adventista que circuiría el mundo como rayos de luz, los esforzados creyentes, gradualmente, empezaron a percibir una puerta abierta en su misión hacia el mundo. Comenzaron a ver cada vez con mayor claridad que tenían un mensaje del tiempo del fin para todo el mundo, no solo para los exmilleritas.

Según las palabras de Elena de White en marzo de 1849, "se me mostró que [...] el tiempo en que los Mandamientos de Dios habían de resplandecer en toda su importancia [...] era cuando se abriese la puerta en el Lugar Santísimo del Santuario celestial, donde está el Arca". En 1844, según esta visión, Jesús se levantó y cerró la puerta del Lugar Santo, y abrió la puerta del Santísimo. "Vi que Jesús había cerrado la puerta del Lugar Santo, y nadie podía abrirla; y que había abierto la puerta que da acceso al Lugar Santísimo, y nadie puede cerrarla" (PE, p. 42). Y, con esa apertura, hubo revelaciones sobre un nuevo mensaje sobre el sábado y temas proféticos relacionados, que finalmente llevarían a los sabatarios hasta los extremos de la Tierra.

En términos de misión, el adventismo nunca sería el mismo. Afrontó la misión de la puerta abierta con un mensaje que el mundo necesitaba escuchar antes de la venida de Jesús en las nubes.

El mensaje adventista se refina

Porque el Cordero que está en medio del trono los pastoreará, y los guiará a fuentes de aguas de vida.
Apocalipsis 7:17.

El revisionismo formó parte del desarrollo del sabatarianismo en la década de 1850, cuando comenzaron a dar una segunda mirada a alguna de sus interpretaciones y a adaptarse en consecuencia.

Así ocurrió con aspectos del tema de la "puerta cerrada", como vimos ayer. Por lo tanto, para comienzos de 1852, Jaime White pudo proclamar: "Enseñamos esta PUERTA ABIERTA, e invitamos a los que tengan oídos para oír, a acercarse a ella y a hallar salvación a través de Jesucristo. Hay una gloria superior en la visión de que Jesús ha ABIERTO LA PUERTA en el [lugar] más santo de todos [...]. Si se dijera que somos de la teoría de la PUERTA ABIERTA y del día de reposo sabático, no nos opondríamos; porque esta es nuestra fe".

A comienzos de la década de 1850, él y otros sabatarios se regocijaban no solo en la conducción progresiva de Dios sino también en la belleza de su mensaje y en la magnitud de la misión que les había puesto delante.

La actitud de ellos contiene algo vital. Ellos no temían admitir que habían cometido un error. No solo se mantenían firmes en sus creencias, que exponían a un cuidadoso estudio bíblico, sino también estaban dispuestos a ajustar las que el tiempo y el estudio posterior les mostraran que estaban erradas.

Muchos consideramos que la verdad es estática. Algunos, incluso, percibimos el mensaje de la Iglesia Adventista del Séptimo Día como algo que nació plenamente desarrollado allá, por la década de 1840.

Nada podría estar más lejos de la verdad. *El sistema de creencias adventistas es un aspecto dinámico del movimiento.* Cuando Dios dirige, la iglesia ha estado dispuesta a seguir. En consecuencia, su interpretación de la verdad bíblica y de su misión ha crecido, y se ha expandido a través del tiempo. Al construir sobre lo que ha demostrado ser sólido, incluyendo sus doctrinas pilares centrales y su interpretación del flujo de la profecía entre Apocalipsis 12:1 y 14:20, continúa ajustando su sistema de creencias, a fin de estar a la altura de las interpretaciones más adecuadas del mensaje bíblico y de las necesidades de un mundo pecaminoso.

Y las transformaciones no se acabaron todavía. Dios continuará guiando a su pueblo hasta el día en que veamos a Cristo viniendo en las nubes.

Te agradecemos, nuestro Padre, por guiarnos en el pasado. Y anhelamos tu conducción en el futuro. Ayúdanos a tener mentes abiertas y corazones dispuestos, a medida que nos guías paso a paso.

El mensaje del segundo ángel se refina -1

Otro ángel le siguió, diciendo: Ha caído, ha caído Babilonia, la gran ciudad, porque ha hecho beber a todas las naciones del vino del furor de su fornicación. Apocalipsis 14:8.

¿Hasta qué punto los adventistas del séptimo día deberían cooperar con otras confesiones cristianas? Los pastores adventistas ¿deberían ser activos en las asociaciones ministeriales de la comunidad? La iglesia y sus miembros ¿deberían participar junto con otras confesiones religiosas en proyectos comunitarios? Si es así, ¿sobre qué base?

Esas son preguntas importantes. Y debido a esa enseñanza, el adventismo todavía experimenta tensión entre varios subgrupos sobre la cuestión de la cooperación con otros cristianos. Afortunadamente, la historia arroja mucha luz sobre el tema de la caída de Babilonia y los problemas relacionados con ella.

Como observamos antes, las primeras interpretaciones adventistas de Babilonia estaban bien determinadas antes del nacimiento del adventismo sabatario. Vimos que Carlos Fitch sentó las bases para la interpretación millerita, cuando comenzó a proclamar la caída de Babilonia en el verano de 1843. Para Fitch, Babilonia consistía en católicos romanos y aquellos protestantes que rechazaban las enseñanzas bíblicas sobre la Segunda Venida.

Jaime White ratificó esa interpretación básica en 1859, cuando escribió que "sin vacilar, aplicamos la Babilonia del Apocalipsis a todo el cristianismo corrupto". Corrupción, según ellos, implicaba una caída moral y la mezcla de las enseñanzas cristianas con las filosofías no cristianas, como la inmortalidad del alma. Esta última dejaba indefensas a las iglesias en contra de creencias como el espiritismo. *Babilonia, en resumen, representaba a las iglesias confundidas.*

Pero, a medida que pasaba el tiempo, los adventistas sabatarios, a principios de la década de 1850, comenzaron a notar que las confesiones dominicales tenían algunas cosas buenas. Obviamente, no estaban erradas en muchos aspectos de su enseñanza y su práctica. El mundo no era tan "blanco y negro" como habían pensado de entrada. Esos pensamientos los situaron en una dirección que llevaría a un mayor entendimiento de las implicaciones del mensaje del segundo ángel.

Ayúdanos, Padre, a mantener los ojos abiertos a las cosas buenas de los demás, incluso de los que están un poco o muy confundidos en su sistema de creencias. Danos ojos para ver lo bueno, y danos la gracia para aceptar el don.

El mensaje del segundo ángel se refina -2

Después de esto vi a otro ángel descender del cielo con gran poder; y la tierra fue alumbrada con su gloria. Y clamó con voz potente, diciendo: Ha caído, ha caído la gran Babilonia, y se ha hecho habitación de demonios y guarida de todo espíritu inmundo, y albergue de toda ave inmunda y aborrecible.
Apocalipsis 18:1, 2.

Una vez que los adventistas sabatarios hubieron abandonado la enseñanza de que la puerta del tiempo de prueba estaba cerrada, se abrió el camino para otro vistazo a su interpretación de la caída de Babilonia.

La única línea importante del desarrollo, en términos del mensaje del segundo ángel, era concebir la caída de Babilonia como una corrupción en dos fases, o progresiva. Mientras que Fitch veía Apocalipsis 14:8 y 18:1 al 4 como un acontecimiento, Jaime White y los sabatarios llegaron a interpretar esos dos textos como incidentes separados.

White observó que la caída de Babilonia descrita en 14:8 "está en el pasado", mientras que la enunciada en 18:1 al 4 es presente y, especialmente, futura. Según dijo en 1859: "Primero cae [14:8]; segundo, se convierte en habitación de demonios, y 'guarida de todo espíritu inmundo', etc.; tercero, el pueblo de Dios es llamado a salir de ella; y cuarto, sus plagas se derraman sobre ella".

Así, aunque los sabatarios creían que el mundo religioso había cometido un grave error durante la primera parte de la década de 1840, al rechazar una enseñanza bíblica relacionada con la Segunda Venida y al perseguir a la gente por mantener esa creencia, esa caída de aquellos años '40 solo fue el comienzo de la confusión. Los acontecimientos antes del tiempo del fin darían lugar a una confusión moral y doctrinal mucho más grave, hasta que Dios finalmente tuviese que abandonar a esas iglesias irremediablemente confundidas, que escogieron formar parte de Babilonia.

Elena de White coincidía con su esposo en relación con la reinterpretación de la caída de Babilonia, en que era progresiva; pero finalmente avanzó más allá de eso. Para ella, "el cumplimiento perfecto de Apocalipsis 14:8 está aún reservado para lo por venir". Como resultado, "la mayoría de los verdaderos discípulos de Cristo se encuentran aún" en las iglesias fuera del adventismo. De modo que Babilonia está confundida, pero no ha caído totalmente. Más allá de eso, el llamado a salir de Babilonia no alcanzará su plena vigencia hasta justo antes del Advenimiento, cuando Babilonia definitivamente habrá completado su caída continua. En consecuencia, afirmó, el llamado "Salid de ella, pueblo mío", de Apocalipsis 18:1 al 4, constituirá "la amonestación final que debe ser dada a los habitantes de la Tierra" (CS, pp. 386, 590).

Señor, no todos creen como yo. Quizás haya buenas razones para eso. Ayúdame hoy a cultivar un corazón comprensivo, que defienda la verdad pero que sea amable con los que no ven las cosas como yo las veo.

Un fundamento para la cooperación -1

También tengo otras ovejas que no son de este redil; aquellas también debo traer, y oirán mi voz; y habrá un rebaño, y un pastor. Juan 10:16.

C on sus reinterpretaciones de la "puerta cerrada" y de la caída de Babilonia, Jaime y Elena de White habían creado un fundamento teológico para la cooperación del adventismo con otros organismos cristianos. Esa asociación se fue convirtiendo cada vez más en un problema, a medida que los adventistas del séptimo día se daban cuenta de que la Segunda Venida no estaba tan cercana como habían esperado al principio.

Pero, la asociación con "los de afuera" traería sus propias tensiones a la iglesia, que dividirían el pensamiento adventista en lo que podríamos considerar orientaciones "moderada" y "de línea dura". Los moderados llegarían a favorecer una cooperación que no comprometiera la integridad teológica y ética del movimiento; mientras que los de línea dura tendrían dificultades para trabajar con cualquier grupo que no viera las cosas exactamente como ellos.

Un ejemplo de ello es la relación del adventismo con la Unión de Mujeres de la Temperancia Cristiana (UMTC). El movimiento, obviamente, tenía algunas ideas buenas (es decir, la verdad). Al fin y al cabo, defendía la temperancia; un tema en consonancia con las preocupaciones adventistas. Como resultado, ya en 1877 los adventistas comenzaron a aunar esfuerzos con el UMTC.

Hasta aquí, todo estaba bien en cuanto a la UMTC; parecían ser buenas mujeres cristianas. Pero entonces, en 1887, embarraron las aguas al alinearse con la Asociación de la Reforma Nacional, en su intento por ganar la legislación nacional para la santidad del domingo. Ese mismo año, la UMTC agregó un Departamento para la Observancia del Día de Reposo (domingo) a su organización. Al año siguiente, apoyó el proyecto de ley nacional respecto del domingo, estipulado por el senador Blair.

Esos pasos definitivamente hicieron que la UMTC se viera más como si estuviera avanzando rápidamente hacia una Babilonia totalmente desarrollada, a los ojos de algunos adventistas. Si bien tenían "la verdad" sobre la temperancia, al mismo tiempo apoyaban el "error" sobre el tema del día de reposo. Algunos adventistas concluyeron que si eso no es confusión, o Babilonia, ¿qué es? Esos acontecimientos continuaron causando preocupación en las filas adventistas a lo largo de la década de 1890.

Esto es lo concreto del caso. Tarea para hoy: analizar con otros o reflexionar sobre la actitud adecuada y las medidas que deben tomarse en una situación así.

¿Por qué decidiste eso? ¿Qué principios apoyan tu decisión? ¿En qué sentido estos temas afectan lo que significa ser cristiano adventista en el mundo actual?

Un fundamento para la cooperación -2

Maestro, hemos visto a uno que en tu nombre echaba fuera demonios, pero él no nos sigue; y se lo prohibimos, porque no nos seguía. Mateo 9:38.

"**N**o se lo prohibáis", dijo Jesús, "porque ninguno hay que haga milagro en mi nombre, que luego pueda decir mal de mí. Porque el que no es contra nosotros, por nosotros es" (Mar. 9:39, 40).

Como adventistas, ¿deberíamos aunar esfuerzos públicamente con aquellos que tienen alguna verdad junto con algunos serios errores teológicos? Esa es la cuestión que planteamos ayer.

Elena de White y otros adventistas, durante la década de 1890, estaban muy al tanto de los criterios de reivindicación de la Unión de Mujeres de la Temperancia Cristiana (UMTC), pero trataron de cooperar lo más posible con ellas durante esa década.

Todavía otros adventistas no estaban tan seguros de que esa fuese la postura correcta. Alonzo T. Jones, por ejemplo, como editor de la revista *Review and Herald,* desencadenó una serie de editoriales que sugerían que la UMTC era apóstata, y que no había llegado muy lejos en su oposición contra la intolerancia religiosa.

Esa mentalidad en blanco y negro disparó una serie de cartas de Elena de White. Como alguien dispuesta a trabajar dentro de cierta cantidad de tensión, aconsejó a Jones que no fuera tan duro y crítico con aquellos que no veían las cosas a través de los ojos adventistas. "Existen", escribió, "verdades vitales sobre las que han tenido muy poca luz". Como resultado, "deben ser tratados con ternura, con amor y con respeto por su buena obra. Usted no debería tratarlos como lo hace" (*Carta* 62 1900).

Ella señaló que no dudaba de la "auténtica verdad" de la postura de él, sino de su falta de visión, tacto y bondad. Afirmó que el enfoque de él llevaría a los miembros de la UMTC a la siguiente conclusión: "Como verán, es imposible tener alguna unión con los adventistas del séptimo día; porque no nos darán ninguna oportunidad de relacionarnos con ellos a menos que creamos exactamente como ellos creen" (*ibíd.*).

De este modo, ella se opuso visiblemente a una actitud en blanco y negro. Más bien, observó, "deberíamos tratar de ganarnos la confianza de las obreras de la UMTC, armonizando lo más posible con ellas". Ellas podrían aprender cosas de nosotros; y nosotros, de ellas (*ibíd.*).

En contraste, recomendó a Jones que no hablara en nombre de la verdad como algo "tan formidable" que otros se alejaran, desesperados. Le rogó que tuviese "ternura cristiana" hacia los que no veían las cosas como él (*ibíd.*).

¿Cómo está mi "coeficiente de tolerancia"? Mi acercamiento a los demás que difieren de mí ¿expresa "ternura cristiana"?

Ayúdame, Señor, a ser más semejante a ti en mi relación con toda la gente.

Un fundamento para la cooperación -3

Cada cual ayudó a su vecino, y a su hermano dijo: Esfuérzate. Isaías 41:6.

L a redefinición de la "puerta cerrada" y de Babilonia sentó las bases para que los sabatarios cooperaran con quienes diferían de ellos teológicamente. Pero ¿sobre qué principios? Una vez más, el apoyo a la sacralidad del domingo por parte de la Unión de Mujeres de la Temperancia Cristiana nos ofrece un buen ejemplo. "Se me ha revelado", escribió Elena de White, que "aunque no debemos sacrificar ningún principio de nuestra parte, debemos, hasta donde sea posible, unirnos con ellos en la obra en favor de la reforma pro temperancia [...].

"Al unirnos con ellos en favor de la abstinencia total, no cambiamos nuestra posición con respecto a la observancia del séptimo día, de manera que podemos mostrar nuestro aprecio a su posición concerniente al tema de la temperancia.

"Al abrir la puerta e invitarlos a unirse a nosotros en este asunto de la temperancia, aseguramos su ayuda en este sentido; y ellos, al unirse con nosotros, tendrán acceso a nuevas verdades que el Espíritu Santo desea impresionar en sus corazones" (*RH*, 18 de junio de 1908).

Fue el mismo espíritu conciliador el que llevó a Elena de White a sugerir que los pastores adventistas deberían familiarizarse con otros clérigos de su distrito, haciéndoles saber que los adventistas "somos reformadores, pero no fanáticos". Su consejo era centrarse en el "terreno común" que el adventismo compartía con los demás, y "presenta[r] la verdad tal como es en Jesús", en vez de denigrar a las demás iglesias. Usando esas técnicas, los pastores adventistas podrían "acercarse a los ministros de otras denominaciones" (Ev, pp. 108-109, 409).

Debemos tener cuidado con disparar la "pistola Babilónica" a todo el que no ve las cosas como nosotros. La historia adventista es informativa al respecto. La redefinición de Babilonia en la década de 1850 ofreció un fundamento crucial para la participación del adventismo en un mundo que, simplemente, no se va a acabar.

Ese es el fruto del crecimiento de Jaime White en la comprensión de la caída de Babilonia en dos pasos, en 1859. Debemos aprender a vivir en la tensión de trabajar con quienes difieren de nosotros, mientras mantenemos y defendemos firmemente las hermosas verdades bíblicas que han hecho de nosotros un pueblo peculiar. La otra alternativa es el claustro adventista.

Ayúdanos, Señor, a aprender los principios y las necesidades de cooperación, al abrirnos para cambiar nuestro mundo.

El mensaje del primer ángel se redefine -1

Vi volar por en medio del cielo a otro ángel, que tenía el evangelio eterno para predicarlo a los moradores de la tierra, a toda nación, tribu, lengua y pueblo, diciendo a gran voz: Temed a Dios, y dadle gloria, porque la hora de su juicio ha llegado; y adorad a aquel que hizo el cielo y la tierra, el mar y las fuentes de las aguas. Apocalipsis 14:6, 7.

Es un mensaje poderoso, del que los adventistas del séptimo día escuchan hablar todo el tiempo, pero que probablemente no se sientan a analizar. Así que, hagamos eso esta mañana.

El mensaje contiene cuatro enseñanzas centrales. Primero, *el evangelio eterno*. Para los milleritas, el evangelio eterno era más que simplemente la cruz y la resurrección de Jesús; también incluía la mejor de las buenas noticias: que Jesús estaba regresando para hacer realidad las bendiciones que su crucifixión y su victoria sobre la muerte hicieron posibles. Por lo tanto, el evangelio eterno incluía la Segunda Venida, la resurrección de los que habían muerto en Cristo, la traslación de los que estén vivos para encontrarse con Cristo en el aire y el Reino de los cielos en su plenitud. El evangelio eterno incluía todo eso y más, para los milleritas y los primeros sabatarios.

La segunda parte del mensaje estipulaba que *sería predicado a toda la Tierra*. Como resultado, J. V. Himes envió literatura millerita a todos los puestos misioneros protestantes del mundo. Los primeros sabatarios, en contraste, estaban totalmente dispuestos a decir que los milleritas habían cumplido la comisión durante la primera parte de la década de 1840; solo gradualmente los sabatarios asumirían sus responsabilidades misionológicas.

La tercera parte, que proclamaba el hecho de que *la hora, o el tiempo, del juicio de Dios había llegado*, los milleritas creían que se trataba de la Segunda Venida. Para ellos, era un juicio ejecutivo, en el que Dios repartía las recompensas a los que lo habían servido. Ese es un punto en el que los sabatarios tendrían algunas ideas nuevas, como veremos.

La cuarta parte, que tiene que ver con la *adoración al Creador*, los milleritas no la enfatizaban especialmente. Pero, como vimos hace algunas semanas, los sabatarios consideraban correctamente que esas palabras eran una alusión al sábado, reflejado en Éxodo 20 y en Génesis 2:1 al 3. Vinculaban la alusión al sábado con Apocalipsis 12:17 y 14:12; versículos que indican que Dios tendría un pueblo que guardaría los Mandamientos en los últimos días. Por lo tanto, la idea de la adoración al Creador, de Apocalipsis 14:7, constituía un aspecto de la enseñanza adventista.

El mensaje de los tres ángeles de Apocalipsis 14 es el último de Dios para el mundo agonizante. Debemos dedicar más tiempo a contemplar su significado en nuestros días.

El mensaje del primer ángel se redefine -2

Fueron puestos tronos, y se sentó un Anciano de días [...]. Millares de millares le servían, y millones de millones asistían delante de él; el Juez se sentó, y los libros fueron abiertos. Daniel 7:9, 10.

Además de enfatizar el aspecto del día de reposo sabático de Apocalipsis 14:7, el cambio más importante que harían los sabatarios en el mensaje del primer ángel se centraba en las palabras "la hora de su juicio ha llegado".

Los milleritas habían identificado la escena del juicio de Daniel 7, la purificación del Santuario de Daniel 8:14 y el juicio de Apocalipsis 14:7 como el juicio que tendría lugar en la Segunda Venida. Así que, para ellos, era un *juicio ejecutivo*; un momento en el que Dios repartía las recompensas según lo que las personas hubiesen elegido y hecho (ver Mat. 16:27). Carlos Fitch declaró que el juicio de Apocalipsis 14:7 se refería a la "destrucción" del mundo.

Los sabatarios, después de años de estudio para algunos de ellos, llegarían a ver el juicio de esos textos como un juicio preadvenimiento, o lo que finalmente llamaron Juicio Investigador. Sin embargo, esa nueva interpretación causaría rupturas en sus filas, y no todos los dirigentes sabatarios aceptarían el concepto hasta mediados o fines de la década de 1950. Algunos críticos del siglo XX enseñaban que los adventistas rápidamente establecieron el Juicio Preadvenimiento poco después de 1844, como una apología del chasco. Esa podría sonar como una interpretación verosímil, pero no concuerda con los datos históricos.

Por un lado, el concepto de un juicio preadvenimiento se originó antes del chasco de octubre de 1844; Josías Litch había desarrollado la idea a fines de la década de 1830. Su punto central, en ese entonces, era que el Juicio debía *preceder* a la resurrección.

En 1841, escribió que "ningún tribunal humano pensaría en dictar sentencia sobre un prisionero hasta después del proceso; mucho menos Dios". Por lo tanto, antes de la resurrección, Dios traería toda obra humana a juicio. En la resurrección, dictaría sentencia de acuerdo con sus hallazgos. Varios milleritas adoptaron el concepto de Litch antes de octubre de 1844. Y esa no fue una tarea difícil, ya que la enseñanza bíblica de que Cristo recompensa a la gente cuando viene en las nubes del cielo sugiere que *antes* de ese momento Dios ya ha decidido quién se levantará en la primera resurrección.

Podemos estar agradecidos de servir a un Dios justo, que no es arbitrario; que se basa en las evidencias, y no en los caprichos despóticos.

El mensaje del primer ángel se redefine -3

Pero se sentará el Juez, y le quitarán su dominio [al cuerno pequeño] [...] y el dominio y la majestad [...] sea dado al pueblo de los santos del Altísimo, cuyo reino es reino eterno, y todos los dominios le servirán y obedecerán. Daniel 7:26, 27.

Ayer vimos que desde fines de la década de 1830 Josías Litch comenzó a interpretar "la hora de su juicio ha llegado", de Apocalipsis 14:7, como algo previo al día del Juicio Final. Litch creía que el proceso (o juicio) preadvenimiento había comenzado en 1798, al final del período de tiempo profético de los 1.260 días de Daniel 7:25; y que terminaría antes de la Segunda Venida, al final de los 2.300 días.

La idea de un juicio preadvenimiento no murió con el chasco de octubre de 1844. Enoch Jacobs –que no era sabatario–, por ejemplo, después de analizar el pectoral del juicio usado el Día de la Expiación, declaró en noviembre de 1844 que, "a menos que haya ocurrido algo tan decisivo como la configuración del Juicio el décimo día [el 22 de octubre de 1844], el antitipo todavía no está dado"; la profecía no se cumplió, y todavía estamos en tinieblas. Para Jacobs, "el Juicio se sitúa antes de la aparición personal de Cristo y de la resurrección de los santos".

Nuevamente, en enero de 1845, Apollos Hale y Joseph Turner llamaron a una interpretación más profunda de la parábola de las bodas. En particular, señalaron que la parábola de las bodas de Lucas 12 menciona que la gente debía esperar hasta que Cristo regresara *de* las bodas. Siguieron diciendo que la parábola de las bodas de Mateo 22 contiene una escena de juicio, en la que el rey examina a sus invitados con el fin de determinar si llevan puesto el vestido de bodas.

Turner y Hale relacionaron esas parábolas de bodas con la del reino por parte de Cristo, en la escena de juicio de Daniel 7. Llegaron a la conclusión de que, a partir del 22 de octubre, Cristo tenía una nueva obra que realizar "en el mundo invisible". Por lo tanto, proclamaron: *"¡El Juicio está aquí!"*

Para el 20 de marzo de 1845, Miller había equiparado el juicio de Apocalipsis 14 con la escena de juicio de Daniel 7. Hizo notar que desde 1844 Dios estaba en su "condición judicial, decidiendo los casos de todos los justos", para que "los ángeles puedan saber a quién recoger" en la Segunda Venida. "Si esto es cierto", añadió Miller, "quién puede decir que Dios no está ya justificando su Santuario".

Gracias, Señor, por la lógica de tu Palabra. Gracias, porque finalmente quitarás las fuerzas egoístas que han controlado a este mundo y establecerás un Reino eterno, en el que gobierne la justicia.

El mensaje del primer ángel se redefine -4

Y entró el rey para ver a los convidados, y vio allí a un hombre que no estaba vestido de boda. Mateo 22:11.

Ayer vimos que Enoch Jacobs, Apollos Hale, Joseph Turner y Guillermo Miller, para fines de 1844 y comienzos de 1845, habían relacionado la fecha de octubre y la doctrina del Santuario con el juicio celestial preadvenimiento, de Daniel 7. Por lo tanto, aquellos no sabatarios habían comenzado a considerar que los textos milleritas centrales, como el juicio de Daniel 7 y la llegada del esposo a las bodas, significaban la llegada de Cristo al Juicio Preadvenimiento, y no su regreso en las nubes del cielo. Ese mismo razonamiento se aplicaba a la purificación del Santuario de Daniel 8:14 y a la hora del juicio de Apocalipsis 14:7.

Pero ¿y los líderes sabatarios? ¿Cuál era la postura de ellos en cuanto a la enseñanza del Juicio Preadvenimiento, a finales de la década de 1840?

José Bates era muy positivo sobre el tema: "Con respecto a 'la hora de su juicio ha llegado'", escribió en 1847, "debe haber orden y tiempo porque Dios, en su condición judicial, ha de decidir los casos de todos los justos, para que sus nombres sean registrados en el Libro de la Vida del Cordero, y estén plenamente preparados para ese momento memorable de su cambio de la mortalidad a la inmortalidad". Y a fines de 1848 afirmó que "los santos muertos están siendo juzgados ahora". Bates, probablemente haya sido el primero de los dirigentes sabatarios en enseñar el Juicio Preadvenimiento.

Entendemos que el 5 de enero de 1849 Elena de White estuvo de acuerdo con él sobre el tema. Pero, Jaime no. En septiembre de 1850, todavía disentía abierta y agresivamente con Bates sobre el tema del Juicio Preadvenimiento. En ese mes, escribió que "muchas mentes han sido confundidas por las visiones conflictivas que se han publicado sobre el tema del Juicio". "Algunos [refiriéndose a Bates] han afirmado que el Día del Juicio era anterior a la Segunda Venida. Esta visión, por cierto, carece de fundamento en la Palabra de Dios".

Una lección secundaria aquí es que incluso los pioneros adventistas del séptimo día diferían entre sí respecto de temas importantes. No obstante, se las arreglaban para respetarse mutuamente. Necesitamos ese espíritu en nuestros días.

El mensaje del primer ángel se redefine -5

He aquí yo vengo pronto, y mi galardón conmigo, para recompensar a cada uno según sea su obra.
Apocalipsis 22:12.

Ayer dejamos a Jaime White vociferándole a José Bates que él estaba confundido en cuanto al Juicio, en su creencia de que era anterior a la Segunda Venida. "Esa enseñanza", declaró Jaime, "por cierto carece de fundamento en la Palabra de Dios".

Para Jaime, "el gran día del Juicio durará mil años", y comenzaría en ocasión de la Segunda Venida. En cuanto a un juicio preadvenimiento, White había observado que "no es necesario que la sentencia final se dé antes de la primera resurrección, como algunos han enseñado; porque los nombres de los santos están escritos en el cielo, y Jesús y los ángeles por cierto sabrán a quiénes resucitar para llevarlos a la Nueva Jerusalén". De modo que, a fines de septiembre de 1850, White se oponía a su esposa y a Bates, sobre el tema de un juicio preadvenimiento. Pero, eso cambiaría gradualmente.

Existen evidencias circunstanciales del cambio de White que aparecen en la *Review* de febrero de 1854, en la que publicó un artículo de J. N. Loughborough que unía el mensaje del primer ángel con el Juicio Preadvenimiento. Aunque Loughborough no lo había escrito con la idea de publicarlo, Jaime indica, en una breve introducción, que igualmente lo publicó porque "satisface las consultas que nos han presentado".

Todas las dudas acerca de la postura de Jaime se disiparon en enero de 1857, cuando publicó un tratado hecho y derecho del Juicio Preadvenimiento, bajo su propio nombre. Ese mes, publicó que tanto los justos como los injustos "serán juzgados antes de que sean levantados de los muertos. El Juicio Investigador de la casa, o la iglesia, de Dios tendrá lugar antes de la primera resurrección; así también, el juicio de los injustos ocurrirá durante los mil años de Apocalipsis 20, y serán resucitados al final de ese período".

La terminología de "Juicio Investigador" había sido usada anteriormente, ese mes, por primera vez en un artículo de Elon Everts. Para 1857, los adventistas sabatarios habían aceptado ampliamente la enseñanza del Juicio Preadvenimiento.

El desarrollo de la doctrina del Juicio Preadvenimiento ilustra muy bien cómo dirige Dios el conocimiento de sus seguidores a través del tiempo: siempre está guiando, mientras su pueblo trata de comprender mejor su Palabra. Su tarea es proporcionar esa Palabra; la nuestra es estudiarla con oración, mientras tratamos de conocer cada vez más la voluntad y los caminos de Dios.

¡El Juicio es una buena noticia!

Mientras observaba yo, este cuerno libró una guerra contra los santos y los venció. Entonces vino el Anciano, y emitió juicio en favor de los santos del Altísimo. En ese momento los santos recibieron el reino. Daniel 7:21, 22, NVI.

¡El Juicio es una buena noticia! ¡El Juicio es evangelio! ¿De verdad? Sin duda, no es así como muchos adventistas han considerado el tema.

Recuerdo la primera vez que asistí a la Iglesia Adventista. Como vivía en un barco de la marina mercante en la bahía de San Francisco, no tenía ni el más mínimo interés en el cristianismo ni en el Juicio. Pero, conocí a una chica que me llevó a la iglesia.

Aquello fue como un trauma para mi organismo. Pero, el golpe que me dejó fuera de combate vino cuando una "anciana" (debió haber tenido unos cuarenta años) se paró frente al grupo de jóvenes y comenzó a agitarles su dedo huesudo, haciéndoles saber, en términos muy claros, que más les valía quedarse despiertos de noche desenterrando y confesando cada pecado que hubiesen cometido alguna vez; al fin y al cabo, nadie sabía cuándo saldría su nombre en el Juicio celestial. Y, cuando les tocara, si tenían un pecado sin confesar, no pasarían la eternidad en el destino de su opción preferente.

Décadas de esa enseñanza no solo expusieron a los adventistas a interpretar como una "mala noticia" el Juicio Preadvenimiento, sino también los llevó a despreciar la enseñanza misma. Eso es deplorable, porque la visión bíblica es que, para el pueblo de Dios, el Juicio Preadvenimiento es una buena noticia; de hecho, es la mejor de todas. Según Dios le dijo a Daniel, el Juicio Preadvenimiento es "para", o "en favor de", los santos. La Biblia muestra que el Juez divino está de nuestra parte; de hecho, es Dios quien envió al Salvador. No está tratando de hacer que la gente no entre en el cielo sino, por el contrario, de hacer entrar a cuantos más pueda. ¡El Señor quiere que su casa se llene!

Pero, no todos aceptan su ofrecimiento de salvación y el cambio de corazón que brinda. Algunos se rebelan contra sus caminos, maltratan a los demás, y se vuelven agresivos y destructivos. Él no puede permitir que eso continúe para siempre; por esa razón, ellos pasan a ser juzgados. Para aquellos que deciden llevar una vida de rebelión activa contra Dios y sus principios, el Juicio, obviamente, no es una buena noticia.

Pero, para los cristianos es la mejor noticia de todas. *El Juicio de Dios es su vindicación.* Porque está a su favor, es el acontecimiento que les abre las puertas del Reino eterno. ¡Alabado sea Dios por su Juicio amante!

Reflexionemos sobre el Juicio

Por cuanto ha establecido un día en el cual juzgará al mundo con justicia, por aquel varón a quien designó, dando fe a todos con haberle levantado de los muertos. Hechos 17:31.

Juicio. Un tema horrendo, para algunos; lleno de esperanzas, para otros; y un tema complejo para todos. Hoy, queremos retroceder y dar una mirada al alcance del tema. La mayoría cree que el Juicio es un evento único, que ocurre en algún momento cercano al tiempo del fin para los que mueren. Para 1857, Jaime White había llegado a considerar que el Juicio Final tenía cuatro fases distintas.

Estimaba que la primera fase era el *Juicio Preadvenimiento, o Investigador,* de los que decían ser seguidores del Dios de la Biblia. Los primeros adventistas llegaron, a través del análisis de la tipología del Día de la Expiación, al hecho de que incluiría solamente al pueblo de Dios. Ese día, el sumo sacerdote entraba en el Lugar Santísimo usando el pectoral del juicio, que tenía inscritos los nombres del pueblo de Dios. Era por ellos que intercedía en el día del juicio anual.

La segunda fase, según la veían los adventistas, era un *juicio ejecutivo,* que tendría lugar en la Segunda Venida, cuando Dios, en su papel ejecutor, derramaría bendiciones sobre su pueblo (Apoc. 22:12; Mat. 16:27).

La tercera fase es el *juicio de los mil años, m*encionado en Apocalipsis 20:4. "Y vi tronos", leemos, "y se sentaron sobre ellos los que recibieron facultad de juzgar". A esta altura, te estarás preguntando qué más queda por juzgar; al fin y al cabo, los justos están en el cielo con Dios, y los injustos están durmiendo en sus tumbas. Eso es cierto en ambos casos. Pero, los impíos todavía no se han enfrentado con la *destrucción eterna.* Y, antes de eso, Dios da la oportunidad a cada persona de revisar los registros de los injustos durante el milenio. Como no quiere que nadie se quede con dudas, da tiempo para que todos entiendan que está haciendo lo mejor que puede, en una situación adversa. Por lo tanto, la fase milenial del Juicio, en cierto sentido, es un juicio "investigador" de los impíos; pero es, más bien, un juicio a la justicia de Dios y a la idoneidad de sus decisiones.

La fase final del Juicio ocurre al final de los mil años, cuando un juicio ejecutivo acaba para siempre con aquellos que siguieron rechazando a Dios y sus principios (Apoc. 20:9, 12-15). La fase final no es feliz; pero Dios no tiene opción, si no desea forzar la voluntad de las personas, y si desea crear un universo en el que no haya cabida para el pecado y las relaciones destructivas.

¿Cuándo comienza el sábado? -1

De tarde a tarde guardaréis vuestro reposo. Levítico 23:32.

A diferencia del Juicio Preadvenimiento, los principales dirigentes del adventismo primitivo no tuvieron ninguna disputa entre sí sobre cuándo comenzaba el día de reposo. A pesar del hecho de que los bautistas del séptimo día, del cual Bates indirectamente recibiera el sábado, lo observaban de puesta de sol a puesta de sol, Bates argumentaba que debía guardarse desde las 18 del viernes hasta las 18 del sábado.

Propuso esa postura en su libro de 1846 sobre el sábado, afirmando que "la historia muestra que los judíos [...] comenzaban sus días a las 6 de la tarde". No sé en qué historia se habrá fijado o si habrá inferido su conclusión de lo que haya estado leyendo, pero estaba totalmente equivocado.

Bates también expuso razones teóricas para guardar el sábado de 18 a 18. En pocas palabras, sostenía que si todos honraran el sábado de salida de sol a salida de sol, o de puesta de sol a puesta de sol, entonces habría gente en diferentes latitudes que guardaría el sábado en diferentes horarios. Y a Dios, desde luego, no le gustaría eso. Por lo tanto, concluyó, como la puesta del sol era a las 18 en el Ecuador durante todo el año, si todos respetaban ese horario, todos guardarían el mismo sábado, como Dios quería.

Eso no era un asunto de poca importancia para el buen capitán. Al fin y al cabo, dijo en 1849, "es tan pecaminoso a la vista de Dios rechazar intencionalmente la luz bíblica en cuanto al inicio del sábado [...] como no guardarlo".

Esa es una poderosa convicción. Y Bates era un hombre poderoso y persistente, cuando estaba convencido de algo.

Como resultado, repetidamente la iglesia acogió el mensaje de que el sábado comenzaba a las 18. Bates se las arregló para vender su interpretación a casi todos los sabatarios, incluyendo a Jaime y Elena de White. Por lo tanto, durante diez años ellos y casi todos los demás adventistas guardaron erróneamente el sábado.

Pero, ¡hay un problema! ¿Cuál es la actitud de Dios para con ese error? ¿Los entregó a la cárcel espiritual, porque se equivocaron?

Obviamente, no: hay amplitud en la misericordia de Dios. En nuestra sinceridad, nos acepta allí donde estemos. Pero, no se detiene allí; también, nos guía tiernamente en la senda de la verdad.

¿Cuándo comienza el sábado? -2

Sino en el lugar que Jehová tu Dios escogiere para que habite allí su nombre, sacrificarás la pascua por la tarde a la puesta del sol. Deuteronomio 16:6.

¿Cómo pudo permitir Dios durante diez años que su pueblo viviera equivocado en cuanto al horario de inicio del sábado? No lo sé. Pero, sí sé que así fue. Quizás eso nos diga algo acerca de él.

Deberíamos entender que no todos los adventistas creían que Bates tenía razón en su argumento de las 18 horas. Algunos creían en la idea de la salida del sol; y otros, en la puesta del sol; y aun otros, en la medianoche.

Para 1854, el asunto se había vuelto tan problemático que Jaime White temía que hubiera "división, a menos que la cuestión se resolviera mediante el buen testimonio". White afirmó que nunca había quedado totalmente satisfecho con el horario de las 18, y que los sabatarios nunca lo habían investigado plenamente en la Biblia. Más adelante, señaló que la "postura" obstinada de Bates "sobre el tema, el respeto por sus años y por su vida piadosa" indudablemente fueron las razones de por qué "no investigamos antes" el tema en la Biblia, "tan a fondo como algunos otros puntos".

En el verano de 1855, White pidió al joven John Nevins Andrews que preparara un estudio sobre el tema, basado en la Biblia. Andrews era el hombre apropiado. Minucioso hasta la exageración, ejecutó la tarea con mucha determinación.

Como era un firme creyente en el horario de las 18, Andrews quedó impactado con lo que descubrió:

1. "Sacrificarás la pascua *por la tarde a la puesta del sol*" (Deut. 16:6).

2. "Quedará *impuro hasta el anochecer* [...] y *al ponerse el* sol quedará puro" (Lev. 22:6, 7, NVI).

3. *"Al atardecer, cuando ya se ponía el sol*, la gente le llevó a Jesús todos los enfermos" (Mar. 1:32, NVI).

Se iba acumulando un texto tras otro, a medida que Andrews exponía evidencias bíblicas sobre la definición bíblica de "tarde" [que algunas versiones en castellano traducen como "noche" o "atardecer"].

Sus conclusiones: (1) que la Escritura no ofrecía ninguna evidencia para las 18 horas y (2) que "la Biblia, mediante varias afirmaciones claras, establece el hecho de que tarde/crepúsculo es a la puesta del sol".

Presentó esas conclusiones en una reunión general de sabatarios, el 17 de noviembre de 1855, y ellos se alinearon con esta "nueva" luz bíblica.

Señor, ayúdanos a mantener la mente abierta, aun cuando estemos convencidos de que sabemos la verdad.

¿Cuándo comienza el sábado? -3

Estos [...] examinaban las Escrituras, para ver si era verdad lo que se les anunciaba. Hechos 17:11, NVI.

L a Biblia y la búsqueda diligente de ella eran primordiales para los primeros adventistas sabatarios. Así fue, como vimos ayer, con la hora de inicio y de final del sábado. Jaime White informó que el estudio bíblico de Andrews, a fines de 1855, había disipado las dudas de casi todos los presentes en cuanto a que la idea de la puesta de sol era lo correcto. Indudablemente, él se incluyó en ese grupo.

Pero, no todos estuvieron de acuerdo con las conclusiones de Andrews. Según dijo White, "Bates y algunos otros" no concordaban en ese punto con el cuerpo de creyentes. José había enseñado la postura de las 18 horas durante una década, y se atrincheró con el objetivo de defender su postura.

Aquí había un problema. Algunos dirigentes del movimiento se aferraban a la antigua postura, aun después de que el estudio bíblico enunciara, texto tras texto, que la "tarde" bíblica comenzaba a la puesta del sol y que, por lo tanto, el sábado también, necesariamente y por definición bíblica, comienza a la puesta del sol; de hecho, Dios había enseñado claramente que "de tarde a tarde guardaréis vuestro reposo" (Lev. 23:32).

Pero, a pesar del estudio bíblico sobre el tema, "Bates y algunos otros" todavía trataban de justificar el antiguo criterio mediante la aplicación "lógica" de su razonamiento humano, basado en textos vagos de aquí y de allá.

Ahora bien, Jaime White no identifica quiénes eran esos "algunos otros" que estaban en contra del cuerpo eclesiástico sobre el tema de la hora de inicio del sábado. Pero, Urías Smith al menos nos dice quién era uno de ellos. Era Elena de White.

La tensión sobre el asunto, con dos o tres fundadores del movimiento en desacuerdo con la mayoría, debió haber sido grave y evidente para todos.

Dos días después de que Andrews presentara su estudio, recordó Jaime más adelante, "tuvieron una sesión especial de oración", durante la cual "la señora W. tuvo una visión. Un punto de esta fue que la hora de la puesta del sol era correcta. Eso resolvió el asunto con el hermano Bates y otros; y la armonía general ha predominado desde entonces entre nosotros sobre este punto".

Ya sea que nos guste o no, quienes estamos en la iglesia todavía no nos ponemos de acuerdo. Podemos estar agradecidos porque Dios siempre está dispuesto a guiar a su pueblo hacia la unidad.

Hacia una doctrina de los dones espirituales -1

Y a unos puso Dios en la iglesia, primeramente apóstoles, luego profetas, lo tercero maestros, luego los que hacen milagros, después los que sanan, los que ayudan, los que administran, los que tienen don de lenguas. 1 Corintios 12:28.

Con respecto a la nueva interpretación de 1855 sobre el tema del horario de comienzo del sábado, hemos visto una secuencia específica de los acontecimientos: (1) desacuerdo sobre el tema; (2) un estudio bíblico minucioso; (3) consenso general sobre los descubrimientos derivados del estudio de la Biblia, con algunas excepciones entre los que todavía defendían la antigua postura; y (4) una visión de Elena de White que confirmó los resultados del estudio de la Biblia y produjo unidad entre los creyentes.

La secuencia de los acontecimientos trae varias observaciones a nuestra mente. Jaime White trajo a colación una de ellas. "Naturalmente surge la siguiente pregunta", señaló: "Si las visiones son dadas para corregir el error, ¿por qué ella no vio antes el error del horario de las 18? Por un lado", observó, "siempre estuve agradecido de que Dios haya corregido el error a su debido tiempo, y por no haber sufrido una división desdichada entre nosotros sobre el tema [...].

"No parece que el deseo de Dios sea enseñar a su pueblo mediante los dones del Espíritu sobre los interrogantes bíblicos, hasta que sus siervos hayan investigado su Palabra diligentemente. Cuando se hizo esto con el tema del horario de inicio del sábado, y la mayoría estaba afianzada, y algunos corrían peligro de no estar en armonía con el cuerpo sobre este tema, entonces, sí, entonces, era el momento preciso para que Dios magnificara su bondad en la manifestación del don de su Espíritu en el cumplimiento de su misma obra. Las Sagradas Escrituras nos son dadas como la regla de fe y de deber, y se nos ordena que las examinemos [...].

"Permitamos que sus dones tengan su debido lugar en la iglesia. Dios nunca los ha puesto en la vanguardia, y ordenó que recurramos a ellos para guiarnos en la senda de la verdad y en el camino al cielo. Él ha magnificado su Palabra. Las Escrituras del Antiguo Testamento y del Nuevo Testamento son la lámpara del hombre para iluminar su camino hacia el Reino. Síganla, pero si se apartan de la verdad bíblica y están en peligro de perderse, es posible que Dios, cuando él lo decida, los corrija y los haga volver a la Biblia".

Gracias a Dios por sus dones, incluyendo el don de profecía mediante el Espíritu Santo. Los primeros creyentes apreciaban el don, pero además trataron de darle el lugar "adecuado". A su modo de ver, la Biblia era primordial, y los dones les recordaban la revelación de Dios en la Escritura.

Hacia una doctrina de los dones espirituales -2

La exposición de tus palabras alumbra; hace entender a los simples. Salmo 119:130.

Ayer vimos que Jaime White resaltaba la supremacía de la Biblia como maestra que enseña a los cristianos sus deberes. Según él, la función del don de profecía no solo era confirmar las verdades ya emanadas de la Biblia y ayudar a unificar al pueblo de Dios en las enseñanzas bíblicas, sino también "llevarlos de vuelta a la Biblia" misma.

Aquí hay un aspecto importante: una de las funciones mismas de los dones espirituales es *llevar a la gente de vuelta a la Biblia*. Al destacar ese aspecto, Jaime dio con una noción crucial. Con demasiada frecuencia, los adventistas no han entendido el rol correcto de los dones espirituales. Algunos hasta han llegado a dedicar más tiempo y energía a estudiar los escritos de Elena de White que la Biblia misma.

Ese proceder va directamente en contra de la noción de la obra de ella, explicada por Jaime y Elena de White, y todos los demás pioneros del adventismo del séptimo día. Desde la perspectiva de Elena de White, esas personas han convertido la "luz menor" en la "luz mayor", al relegar la Biblia a un segundo plano.

"La Palabra de Dios [la Biblia]", escribió, "basta para iluminar la mente más oscurecida, y puede ser entendida por los que tienen deseos de comprenderla. No obstante todo eso, algunos que profesan estudiar la Palabra de Dios se encuentran en oposición directa a sus más claras enseñanzas. Entonces, para dejar a hombres y mujeres sin excusa, Dios da testimonios claros y señalados, a fin de *hacerlos volver a la Palabra* que no han seguido" (5 TI, p. 623; cursiva añadida).

Asimismo, "el hermano J quiere confundir los ánimos, tratando de hacer aparecer que la luz que Dios me ha dado por medio de los Testimonios es una adición a la Palabra de Dios; pero da así una falsa idea sobre el asunto. Dios ha visto propio atraer de este modo la atención de este pueblo a su Palabra" (ibíd, pp. 622, 623). "Poco caso se hace de la Biblia", escribió Elena de White en otro contexto, "y el Señor ha dado una luz menor para guiar a los hombres y las mujeres a la luz mayor" (CE, p. 130).

Los pioneros adventistas siempre estuvieron seguros de que el rol de Elena de White era señalar hacia la Biblia, y no ser la fuente para las doctrinas. De hecho, una de las razones por las cuales personalmente creo que ella es una profeta verdadera es que continuamente dirige a sus lectores a Jesús como Salvador y a la Biblia como *la luz*. Ojalá que hoy podamos seguir sus consejos.

Hacia una doctrina de los dones espirituales -3

Y él mismo constituyó a unos, apóstoles; a otros, profetas [...] a fin de perfeccionar a los santos para la obra del ministerio, para la edificación del cuerpo de Cristo, hasta que todos lleguemos a la unidad de la fe y del conocimiento del Hijo de Dios, a un varón perfecto, a la medida de la estatura de la plenitud de Cristo. Efesios 4:11-13.

Antes de 1856, Elena de White había sido objeto de críticas en forma creciente, por parte de sus detractores. Por consiguiente, los sabatarios sentían una imperiosa necesidad de desarrollar una teología de los dones proféticos e integrar ese concepto a su paquete teológico completo.

En febrero de ese año, Jaime White escribió un artículo que exponía su opinión sobre el tema.

Primero, proveyó varios textos que indicaban que los dones del Espíritu (incluyendo el de profecía) permanecerían en la iglesia hasta la Segunda Venida.

Luego, se centró en Joel 2:28 al 32, que contiene la promesa de un derramamiento del don de profecía; señalando que el Pentecostés únicamente fue un cumplimiento parcial y que el verdadero énfasis de Joel implicaba un derramamiento especial del don de profecía sobre el "remanente" del versículo 32.

White, luego, equiparó al remanente de Joel 2:32 con el remanente de los últimos días de Apocalipsis 12:17, que guardaría los Mandamientos y tendría "el testimonio de Jesucristo". Y, "¿qué es el testimonio de Jesucristo?", preguntó Jaime. "Dejaremos que el ángel que le habló a Juan responda a esta pregunta. Dice: 'El testimonio de Jesús es el espíritu de la profecía' (Apoc. 19:10)". En conclusión, White presuponía que la marca especial de la iglesia de Dios de los últimos días sería el reavivamiento del don de profecía; don que firmemente creía que poseía su esposa.

Así, para 1856, los sabatarios no solo habían racionalizado una interpretación bíblica del don de profecía, sino además la habían encuadrado dentro de aquellos pasajes apocalípticos que proporcionaban su propia comprensión de sí mismos y su identidad. Como resultado, la doctrina de los dones espirituales, a mediados de la década de 1850, había llegado a ser una de esas enseñanzas bíblicas (junto con la del sábado, el Santuario, la Segunda Venida y el estado de los muertos) que comenzó a caracterizarlos, dentro del mundo religioso, como un cuerpo eclesiástico único.

Pero, una vez más, en su artículo de febrero de 1856, Jaime recalcó la verdad de que una persona "no puede [...] saber cuál es su deber a través de cualesquiera de los dones. Decimos que, en el preciso momento en que lo hace, coloca los dones en el lugar incorrecto, y asume una postura extremadamente peligrosa".

Gracias, Señor, por la claridad de los pioneros adventistas sobre la centralidad de la Biblia y el lugar del don de profecía. Ayúdame a ser igualmente claro.

Conozcamos a Urías Smith

Y es necesario que el evangelio sea predicado antes a todas las naciones. Marcos 13:10.

Urías Smith (1832-1903) llegó a ser uno de los principales adventistas del séptimo día en presentar ante el mundo el mensaje de nuestra iglesia en forma impresa.

Tuvo un comienzo bastante duro. A temprana edad, le amputaron la pierna desde el muslo. Eso ya era bastante grave. Pero la operación, de 29 minutos, tuvo lugar en la mesa de la cocina de la familia... y sin anestesia. Todo lo que tenía para consolarse era la mano de su madre. La mayoría tiene muy poca idea de lo que significaba vivir en "aquellos buenos tiempos".

La madre de Urías se hizo millerita; y al joven lo bautizó un pastor adventista, en el verano de 1844. La esperanza de octubre de 1844 lo impresionó profundamente. Pero, cuando Jesús no regresó, abandonó el adventismo y se dispuso a estudiar por su cuenta, con la intención de conseguir un buen lugar en la Tierra. Las inquietudes del advenimiento resaltadas por los adventistas retrocedían cada vez más de su visión.

A los 16 años, ingresó en la Phillips Academy, en Exeter, Nueva Hampshire, uno de los colegios secundarios más prestigiosos de su época; muchos de los "grandes" de la Nación habían pasado por sus puertas como alumnos. El ambicioso joven Urías tenía toda la intención de entrar en la Universidad de Harvard después de graduarse. Se orientaba a una carrera docente en una de las facultades más prestigiosas de la Nación; y sin duda que tenía la inteligencia necesaria para ello.

Pero, Dios tenía otros planes para el joven intelectual; y así también su madre. Hace algunas semanas, vimos que la hermana de Urías, Annie, había llegado al adventismo a través de las oraciones de su madre, de un sueño que recibieron Annie y José Bates, y de las entusiastas actividades de evangelización de Bates. Annie se unió a los sabatarios en 1852, y de allí en más el talentoso Urías también debió enfrentar la influencia de ella.

Finalmente, en septiembre de 1852, con veinte años de edad, aceptó asistir a una reunión adventista, en la que oyó a Jaime y a Elena de White explicar la razón del chasco de 1844 y la adopción del día de reposo sabático. Eso llevó a más de dos meses de estudio intensivo acerca del tema. El punto crítico llegó en diciembre de 1852, con la muerte de su padre. Al enfrentarse cara a cara con la realidad, Urías se entregó de todo corazón al Señor, quien lo usó poderosamente.

Señor, cómo luchamos contra la entrega total a ti. Ayúdame este día a entregarme íntegramente a tu causa. Úsame, Señor, para ser una bendición este mismo día.

El señor bendice a Urías

Y llegando el que había recibido cinco talentos, trajo otros cinco talentos, diciendo: Señor, cinco talentos me entregaste; aquí tienes, he ganado otros cinco talentos sobre ellos. Y su señor le dijo: Bien, buen siervo y fiel; sobre poco has sido fiel, sobre mucho te pondré. Mateo 25:20, 21.

Definitivamente, Urías Smith era un hombre de cinco talentos. Estaba casi en el segmento superior de la media adventista, en cuanto a habilidades. Y, después de su conversión a fines de 1852, se dedicó a la causa adventista por el resto de su vida. Pero, eso no significa que no haya tenido ofertas profesionales que lo tentaron en áreas donde las recompensas financieras habrían sido mucho más grandes que cualquier cosa que pudiera ganar trabajando para la iglesia. Una de esas oportunidades tuvo lugar un mes después de su conversión. Sin embargo, la mente de Urías ya estaba totalmente puesta en otra tierra: "la ciudad que tiene fundamentos, cuyo arquitecto y constructor es Dios" (Heb. 11:10).

A comienzos de 1853, el joven soñador envió a Jaime White un poema de 3.500 versos, titulado "The Warning Voice of Time and Prophecy" [La voz de advertencia del tiempo y la profecía]. Impresionó tanto a Jaime que durante cinco meses lo publicó por secciones, en la *Review and Herald*. En mayo de 1853, Urías Smith estaba trabajando en tareas editoriales en la *Review*; una carrera que seguiría hasta su muerte, cincuenta años después.

Las condiciones de trabajo eran primitivas, en el mejor de los casos. Todo el personal de la *Review* vivía en una casa de Rochester, Nueva York, que Jaime alquilaba a 125 dólares al año. La casa de White no solo estaba escasamente amueblada, con muebles prestados y algo rotos, sino también albergaba a toda la empresa editorial.

Sin salarios, la única promesa que tenían es que no se morirían de hambre. Pero, a los ojos de algunos, estuvieron muy cerca de esto, al subsistir mayormente con una dieta basada en frijoles y gachas de avena. Pero Urías, en su optimismo juvenil, se tomaba la experiencia a la ligera al observar, después de haber vivido allí algunas semanas, que "aunque no se oponía a comer frijoles 365 días seguidos, no obstante, si se trataba de que formaran parte de la dieta regular, ¡protestaría!"

Sin embargo, aunque a veces pasaban hambre, todos, incluyendo al joven sin una pierna, estuvieron dispuestos a sacrificarse por la obra que amaban.

Señor, te agradecemos hoy por los talentos que nos has dado a cada uno. Ayúdanos a usarlos para ti a medida que abres el camino, aunque nos cueste sacrificios en las cosas terrenales.

Urías Smith: líder adventista

El que es fiel en lo muy poco, también en lo más es fiel. Lucas 16:10.

Por decirlo de algún modo, las publicaciones adventistas eran primitivas cuando Urías Smith se anotó para trabajar con Jaime White. Uno de sus primeros trabajos, dado el hecho de que no tenían una cortadora de papel, era recortar los bordes de los libros nuevos con su navaja.

Pero, eso cambiaría. A medida que avanzaba el siglo, los adventistas no solo crearon una imprenta novedosa, sino también Urías Smith llegaría a ser el director editorial de la principal publicación de la iglesia, y trabajó en ese puesto de 1855 a 1861, de 1864 a 1869, de 1870 a 1871, de 1872 a 1873, de 1877 a 1880, de 1881 a 1897 y de 1901 a 1903; más de 35 años, en total. En ese puesto, estuvo en condiciones de darle forma al pensamiento adventista en casi cada tema, durante los años de formación de nuestra confesión religiosa.

Además de poseer el puesto editorial más influyente del adventismo durante un período crucial, Urías también fue autor de algunos de los libros más importantes de la iglesia. Especialmente decisivo en la formación del pensamiento adventista sobre profecía fue su *Thoughts, Critical and Practical, on the Book of Revelation* [Pensamientos, críticos y prácticos, sobre el libro de Apocalipsis] (1867) y su *Thoughts, Critical and Practical, on the Book of Daniel* [Pensamientos, críticos y prácticos, sobre el libro de Daniel] (1873). Más adelante, combinados como *Daniel and the Revelation*, la obra seminal de Smith se convirtió en la norma sobre el tema durante tres cuartos de siglo.

Aparte de ser editor y autor, Smith también sirvió a la iglesia en su segundo puesto administrativo de mayor peso durante casi un cuarto de siglo. Trabajó como secretario de la Asociación General de 1863 a 1873, de 1874 a 1876, de 1877 a 1881 y de 1883 a 1888.

Y eso no es todo. Como no podía arrodillarse para orar con su pierna rígida de corcho, inventó una pierna artificial, con la ventaja de que se doblaba hacia atrás a la altura de la rodilla. Otros inventos que patentó fueron un pupitre que tenía un respaldo plegable y una combinación de bastón con taburete plegable. Las regalías de derecho de autor de sus libros e inventos hicieron que fuese bastante próspero en sus últimos años. Smith había entregado todo al Señor, y el Señor lo había devuelto, al bendecir al hombre de una pierna que había dedicado sus talentos a su causa.

Por supuesto, al igual que el resto de nosotros, Urías tuvo sus desafíos espirituales; en lecturas futuras veremos algunas de sus luchas. Pero, la buena noticia es que Dios utiliza a personas imperfectas. Y realmente es una buena noticia, porque todos tenemos talentos, pero también luchas.

Conozcamos a John Nevins Andrews

Procura con diligencia presentarte a Dios aprobado, como obrero que no tiene de qué avergonzarse, que usa bien la palabra de verdad. 2 Timoteo 2:15.

John Nevins Andrews fue el erudito más destacado de la joven Iglesia Adventista del Séptimo Día. Más que ninguna otra persona, sentía el peso de estudiar para mostrarse "a Dios aprobado, como obrero que no tiene de qué avergonzarse, que usa bien la palabra de verdad" (2 Tim. 2:15).

Nacido en 1829 en Portland, Maine, de adulto Andrews podía leer la Biblia en siete idiomas, y afirmaba tener la capacidad de reproducir el Nuevo Testamento de memoria. La suya fue una vida de aprendizaje hasta su muerte, en 1883.

Oportunamente, John Nevins Andrews, de quince años, interpretó por sí mismo el mensaje del sábado cuando poco después de su publicación cayó en sus manos un folleto de 1845 de T. M. Preble sobre el séptimo día. Junto con varios otros adolescentes, pactó guardar el día especial de Dios antes de que sus padres se enteraran del sábado, cortando la leña y terminando las tareas culinarias el viernes, para "ya no quebrantar más el sábado". Recién más tarde sus padres se unieron a su nueva fe.

Andrews conoció a los White en 1849, cuando una pareja rescató del fanatismo a algunos adultos de su familia y de la comunidad. En ese momento, al ver el grado de distracción que causaron las enseñanzas de ellos, exclamó: "Cambiaría mil errores por una verdad".

En 1850, John comenzó a viajar como pastor sabatario por Nueva Inglaterra. Pero, en cinco años estaba "totalmente postrado", debido al estudio intenso, y a un fuerte programa como escritor y conferenciante público. Después de perder la voz y de arruinarse la vista, fue a Waukon, Iowa, a trabajar en la granja de sus padres, mientras recuperaba la salud. Pero, aun en esa condición no pudo permanecer alejado de los libros. Para 1861, había publicado su monumental *History of the Sabbath and First Day of the Week* [Historia del sábado y del primer día de la semana].

En 1867, llegó a ser el tercer presidente de la Asociación General, y en 1869 dedicó un corto período a ser editor de la *Review and Herald*. Luego, en 1874, Andrews fue enviado a Europa como el primer misionero oficial al extranjero de nuestra iglesia. En ese entonces, Elena de White escribió que habían enviado al "hombre más capaz en todas nuestras filas" (*Carta* 2a, 1878).

No hay límites en cómo Dios puede utilizar a las personas que dedican su vida a él y al estudio de su Palabra.

Ayúdame, oh Señor, a llegar a ser un "obrero que no tiene de qué avergonzarse", cuando se trata de tu sagrada Biblia.

Conozcamos a John Loughborough, el niño predicador

Bueno le es al hombre llevar el yugo desde su juventud. Lamentaciones 3:27.

John Loughborough (1832-1924) tenía 16 años cuando sintió el llamado a predicar. Durante nueve semanas, había estado sufriendo de malaria. Desesperado, finalmente clamó: "Señor, acaba con estos escalofríos y la fiebre, y saldré a predicar no bien pueda recuperar las fuerzas necesarias para hacerlo".

Los escalofríos cesaron ese mismo día. En ese momento, no tenía nada de dinero para viajar. Después de algunas semanas de cortar leña, se las arregló para ahorrar un dólar de los gastos. "Eso", señaló, "me llevaría a donde yo quería ir, pero ¿y la ropa? El vecino para el que estaba trabajando me dio un chaleco y un pantalón un poco gastados; pero, como era un hombre mucho más alto que yo, después de cortarle 28 centímetros a los pantalones, estas prendas distaban mucho de quedarme bien. Como sustituto de un abrigo de vestir, mi hermano me había dado un sobretodo cruzado, al que le habían cortado la falda.

"Con este atuendo curioso y el dólar, decidí entrar en algún lugar donde fuese desconocido, e intentar predicar. Si fracasaba, mis amigos no lo sabrían; si tenía éxito, lo tomaría como evidencia de que era mi deber predicar".

En su primera noche afuera, encontró la pequeña iglesia bautista del poblado completamente llena. "Canté", informa, "oré y volví a cantar. Hablé de la caída del hombre. En vez de avergonzarme, como lo temía, la bendición de Dios descendió sobre mí, y hablé con libertad. A la mañana siguiente, me dijeron que había siete pastores presentes la noche anterior.

"A la noche siguiente, el lugar estaba repleto otra vez. Supongo que lo que los atraía era la curiosidad de escuchar predicar a un muchacho sin barba [...]. Al terminar el sermón, el [...] predicador se levantó y dijo que en la noche siguiente comenzaría un servicio de clases de canto, así que mis reuniones tendrían que terminar. Entonces, un tal señor Thompson se puso de pie y dijo: 'Señor Loughborough, esta escuela de canto ha sido planeada con el propósito de terminar con sus reuniones' ". En ese momento, Thompson invitó al joven predicador a trasladar sus reuniones a una gran escuela, en la que trabajaba como administrador. Y, una vez más, el predicador adventista del primer día en ciernes triunfó donde habrían fracasado otras almas menos aventuradas.

Nunca deja de sorprenderme que el Dios de gracia pueda bendecir lo que parece ser incluso la más pobre de las ofrendas, cuando son ofrecidas con devoción. La mayoría nos excusamos hasta que estamos "listos". Y ese momento nunca llega.

135

El muchacho predicador vuelve a dejarse llevar

De la boca de los niños y de los que maman perfeccionaste la alabanza. Mateo 21:16.

Era entendible que el joven predicador sintiera miedo de encontrarse con pastores. Ese temor pronto se hizo realidad, cuando el pastor que había cancelado sus reuniones decidió visitar a Loughborough en una reunión informal de los que habían estado asistiendo a sus reuniones.

–Bueno –dijo el pastor de más edad–, tuviste una gran audiencia anoche...

–Sí; y parecían muy interesados –dije yo.

–Probablemente, sentían curiosidad de escuchar a un muchacho predicador. Pero ¿entendí que anoche dijiste que el alma no es inmortal?

–Así es –dije.

–Pero ¿qué haces con el castigo, la muerte que nunca muere? –preguntó él entonces.

Yo me sorprendí, y dije:

–No conozco un versículo así. La mitad de su pregunta está en la Biblia, y la otra mitad pertenece al himnario metodista.

Muy preocupado, insistió:

–¡Te digo que lo que cité está en la Biblia! Está en el capítulo 25 de Apocalipsis.

–Supongo que quiere decir el capítulo 25 de Mateo. La mitad de su texto está allí: dice que los impíos irán al castigo eterno.

–Ah, sí –aceptó–. Está bien. Pero el texto que cité está en el capítulo 25 de Apocalipsis.

–Entonces está unos tres capítulos fuera de la Biblia –le respondí–, porque solo hay 22 capítulos en el Apocalipsis.

–Permíteme tomar tu Biblia, y te lo mostraré –dijo.

Para asombro de todos, prosiguió su búsqueda… solo para terminar aturdido. En ese momento, le devolvió la Biblia y se disculpó, diciendo que tenía otro compromiso.

Quizás esbocemos una sonrisa con esa historia bastante casera, pero refleja el hecho de que la religión de las regiones apartadas y fronterizas de los Estados Unidos del siglo XIX a menudo era muy primitiva. Los predicadores de las zonas rurales muchas veces eran autodidactas; y eso era así también con los adventistas y sus detractores. En ese contexto, el conocimiento bíblico ganaba.

Ha habido muchos cambios desde aquellos días. Pero, no se ha modificado la importancia de conocer la Biblia. La Palabra de Dios es un don especial del Cielo. Y, sin embargo, cuántos, en nuestra era más ilustrada, todavía la desconocen casi tanto como el pastor de la historia de Loughborough. No hay mejor tiempo que ahora para hacer del estudio regular de la Biblia una parte de nuestra vida diaria.

J. N. Loughborough conoce a J. N. Andrews

La ley de Jehová es perfecta, que convierte el alma. Salmo 19:7.

L oughborough había estado predicando como adventista del primer día durante unos tres años y medio, cuando conoció a un predicador de la variedad del séptimo día. Era bien sabido, en los antiguos círculos milleritas, que muchos de la rama de la puerta cerrada tenían tendencias fanáticas, y la gente había advertido a Loughborough que el grupo que estaba a punto de conocer no solo guardaba el sábado en vez del domingo, sino también, cuando "se reunían, vociferaban y gritaban, y tenían una gran demostración fanática y ruidosa".

No estaba demasiado ansioso por conocer a esos individuos, pero un hombre llamado Orton, de Rochester, Nueva York, se le acercó para decirle que "los del séptimo día están teniendo reuniones en la Avenida Mount Hope 124", y que ellos deberían asistir.

Al principio, Loughborough rechazó la invitación. Pero Orton respondió: "Usted tiene un deber allí. Algunos de su pueblo se han unido a los adventistas sabatarios, y usted debe sacarlos de esta herejía. Ellos le darán la oportunidad de hablar en su reunión. Así que, prepare sus textos, y podrá mostrarles en dos minutos que el sábado ha sido abolido".

Con ese desafío retumbándole en los oídos, Loughborough "organizó sus textos", y con varios de sus amigos adventistas del primer día asistió a las reuniones de los sabatarios.

El joven predicador nunca más sería el mismo. Las reuniones no solo carecían de fanatismo y de demostraciones ruidosas, sino también un pastor, llamado J. N. Andrews, tomó los mismos versículos sobre la Ley y el día de reposo que Loughborough había preparado, y explicó cada uno de ellos. Andrews no solo consideró los mismos textos, sino también, dice Loughborough que lo hizo en el mismo orden. Eso fue demasiado para él. J. N. Loughborough aceptó el sábado en septiembre de 1852, e inmediatamente comenzó a predicar para los adventistas sabatarios.

En años posteriores, promovió la Iglesia Adventista del Séptimo Día en California y en Inglaterra, trabajó como pastor y administrador en varias partes de los Estados Unidos, y publicó la primera historia de los adventistas del séptimo día en 1892 (*The Rise and Progress of Seventh-day Adventists* [Surgimiento y progreso de los adventistas del séptimo día], revisado en 1905 como *The Great Second Advent Movement* [El segundo gran movimiento adventista]).

En algún lugar, Elena de White observó que la utilidad de las personas que dedican su vida a Dios no tiene fin. Ese fue el caso de J. N. Loughborough. Y así también puede ser con cada una de nuestras vidas.

Centralización en Battle Creek

Había entonces en la iglesia que estaba en Antioquía, profetas y maestros [...]. Ministrando éstos al Señor, y ayunando, dijo el Espíritu Santo: Apartadme a Bernabé y a Saulo para la obra a que los he llamado. Entonces, habiendo ayunado y orado, les impusieron las manos y los despidieron. Hechos 13:1-3.

C ada movimiento tiene un centro. La iglesia cristiana primitiva lanzó su misión a los gentiles desde Antioquía, en Siria.

Battle Creek, una pequeña ciudad de Míchigan, se convertiría en la sede de la Iglesia Adventista del Séptimo Día durante el siglo XIX. Desde allí, con el tiempo, las publicaciones y los misioneros se extenderían hasta los extremos de la Tierra, a medida que el adventismo captaba más plenamente su responsabilidad de predicar el mensaje de los tres ángeles a toda la Tierra.

El adventismo sabatario echó raíces en Battle Creek por primera vez cuando el inquieto José Bates visitó el poblado, de unos dos mil habitantes, en 1852. Su llegada casi lo puso en un dilema. Generalmente, comenzaba en un lugar nuevo contactando a miembros de la congregación local de adventistas del primer día. Pero, en Battle Creek no había nadie. Así que Bates, nos cuenta J. N. Loughborough, fue al correo local y preguntó por la identidad del hombre más honesto de la ciudad. El funcionario lo remitió a David Hewitt, de la calle Van Buren.

Al encontrar a los Hewitt desayunando, el intrépido evangelista le dijo al jefe de la familia que, dado que la gente lo consideraba el hombre más honesto del pueblo, tenía algunas verdades para compartir con él. Desde el desayuno y hasta la noche, Bates "expuso ante ellos el mensaje del tercer ángel y del sábado", que aceptaron antes de la puesta del sol.

El bautismo de Hewitt fue el comienzo de la congregación sabataria en Battle Creek. En 1855, cuatro conversos de Bates –Dan Palmer, J. P. Kellogg, Henry Lyon y Cyrenius Smith– proveyeron fondos para que los sabatarios construyeran una casa editora en esa ciudad. Algunos de esos hombres hasta vendieron sus granjas con el propósito de financiar el proyecto.

Battle Creek, Míchigan, se convirtió en el centro de actividades del adventismo por el resto del siglo. Como veremos, allí se concebiría toda una gama completa de instituciones adventistas. Y, en el centro de la vida comunitaria estaría el Tabernáculo Dime [moneda de diez centavos], construido en 1879 mediante las *dimes* enviadas por adventistas a lo largo de toda la iglesia. Con cabida para cuatro mil personas, era todo un monumento para una confesión religiosa de quince mil miembros en todo el mundo, cuando se construyó. El "Tab" serviría como el lugar de las reuniones generales de la iglesia.

Así como las ofrendas hechas con sacrificio por el pueblo de Dios financiaron el traslado a Battle Creek, así también se financió cada avance de la iglesia de Dios. Sin sacrificio no hay progreso.

¿Quién desea organización eclesiástica?

Pregonaréis libertad en la tierra a todos sus moradores. Levítico 25:10.

¿Y quién desea organización eclesiástica? Desde luego que Jaime White y José Bates no, a fines de la década de 1840. Ambos habían pertenecido a la Conexión Cristiana, un cuerpo religioso en el que libertad significaba estar libre de estructuras eclesiásticas y de cualquier forma de organización sobre la congregación local.

Uno de sus pastores más destacados escribió, a comienzos de la década de 1830, que la Conexión había surgido simultáneamente en varias partes de los Estados Unidos a principios de la década de 1800, "no tanto para establecer alguna doctrina distintiva en particular, *sino para asegurar más libertad e independencia para las personas y las iglesias* en relación con cuestiones de fe y práctica, *para eliminar la autoridad* de los credos humanos, *y* los *grilletes* de los modos y las formas prescritos, para hacer de la Biblia su única guía, reclamando *para cada hombre* el derecho a ser su propio expositor, para que juzgue por sí mismo cuáles son sus doctrinas y requerimientos, y en la práctica, seguir más estrictamente la sencillez de los apóstoles y de los cristianos primitivos".

Un historiador del movimiento resumió, en 1873, la fuerte independencia de los conexionistas de la siguiente manera: "Cuando se les preguntaba '¿De qué secta son?', la respuesta era 'De ninguna'; '¿A qué confesión religiosa se unirán?' 'A ninguna'; '¿Qué nombre le pondrán a su grupo?' 'Ninguno'; '¿Qué harán?' 'Seguiremos como hemos comenzado: seremos cristianos. Cristo es nuestro líder, la Biblia es nuestro único credo, y serviremos a Dios libres de las trabas del sectarismo' ".

Por decirlo de algún modo, los primeros cristianos conexionistas eran antiorganizativos. Consentían en la necesidad de una estructura en el ámbito local, pero consideraban que "cada iglesia" u organización era "un cuerpo independiente". El ligamento que mantenía unidas las diversas corrientes de conexionistas, en gran medida, eran sus revistas. Por lo tanto, es oportuno que el movimiento pusiera el título de *Herald of Gospel Liberty* [Heraldo de libertad evangélica] a su primera revista. Una segunda estrategia para mantener una "unidad holgada" era las reuniones frecuentes de creyentes con ideas afines.

Fue esa clase de organización la que Bates y White llevaron a los primeros sabatarios: revistas y congresos sabatarios. No veían ninguna necesidad de contar con otras estructuras.

Ahora bien: deberíamos advertir que la libertad es una buena cosa; pero, como veremos, este no es el cuadro bíblico completo sobre el tema. Los primeros adventistas descubrieron que Dios dirige todos nuestros esfuerzos a medida que surgen las necesidades.

La organización es Babilonia

Y en su frente un nombre escrito, un misterio: BABILONIA LA GRANDE, LA MADRE DE LAS RAMERAS Y DE LAS ABOMINACIONES DE LA TIERRA. Apocalipsis 17:5.

A diferencia de los conexionistas, la mayoría de los adventistas milleritas no habían sido antiorganizativos en sus actitudes durante los primeros años de su movimiento. Por otro lado, no tenían ningún deseo de formar su propia estructura eclesiástica. Al fin y al cabo, el Señor vendría pronto, y no había necesidad de ello. Por lo tanto, los creyentes milleritas habían intentado permanecer en sus diferentes confesiones, mientras daban testimonio de su fe adventista y esperaban la venida de Cristo.

Eso funcionó bien hasta el verano de 1843, cuando muchas congregaciones comenzaron a desfraternizarlos a causa de su agitación constante y creciente en cuanto al inminente Advenimiento. Esa acción agresiva, como vimos antes, llevó a Carlos Fitch a proclamar la caída de Babilonia, y a la necesidad de que los creyentes salieran de las diferentes iglesias. El conflicto y la persecución resultantes del rechazo del mensaje adventista llevaron a muchos a concluir que las iglesias verdaderamente estaban representando el papel de Babilonia, el opresor veterotestamentario del pueblo de Dios.

Un predicador millerita que se sintió especialmente impresionado a proclamar el mensaje de dejar las diferentes iglesias fue George Storrs. Escribió que Babilonia "es la *antigua madre,* y que a todos sus hijos [las confesiones protestantes] [...] se los conoce por su parecido familiar, por su espíritu dominante y autoritario; por el espíritu de suprimir la búsqueda libre de la verdad y de la libre expresión de nuestra convicción de lo que es la verdad". Las personas debieron abandonar las iglesias, porque "no tenemos derecho a permitir que ningún hombre, o grupo de hombres, señoree así sobre nosotros. Y permanecer en un cuerpo organizado así [...] es permanecer en Babilonia".

Para Storrs, la historia de la religión organizada (católica y protestante) era de intolerancia y persecución. Finalmente, concluyó que "ninguna iglesia puede organizarse por invención humana, sino que es propio de Babilonia *que el movimiento se organice".*

Ese mensaje, junto con las dolorosas experiencias de los creyentes a manos de diferentes iglesias, dejaron una impresión tan fuerte en la mayoría de los milleritas que a todos los grupos milleritas se les hacía casi imposible organizarse a finales de la década de 1840 y comienzos de la de 1850.

Eso ocurrió con los sabatarios. Pero, pronto descubrirían que "Babilonia" tenía más de un significado bíblico.

Ayúdanos, Señor, a ver con claridad, aún en tiempos de confusión.

Estar libres de estructura no es estar libres de problemas

Como te rogué que te quedases en Éfeso, cuando fui a Macedonia, para que mandases a algunos que no enseñen diferente doctrina. 1 Timoteo 1:3.

Los primeros cristianos pudieron haber tenido poca estructura formal, pero probablemente no sentían necesidad de ella. Al fin y al cabo, Jesús vendría pronto. Pero, Jesús no vino tan pronto como esperaban. Eso produjo problemas en la iglesia, que necesitaba ser atendida. Por consiguiente, cuando Pablo escribió sus epístolas pastorales (1 Timoteo, 2 Timoteo y Tito), tuvo que hacer frente a la creación de mecanismos para mantener el orden en las congregaciones.

El adventismo atravesó una experiencia similar. Ya en septiembre de 1849, encontramos que Jaime White abogaba por apoyo financiero para los predicadores del movimiento que viajaban, y por la necesidad de "suspender" a una mujer "de la membresía". Luego, en marzo de 1850, en el contexto de comentarios referidos a alguien que él creía que Dios no lo había llamado a ser predicador itinerante, Jaime escribió sobre la necesidad de avanzar en "el orden evangélico".

Las preocupaciones de su esposa parecían ser similares a las de él. En diciembre de 1850, ella escribió: "Vi que en el cielo todo estaba en orden perfecto. Dijo el ángel: '¡Mirad! ¡Cristo es la cabeza; avanzad en orden! Haya sentido en todo'. Dijo el ángel: '¡Contemplad y conoced cuán perfecto y hermoso es el orden en el cielo! ¡Seguidlo!' " Siguió hablando del fanatismo y de quienes habían sido desfraternizados por causa de su conducta inapropiada. Casi en la conclusión, observó que "si Israel [es decir, la iglesia] avanzaba constantemente y lo hacía según el orden bíblico, serían como un terrible ejército con banderas" (*Manuscrito* 11, 1850).

Las primeras preocupaciones de Jaime y Elena de White en cuanto a la organización parecen ser las mismas, esencialmente. Ambos temían que hubiese representantes escandalosos, fanáticos y no autorizados dentro del movimiento sabatario en ciernes. Entonces, de nuevo, los primeros años de la década de 1850 vieron un rápido crecimiento en la cantidad de personas atraídas por la lógica de la predicación de los sabatarios. En tres cortos años, los adherentes al movimiento se habían ampliado, de unos cien, a más de dos mil en 1852.

Si bien ese crecimiento era bueno, también trajo consigo problemas y desafíos nuevos. Sin otra estructura superior en el orden congregacional, por ejemplo, los grupos dispersos de sabatarios llegaron a ser presas fáciles para fanáticos y predicadores no autorizados.

Ayúdanos, Padre, a aprender a apreciar el valor de la estructura en tu obra, así como lo hacemos en nuestra vida personal.

Ordenación de líderes

Para que corrigieses lo deficiente, y establecieses ancianos en cada ciudad, así como yo te mandé.
Tito 1:5.

Para 1851, los problemas entre las congregaciones sabatarias, en aumento, llevaron a los White a creer que el movimiento requería de la presencia personal de ellos de tanto en tanto, para corregir abusos. En los años subsiguientes, se verían sus informes en la *Review,* en artículos como "Nuestro viaje al este". Durante esos viajes, repetidas veces los White trataron con el fanatismo y el orden eclesiástico en el ámbito congregacional. En un congreso de Medford, Massachusetts, a fines de 1851, por ejemplo, Jaime mencionó que "la preocupación de la reunión era el orden eclesiástico, hacer notar los errores de S. Smith y H. W. Allen, y la importancia de la acción de la iglesia [la desfraternización] en cuanto al accionar de algunos hermanos".

En varios lugares del mismo viaje, White informó de la desfraternización de alguien que había "caído víctima del poder fascinante del espiritismo"; de reprender el fanatismo y a los "espíritus antagónicos"; y de hablar de "orden evangélico y de unión perfecta entre los hermanos, especialmente los que predican la Palabra".

El viaje al este en 1851 también es importante, porque sus relatos brindan nuestra primera información sobre la designación de cargos en el área de iglesia local. Así, leemos que en una reunión "se eligió una comisión de siete (ver Hech. 6), para atender las necesidades de los pobres".

Anteriormente ese año, la *Review* informó por primera vez de una ordenación en las filas sabatarias. En julio, "el hermano [Washington] Morse fue apartado mediante la imposición de manos, para la administración del orden en la casa de Dios. El Espíritu Santo dio testimonio, mediante el don de lenguas y manifestaciones solemnes, de la presencia del poder de Dios. El lugar era tremendo, aunque glorioso".

Para 1852, los sabatarios ya no se veían tanto como "ovejas esparcidas" sino, más bien, como una iglesia. Y, con una reinterpretación de la puerta cerrada, comenzaron a reconocer que tenían una misión mayor, más allá del ámbito del millerismo. Esa toma de conciencia sumaría su peso para empujar a los sabatarios a una organización más sustancial.

Señor, día a día, mientras leemos y meditamos, vemos que tu iglesia se despierta gradualmente a sus responsabilidades, cada vez mayores. Ayúdanos a considerar ese despertar no solo como algo que ocurrió hace 150 años, sino también como un acontecimiento que debe suceder en nuestra vida personal, a medida que nos guías en forma individual y progresiva.

Lobos en medio de las ovejas

Yo sé que después de mi partida entrarán en medio de vosotros lobos rapaces, que no perdonarán al rebaño. Y de vosotros mismos se levantarán hombres que hablen cosas perversas para arrastrar tras sí a los discípulos. Hechos 20:29, 30.

El principal problema que enfrentaban los sabatarios a comienzos de la década de 1850 era que no tenían ninguna defensa sistemática en contra de los impostores. Casi todos los que querían podían predicar en las congregaciones sabatarias. Grandes sectores del adventismo no tenían control sobre la ortodoxia ministerial; ni siquiera sobre la moralidad, al enfrentar la crisis de un ministerio autoproclamado.

Ese problema se había vuelto evidente en todas las confesiones ex milleritas antes de organizarse, a fines de la década de 1850 y comienzos de la de 1860. Una carta a un periódico adventista del primer día, por ejemplo, se quejaba de que la congregación del redactor en 1850 "nuevamente había sido agitada con lo que consideramos que es una enseñanza falsa [...]. Desde hace tres semanas, un hombre, llamado José Bates, llegó aquí por entonces, profesando ser un predicador adventista [...]. Tuvimos una entrevista con él, y descubrimos que su 'mensaje' era el sábado, o el séptimo día, y la puerta cerrada".

Himes, el editor, respondió: "El capitán Bates es un viejo amigo personal nuestro y, hasta donde sabemos, es mejor persona que la mayoría de sus colegas; pero no tenemos confianza en su enseñanza. No debería tolerarse por un tiempo".

El verdadero problema que enfrentaban todos los grupos religiosos ex milleritas era el de los límites: si Bates se sentía libre de evangelizar entre las congregaciones del primer día, ellos estaban más que ansiosos por devolverle el favor. Peor aún eran aquellos impostores no sinceros, cuyo objetivo primordial era pelar financieramente a los santos.

En el año 1853, los sabatarios tomaron dos medidas a fin de proteger a sus congregaciones de los hermanos "falsos". Primero, los pastores sabatarios más prominentes adoptaron un plan, por el que los pastores acreditados recibían una tarjeta "que los recomendaba a la hermandad del pueblo del Señor en todas partes". Dos dirigentes reconocidos firmaban y fechaban las tarjetas. La recibida por John Loughborough en enero de 1853 llevaba los nombres de Jaime White y José Bates.

El segundo método utilizado por los sabatarios para certificar a sus dirigentes era la ordenación. A fines de 1853, habían comenzado a ordenar en forma regular a los predicadores itinerantes (no existían pastores asignados a congregaciones específicas) y a los diáconos, que parece que eran los únicos oficiales de iglesia local en ese período temprano.

Gracias, Padre, por crear mecanismos protectores en tu iglesia terrenal, para nuestra seguridad.

El llamado al orden evangélico -1

Pues Dios no es Dios de confusión, sino de paz. Como en todas las iglesias de los santos. 1 Corintios 14:33.

"**D**ios no es Dios de confusión". Nunca diríamos que la condición de algunas congregaciones adventistas sabatarias en 1853 fuese así. El movimiento había crecido rápidamente, pero carecía de las estructuras que podrían traer orden a sus filas.

Aunque habían hecho algunos progresos en cuanto al orden, todavía eran bastante vulnerables; una realidad evidente en el informe de Elena de White sobre el viaje que hizo con Jaime al este, en el otoño de 1853. "Este fue un viaje trabajoso y más bien desanimador", informó. "Muchos habían abrazado la verdad, pero no habían sido santificados en su corazón y en su vida. Elementos de lucha y rebelión se hallaban en acción, y era necesario que se realizara un movimiento para purificar la iglesia" (NB, p. 165).

Con esa situación en mente, no es difícil ver por qué ella y su esposo hicieron llamados importantes al "orden evangélico" en diciembre de 1853.

Jaime dirigió la embestida por una mejor organización en una serie de la *Review* titulada "Orden evangélico". Su artículo del 6 de diciembre señalaba que "era un tema de gran importancia para la iglesia [cristiana] primitiva", y "no puede ser de menor importancia en los últimos días de peligro [...]. Si el orden evangélico era de tan vasta importancia que fue necesario que Pablo se explayara sobre esto en sus epístolas a las iglesias, no debería ser pasado por alto por el pueblo de Dios en estos días. Creemos que ha sido muy desatendido, y que la atención de la iglesia debería volcarse a este tema, y se debería hacer esfuerzos vigorosos para entender lo más posible el orden del evangelio [...].

"Es un hecho lamentable que muchos de nuestros hermanos adventistas que escaparon a tiempo de la esclavitud de las diferentes iglesias que, como cuerpo, rechazaron la doctrina adventista, desde entonces han estado en una Babilonia más perfecta que nunca antes. El orden evangélico ha sido demasiado descuidado por ellos [...].

"Muchos, en su fervor por salir de Babilonia, participaron de un espíritu irreflexivo y desordenado, y pronto se encontraban en una perfecta Babel de confusión [...]. Dios no ha llamado a salir a nadie de su pueblo de la confusión de las iglesias con la idea de que deberían estar sin disciplina".

Los términos medios felices son difíciles de mantener en un mundo pecaminoso. Encontrar una posición entre el control opresivo y la libertad descoordinada no es el menor de los actos difíciles de equilibrar en la historia eclesiástica. Pero, Dios guía a su pueblo no solo mediante la doctrina, sino también a través de un gobierno eficiente.

El llamado al orden evangélico -2

Pero hágase todo decentemente y con orden. 1 Corintios 14:40.

Cómo establecer orden y acción conjunta en un rebaño creciente de creyentes sumamente independientes, algo testarudos e individualistas: esa fue la tarea que afrontó Jaime White a comienzos de la década de 1850. Muchos de los sabatarios habían llegado a creer que cualquier clase de restricción por parte de un cuerpo eclesiástico era opresión babilónica. Fue ese punto el que llevó a White a llamar al orden evangélico en diciembre de 1853. En su primer artículo sobre el tema, aseveró que "suponer que la iglesia de Cristo está libre de restricciones y de disciplina es el fanatismo más descabellado".

En su segundo artículo, instaba a los creyentes a buscar métodos enunciados en el Nuevo Testamento, y enfatizaba la importancia de la unidad de sentimiento y acción. "Para que pueda haber unión y orden en la iglesia", escribió, "es de suma importancia que los que salen como maestros religiosos estén en perfecta unión [...]. Lo contrario produciría división y confusión entre el precioso rebaño. El que entra en la obra del ministerio evangélico debe ser llamado por Dios, un hombre de experiencia, un santo hombre de Dios".

Esa declaración sentó las bases para su tercer artículo, que trataba de la selección, la aptitud y la ordenación de los pastores, puesto que "en ninguna otra cosa el evangelio ha sufrido tanto como por la influencia de los falsos maestros".

"Podemos decir, por experiencia de varios años", escribió Jaime, "que la causa de la verdad presente ha sufrido más como consecuencia de los que han asumido la obra de enseñar, a quienes Dios nunca envió, que por ninguna otra cosa [...]. Hermanos, ¿vamos a llorar aún" las influencias desastrosas de los predicadores autoproclamados, "sin hacer ningún esfuerzo para impedirlos? Dios no lo permita". Según el Nuevo Testamento, la iglesia debe tener cuidado en la elección y la ordenación de los pastores.

En su cuarto y último artículo de la serie, Jaime enfatizó el rol de la iglesia en su conjunto en el orden evangélico. "El esfuerzo, el cuidado y la responsabilidad de esta gran obra", sostuvo, "no descansa solamente sobre algunos predicadores [...]. Toda la iglesia debería aprender a sentir que una porción de la responsabilidad del buen orden y de la salvación de las almas descansa sobre los miembros individuales". Especialmente, enfatizó la necesidad de que los miembros apoyen a sus pastores mediante la oración y las finanzas.

A veces, no captamos el impacto del último artículo de White. Yo sugeriría que si esperamos que el clero termine la obra por su cuenta, eso llevaría un poco más que la eternidad. Cada uno de nosotros tiene una responsabilidad.

El llamado al orden evangélico -3

Si alguno anhela obispado, buena obra desea. Pero es necesario que el obispo sea irreprensible, marido de una sola mujer, sobrio, prudente, decoroso, hospedador, apto para enseñar. 1 Timoteo 3:1, 2.

A fines de diciembre de 1853, Elena de White se sumó públicamente a su esposo en su súplica por el orden evangélico. Sobre la base de su parecer respecto de una visión recibida durante su viaje al este con Jaime en el otoño de 1852, escribió que "el Señor ha mostrado que el orden evangélico ha sido temido y descuidado en demasía.

"Debe rehuirse el formalismo; pero, al hacerlo, no se debe descuidar el orden. Hay orden en el cielo. Había orden en la iglesia cuando Cristo estaba en la Tierra, y después de su partida el orden fue estrictamente observado entre sus apóstoles. Y ahora, en estos postreros días, mientras Dios está llevando a sus hijos a la unidad de la fe, hay más necesidad real de orden que nunca antes; porque, a medida que Dios une a sus hijos, Satanás y sus malos ángeles están muy atareados para evitar esta unidad y para destruirla" (PE, p. 97).

Estaba especialmente preocupada por el nombramiento de ministros. "Hombres cuya vida no es santa y que no están preparados para enseñar la verdad presente entran en el campo sin ser reconocidos por la iglesia o por los hermanos en general, y como resultado hay confusión y desunión. Algunos tienen una teoría de la verdad, y pueden presentar los argumentos que la favorecen, pero carecen de espiritualidad, de juicio y de experiencia" (*ibíd.*, pp. 97, 98).

Esos "mensajeros enviados por sí mismos", protestó, "son una maldición para la causa"; especialmente para "algunas almas sinceras [que] cifran su confianza en ellos", pensando que están en armonía con la iglesia. Debido al clero autodesignado, "es más agobiador que entrar en campos nuevos el ir a lugares donde los que estuvieron antes ejercieron mala influencia" (*ibíd.*, p. 99).

A causa de los problemas, instó a que "la iglesia debe sentir su responsabilidad, y averiguar con cuidado y atención la vida, las cualidades y la conducta general de aquellos que profesan enseñar". La solución, añadió, incluía ir a la Palabra de Dios para descubrir los principios bíblicos del orden evangélico, e "imponer las manos" solo "a aquellos que dieron pruebas claras de que recibieron su mandato de Dios" (*ibíd.*, pp. 100, 101).

El liderazgo eclesiástico es una responsabilidad tremenda. Debemos tomarla en serio, tanto en sus requisitos como en su práctica.

Que Dios ayude a su iglesia, mientras se abre paso en un mundo deshecho.

Cisma en el campamento

Ya sabes esto, que me abandonaron todos los que están en Asia, de los cuales son Figelo y Hermóge-nes. 2 Timoteo 1:15.

La mente de Jaime y de Elena de White estaba bien decidida, a comienzos de 1854, en cuanto a la necesidad de mayor orden y estructura entre los sabatarios. Jaime no solo consideraba que era importante, sino también creía que el movimiento no vería mucho progreso sin esto. Por lo tanto, pudo escribir, en marzo, que Dios "está esperando que su pueblo haga lo recto, y en orden evangélico, y que mantenga en alto el nivel de piedad, antes de que añada muchos más a nuestros miembros".

El hecho de que el adventismo sabatario también enfrentara sus primeros cismas organizados en ese tiempo indudablemente reforzó las convicciones de Jaime sobre el tema. A comienzos de 1854, dos pastores, H. S. Case y C. P. Russell, se habían vuelto en contra de los White. Durante el otoño de ese año, iniciaron su propia publicación, el *Messenger of Truth* [Mensajero de verdad], que esperaban no solo que rivalizara con la *Review and Herald,* sino también que pusiera a una cantidad importante de sabatarios bajo la influencia de ellos.

Paralelamente al surgimiento del Grupo Mensajero, se dio la deserción de dos de los cuatro predicadores sabatarios de Wisconsin. J. M. Stephenson y D. P. Hall comenzaron a promover un milenio temporal, y una visión de una era venidera que proponía una segunda oportunidad al momento de la conversión durante el milenio. Poco tiempo después, los dos pastores de Wisconsin aunaron esfuerzos con los Mensajeros, en su oposición contra el liderazgo de los White.

Con tantos rebeldes en el medio, no es de extrañar que los sabatarios, durante la segunda mitad de la década de 1850, hayan aumentado la redacción de artículos que reflejaban una mayor noción de los principios bíblicos relacionados con el orden eclesiástico y la ordenación de dirigentes aprobados. ¡Dios es bueno!

Él incluso ayuda a su pueblo a aprender de los cismas y de los problemas en su medio. Así fue en la iglesia cristiana primitiva. Como resultado, tenemos las extraordinarias cartas pastorales de Pablo a Timoteo y a Tito, que bosquejan principios bíblicos organizativos. Además, las epístolas escritas por Pablo, Santiago, Pedro, Judas y Juan refutaban las falsas enseñanzas de los cismáticos. Sin la dirección de Dios en medio de los problemas que esos falsos maestros siguen suscitando, la iglesia sería más pobre en cada época.

Ayúdanos, Padre, a reconocer con más claridad cómo utilizas incluso las situaciones problemáticas para hacer crecer a tu iglesia.

El congregacionalismo ¿es el camino por seguir?

Las iglesias de Asia os saludan. Aquila y Priscila, con la iglesia que está en su casa, os saludan mucho en el Señor. 1 Corintios 16:19.

José Bates se unió a los White en su preocupación por el orden evangélico. Y, en armonía con las raíces restauracionistas de su trasfondo conexionista, afirmaba que el orden eclesiástico bíblico debía ser restaurado antes de la Segunda Venida.

Sostenía que, durante la Edad Media, los "infractores de la ley" "trastornaron" elementos esenciales del cristianismo, como el sábado y el orden eclesiástico bíblico. Dios había usado a los adventistas sabatarios con la intención de restaurar el día de reposo sabático; y estaba "perfectamente claro" en su mente "que Dios empleará guardadores de la Ley como instrumentos para restaurar [...] 'una iglesia gloriosa, que no tuviese mancha ni arruga' [...]. Esta unidad de la fe, y el orden eclesiástico perfecto, nunca existió desde los días de los apóstoles. Es muy claro que debe existir antes de la segunda venida de Jesús [...] en la restauración de todas las cosas".

Si bien Bates indicó que creía en la recuperación del orden apostólico de la iglesia, no dio lugar a ningún elemento organizativo que no se encontrara en el Nuevo Testamento.

En este período temprano, Jaime White compartía una opinión similar. Así, pudo escribir en 1854 que "por evangélico, u orden eclesiástico, entendemos aquel orden en la asociación y la disciplina eclesiásticas enseñado en el evangelio de Jesucristo por los escritores del Nuevo Testamento".

Pocos meses después, habló del "sistema perfecto de orden, enunciado en el Nuevo Testamento, por inspiración de Dios [...]. Las Escrituras presentan un sistema perfecto".

White, Bates y otros estaban totalmente seguros de que cada aspecto del orden eclesiástico debía estar explícitamente especificado en la Biblia. Así fue que J. B. Frisbie argumentó en contra de cualquier nombre para la iglesia que no fuese el dado por Dios en la Biblia. Según dijo, "LA IGLESIA DE DIOS [...] ES EL ÚNICO NOMBRE QUE Dios ha tenido a bien darle a su iglesia".

Con esa postura extremadamente literal, no sorprende ver que los líderes adventistas primitivos analizaran los deberes de los diáconos y los ancianos según lo enunciado por Pablo. Pero, es un poco más desconcertante observar que definen "IGLESIA" como denotando "una congregación de creyentes en particular", dada las implicaciones de Hechos 15, y la función supervisora de Pablo y sus colegas. Pero, así era. El congregacionalismo fue la estructura favorecida por los sabatarios, a mediados de la década de 1850.

Gracias, Señor, por nuestras congregaciones locales. Ayúdanos a nunca olvidar el lugar de importancia que tienen en tu obra.

¡El congregacionalismo no es suficiente!

Y al pasar por las ciudades, les entregaban las ordenanzas que habían acordado los apóstoles y los ancianos que estaban en Jerusalén, para que las guardasen. Hechos 16:4.

La iglesia cristiana primitiva descubrió que algunas cuestiones trascendían la congregación local y, por lo tanto, necesitaban la resolución de un organismo coordinador más grande. En el concilio de Hechos 15, los ancianos y los apóstoles se reúnen para decidir, en parte, cómo hacer para que las congregaciones judías y gentiles tuviesen una relación de trabajo. La asamblea tomó decisiones por el cuerpo de congregaciones.

Los primeros adventistas también descubrieron que no podían manejar todos los problemas en el ámbito de la congregación local. Si en la primera mitad de la década de 1850 los sabatarios establecieron estructuras y cargos en las congregaciones locales, en la segunda mitad se centraron en lo que significaba que las congregaciones estuviesen en "comunión".

Al menos cuatro problemas forzaron a líderes como Jaime White a considerar la organización eclesiástica en forma más global. El primero tenía que ver con la propiedad legal de los bienes, especialmente la casa editora y los templos; lo último que él quería era asumir la responsabilidad de que la propiedad de la casa editora estuviese a su nombre.

Un segundo problema que ocupaba sus pensamientos era el pago a los predicadores. Esa era una situación especialmente difícil, ya que los predicadores sabatarios de aquella época no atendían a congregaciones locales específicas, sino que viajaban de una iglesia a otra; algo así como evangelistas itinerantes. El sostén de los predicadores se complicaba por el hecho de que los adventistas no tenían la costumbre de diezmar ni ninguna otra forma de recolectar dinero, para pagarles.

Un tercer problema que impulsaba a White a una forma más amplia de organización implicaba la tarea de los predicadores. En 1859, Jaime escribió que, mientras que algunas comunidades, como Battle Creek, a menudo tenían varios predicadores a mano, otras estaban "desprovistas, al no haber escuchado un sermón por tres meses". Ya sea que a alguien le gustara o no, en 1859 Jaime White hacía el papel de supervisor en la asignación y el pago de predicadores, pero sin ninguna estructura oficial que respaldara sus esfuerzos. Ese sistema lo exponía a las críticas en cuanto a la malversación de fondos.

Un cuarto problema tenía que ver con la transferencia de miembros entre congregaciones; especialmente cuando una persona había sido desfraternizada por una congregación y deseaba ser miembro de otra.

Las iglesias necesitaban sistema y orden, si querían avanzar hacia la unidad. Estas todavía existen en un mundo menos que perfecto con personas menos que perfectas.

Crisis en el ministerio

El Señor ordenó que los que predican la Buena Noticia sean sostenidos por los que reciben el beneficio del mensaje. 1 Corintios 9:14, TEV.

L os pastores se ocupan de las cosas celestiales, pero hasta ellos necesitan alimento terrenal. Y los alimentos cuestan dinero.

El hecho de cómo pagarles a los pastores de la incipiente confesión religiosa llegó a un punto crítico a mediados de la década de 1850. Un caso concreto es el joven John Nevins Andrews, un hombre que posteriormente sirvió a la iglesia como su principal erudito, su primer misionero oficial al extranjero y presidente de la Asociación General. Pero, a mediados de 1850, el agotamiento y las privaciones lo habían obligado a retirarse del ministerio cuando apenas promediaba su tercera década. En el otoño de 1856, llegó a ser empleado en el almacén de su tío en Waukon, Iowa.

Waukon, de hecho, rápidamente se estaba convirtiendo en una colonia de adventistas sabatarios apáticos. Otro pastor destacado que huyó a Waukon en 1856 fue John N. Loughborough quien, según dijo, se había "desanimado un poco en cuanto a las finanzas".

Los White evitaron temporalmente una crisis en el ministerio adventista, al hacer un viaje lleno de peligros a Waukon en medio del invierno, a fin de despertar a la comunidad sabataria adormecida y recuperar a los pastores desertores. Tanto Andrews como Loughborough vieron la mano de Dios en la visita, y rededicaron su vida a la predicación.

Pero, eso no cambió la realidad financiera. Por ejemplo, durante sus tres primeros meses de trabajo después de dejar Waukon, Loughborough recibió pensión y alojamiento, un abrigo de piel de búfalo que costaba diez dólares, y diez dólares en efectivo. El problema no se había resuelto. Al menos, la señora de Loughborough debió haber llegado a esa conclusión.

"Estoy cansado", escribió Jaime White, "de ver situaciones de miseria entre nuestros predicadores y pedidos de fondos en la *Review*. Estoy cansado de escribirlos. Esos pedidos para todos, y para nadie en particular, no hacen otra cosa más que llenar la revista y apenar al lector. Estas cosas dañan a la *Review,* y son una mancha para la causa".

Los obreros cristianos quizá no vivan solo de pan, pero, así y todo, necesitan pan; o al menos, sus esposas o esposos y niños. Pablo es claro al decir que "los que predican la Buena Noticia sean sostenidos por los que reciben el beneficio del mensaje".

Pero ¿quiénes son estos?

La respuesta obvia es: cada uno de nosotros.

Cuando suministramos fondos para su sustento, participamos de la bendición de su ministerio.

¿Cómo recaudar dinero?

Cada primer día de la semana cada uno de vosotros ponga aparte algo, según haya prosperado.
1 Corintios 16:2.

Recaudar fondos necesarios para la obra de los sabatarios era una cuestión primordial a mediados de la década de 1850. Samuel H. Rhodes, de Brookfield, Nueva York, inconscientemente se convirtió en el catalizador para iniciar el diálogo acerca de un plan de donaciones, cuando en diciembre de 1856 envió dos dólares a la *Review*, diciendo a Jaime White que creía que 1 Corintios 16:2 definía su deber de separar dinero para la causa del Señor cada domingo.

White estaba entusiasmado con las posibilidades del plan. "Recomendamos a todos los cristianos", emitió, "que consideren este texto con mucho cuidado. Evidentemente, es una obra individual de la que 'todos' deberían ocuparse en el temor de Dios". Si todos los adventistas hiciesen como Rhodes, "la tesorería del Señor estaría llena de recursos para el avance de la preciosa causa de la verdad".

Tres semanas después, otra persona envió dinero por correo a la oficina de la *Review*, citando el mismo texto. White observó que "no se puede inventar un plan mejor que el presentado por el apóstol". "Háganse cargo de esto", desafió a sus lectores. Pero, como señala mi amigo Brian Strayer, ellos "no asumieron la responsabilidad". Como resultado, en abril de 1858 White escribió que "los repetidos desánimos están entristeciendo y desalentando a nuestros predicadores". Algunos "partieron con la esperanza de ser mantenidos por sus hermanos [...] pero sus hermanos, muchas veces, no cumplieron con su deber". Así, varios pastores "están hundidos en la pobreza, la mala salud y el desánimo".

A esa altura, Jaime White, un tanto desesperado, propuso un segundo plan para aliviar el problema, e instó a los creyentes a enviar una cantidad igual a la de sus impuestos estatales anuales. "Pero", observa Strayer, "si los adventistas habían demostrado ser renuentes en adoptar el plan de 1 Corintios 16, parecían estar más indecisos en responder al plan de impuestos eclesiásticos". Tres semanas después, White observó que Satanás "se regocija" debido a la falta de un programa exitoso para financiar a la iglesia.

En medio de un problema que no cesaría, la congregación de Battle Creek, Míchigan, formó un grupo de estudio en la primavera de 1858, para investigar la Biblia en procura de un plan para sustentar el ministerio. Bajo el liderazgo de J. N. Andrews, el grupo desarrolló un concepto que sería aceptado a comienzos de 1859.

A veces, olvidamos que nuestros predecesores lucharon con problemas que nunca nos afligen a nosotros. El hecho es que estamos parados sobre sus hombros, beneficiándonos diariamente de sus ensayos y soluciones. Y podemos aprender de sus luchas.

La hermana Betsy

Cada uno dé como propuso en su corazón: no con tristeza, ni por necesidad, porque Dios ama al dador alegre. 2 Corintios 9:7.

En febrero de 1859, Jaime White anunció con alegría los resultados de la comisión que había estado estudiando cómo financiar la obra de la iglesia. Presentó un concepto conocido como Benevolencia Sistemática, que proporcionaría una forma para que cada miembro diera regularmente para mantener a la iglesia.

Totalmente convencido de que el plan era de Dios, White enfatizó 1 Corintios 16:2 para justificar una ofrenda semanal, y textos como 2 Corintios 9:5 al 7, que enuncian los principios de cosechar lo que sembramos y el hecho de que Dios ama al dador alegre.

White no solo anunció el nuevo plan de la Benevolencia Sistemática, sino también enunció las directrices. Los hombres de entre 18 y 60 años debían dar de 5 a 25 centavos por semana, mientras las damas del mismo grupo etario debían donar de 2 a 10 centavos; y ambos grupos debían agregar de 1 a 5 centavos más por cada 100 dólares del valor de los bienes que poseyeran.

Siguiendo el ejemplo de 1 Corintios 16:2, los fondos de la Benevolencia Sistemática se recaudaban el domingo de mañana, cuando los tesoreros visitaban los hogares de los miembros con recipientes para ofrendas y libros de registro de la Benevolencia Sistemática en mano.

Ese proceso, como podrás imaginarte, no contaba con un entusiasmo exuberante de parte de todos. Sin embargo, Jaime White, dos años después, le puso buena cara a la situación cuando escribió que "todos esperaban" al tesorero; "todos se preparaban para recibirlo con los brazos abiertos y con sentimientos caritativos". "Nadie", escribió, "se sentía más pobre, sino que todos se sentían más felices después de echar sus pequeñas sumas en la tesorería".

Pero, el problema ahora era qué hacer con los fondos. Al principio, White sugirió que cada congregación dispusiera de ellos según creyera conveniente. Más adelante, propuso que cada iglesia se quedara con al menos 5 dólares para ayudar a los predicadores visitantes, y que enviaran el resto para la carpa evangelizadora de Míchigan.

La Benevolencia Sistemática, o lo que más adelante muchos entendían como la Hermana Betsy, era un avance, pero estaba muy por debajo de las necesidades de la iglesia. Y, más allá de eso, los sabatarios en 1859 todavía no contaban con ninguna forma sistemática de utilizar los fondos ni de pagar a los pastores.

La mayoría, hoy, estamos agradecidos porque el tesorero de la iglesia no se aparezca en nuestro porche cada domingo de mañana, con un libro de registro en mano. Dios nos ha conducido a una mejor forma, que es menos entrometida y más adecuada, de proveer fondos para su iglesia.

El diezmo, una mejor manera

Traed todos los diezmos al alfolí y haya alimento en mi casa; y probadme ahora en esto, dice Jehová de los ejércitos, si no os abriré las ventanas de los cielos, y derramaré sobre vosotros bendición hasta que sobreabunde. Malaquías 3:10.

Curiosamente, los primeros argumentos de la Benevolencia Sistemática no utilizaban Malaquías 3:8 al 10, y los redactores de la *Review* no enfatizaban las bendiciones de dar fielmente.

Lo que sí enfatizaban era el hecho de que la Benevolencia Sistemática era llevadera, y para nada sacrificada. De hecho, era tan llevadera y para nada sacrificada que no suplía adecuadamente las necesidades de la creciente iglesia.

Solo en forma gradual los sabatarios llegaron a aceptar el diezmo bíblico. Algunos, aparentemente, habían pensado en él en 1859; pero, Jaime White estaba totalmente seguro de que lo que los adventistas tenían en la Benevolencia Sistemática era superior al "sistema israelita de diezmos".

Esto comenzó a cambiar cuando, en febrero de 1876, Dudley M. Canright publicó una serie de artículos en la *Review* que enfatizaban Malaquías 3:8 al 11. Al enunciar el diezmo como el plan bíblico para sustentar a los pastores, recalcó que "Dios requiere que se dé un *diezmo*, o *un décimo*, de *todos* los *ingresos* de su pueblo, para sostener a sus siervos en sus esfuerzos". Siguió diciendo que "el Señor no dice que ustedes deberían darme un décimo, pero dice que un décimo es del Señor". Como el diezmo ya era de Dios, los creyentes simplemente se lo devolvían. Canright también enfatizó las bendiciones y las recompensas de diezmar. "Estoy completamente satisfecho", escribió, "de que la bendición especial de Dios acompañe a los que son puntuales y generosos en devolver" el diezmo.

Más allá de las bendiciones personales, el sistema del diezmo tuvo éxito en sostener a la iglesia, mientras que la Benevolencia Sistemática había fracasado. En el congreso de la Asociación General de 1876, Canright calculó que, si todos los miembros pagaban el diezmo fielmente, la tesorería de la Asociación General recibiría ciento cincuenta mil dólares anuales, en vez de solo cuarenta mil.

Canright siguió recomendando a la Asociación General que aprobara el sistema del diezmo, y eso hizo en octubre de 1876. A partir de aquel momento, el diezmo bíblico se convirtió cada vez más en la manera en que el adventismo sostenía a sus pastores. Y, por supuesto, para ese entonces tenía una estructura organizativa que podría servir como el "alfolí" de Malaquías 3, para recolectar y repartir fondos.

Señor, estamos agradecidos por tu dirección incluso en las cuestiones financieras de la iglesia. Y apreciamos tus bendiciones por la fidelidad de los que siguen el plan bíblico del diezmo y las ofrendas.

Redefiniendo Babilonia

Por esto fue llamado el nombre de ella Babel, porque allí confundió Jehová el lenguaje de toda la tierra. Génesis 11:9.

A mediados de 1859, Jaime White estaba preparado para lanzar la ofensiva final para la organización confesional formal. *"Carecemos de sistema"*, exclamó el 21 de julio. "Muchos hermanos nuestros están en un estado disperso. Guardan el sábado, leen la *Review* con algún interés; pero, más allá de esto, *hacen poco y nada por falta de algún método de acción conjunta entre ellos"*. Para afrontar la situación, llamó a reuniones regulares en cada Estado, para dar orientación a las actividades de los sabatarios de esa región.

"Somos conscientes", escribió, "de que estas sugerencias no satisfarán la mente de todos. El hermano Precavido sentirá miedo, y se aprontará para advertir a sus hermanos que tengan cuidado y que no se aventuren a ir demasiado lejos; mientras el hermano Confusión exclamará: '¡Oh, esto se parece a Babilonia! ¡Estamos siguiendo a la iglesia caída!' El hermano Haragán dirá: 'La causa es del Señor, y es mejor que la dejemos en sus manos; él se ocupará de ella'. 'Amén', dicen Amante del Mundo, Perezoso, Egoísta y Tacaño. 'Si Dios llama al hombre a predicar, dejemos que vayan a predicar; él se hará cargo de ellos [...]' mientras Coré, Datán y Abiram están listos para rebelarse contra los que sienten el peso de la causa [por ejemplo, Jaime White] y velan por las almas como los que deben dar cuenta, y levantan la voz, '¡Basta ya de vosotros!' "

White hizo saber, con el lenguaje más descriptivo, que estaba enfermo y cansado de escuchar el grito de Babilonia cada vez que alguien mencionaba la organización. "El hermano Confusión", escribió, "comete una torpeza de lo más flagrante al decir que el sistema, que está en armonía con la Biblia y el sentido común, es Babilonia. *Como Babilonia significa confusión, nuestro hermano descarriado tiene la misma palabra estampada sobre su frente. Y nos aventuramos a decir que no hay otras personas debajo del cielo más dignas de la marca de Babilonia que los que profesan la fe adventista y rechazan el orden bíblico"*.

A esta altura, eran muchas las preocupaciones de Jaime por la salud del movimiento sabatario. Deberíamos advertir que, en su estridente llamado a la organización, redefinió Babilonia de "opresión" a "confusión"; una palabra que describe acertadamente la situación en 1859.

A veces, es importante erguirse y enfatizar nuestras convicciones bíblicas. Dios todavía utiliza a hombres y mujeres de aplomo y de convicciones piadosas, así como usó a Jaime White, para ayudar a su iglesia a retomar el camino. Que Dios nos conceda coraje para hablar en el momento apropiado.

Pensaba en grande

Sin profecía el pueblo se desenfrena. Proverbios 29:18.

Pensar en pequeña escala produce pocos resultados. La mayoría de los adventistas sabatarios de la década de 1850 pensaba en pequeña escala. Pero, el lugar estratégico de Jaime White en el adventismo le había dado un campo de visión que no solo lo separó de los procesos de razonamiento de muchos de sus hermanos creyentes, sino también había transformado su forma de pensar.

Más allá de advertir el estado de confusión babilónica del adventismo sabatario, que demandaba estructura, y de su comprensión de la inmensidad de la misión adventista, en 1859 White había descartado el literalismo bíblico de sus primeros días, cuando creía que la Biblia debía explicar detalladamente cada aspecto de la organización eclesiástica. Ahora, sostenía que "no deberíamos tenerle miedo a ese sistema, que no es contrario a la Biblia, y es aprobado por la sensatez".

Así, había arribado a una nueva hermenéutica. Jaime había cambiado de un principio bíblico de interpretación que sostenía que las únicas cosas que permitía la Escritura eran las que mencionaba explícitamente, a una hermenéutica que aprobaba todo lo que no contradijera la Biblia.

Esa transformación de pensamiento era esencial para los pasos creativos en cuanto a la organización eclesiástica que propugnaría en la década de 1860.

Sin embargo, esa hermenéutica revisada lo enfrentó con quienes sostenían un enfoque bíblico literalista, que demandaba que explícitamente detallara algo antes de que la iglesia pudiera aceptarlo.

Para responder a esa mentalidad, White señaló que en ningún lugar de la Biblia se decía que los cristianos debían tener una revista semanal, una imprenta de vapor, que debían construir lugares de culto o publicar libros. Siguió diciendo que la "iglesia viviente de Dios" necesitaba avanzar con oración y sentido común.

Jaime White era un gran pensador. Quizá no haya comenzado de esa forma, pero a medida que captaba la tarea que la iglesia tenía por delante su visión lo forzó a pensar en grande y en forma creativa.

Por eso, podemos estar agradecidos a Dios. Sin grandes pensadores como Jaime White, el adventismo del séptimo día nunca hubiese avanzado más allá del extremo noreste de los Estados Unidos.

Dios todavía está llamando a grandes pensadores con la intención de que impulsen su obra. Y nos pide a cada uno que tengamos mayores pensamientos de lo que podemos realizar por su obra en la Tierra.

La elección de un nombre

Vale más el buen nombre que el buen perfume. Eclesiastés 7:1, NVI.

Es difícil entender cómo un movimiento creciente pudiera existir durante casi dos décadas sin un nombre determinado. Pero, así sucedió con el adventismo sabatario. Elegir un nombre, pensaban algunos, era ser como otras iglesias. Más allá de eso, al fin y al cabo, ¿dónde decía en la Biblia que las iglesias debían tener un nombre?

Esto último es muy cierto. Pero, aunque la Biblia no lo ordenaba, el Gobierno sí lo exigía cuando había que incorporar una propiedad a la iglesia. La crisis del nombre surgió de la necesidad de integrar la casa editora adventista de Battle Creek, Míchigan. A comienzos de la década de 1860, Jaime White había llegado a un punto en el que se negó a asumir una responsabilidad personal por los aspectos financieros de la institución. Los sabatarios debían hacer arreglos para mantener la propiedad de la iglesia de una "manera adecuada".

Esa sugerencia dio a luz una reacción vigorosa. Aunque reconocía que una iglesia no podía incorporar propiedades a menos que tuviese un nombre, R. F. Cottrell aun así escribió que creía que "estaría mal 'hacernos un nombre', porque eso está en la base de Babilonia".

Jaime enloqueció con la sugerencia de Cottrell de que el Señor se encargaría de las propiedades de la iglesia, al declarar que "es peligroso dejarle al Señor lo que él nos ha dejado a nosotros". Y, una vez más, defendió el punto crucial de que "en las Escrituras no se dan todos los deberes cristianos".

En 1860, un congreso de sabatarios votó incorporar la casa editora, "organizar" las iglesias locales a fin de "mantener la propiedad de la iglesia" y elegir un nombre confesional.

Muchos estaban a favor de "Iglesia de Dios", pero los directivos decidieron que ya había demasiados grupos que lo usaban. Finalmente, David Hewitt sugirió el nombre de *Adventista del Séptimo Día*. Su propuesta fue aprobada, ya que muchos delegados reconocieron que "expresaba nuestra fe y nuestra postura" doctrinal.

Elena de White guardó silencio durante el debate, pero posteriormente expresó su opinión, eufórica. "El nombre Adventista del Séptimo Día", declaró después de las reuniones, "presenta los verdaderos rasgos de nuestra fe [...]. Como una saeta del carcaj del Señor, herirá a los transgresores de la Ley de Dios, e inducirá al arrepentimiento para con Dios y a la fe en nuestro Señor Jesucristo" (1 TI, p. 204).

Tal es el valor de un "buen nombre".

Al fin organizados

Y constituyeron ancianos en cada iglesia, y habiendo orado con ayunos, los encomendaron al Señor en quien habían creído. Hechos 14:23.

Aunque el concepto de estructura eclesiástica, que facilita el orden en todas las congregaciones, no está para nada ausente en el Nuevo Testamento, no era el tema predilecto de muchos adventistas.

Pero, había llegado el momento. En abril de 1861, los sabatarios establecieron una comisión que recomendaba la formación de asociaciones por distritos o por Estados, con el fin de supervisar las actividades eclesiásticas en sus respectivas regiones.

Las reacciones fueron enérgicas, especialmente en los Estados del este. Jaime White informó en agosto que "los hermanos de Pensilvania votaron contra la organización, y la causa en Ohio se ha visto terriblemente sacudida". Resumió la situación, al escribir que, "en nuestro viaje al este, hasta ahora parece que estamos vadeando la influencia de una incertidumbre tonta sobre el tema de la organización [...]. En muchos lugares estamos apenas un poco mejor que los fragmentos rotos, que todavía se están dispersando y debilitando cada vez más".

Elena de White compartió su opinión, al declarar ese mismo mes que se le "mostró que algunos habían temido que nuestras iglesias se convertirían en Babilonia si se las organizaba; pero las iglesias de la zona central de Nueva York ya han sido una perfecta Babilonia, confusión. Y ahora, a menos que las iglesias sean organizadas para continuar su marcha y poner en vigencia el orden, no tienen ninguna esperanza para el futuro, y serán esparcidas en fragmentos". Deploraba la falta de "valor moral" y la abundancia de "silencio cobarde" de parte de aquellos pastores que creían en la organización pero que guardaban silencio. Sus palabras no dejaron dudas de que había llegado la hora de "mantenerse juntos" (1 TI, pp. 245, 246).

El momento para actuar había llegado.

En la reunión general de creyentes en octubre de 1861, el primer punto de agenda era "la forma adecuada de organizar iglesias". Y una de las contribuciones principales del congreso fue la "recomendación", a las iglesias del Estado de Míchigan, de que se unieran bajo el nombre de Asociación Adventista del Séptimo Día de Míchigan.

Jaime White estaba eufórico. Para él, esto era "una señal de días mejores".

Al año siguiente, se establecieron siete asociaciones locales más.

No hay otra cosa que al diablo le guste más que sembrar confusión. Y puede hacerlo con éxito en un grupo desorganizado. Lamentablemente, el valor de la organización no se aprecia plenamente hasta que desaparece.

Gracias, Señor, por lo que nos has dado.

La Asociación General

Un cuerpo, y un Espíritu, como fuisteis también llamados en una misma esperanza de vuestra voca-
ción. Efesios 4:4.

Si bien la formación de asociaciones por Estados fue útil, estas no resolvieron todos los problemas administrativos. Por ejemplo, ¿quién coordinaría la obra de ellos o asignaría pastores para diferentes lugares? J. H. Waggoner planteó esta cuestión a conciencia, de una manera forzada, en junio de 1862. "No creo", escribió, "que alguna vez reconozcamos plenamente los beneficios de la organización hasta que se actúe sobre este asunto" de una Asociación "paraguas", o general. Varios lectores de la *Review* respondieron a la proposición de Waggoner con afirmaciones enérgicas durante el verano de 1862.

Sin una estructura general que represente a todo el cuerpo de creyentes, sostenía J. N. Andrews, "seremos presa de la confusión cada vez que se requieran especialmente acciones concertadas. La tarea de la organización, dondequiera que se haya introducido de una manera adecuada, ha dado buenos frutos; y por lo tanto, deseo verla *completada* de modo que garantice todos sus beneficios, no solo para cada iglesia, sino también para todo el cuerpo de hermanos y para la causa de la verdad".

B. F. Snook observó que ya se habían desarrollado sentimientos regionales en la joven iglesia, y que la única forma de traer unidad al movimiento era a través de una "Asociación general".

Jaime White, como podrás imaginarte, se entusiasmó con esa conversación. A su modo de ver, la Asociación General propuesta debía ser "la gran reguladora" de las asociaciones por Estados, si querían garantizar la "acción conjunta y sistemática de todo el cuerpo de creyentes". El deber de la Asociación General sería "trazar el rumbo general para seguir por las asociaciones por Estados". Así, "si la Asociación General no es superior en autoridad que la Asociación por Estados, no le vemos mucho sentido". Su función sería coordinar la obra de la iglesia a lo largo de toda la extensión geográfica.

La Asociación General de los Adventistas del Séptimo Día se organizó en una reunión convocada para ese propósito en Battle Creek, del 20 al 23 de mayo de 1863. Ese paso trascendental abrió el camino para una iglesia unificada, que finalmente llevaría el mensaje de los tres ángeles de Apocalipsis 14 hasta los extremos de la Tierra. El alcance del programa misionero adventista nunca podría haberse logrado mediante una colección de iglesias o asociaciones inconexas, cada una con sus propios objetivos.

Gracias, Señor, por la unidad y la fuerza que procede de la organización.

La organización vista en retrospectiva -1

Crezcamos en todo en aquel que es la cabeza, esto es, Cristo, de quien todo el cuerpo, bien concertado y unido entre sí por todas las coyunturas que se ayudan mutuamente, según la actividad propia de cada miembro, recibe su crecimiento para ir edificándose en amor. Efesios 4:15, 16.

La organización de la Asociación General marcó el fin de una era en la historia adventista. El adventismo sabatario había pasado de un comienzo prácticamente desestructurado a una forma levemente jerárquica.

Ambos White, como líderes "no oficiales" de la iglesia, estaban muy complacidos con la nueva organización. Tanto habían experimentado la condición caótica del adventismo desde finales de la década de 1840 y durante la de 1850 que nunca dejarían de defender la autoridad eclesiástica *ejercida adecuadamente.*

Elena de White escribió una de sus declaraciones más fuertes sobre el valor de la organización en 1892. Al mirar hacia atrás, recordó: "Tuvimos una dura lucha para establecer la organización. A pesar de que Dios dio testimonio tras testimonio sobre este punto, la oposición era fuerte, y hubo que hacerle frente una y otra vez. Pero, sabíamos que el Señor Dios de Israel estaba conduciéndonos y guiándonos por su providencia. Nos empeñamos en la obra de la organización, y una señalada prosperidad caracterizó este movimiento de avanzada [...].

"El sistema de organización ha demostrado ser un gran éxito [...]. *Que nadie albergue el pensamiento de que podemos prescindir de la organización.* La erección de esta estructura nos ha costado mucho estudio y muchas oraciones en demanda de sabiduría, que sabemos que Dios ha contestado. Ha sido edificada por su dirección [...]. *Que ninguno de nuestros hermanos esté tan engañado como para intentar derribarla,* porque así crearíais una situación en la que ni siquiera soñáis. En el nombre del Señor os declaro que la organización ha de permanecer, fortalecida, establecida, fijada [...]. *Sea, pues, cada uno de nosotros sumamente cuidadoso para no confundir las mentes con respecto a las cosas que Dios ha ordenado para que tengamos prosperidad y éxito en hacer avanzar su causa"* (TM pp. 26-28).

Dios cree en la organización. Yo también. Dar el evangelio eterno y las demás enseñanzas de Apocalipsis 14 a todo el mundo no ocurrió por accidente. Los adventistas crearon una organización con el propósito de promover la misión de la iglesia. Y así lo ha hecho. El éxito de la decisión de establecer la Asociación General como un cuerpo coordinador en mayo de 1863 asombraría a los que la votaron.

La organización vista en retrospectiva -2

Mirad por vosotros, y por todo el rebaño en que el Espíritu Santo os ha puesto por obispos.
Hechos 20:28.

La fuerza propulsora detrás del impulso para la organización era un complejo integrado de ideas interrelacionadas. Uno de los más importantes era una creciente comprensión de la misión de la iglesia, basada en la Biblia. Para 1861, algunos líderes de la iglesia habían llegado a la conclusión de que tenían un mundo que ganar; y para 1863 la comisión ejecutiva de la Asociación General, recientemente formada, comenzó a analizar el envío de misioneros de ultramar. Una visión más amplia de la misión llevó a un reconocimiento más extensivo de la necesidad de crear una organización adecuada para sostener esa misión. En síntesis, Jaime White y otros, poco a poco, se dieron cuenta de que no podría existir ninguna obra de extensión misionera importante sin un sistema de sostén racional y eficaz.

Una segunda realidad que ayudó a Jaime y a sus hermanos creyentes a ampliar su concepto de estructura eclesiástica fue la necesidad de mantener la unidad doctrinal. En 1864, contrastó los buenos frutos de la organización adventista del séptimo día con la "condición confusa y miserable de los que rechazan la organización".

G. I. Butler desarrolló un poco más esta línea de pensamiento en 1873, cuando escribió que "somos un pueblo completamente organizado, y nuestra organización no se basa en meras apariencias, sino en un fundamento sólido. Al haber luchado contra toda clase de influencias internas y externas, y al ser ahora una unidad que habla lo mismo de un océano al otro, no es fácil sacudirnos para hacernos pedazos".

La cuestión doctrinal, por supuesto, tenía vínculos estrechos con la misión. Como estaban unificados en doctrina, estuvieron dispuestos a unirse en misión hasta los extremos de los Estados Unidos y, finalmente, hasta el resto del mundo.

Después de todo, fue la misión de la iglesia la que demandaba una estructura eclesiástica adecuada. Según observó Jaime White en repetidas oportunidades, "no fue la ambición de erigir una confesión religiosa lo que sugirió organización, sino las meras necesidades del caso".

Mientras que para Jaime, en 1871, el sello de un sistema adecuado era que "la maquinaria funcione bien", los primeros adventistas también trataron de basar sus estructuras organizativas sobre un fundamento que estuviese en armonía con la enseñanza bíblica de los principios que deberían reforzar la naturaleza y la misión de la iglesia. A la larga, la organización fue un subproducto de una interpretación bíblica de la iglesia y su papel de advertencia para el mundo en el tiempo del fin, antes de la Segunda Venida.

La salud del siglo XIX: Los buenos viejos tiempos eran terribles -1

¿No hay bálsamo en Galaad? ¿No hay allí médico? Jeremías 8:22.

C. P. Snow una vez escribió que "nadie en sus cabales elegiría haber nacido en una época anterior, a menos que estuviese seguro de nacer en una familia próspera, gozar de una salud extremadamente buena y poder aceptar estoicamente la muerte de la mayoría de sus hijos".

Francamente, aquellos buenos tiempos no eran tan maravillosos como los hace ver la nostalgia. La esperanza de vida media al nacer era de 32 años en 1800, de 41 en 1850, de 50 en 1900 y de 67 en 1950. La esperanza de vida actual para las mujeres en los Estados Unidos es de unos 80 años, aunque es un poco más baja para los hombres.

¿Por qué el cambio?, quizá te preguntes. La respuesta es bastante sencilla: mejores hábitos de salud, de higiene y de atención médica.

Los hábitos de salud de casi todos en el siglo XIX dejaban mucho que desear. Los que tenían dinero no solo engullían grandes cantidades de alimentos a un ritmo rápido, sino también casi todo lo que comían era poco saludable. Las frutas y las verduras eran evitadas por muchos que creían que la epidemia de cólera mortal de 1832 había sido producida por las frutas; y muchos sospechaban que las frutas y las verduras hacían daño a los niños, especialmente. La información básica sobre nutrición era desconocida. Además, incluso los alimentos buenos generalmente estaban en malas condiciones, debido a la falta de higiene al procesarlos y a la falta de refrigeración.

La dieta, por supuesto, simplemente era una parte del problema personal de salud. Los hábitos de baño, por ejemplo, tampoco eran satisfactorios. La mayoría casi nunca se bañaba, y algunas autoridades decían que los estadounidenses promedio de la década de 1830 nunca se bañaron en toda su vida. Hasta en 1855 inclusive, la ciudad de Nueva York tenía solo 1.361 bañeras para sus 629.904 habitantes. Y en 1882, solo aproximadamente el 2 por ciento de los hogares de Nueva York tenía conexiones de agua.

La promoción del baño del sábado de noche no era un chiste. En 1872, cuando Elena de White recomendó que "las personas sanas [...] deberían bañarse tan a menudo como dos veces por semana" (3 TI, p. 80) estaba a la vanguardia de un aspecto del cuidado de la salud personal.

La mayoría hoy no tiene ni idea de lo insalubre que era la vida a mediados del siglo XIX. Cuando leemos los escritos de Elena de White y de otros reformadores de su época, debemos evaluarlos a la luz de los tiempos de ignorancia, enfermedad y muerte en los que vivían.

Cuando de salud se trata, ¡podemos alabar al Señor por vivir en días mejores!

La salud del siglo XIX: Los buenos viejos tiempos eran terribles -2

Tendrás un lugar fuera del campamento adonde salgas; tendrás también entre tus armas una estaca; y cuando estuvieres allí fuera, cavarás con ella, y luego al volverte cubrirás tu excremento. Deuteronomio 23:12, 13.

Quizá pienses que este es un texto devocional extraño; pero Dios se preocupa por cada aspecto de nuestra vida. Si la gente hubiese seguido los mandatos bíblicos sobre salud comunitaria a lo largo de la historia, se habrían salvado incontables millones de vidas de enfermedades y epidemias. Si esas vidas hubiesen sido las de tu cónyuge o tus hijos, estarías saltando y alabando al Señor por esos textos de Deuteronomio 23:12 y 13.

La higiene era un aspecto del problema de salud en los Estados Unidos del siglo XIX. Incluso, generalmente los hogares de clase media y hasta los de clase alta todavía tenían letrinas al aire libre a mediados de siglo. La ciudad de Nueva York, por ejemplo, tenía solo 10.388 inodoros interiores en 1855. Y la filtración de las letrinas masivas hacía que el agua de pozo tuviese algunas condiciones bacteriológicas "interesantes".

En cuanto a la basura, las ciudades no tenían ningún sistema para procesarla. La mayoría terminaba en la calle, para que los cerdos que corrían libremente la hozaran. La ciudad de Nueva York de la década de 1840 tenía cientos de cerdos sin supervisión, para ayudar a ocuparse del problema.

Por supuesto, en temporadas lluviosas, los excrementos de caballo, omnipresentes, rezumaban en las calles, que generalmente no estaban pavimentadas, y con clima seco eran reducidos a un polvo muy "saborizado", que volaba por todas partes. En las calles de la ciudad de Nueva York en 1900, los caballos depositaban unos 1,1 millones de kilos de estiércol y 227.000 litros de orina diaria. H. L. Menken describió una ciudad estadounidense como un "hedor sólido". Y la vida rural no era mucho más saludable, ya que la mayoría de las casas estaba rodeada por "una expansión de mugre y estiércol".

Y luego escupían. En los días anteriores a la popularidad del cigarrillo, los estadounidenses depositaban esputos de tabaco mascado por todas partes, adentro y afuera; aunque los más sofisticados no escupían sobre la mesa.

Los "buenos días de antaño" eran tiempos de ignorancia; ignorancia que tuvo un alto costo en vidas humanas. La epidemia de fiebre amarilla de Memphis y Tennessee en 1878, por ejemplo, mató a 5.150 personas, de una población de 38.500. Ese mismo año, Nueva Orleans perdió, aproximadamente, a 3.977 seres humanos. Pero, eso fue solo la mitad de las tantas muertes en la ciudad en la epidemia de 1853, que le costó 7.848 vidas. La gente atribuía la fiebre amarilla y otras epidemias al aire contaminado, que las autoridades llamaban "miasma". Así que, la gente a menudo dormía en habitaciones poco ventiladas o sin ventilación, para preservar la salud.

Gracias, Dios, por las cosas sencillas de la vida, como el agua limpia y el aire puro.

La salud del siglo XIX: los buenos viejos tiempos eran terribles -3

Había entre la gente una mujer que hacía doce años padecía de hemorragias, sin que nadie pudiera sanarla. Lucas 8:43, NVI.

Si te hubieses enfermado en el siglo XIX, desde luego no querrías visitar un hospital. Un viaje hasta allí tendía a ser una sentencia de muerte, en una era anterior al conocimiento de los gérmenes y las bacterias. Las epidemias eran visitantes regulares de esas instituciones antihigiénicas, originalmente fundadas para los pobres. Un hospital de la década de 1840 era un lugar de último recurso: un lugar donde caer muerto. La gente de dinero hacía que los médicos la tratasen en su casa.

Lamentablemente, la práctica médica a domicilio no era tan sofisticada. La opinión común acerca de la enfermedad era que los "humores" corporales debían estar desequilibrados. La cura: volver a equilibrarlos. La primera medida, en ese proceso, a menudo incluía purgar algo del exceso de sangre; en muchos casos, una pinta [473 ml] o dos. La purga del cuerpo generalmente seguía a la sangría. Los médicos la hacían administrando drogas poderosas, muchas veces compuestas en parte por mercurio y estricnina, sustancias que ahora sabemos que son extremadamente venenosas.

Pero, en una era en la que se creía que la fiebre, la diarrea y los vómitos eran síntomas de recuperación, esas drogas causaban el efecto deseado de vaciar el cuerpo del exceso de fluidos en forma rápida y violenta. Con razón que la llamaban la era de la medicina "heroica".

Mientras tanto, la cirugía no era menos heroica, si consideramos que no incluía anestesia. Tan solo recordemos al joven Urías Smith, cuando le amputaron la pierna en la mesa de la cocina sin más anestesia que la mano de su madre. E incluso después de la cirugía, las perspectivas eran pocas, dado el hecho de las condiciones antihigiénicas causadas por el desconocimiento de los gérmenes.

Y ¿qué se requería para ser médico? No mucho. Con haber pasado entre cuatro y ocho meses en una de las fábricas de diplomas, se obtenía un título de Medicina, aun si la persona no había asistido al colegio secundario.

No es de extrañarse que Oliver Wendell Homes declarara que "si toda materia médica como se usa ahora pudiera hundirse en el fondo del mar, sería lo mejor para la humanidad, y lo peor para los peces".

El hijo de Elena de White, Edson, tenía uno de esos títulos de médico. Él decía, sarcásticamente, de su experiencia, que el médico a cargo "es un villano: la Clínica Higiénico-Terapéutica es una patraña y la vieja fábrica de médicos debe ser arrojada al [río] Delaware".

El error es un asesino.

La verdad nos libera, incluso en el ámbito físico.

Les presento a los reformadores de la salud

Y conoceréis la verdad, y la verdad os hará libres. Juan 8:32.

Fue en el contexto de la ignorancia acerca de la salud que encontramos el surgimiento del movimiento de la reforma pro salud estadounidense durante la década de 1830. Uno de los reformadores más influyentes y representativos fue Sylvester Graham. Podemos echar un vistazo a sus ideas en un artículo de 1837 de *The Graham Journal* [La revista Graham]. Según él, (1) "la comida principal deberían ser verduras y frutas"; (2) el pan debería hacerse con harina sin refinar; (3) "debería usarse buena crema, en vez de manteca"; (4) la comida debería masticarse totalmente; (5) "es mejor omitir las carnes rojas y el pescado"; (6) se debería evitar la grasa, las salsas ricas y los condimentos picantes; (7) "todos los estimulantes, de todo tipo y clase, como el té, el café, el vino, el tabaco (en todas sus formas), la sidra, la cerveza, etc., están prohibidas"; (8) "el agua pura y suave" es la bebida preferente; (9) "la última comida del día debería ser liviana", y habría que tomarla tres a cuatro horas antes de irse a dormir; (10) "no debería ingerirse ni una partícula de alimento, salvo en las comidas"; (11) evitar comer demasiado; (12) "la abstinencia siempre es preferible a tomar medicamentos"; (13) hay que dormir una siete horas por día, en "habitaciones con ventilación adecuada"; (14) siempre evitar la ropa ajustada; (15) "es muy recomendable bañarse [incluso a diario] en agua tibia o fría"; (16) "el ejercicio al aire libre es muy necesario"; y (17) "el pan no debería comerse antes de las 12 a 24 horas de horneado".

Para los reformadores religiosos de la salud, las leyes de la salud eran divinas. Así, Theodore Dwight Weld pudo afirmar que "estas son leyes *de Dios* tan ciertamente como 'Amarás al Señor tu Dios con todo tu corazón' y 'Amarás a tu prójimo como a ti mismo' ". Obedecerlas implicaba un cuerpo sano, mientras que su desobediencia traía enfermedades. La elección, sugería Weld, estaba "entre *obedecer a Dios* y *resistirlo, conservar la vida* y *destruirla, guardar el sexto Mandamiento* y *cometer suicidio*".

Obviamente relacionado con el movimiento de la reforma pro salud y muy compatible con ella, fue el surgimiento de formas de prácticas médicas que se oponían a las técnicas de drogas y sangrías de la medicina convencional de la época. Una de ellas, la hidroterapia, recomendaba las aplicaciones internas y externas de agua, como sistema terapéutico. Los médicos que curaban con agua generalmente adoptaban el sistema pro salud de Graham.

A veces, los adventistas pensamos que la reforma pro salud se originó con nosotros.

¡No es así! Dios ama a todas las personas, y se mueve en el corazón de muchos con el propósito de aliviar las aflicciones de un planeta enfermo. Alabado sea Dios por la amplitud de su misericordia.

Elena de White y los reformadores pro salud

Dios tenga misericordia de nosotros, y nos bendiga; haga resplandecer su rostro sobre nosotros [...].
Para que sea conocido en la tierra tu camino, en todas las naciones tu salvación. Salmo 67:1, 2.

Los que tienen conocimiento respecto de los consejos sobre salud de Elena de White reconocerán que ella estaba en armonía con la mayoría de las opiniones reformistas de los reformadores de la salud. Así que, estaba bien acompañada cuando rechazó el "uso de drogas venenosas", "que, en lugar de ayudar a la naturaleza, entorpecen sus facultades" (MC, p. 88; MM p. 294).

En una línea más positiva, Elena de White apoyaba a los reformadores en su recomendación de los remedios naturales: "el aire puro, el sol, la abstinencia, el descanso, el ejercicio, un régimen alimenticio conveniente, el agua y la confianza en el poder divino" (*MC* 89).

Los primeros adventistas eran conscientes del consenso de Elena de White con los reformadores de la salud de su época, y de sus contribuciones específicamente adventistas. Por consiguiente, J. H. Waggoner pudo escribir, en 1866, que "no profesamos ser pioneros en los principios generales de la reforma pro salud. Los hechos en los que se basa este movimiento han sido elaborados, en gran medida, por reformadores, médicos y autores de Psicología e Higiene, así que pueden encontrarse diseminados por todo el país. Pero, sí afirmamos que mediante el método escogido por Dios [los consejos de Elena de White] han sido develados en forma más clara y poderosa, y por consiguiente producen un efecto que no podríamos haber esperado de ninguna otra fuente.

"Como meras verdades psicológicas e higiénicas, algunos podrían estudiarlas a su antojo, y otros las dejarían a un lado como de poca importancia; pero, cuando son puestas en el mismo nivel que las grandes verdades del mensaje del tercer ángel, por la sanidad y la autoridad del Espíritu de Dios, y habiendo declarado que son el medio por el que los débiles pueden fortalecerse y vencer, y que nuestro cuerpo enfermo puede ser limpiado y adecuado para la traslación, entonces nos llega como una parte esencial de la verdad presente".

Si bien Elena de White estaba muy de acuerdo con los reformadores de la salud de su época, una de sus contribuciones en el área de la salud fue integrar el mensaje de la reforma pro salud en la teología adventista.

Desde que comenzó a escribir sobre el tema en 1863 hasta hoy, los adventistas del séptimo día han tenido un estilo de vida distintivo. Esto ha dado, como resultado, cuerpos más sanos y vidas más prolongadas. Esa longevidad ha sido una demostración para el mundo, según se ilustró recientemente en la revista *National Geographic* y en otros lugares. El testimonio de la iglesia debería ser el de la salud en todos los aspectos de la vida.

Los adventistas no siempre fueron reformadores de la salud

Aún tengo muchas cosas que deciros, pero ahora no las podéis sobrellevar. Juan 16:12.

Los adventistas no siempre fueron reformadores de la salud.

Tomemos las carnes inmundas, por ejemplo. En noviembre de 1850, Jaime White observó que algunos sabatarios estaban "preocupados con respecto al consumo de carne de cerdo", y que algunos se abstuvieron de su uso. Él no tenía ninguna objeción a esa práctica, pero declaró que "no creía, por ningún medio, que la Biblia enseñara que su uso apropiado, en la dispensación evangélica, fuese pecaminoso". A lo que realmente se opuso fue a los que distraían a los demás del centro de su mensaje: el sábado y la perspectiva del tiempo del fin.

Algunos años más tarde, después de que su esposa escribiera una carta a una señora llamada Curtis acerca de que el uso de la carne de cerdo no era una prueba religiosa, Jaime escribió atrás: "Para que sepa cuál es nuestra postura en este asunto, le diría que acabamos de matar a un cerdo de noventa kilos".

De nuevo, en 1859, Elena de White aconsejó a S. N. Haskell y a otros que sus "ideas concernientes a la carne de cerdo no causarían ningún perjuicio, si ustedes las guardaran para sí mismos; pero en su juicio y opinión, han convertido este asunto en una prueba, y sus acciones han mostrado claramente su fe en este asunto" (1 TI, pp. 189, 190).

Siguió diciendo que "si Dios requiere que su pueblo se abstenga de consumir carne de puerco, los convencerá acerca de ello [...]. Si es deber de la iglesia abstenerse de consumir carne de puerco, Dios lo revelará a más de dos o tres personas. Él enseñará a su iglesia cuál es su deber.

"Dios está conduciendo a un pueblo, y no a unas cuantas personas separadas aquí y allá, una que cree una cosa y otra que cree otra diferente [...]. El tercer ángel va a la cabeza y está purificando a un pueblo, y este debería avanzar con él en forma unida. Algunos toman la delantera a los ángeles que están guiando a su pueblo [...].

"Vi que los ángeles de Dios no conducirán a su pueblo con más rapidez de la que este puede recibir las importantes verdades que se le comunican y llevarlas a la práctica. Pero, algunas personas inquietas [...] se apresuran en ir en busca de algo nuevo, y avanzan [...] y en esta forma acarrean confusión y discordia a las filas. No hablan ni obran en armonía con el resto del cuerpo" (*ibíd.*, p. 190).

Elena de White tuvo la firme convicción, a lo largo de su extenso ministerio, de que Dios estaba formando a un pueblo, y que cuando este se unía en un tema (pero no antes) él lo guiaba al próximo paso. El progreso hasta 1863 había sido claro. Primero se unieron en doctrina y luego en organización. Recién entonces estuvieron preparados para que los guiara en la reforma pro salud y otras cuestiones del estilo de vida.

La conducción de Dios siempre tiene lógica.

Pero hubo un reformador de la salud

Y quitará Jehová de ti toda enfermedad. Deuteronomio 7:15.

José Bates, como en tantos otros aspectos del adventismo sabatario, fue el pionero de la reforma de la salud dentro del movimiento. Como capitán de mar en 1821, había abandonado las bebidas fuertes cuando se dio cuenta de que esperaba con más interés su trago diario que la comida. Pronto, descartó el vino en 1822; el tabaco, en 1823; y todas las demás formas de alcohol, en 1824. Luego, en 1831 renunció al té y al café, porque "es veneno". "Producía un efecto tal en todo mi organismo", escribió, "que no podía descansar ni dormirme hasta pasada la medianoche".

Lo siguiente que dejó fueron los alimentos con carne. "En febrero de 1843", recordó, "resolví no comer más carne. Pocos meses después, dejé de usar manteca, grasa, queso, pasteles y tortas ricas".

Había sido alertado por primera vez de las ventajas de una dieta vegetariana en 1820, cuando descubrió que dos obreros irlandeses que comían papa podían trabajar más que siete u ocho de sus hombres que comían carne. Posteriormente, autores como Sylvester Graham lo guiaron a una dieta vegetariana completa.

La vida de Bates era una buena publicidad para los beneficios de la reforma pro salud. En contraste con la mayoría de los demás dirigentes, él tenía una salud excepcional. Desde que dejó el mar en 1820, que sepamos, solo se enfermó dos veces. Y ambos episodios, aparentemente, fueron malaria.

A los 79 años, dio testimonio en una convención sobre salud en cuanto a sus primeras experiencias en la reforma pro salud, y de la excelente salud que tenía como resultado. "Al contrario de mis convicciones anteriores, de que si alguna vez se me permitiría vivir hasta esta edad estaría inválido y sufriendo por mi temprana exposición al mar, gracias sean dadas a Dios [...] cuya rica bendición siempre viene después de todo esfuerzo personal para reformar, porque estoy completamente libre de dolores y sufrimientos, con la perspectiva grandiosa y alentadora de que si continúo en la reforma, y abandono todo lo malo, 'estaré sin defecto delante del trono de Dios' ".

Sin embargo, antes de principios de la década de 1860, Bates era un reformador de la salud silencioso. Cuando le preguntaban por qué no usaba determinados alimentos, su respuesta habitual era: "Ya comí suficiente de eso". Jaime White informa que "no mencionaba sus opiniones sobre la dieta adecuada en ese entonces, ni en público ni en privado, a menos que se le preguntara sobre el tema".

Eso cambiaría en 1863.

Pero, antes de avanzar, deberíamos reflexionar en el nexo de unión entre la vida saludable y la salud vigorosa. La relación no era accidental en la vida de Bates. Tampoco, en la nuestra.

La visión de la reforma pro salud

¿O ignoráis que vuestro cuerpo es templo del Espíritu Santo, el cual está en vosotros, el cual tenéis de Dios? 1 Corintios 6:19.

Hace pocos días vimos que la verdad es progresiva y que Dios guía a su pueblo paso a paso. Así fue con la reforma pro salud. Una vez que los pasos doctrinales y organizativos estuvieron en su lugar, los temas sobre el estilo de vida (incluyendo la reforma pro salud) fueron el paso siguiente, en el desarrollo del adventismo y de la Verdad Presente.

El 6 de junio de 1863, apenas quince días después de la conformación de la Asociación General de los Adventistas del Séptimo Día, Elena de White tuvo una de las visiones más influyentes de todo su ministerio. Más tarde ese día, escribió: "Vi que ahora debemos [ella y Jaime] tener especial cuidado de la salud que Dios nos ha dado, pues nuestra obra no está terminada todavía [...]. Vi que debemos cultivar una disposición mental alegre, esperanzada y pacífica, pues nuestra salud depende de eso [...]. Cuanto más perfecta sea nuestra salud, más perfecto será nuestro trabajo.

"No debemos dejarle a Dios el cuidado de nosotros, para que él vigile y cuide lo que nos ha dejado a nosotros para que vigilemos y cuidemos. No es seguro ni agrada a Dios que se violen las leyes de la salud, y pedirle entonces que cuide nuestra salud y nos preserve de la enfermedad, cuando estamos viviendo contrariamente a nuestras oraciones.

"Vi que era un deber sagrado atender nuestra salud, y despertar a otros ante su deber [...] tenemos el deber de hablar, de oponernos a la intemperancia en todas sus formas –intemperancia en el trabajo, en el comer, en el beber, intemperancia en el consumo de drogas–, y entonces señalarles la gran medicina de Dios: el agua, el agua pura y suave, para la enfermedad, para la salud, para la limpieza y la higiene, y para los lujos" (*Manuscrito* 1, 1863).

Si bien este era un consejo personal para Jaime y Elena, también se aplicaba a la iglesia en general. "Vi", escribió, "que no debíamos guardar silencio sobre el asunto de la salud, sino que debíamos despertar las mentes a este tema" (*ibíd.*).

Y eso es exactamente lo que hizo ella. De allí en más, su ministerio editorial se centró mayormente en la necesidad y el deber de conservar la salud, y en cómo hacerlo.

Y no vino demasiado pronto. Su esposo estuvo al borde de una apoplejía paralizante, que entorpecería su ministerio por el resto de su vida; recientemente habían perdido a dos de sus cuatro hijos por enfermedad; y muchos de los líderes de la iglesia luchaban con enfermedades crónicas.

No había nada tan necesario en esa época como la bendición de la buena salud. Y eso continúa siendo cierto hoy.

Una segunda visión de la reforma pro salud

No sois vuestros. Porque habéis sido comprados por precio; glorificad, pues, a Dios en vuestro cuerpo.
1 Corintios 6:19, 20.

"En la visión que recibí en Rochester, Nueva York, el 25 de diciembre de 1865, se me mostró que nuestro pueblo observador del sábado ha sido negligente y no ha obrado en conformidad con la luz que Dios le ha dado con respecto a la reforma pro salud, que aún tenemos ante nosotros una gran obra que debemos realizar y que como pueblo hemos sido demasiado renuentes para avanzar, a fin de aprovechar las oportunidades preparadas por la providencia de Dios según la dirección en que desea que vayamos" (1 TI, p. 426).

Su visión de 1865 indicaba que la reforma pro salud, para los adventistas del séptimo día, no era solo una cuestión personal, sino también tenía implicaciones sociales y misionológicas. Esa visión llamaba a los adventistas a establecer su propia institución de salud.

Esa institución, según Elena de White, tendría un doble impacto misionológico. Primero, *afectaría la vida de los creyentes adventistas*, al prepararlos para "el fuerte clamor del tercer ángel" y hacerlos aptos para la traslación (*ibíd.*, p. 427). Por supuesto, una mejor salud permitiría que los creyentes comunicaran mejor su mensaje a los demás.

Un segundo aspecto misionológico de su nueva institución de salud sería el *acercamiento directo con los no adventistas.* "Cuando los incrédulos acudan a nuestra institución dedicada al tratamiento eficaz de las enfermedades, bajo el cuidado de médicos observadores del sábado, serán colocados directamente bajo la influencia de la verdad. Al relacionarse con nuestro pueblo y nuestra fe verdadera, desaparecerá su prejuicio y recibirán impresiones favorables. Al ser puestos así bajo la influencia de la verdad, algunos no solo obtendrán alivio de enfermedades corporales, sino también hallarán un bálsamo sanador para sus almas enfermas por el pecado [...]. Una de estas preciosas almas que sea salvada valdrá más que todos los recursos necesarios para establecer esa clase de institución" (*ibíd.*, pp. 432, 433).

Allí, como en una cáscara de nuez, está la filosofía de Elena de White para abrir instituciones de salud. Su función misionológica estaba en el centro del pensamiento de ella. La iglesia debía establecer instituciones que no solo ayudarían a sus propios miembros, sino además serían agencias para difundir el mensaje del tercer ángel a aquellos que no perteneciesen a la membresía de nuestra iglesia. Esas instituciones no solo tratarían las necesidades físicas de las personas, sino también las necesidades espirituales y morales.

Vivimos en un mundo arruinado, y Dios quiere que todos hallemos integridad en todos los sentidos. Como adventistas, todavía tenemos el privilegio no solo de tener una vida saludable, sino también de compartir un estilo de vida saludable con los demás.

Equilibrados desequilibrados

Jehová es la fortaleza de mi vida. Salmo 27:1.

La visión de la reforma pro salud de Elena de White del 25 de diciembre de 1865 no solo dio la nota para el propósito misionológico de las instituciones adventistas de salud; también integró la reforma pro salud con la teología adventista, al indicar que "la reforma pro salud es parte del mensaje del tercer ángel, y está tan íntimamente ligada a él como el brazo y la mano lo están al cuerpo humano" (1 TI, p. 427).

Esa revelación fue útil para los adventistas en forma individual, y crucial para poner de manifiesto la conexión entre el tema de la salud y el estilo de vida y la teología del tiempo del fin de la iglesia, al indicar que así como nuestro cuerpo está unido en los aspectos físicos, mentales y espirituales, también el sistema de creencias adventistas es un todo integrado, y no una "multitud" de ideas inconexas.

Los adventistas pronto llegaron a pensar en el mensaje de salud como "el brazo derecho del mensaje". Eso fue bueno. Pero, algunos predicadores y otros creyentes adventistas parecen haberse dejado llevar por el entusiasmo.

Por lo tanto, pocos meses después, la señora de White corrigió con cuidado cualquier impresión errónea que pudiera haber dado al escribir que "la reforma pro salud está estrechamente relacionada con la obra del mensaje del tercer ángel. Nuestros predicadores deberían enseñar la reforma pro salud; sin embargo, no deberían hacer de esta el tema principal, en lugar del mensaje. Su lugar está entre los temas que adelantan la obra preparatoria para hacerles frente a los acontecimientos presentados por el mensaje; es prominente entre ellos. Debemos emprender cada reforma con celo; sin embargo, deberíamos evitar dar la impresión de que somos vacilantes y esclavos del fanatismo" (*ibíd.*, p. 487).

Lamentablemente, el equilibrio en la reforma pro salud ha sido difícil de lograr para muchos. Jaime White señaló que algunos, que avanzaron muy rápido en el tema, cayeron en el fanatismo, y trajeron oprobio sobre la iglesia y el tema en sí. Otros no avanzaron para nada.

Por su parte, Elena de White luchó a través de los años con los que "seleccionan declaraciones hechas con respecto a algunos artículos del régimen alimentario que son presentados como objetables, declaraciones escritas como advertencia e instrucción para ciertas personas que han entrado o estaban entrando en el mal camino. Ellos se espacian en estas cosas, y las hacen tan estrictas como es posible, intercalando sus propios rasgos de carácter peculiares y objetables en esas declaraciones y [...] hacen de ellas una prueba, y las dirigen adonde producen solo daño" (*MS* 3:325).

Señor, danos equilibrio en todos los aspectos de nuestra vida. Amén.

Se difunde la noticia de la salud -1

Jesucristo te sana. Hechos 9:34.

C uatro meses después de su segunda visión importante sobre la reforma pro salud, Elena de White tuvo oportunidad de presentar sus visiones ante la joven iglesia, en el cuarto congreso de la Asociación General, en mayo de 1866. En tonos enérgicos, expuso ante los principales pastores los principios de la reforma pro salud, y la importancia de aceptar y enseñar esos principios.

Afirmó que "escasamente se ha comenzado" esa reforma, y que la iglesia tenía "una obra mucho más importante" en esta línea, que nadie había comprendido aún. Y culminó su llamado diciendo que los adventistas del séptimo día "debería[n] tener una institución propia" de salud y curación (1 TI, pp. 427, 428, 432).

En respuesta, el Congreso de la Asociación General aprobó varias resoluciones. Una, reconocía la importancia de la reforma pro salud "como parte de la obra de Dios que nos corresponde a nosotros en este tiempo; y que nos comprometemos a vivir de acuerdo con estos principios; y que usaremos nuestros mejores esfuerzos para inculcar su importancia en los demás".

Una segunda resolución solicitaba que el Dr. Horatio S. Lay (probablemente, el único médico adventista del séptimo día en ese entonces) "presente, a través de la *Review,* una serie de artículos sobre la reforma pro salud".

Había llegado un nuevo día. Las resoluciones reflejaban una convicción profunda de que la luz sobre la reforma pro salud era de gran importancia.

Con todo, muchas veces se da el caso de que la gente es más enfática en sus resoluciones que en las acciones posteriores. Pero, en este caso ocurrió lo contrario. Si bien la gente podría buscar en vano la serie de artículos propuesta sobre la reforma pro salud a cargo de H. S. Lay, encontrará algo mejor todavía: el anuncio del Dr. Lay, como editor de la revista mensual de 16 páginas titulada *The Health Reformer* [El reformador de la salud].

En su folleto para *The Health Reformer,* el Dr. Lay manifestaba que su propósito era "ayudar en la gran obra de reformar, lo más posible, los falsos hábitos de vida, tan frecuentes en la actualidad". Recomendó la cura de enfermedades mediante el "uso de los propios remedios de la naturaleza: aire, luz, calor, ejercicio, alimento, sueño, recreación", etc.

Estos primeros adventistas se tomaban en serio el compartir su nueva visión. Como había muchos en esa época que sufrían de mala salud, valoraban aún más esas nuevas nociones. Podían regocijarse en que Dios los estuviese guiando en una senda mejor.

Se difunde la noticia de la salud -2

Aún he de alabarle, salvación mía y Dios mío. Salmo 42:11.

L a iglesia no perdió tiempo en publicar el *Health Reformer*. El primer número salió en agosto de 1866, tres meses después del Congreso de la Asociación General. Ese número inicial contenía artículos de un cúmulo de pastores, el Dr. Lay y uno de Elena de White. Ella instó a que "los hombres y las mujeres deberían familiarizarse con la filosofía de la salud", y concluyó diciendo que "la ignorancia de este importantísimo tema es un pecado. La luz brilla sobre nosotros actualmente, y si no la apreciamos ni actuamos inteligentemente con respecto a estas cosas quedaremos sin excusa, porque el entenderlas es de nuestro más elevado interés terrenal" (*HR*, agosto de 1886).

Como hubo tantos pastores que escribieron para la revista, en el segundo número Lay escribió una nota, para beneficio de los que podrían pensar que "nadie puede hablar de salud excepto un médico, y nadie puede hablar de teología salvo un doctor en Teología". Señaló que muchos de sus contribuyentes no médicos habían experimentado la reforma pro salud en el ámbito práctico, y todos los artículos habían sido "examinados profesionalmente y avalados antes de ser presentados al lector".

Los testimonios de la transformación de la salud eran muchos. G. W. Amadon, por ejemplo, informó que *"todos los días mi corazón se hinche de gozo al percibir las bendiciones de la Cuestión de la Salud,* cuando los corazones sinceros la hacen realidad [...]. Como persona, puedo decir que estoy cien veces mejor que cuando vivía en abierta violación de las leyes de nuestro ser. Hoy, en vez de estar con dolores y reumas, con el cerebro congestionado, y una cuantiosa serie de padecimientos mentales y físicos, básicamente estoy totalmente libre. ¡Bendito sea Dios por todo esto!"

Isaac Sanborn observó que, debido a la reforma pro salud, "estoy completamente bien del reuma, aunque por períodos solía estar tan mal que no podía dar ni un paso durante días"; y que aunque a menudo estaba en malas condiciones climáticas y en lugares de encuentro poco ventilados que lo exponían a la enfermedad, no había tenido un resfriado fuerte por más de dos años.

Luego, vino el detalle de una persona que dijo que "si tenía que ofrecer un sacrificio al diablo, elegiría un cerdo relleno de tabaco".

Nuestro corazón debería henchirse de gozo, al considerar las alternativas a la buena salud. Es demasiado fácil olvidar los días de ignorancia y la bendición sincera de la buena salud.

La reforma pro salud vista en retrospectiva

Y el Dios de esperanza os llene de todo gozo. Romanos 15:13.

Mi corazón todavía está ardiendo con la declaración que leímos ayer, de los primeros adventistas, que declararon que su corazón se henchía de gozo al percibir las bendiciones de la reforma pro salud.

Ese pensamiento me lleva a la primera serie de evangelización que presenté. El lugar de reunión era Corsicanna, Texas, una ciudad de unos 26 mil habitantes en 1968, con una iglesia adventista de doce miembros. Y, de esos doce, casi todos tenían más de setenta años, y solo uno era hombre.

Con todo, yo no tengo nada contra la gente mayor; al fin y al cabo, me estoy volviendo viejo. Y no tengo nada contra las damas; mi madre es una de ellas. Pero, un predicador joven quiere una casa llena de todas las edades y los sexos. Lo bueno era que yo tenía una buena cantidad de gente todas las noches, y una señora no adventista traía a cinco profesionales cada noche. Pero, a la salida, una noche ella me dijo:

–Hermano Knight, mañana de noche no vengo, y no voy a traer a mis amigos.

–¿Por qué? –pregunté.

–No me gusta el título de su sermón. Me va a decir lo que *no puedo* hacer.

Yo pensaba que mi título era lindo, por no decir asombrosamente brillante: "Por qué no como ratas, serpientes ni caracoles".

Como me quedé casi sin poder hablar, dije a ella y a sus amigos que vinieran a la noche siguiente; que al salir dirían que fue el mejor sermón de todos. El único problema era que no tenía ningún sermón preparado todavía, y no sabía cómo iba a cumplir mi promesa.

Una noche de insomnio. Pero, a eso de las cuatro o cinco de la mañana, todo tuvo sentido.

¡Dios te ama!

Y, como te ama, quiere que seas feliz.

Y él sabe que no eres feliz cuando estás enfermo.

Por lo tanto, nos ha dado algunas ideas sobre cómo ser más felices.

Esa noche, al salir con sus amigos, ella se detuvo y declaró:

–Hermano Knight, ¡este fue el mejor sermón hasta ahora!

Si fue bueno para ella, para mí fue aún mejor: pasé de predicar en una dirección negativa a una positiva.

Y ¿qué es más positivo y alegre que la buena salud?

Gracias, Padre, por esa bendición especial. Nuestro corazón también se hinche de gozo.

Un instituto propio de la reforma pro salud

¿O cuándo te vimos enfermo [...]? Y respondiendo el Rey, les dirá: De cierto os digo que en cuanto lo hicisteis a uno de estos mis hermanos más pequeños, a mí lo hicisteis. Mateo 25:39, 40.

La sanidad desempeñó un papel importante en el ministerio terrenal de Cristo. Lo mismo cabe decir del adventismo. Hoy, patrocina un sistema de casi ochocientas instituciones relacionadas con la salud en el orden mundial.

Ese inmenso sistema experimentó su génesis en la visión de la reforma pro salud de Elena de White de diciembre de 1865, y en su llamado a establecer un instituto adventista para la reforma pro salud en mayo de 1866. Como con el *Health Reformer*, la respuesta por parte de la iglesia fue inmediata y contundente. Los adventistas abrieron su Instituto de la Reforma Pro Salud en Battle Creek, Míchigan, el 5 de septiembre; apenas cuatro meses después del Congreso de la Asociación General.

Por supuesto, su inauguración no fue tan impresionante, "con dos médicos, dos auxiliares de baño, un enfermero (sin título), tres o cuatro ayudantes, un paciente, cualquier cantidad de inconvenientes, y mucha fe en el futuro de la institución y los principios en los que estaba fundado".

Una nota de Jaime White, publicada en la última página de la *Review* del 11 de septiembre, expresaba alegría por la rápida respuesta de la iglesia y de sus miembros. "Solo tenemos que mirar hacia atrás, a nuestro congreso de mayo pasado, hace menos de cuatro meses, si buscamos el momento en que este asunto comenzó a tomar forma especial entre nuestro pueblo.

"Ahora observamos que se ha adquirido un elegante local, edificaciones listas para el servicio, un cuerpo competente de auxiliares *in situ*, dos números de una revista de salud ya publicados, con una lista de suscripción que se ha duplicado en las últimas semanas, una suma que se acerca a los once mil dólares, ya donada como capital del proyecto, y el instituto abierto y ya en funcionamiento. En ningún proyecto llevado a cabo por este pueblo la mano del Señor se ha manifestado en forma tan evidente como en este".

Esa pequeña institución quizás haya tenido un comienzo bastante humilde, pero durante los siguientes 35 años se convertiría en una de las instituciones de salud de primera línea en el ámbito mundial, cuando J. H. Kellogg la transformó en el Sanatorio de Battle Creek.

Mientras tanto, su existencia misma daba testimonio del amplio sentido de misión entre el pueblo adventista. Y así debería ser. El mensaje de la parábola de Mateo 25:31 al 46 es que Dios desea que su pueblo se relacione socialmente con las necesidades de los demás.

Les presento a John Harvey Kellogg

Yo haré venir sanidad para ti, y sanaré tus heridas. Jeremías 30:17.

Dinámico, enérgico y visionario son las mejores palabras para describir al joven John Harvey Kellogg, de 23 años, que asumió el liderazgo del Sanatorio de Battle Creek en 1876. Apenas medía 1,60 metros de alto, pero lo que le faltaba de estatura lo compensaba con puro entusiasmo en cada tarea que asumía.

Al principio, no había tenido deseos de ser médico; en realidad, quería ser maestro. Pero, cuando Jaime White lo apadrinó, junto con Edson y Guillermo White, para cursar seis meses de capacitación en el Colegio Higiénico-Terapéutico del Dr. Trall en 1872, no solo recibió el título de médico, sino también el deseo de continuar estudiando.

Nuevamente con respaldo financiero de los White, pasó un año estudiando Medicina en la Universidad de Míchigan, y un año final en la Facultad de Medicina del Hospital Bellevue de Nueva York, por entonces quizá la más avanzada de la Nación. Al terminar su curso en 1875, dijo a Guillermo White: "Me siento con veinte kilos de más desde que obtuve un pedazo de pergamino de casi un metro cuadrado. Es de piel de oveja auténtica también; de paso, ninguno de tus documentos sin valor importa más que el documento higiénico-terapéutico".

En el verano de 1875 regresó a Battle Creek, y pronto estaba trabajando en el Instituto de la Reforma Pro salud; al año siguiente pasó a ser su director, bajo la condición de que su período duraría solo un año, sin poder imaginarse que dirigiría la institución durante 67 años.

Cuando asumió en 1876, el instituto tenía veinte pacientes, pero seis partieron con el administrador anterior, y otros dos salieron después de un vistazo del joven médico. Pero, Kellogg no estaba preocupado.

En pocos meses, tenía el doble de pacientes de lo acostumbrado, y para 1877 tuvo que sumar otro edificio. Ese fue el comienzo de un programa de construcción que, para fines de siglo, lo que se había transformado en el Sanatorio de Battle Creek se convirtió en uno de los hospitales más grandes y famosos de los Estados Unidos.

Mientras tanto, en su tiempo libre, Kellogg escribió unos cincuenta libros, inventó los copos de maíz y la industria de cereales fríos, desarrolló una tecnología médica de avanzada y llegó a ser un cirujano mundialmente famoso.

Dios había bendecido al pequeño gigante más de lo que nadie pudiera imaginar. Él siempre bendice a los que están dispuestos a crecer.

El Adventismo en tiempos de guerra -1

No matarás. Éxodo 20:13.

El adventismo del séptimo día estaba en pleno nacimiento como iglesia organizada, cuando una guerra civil devastó a los Estados Unidos entre 1861 y 1865. Se cobró más vidas de la población relativamente pequeña de la Nación que la Guerra Revolucionaria, la Guerra de 1812, la Guerra México-Estados Unidos, la Guerra España-Estados Unidos, la Primera Guerra Mundial y la Segunda Guerra Mundial, la Guerra de Corea y la Guerra de Vietnam combinadas. Sin embargo, el adventismo no envió soldados a este conflicto, que fue el más importante de todos, que determinaría si los Estados Unidos seguirían existiendo como nación unificada y que finalmente acabaría con la esclavitud.

¿Por qué? ¿Qué pasaba con los adventistas? ¿Por qué se refrenaban?

Esa es la pregunta que Jaime White se propuso responder en la *Review and Herald* del 12 de agosto de 1861. Sus primeros argumentos tenían que ver con el hecho de que los adventistas eran ciudadanos leales de los Estados Unidos, al observar que "la esclavitud es señalada en la palabra profética como el pecado más tenebroso y maldito sobre esta nación"; que muchas publicaciones adventistas, debido a sus enseñanzas antiesclavistas, "habían sido absolutamente prohibidas en los Estados esclavistas"; y que "los de nuestro pueblo que llegaron a votar en la última elección presidencial, unánimemente votaron por Abraham Lincoln". "No sabemos", concluyó White, "de ningún hombre entre los adventistas del séptimo día que tenga la menor simpatía por la secesión".

Habiendo establecido que los adventistas eran ciudadanos leales, siguió explicando por qué, como iglesia, no enviaban soldados. Al ponerse a favor de los Diez Mandamientos, escribió que "la postura que nuestro pueblo ha tomado concerniente a la perpetuidad y la sacralidad de la ley de Dios expresada en los Diez Mandamientos no está en armonía con todos los requerimientos de la guerra. El cuarto precepto de la Ley dice: 'Acuérdate del día de reposo para santificarlo'; el sexto dice: 'No matarás' ". Su postura era bastante clara: los adventistas no podían ofrecerse como voluntarios para el servicio militar, porque eso los pondría en una situación en la cual elegirían transgredir voluntariamente al menos dos de los Mandamientos de Dios.

White había comenzado a resolver el problema, aunque todavía no había terminado. Pero, había planteado una cuestión que afectaría a decenas de miles de jóvenes adventistas. No todas las cuestiones morales están bien definidas en un mundo de pecado. La iglesia necesita orientación divina en esos casos.

Danos sabiduría, Señor, a medida que como iglesia continuamos luchando contra cuestiones importantes relacionadas con nuestro deber para contigo y con los Gobiernos terrenales.

El Adventismo en tiempos de guerra -2

Dad, pues, a César lo que es de César, y a Dios lo que es de Dios. Mateo 22:21.

¿Cómo debería relacionarse un cristiano con los militares? Esa era la cuestión que Jaime White había planteado el 12 de agosto de 1861. Su primera respuesta fue bastante directa: los adventistas no podían ofrecerse como voluntarios para el servicio militar, porque ese acto los colocaría en una situación en la que escogían transgredir al menos dos de los Diez Mandamientos.

Pero ¿y si el Gobierno reclutaba a una persona? A esas preguntas, Jaime White propuso una sugerencia inesperada y controvertida. "En caso de reclutamiento", escribió, "el Gobierno asume la responsabilidad de la violación de la Ley de Dios, y sería una locura resistirse. El que resista hasta que, en la administración de la ley militar, sea abatido, va demasiado lejos, creemos, al asumir la responsabilidad de suicidio [...]. Para nosotros, intentar resistir las leyes del mejor Gobierno bajo el cielo, que ahora está luchando para sofocar la rebelión más infernal desde la de Satanás y sus ángeles, repetimos, sería una locura".

Así que, esa es la respuesta de Jaime al complejo tema de cómo los adventistas pueden rendir cuentas a Dios y al Gobierno. En una palabra:

1. Los adventistas son ciudadanos leales.

2. Los adventistas no pueden ofrecerse como voluntarios, porque eso los pondría en una situación en la que elegirían transgredir la Ley de Dios.

3. Pero, si son reclutados, la transgresión de la Ley se convierte en responsabilidad del Gobierno, y los adventistas deberán presentarse a empuñar armas y matar, aun en el día de reposo.

¿Qué piensas de sus argumentos? ¿Qué evidencias bíblicas puedes reunir a favor o en contra de su lógica? ¿Cómo debemos actuar, si los mandamientos del Gobierno están en pugna con los Mandamientos de Dios?

Por otro lado, deberíamos recordar que, en ese entonces, Estados Unidos todavía no había aprobado una ley de reclutamiento; era solo una posibilidad. Pero, la joven Iglesia Adventista, aún en 1862 sin una Asociación General que la representara ante el Gobierno, tenía que contemplarla seriamente, cuando la "máquina de picar carne" de un conflicto feroz seguía destruyendo vidas.

Como cristianos, somos ciudadanos de dos reinos. Todos enfrentamos el desafío de ser fieles a ambos.

El Adventismo en tiempos de guerra -3

Sométase toda persona a las autoridades superiores; porque no hay autoridad sino de parte de Dios, y las que hay, por Dios han sido establecidas. De modo que quien se opone a la autoridad, a lo establecido por Dios resiste; y los que resisten, acarrean condenación para sí mismos. Romanos 13:1, 2.

¡El texto favorito de Adolfo Hitler! Estipuló que este, o su par de 1 Pedro 2:13, fueran leídos al menos una vez al año, en cada iglesia del Tercer Reich.

Romanos 13 no deja ninguna duda acerca de que los cristianos deben obedecer al Gobierno. Pero, una vez más nos preguntamos: ¿Qué deberíamos hacer si el organismo designado por Dios (el Gobierno) nos ordena que realicemos cosas que nos colocan en situación de desobedecer algunas de las otras enseñanzas de Dios? Esa era la pregunta que preocupaba a los adventistas durante la Guerra Civil Norteamericana, la primera guerra que tuvieron que enfrentar como iglesia.

El artículo de Jaime en la *Review* del 12 de agosto de 1862 despertó bastante agitación sobre el asunto. Según dijo el 26 de abril, "varios hermanos aluden a nuestros comentarios [...] de hace dos semanas, de un modo bastante frenético [...]. Este no es momento de que los caballeros cristianos revelen sentimientos de prejuicio, y prácticamente nos acusen de enseñar a transgredir el sábado y a asesinar [...]. Si alguno de ustedes es reclutado y opta por tener una lucha cuerpo a cuerpo con el Tío Sam[1] en vez de obedecer, puede intentarlo. Nosotros no contenderemos con ustedes, a menos que algunos de los que no se resisten levanten una pequeña guerra antes de que los manden a llamar para luchar por el país".

En ese momento, de modo significativo, White agregó que "cualquier artículo bien escrito, calculado para arrojar luz sobre nuestro deber como pueblo en relación con la guerra actual, recibirá atención inmediata".

Esa invitación inspiró una oleada de respuestas durante los tres meses siguientes, mientras los adventistas discutían públicamente, a través de las páginas de la *Review,* en cuanto a los deberes cristianos en sus papeles conflictivos como ciudadanos del Reino de los cielos y también de una nación determinada aquí, en la Tierra, donde cada una tiene sus propias leyes, a veces en conflicto.

Un tema que emerge en las discusiones es que deberíamos estudiar esas cuestiones polémicas, aunque importantes, durante períodos de paz, cuando las emociones están en calma y hay tiempo de hacer un trabajo adecuado.

No obstante, ese no era el caso aquí: estaban luchando por hallar una respuesta en medio de una crisis llena de emoción. Pero, es importante la idea de considerar detalladamente las cuestiones antes de una crisis.

Ayúdanos, Padre, a usar los tiempos de paz, en nuestra vida individual y colectiva, como iglesia, para acudir a ti con estudio y oración a fin de poder discernir más plenamente tu voluntad.

[1] *Nota de la traductora*: el Tío Sam es la personificación nacional del Gobierno estadounidense.

El Adventismo en tiempos de guerra -4

Respondiendo Pedro y los apóstoles, dijeron: Es necesario obedecer a Dios antes que a los hombres. Hechos 5:29.

E sas fueron las palabras y las conclusiones de los apóstoles, cuando se enfrentaron con un conflicto entre los mandatos de Dios y el Gobierno terrenal.

Pero, las implicaciones de esa verdad para los adventistas en vista del servicio militar no eran tan claras para los miembros de iglesia en 1862.

La invitación de Jaime White a presentar artículos sobre el tema de la postura adecuada de la iglesia sobre el servicio militar produjo no solo un gran volumen de respuestas sino también una gama completa de todo el espectro de opciones posibles.

En un extremo estaban los pacifistas totales, que creían que los cristianos debían evitar el servicio militar a toda costa. Probablemente haya sido la orientación de los miembros de Iowa, cuya agresiva agitación pacifista había provocado acusaciones de que el adventismo no era patriota, lo que ocasionó la publicación de los pensamientos iniciales de White sobre el tema.

En el otro extremo estaban los cruzados en favor de la plena participación en la guerra, como Joseph Clarke. "Tenía mucha ansiedad", escribió, "por conocer mi deber con respecto a la guerra, no tanto por temor al reclutamiento, sino porque quiero ver que la traición reciba su justo merecido.

"Por consiguiente, escribí al hermano White para saber si sería admisible que entremos en las filas. He tenido mi imaginación llena de Gedeones, Jeftés y Davides que luchaban [...].

"A veces, deseé haber estado donde Joab mató a Absalón, y casi me imaginé que podría llegar el momento en que un regimiento de observadores del sábado le darían un tremendo golpe a esta rebelión, con la fuerza de aquel que siempre ayudó a su pueblo valiente cuando guardó sus estatutos.

"El invierno pasado tuve tanta fiebre de guerra que me perjudicó un poco".

En otro artículo, Clarke escribió: "¿No hubo guerra en el cielo?" "¿Es homicidio ahorcar o fusilar a un traidor? ¡No! ¡No! [...] Josué y David ¿eran asesinos? Dejemos de lado el fanatismo, y actuemos como hombres".

Así continuó el debate, hasta que por fin White pidió terminar con el tema en los artículos de la *Review*, ya que todas las perspectivas habían sido adecuadamente representadas.

Todo este debate indica una interesante apertura en el adventismo primitivo, que con el tiempo los ayudaría a avanzar hacia un consenso en temas controvertidos.

El Adventismo en tiempos de guerra -5

Es lícito hacer el bien en los días de reposo. Mateo 12:12.

Eso dijo Jesús con respecto a los actos de misericordia durante el sábado. Ese principio, finalmente, desbloquearía la respuesta al dilema adventista en cuanto a cómo servir a Dios y al Gobierno terrenal en tiempos de guerra.

Mientras tanto, deberíamos recordar que no existió ninguna ley de reclutamiento en los Estados Unidos hasta marzo de 1863. También, deberíamos observar que ninguna nación en ese entonces tenía opciones no combatientes para el servicio militar. Una persona en el ejército automáticamente era un combatiente, que portaría armas y mataría cuando se le ordenase hacerlo.

La ley de conscripción aprobada el 3 de marzo de 1863 permitía que los reclutas buscaran sustitutos, si podían pagar una multa para usarla en buscar a otro. La Iglesia Adventista ayudó a sus miembros a recaudar la multa. Pero, el 4 de julio de 1864 se hizo una revisión de la ley de reclutamiento que estipulaba que solo aquellos que "se oponían a portar armas por razones de conciencia" podían ser exceptuados por el pago de la multa.

En ese momento, la Asociación General de los Adventistas del Séptimo día, establecida recientemente, pasó a la historia como una confesión religiosa no combatiente. El 3 de agosto, el Estado de Míchigan concedió el estatus de no combatiente a la nueva confesión; otros Estados hicieron lo propio en poco tiempo. Entonces, la iglesia envió a J. N. Andrews con cartas de varios gobernadores de Estado, para solicitar el estatus de no combatiente ante el Gobierno federal en Washington, D.C. Así, en septiembre de 1864 el Gobierno de los Estados Unidos reconoció al Adventismo como una iglesia no combatiente.

Teóricamente, eso significaba que, si sus miembros eran reclutados, no tendrían que portar armas ni matar a los enemigos. Pero, en la práctica, los reclutas no combatientes a menudo enfrentaban oposición y amenazas. En un plano más positivo, hacia el final de la guerra, los no combatientes podían servir como médicos en el frente de batalla y en los hospitales.

Los adventistas estaban contentos con este arreglo, porque los libraba de quitar la vida a los demás, y era lícito hacer el bien a los demás en sábado.

De allí en más, el papel de médico no combatiente se convirtió en la norma para los adventistas del séptimo día. Pero, la iglesia todavía desaprobaba el servicio voluntario; de hecho, varios voluntarios durante los últimos días de la Guerra Civil fueron desfraternizados; aunque algunos (incluida Elena de White, probablemente) no estaban tan seguros de que esa fuese la verdadera causa.

Dios conduce a su pueblo no solo en las cosas estrictamente espirituales, sino también al tratar con cuestiones relacionadas específicamente con este mundo. Podemos regocijarnos por su conducción en todas las cosas.

El Adventismo en tiempos de guerra, en retrospectiva

Amad a vuestros enemigos. Mateo 5:44.

Personalmente, me resulta imposible amar a los enemigos y proponerme quitarles la vida al mismo tiempo.

Así, en el verano de 1961, en medio de la crisis del muro de Berlín, me enfrenté a la amenaza de una corte marcial.

Ocurrió que yo era un soldado de infantería entrenado, que hasta ese entonces había sido un agnóstico confirmado. Pero, durante la primera mitad del año, me había llegado a interesar en el Adventismo; había llegado a la convicción de que ya no debía portar armas ni hacer instrucción en sábado. Había comenzado a apreciar la lógica bíblica que apoya la postura de la iglesia, aunque todavía no me había hecho miembro de ella.

Pero, quizá te preguntes cómo es que una persona joven, que solo había tenido una relación corta y superficial con el Adventismo, conocía tan siquiera la postura de la iglesia sobre el servicio militar. La respuesta es muy simple y sencilla: la iglesia había publicado su postura en forma agresiva y sistemática, y había aconsejado a sus pastores y a sus jóvenes en el tema.

La Asociación General no solo había asignado pastores especiales a las asociaciones locales para ayudar a los reclutas a conseguir los derechos de no combatientes, sino también la iglesia había dispuesto una gran cantidad de publicaciones sobre el tema entre los jóvenes. Y, luego, estaba el Cuerpo Médico de Cadetes, patrocinado por los colegios y los institutos adventistas que específicamente preparaban a los adventistas para ocupar roles no combatientes al ser reclutados.

Además, circulaban historias de los tantos jóvenes adventistas alrededor del mundo que habían sido encarcelados y hasta, a veces, martirizados por negarse a portar armas o trabajar en sábado. Y, por si esto fuera poco, estaba el omnipresente médico Desmond T. Doss, que recibió la Medalla de Honor por haber salvado la vida de al menos 75 hombres heridos en una batalla en Okinawa.

Pero, entonces el reclutamiento terminó y la publicidad cesó, y el adventismo descuidó el tema y finalmente olvidó su historia. Hasta 2007, el Ejército de los Estados Unidos tenía 7.500 voluntarios adventistas; y prácticamente todos (salvo los capellanes) se habían enlistado como combatientes.

A veces, una iglesia pierde su historia y necesita recordar lo que representa.

Eso también ocurre en nuestra vida personal. Que Dios nos conceda la fuerza de voluntad para hacerlo en forma honesta.

La educación en los buenos tiempos de antaño

¿Sabes griego? Hechos 21:37.

S i bien este no pareciera ser un buen texto para un pensamiento devocional, plantea un interrogante.

La educación en los buenos tiempos de antaño no era muy buena. La sociedad no consideraba que alguien era educado a menos que fuese muy culto en griego y latín antiguo, y en la literatura de esos idiomas. La educación tradicional se centraba en los clásicos antiguos.

Una educación tal, por supuesto, no tenía ningún significado para las masas que tenían que trabajar para vivir. Pero, eso no importaba mucho, porque ni siquiera se preveía su educación de nivel primario ni secundario. Por decirlo en términos crudos, la educación formal en las escuelas, durante la mayor parte de la historia, no estuvo abierta a la mayoría, aun en sus formas más rudimentarias. La escolarización era competencia de las clases altas; aquellos relativamente pocos que provenían de un entorno adinerado y nunca se vieron forzados a ganarse la vida.

Al igual que con la salud, la educación de los buenos días de antaño era terrible. Durante más de dos mil años, la educación occidental se había orientado hacia los idiomas antiguos, sus palabras, ideas y los "grandes libros" de su herencia. El mismo prestigio y antigüedad de esta tradición hacía que a los educadores les resultara difícil imaginar propuestas alternativas.

Pero llegó la reforma, que culminó en el siglo XIX, en la misma época en que surgía el adventismo.

En la vanguardia de las reformas educativas de la década de 1830 había personas como Horace Mann, que dirigió la lucha por la *educación primaria pública de calidad para cada niño*. Mann y sus amigos trataron no solo de poner la educación a disposición, sino también hacer que fuera práctica y saludable. Sabían que no serviría de nada el educar la mente, si el cuerpo de los niños estaba enfermo.

Al frente de la educación superior estaba Oberling College, una institución que en la década de 1830 reemplazó los clásicos latinos y griegos en el currículo, dio relevancia a la cosmovisión de la Biblia y creó un programa de estudio con trabajo manual, con el fin de ayudar a las personas a adquirir habilidades útiles además de aprender de los libros, para asegurarse un equilibrio entre lo mental y lo físico.

"El sistema de educación en este instituto", reza el prospecto de Oberlin, "proporcionará lo necesario para el *cuerpo y el corazón,* y también para el *intelecto,* porque apunta a la mejor educación del hombre integral".

Las ideas educativas del adventismo no surgieron en el vacío. Aún hoy, siempre podemos aprender de la cultura mayor, al evaluar las tradiciones y las prácticas desde la perspectiva de la cosmovisión bíblica.

En busca de la educación adecuada -1

El que da testimonio de estas cosas dice: Ciertamente vengo en breve. Amén; sí, ven, Señor Jesús. Apocalipsis 22:20.

A los adventistas que viven en el siglo XXI puede parecerles que la educación cristiana ha sido fundamental para su iglesia desde su comienzo. Sin embargo, esto dista mucho de ser cierto. De hecho, la educación formal fue la última creación institucional importante dentro de la iglesia; el establecimiento de un programa riguroso de publicaciones en 1849, una organización eclesiástica centralizada en 1863 y el servicio de atención sanitaria en 1866 la precedieron. Por el contrario, la Iglesia Adventista estableció su primera escuela en 1872 (28 años después del chasco millerita), y no tuvo un sistema generalizado de escuelas primarias hasta casi el año 1900.

Si bien el desarrollo tardío de la enseñanza adventista puede llegar a sorprender a los adventistas actuales, tiene sus raíces en la misma lógica de sus antepasados espirituales, quienes, sobre todo lo demás, creían en el *inminente regreso de Jesús.* Los grupos religiosos que se centran en la cercanía del fin del mundo, generalmente, no han sentido mucha necesidad de educar a sus hijos, más allá de los conceptos esenciales de su persuasión religiosa y en las habilidades necesarias para ganarse la vida a corto plazo.

Ese es el caso de la iglesia cristiana primitiva, y también del adventismo del séptimo día primitivo. Así funciona la lógica: ¿por qué enviar a los niños a la escuela, si el mundo está pronto a terminar y nunca crecerán ni usarán su aprendizaje obtenido con tanto esfuerzo? Algunos podrían interpretar que es una falta de fe brindar educación formal a nuestros hijos, ante la inminencia del advenimiento. Esas actitudes estaban muy extendidas entre los adventistas del séptimo día.

Incluso en 1862, un miembro de iglesia escribió a Jaime White para preguntarle si era "correcto y compatible que creyéramos con todo nuestro corazón en la inminente venida del Señor con tratar de darles una educación a nuestros hijos. Si es así, ¿deberíamos enviarlos a una escuela pública, donde aprenden el doble de cosas malas que de buenas?"

White respondió que "el hecho de que Cristo esté muy pronto a venir no es razón para no perfeccionar la mente. Una mente bien disciplinada e informada puede recibir y apreciar mejor las sublimes verdades de la Segunda Venida".

Con esa declaración, sentó las bases para el desarrollo del sistema educativo adventista.

Dios quiere que desarrollemos todos nuestros talentos mientras esperamos el regreso de Jesús.

Les presento a Goodloe Harper Bell

Instruye al niño en su camino, y aun cuando fuere viejo no se apartará de él. Proverbios 22:6.

Un destello de preocupación por la educación adventista se produjo durante la década de 1850. Jaime White escribió que uno no podía simplemente sacar a los niños de la escuela y "dejar que corran libremente con los niños en las calles. 'Mente desocupada, taller de Satanás' ".

Surgieron intentos de educación adventista en lugares como Buck's Bridge, Nueva York, y Battle Creek, Míchigan. Pero, todos fracasaron. Totalmente desanimado con el tema educativo, Jaime White escribió en 1861 que "hemos tenido un profundo proceso escolar en Battle Creek, bajo las circunstancias más favorables, y nos hemos desanimado".

Por otros siete años, pareció como si la educación fuese un tema concluido para el adventismo. Entonces, llegó Goodloe Harper Bell.

Bell llegó por primera vez a Battle Creek en el invierno de 1866 a 867, a la edad de 34 años, cuando acompañó a un amigo al Instituto de la Reforma Pro salud recientemente establecido. Debió de haberlo impresionado porque al año siguiente, cuando Bell tuvo que tratarse, regresó.

Eso ya era algo bueno. Pero, Bell quedó atrapado en una habitación con un adventista de nombre Osborne. Noche tras noche escuchaba a Osborne, que pensaba que Bell ya se había dormido, orar en voz alta por él. La total sinceridad del hombre afectó tanto a Bell que el educador se unió a la iglesia.

Parte de su tratamiento era el trabajo físico al aire libre. Por lo tanto, nos cuenta Guillermo White, alguien le dio un serrucho a Bell y lo puso a serruchar madera cerca de la casa editora adventista.

Allí, Edson White, el hijo vivo mayor de Jaime, lo conoció. Al descubrir que era docente, Edson le comentó que odiaba la gramática. A eso, Bell respondió que, si se la enseña de forma adecuada, la gramática es uno de los estudios más interesantes.

Este contacto casual hizo que en los próximos meses Bell fuese contratado por la iglesia de Battle Creek. En 1872, la Asociación General tomó el control de la escuela. Así, su pequeña institución se convirtió en la primera de un sistema mundial, que en 2006 contaba con 5.362 escuelas primarias, 1.452 colegios secundarios, y 106 institutos terciarios y universidades.

Dios utiliza incluso a adventistas extraños, como al hermano Osborne, para hacer cosas especiales por su obra. Si pudo usar a Osborne, puede usarnos a ti y a mí, si permitimos que guíe nuestro corazón y nuestra mente.

En busca de la educación adecuada -2

Y estas palabras que yo te mando hoy, estarán sobre tu corazón; y las repetirás a tus hijos, y hablarás de ellas estando en tu casa, y andando por el camino, y al acostarte, y cuando te levantes. Deuteronomio 6:6, 7.

Los primeros 28 años del ministerio profético de Elena de White no produjeron ningún artículo sobre la enseñanza o la educación formal; aunque ella había escrito sobre educación en el hogar y la responsabilidad de los padres ya en 1854.

Pero, eso cambiaría radicalmente en 1872, cuando la escuela privada de Bell se convirtió en la primera institución educativa patrocinada por la iglesia. Por esto, ella escribió "Proper Education [Educación adecuada]" en una de las declaraciones sobre educación más importante y abarcadora.

"Proper Education" ha tenido influencia entre los educadores adventistas porque lo han percibido, correctamente, como un mandato en cuanto a la naturaleza ideal de la educación cristiana. No dejaba dudas de que los adventistas debían ser "reformadores" educativos (EC, p. 37). Parte de la reforma ideal implicaba ir más allá de un énfasis exagerado en los libros, hacia una educación equilibrada que enfatizara "la educación física, mental, moral y religiosa de los niños" (*ibíd.*, p. 9). El concepto de una educación equilibrada, que consideraba a la persona integral, se convertiría en el sello de calidad de los escritos de Elena de White durante los siguientes cuarenta años.

"Proper Education" incursiona en tres sectores básicos. La primera parte enuncia la verdadera educación como el desarrollo del autocontrol. Mientras que la gente puede entrenar animales, los seres humanos deben ser educados como personas que toman decisiones morales responsables; de modo que debemos apelar a su voluntad en favor del bien.

La segunda parte, que abarca 25 de las 31 páginas del documento, trata de la salud física y el trabajo manual útil, en relación con la educación dentro del hogar y en la escuela. Enfatiza repetidamente el sentido práctico, la utilidad y los aspectos físicos de la educación. Fue en esta parte que destacó el hecho de que los adventistas son reformadores educativos.

El tercer segmento analizaba brevemente la enseñanza bíblica de las "ramas comunes" del conocimiento para quienes se preparan para el ministerio.

No tenía dudas acerca de la importancia de la educación. Al fin y al cabo, "la ignorancia no aumenta la humildad o la espiritualidad de ningún seguidor profeso de Cristo. Un cristiano intelectual apreciará mejor que nadie las verdades de la Palabra divina. Cristo puede ser glorificado mejor por los que lo sirven inteligentemente. El gran objeto de la educación es habilitarnos para hacer uso de las facultades que Dios nos ha dado, de manera tal que exponga mejor la religión de la Biblia y se acreciente la gloria de Dios" (*ibíd.*, p. 45).

En busca de la educación adecuada -3

Te haré entender, y te enseñaré el camino en que debes andar. Salmo 32:8.

L os adventistas del séptimo día habían dado un paso importante en la adopción de la escuela de Bell, en 1872, como la primera escuela oficial de la iglesia. Pero, los líderes sabían que tenían que hacer más, por la sencilla razón de que requerían de algún medio para preparar pastores. Hasta la década de 1870, un joven que deseara ser pastor, simplemente, observaba cómo hacían las cosas los pastores de más edad y salía a hacer lo mismo.

En 1873, Jaime White, la bujía para cada progreso adventista, se dio cuenta de que la iglesia necesitaba hacer algo en cuanto a la capacitación de dirigentes. "Probablemente no haya ninguna rama de esta obra", dijo en el Congreso de la Asociación General de 1873, "que sufra tanto en la actualidad como la educación adecuada de hombres y mujeres para proclamar el mensaje del tercer ángel". La situación demandaba "¡más educación santificada en el ministerio! Mi corazón se regocija al saber que el Espíritu de Dios se está moviendo en hombres de educación, para que entren en nuestro medio y asuman el control de la obra [educativa]".

Pero, no era solo la educación de los pastores lo que requería una visión educativa más amplia. La iglesia también se estaba introduciendo en el terreno de las misiones extranjeras. Por lo tanto, J. N. Andrews pudo escribir, en 1873, que "debemos responder a los llamados que vienen de cada cuadrante, de hombres que hablan otros idiomas. No podemos hacer esto en nuestras circunstancias actuales. Pero, podemos hacerlo si el Señor bendice nuestro esfuerzo" en mejorar las prestaciones de la escuela de Battle Creek. "Hemos demorado demasiado tiempo este esfuerzo. El tiempo pasado no se puede mejorar, pero el tiempo que queda todavía puede mejorarse [...]. Hombres de otras nacionalidades desean ser instruidos en cuanto a" la Segunda Venida.

Los líderes habían llegado a vislumbrar que debían establecer un colegio, y eso hicieron en 1874. Justo antes de la inauguración de esa institución, el presidente de la Asociación General, George I. Butler, escribió: "Vemos una gran obra delante de nosotros [...]. Vemos que se acerca el momento en que muchos cientos de misioneros saldrán de esta tierra a otras tierras, para hacer resonar el mensaje de advertencia". Con este fin, el colegio propuesto debía educar no solo a pastores, sino también a traductores, editores y otros que podrían llevar el mensaje del tercer ángel.

La visión nunca es estática; Dios guía a su pueblo de un paso a la vez. Cuando captamos un nivel de necesidad, él nos empuja para ver el próximo. Así es con cada aspecto de nuestra vida, si vivimos para él.

En busca de la educación adecuada -4

Venid luego, dice Jehová, y estemos a cuenta. Isaías 1:18.

Los fundadores del Colegio de Battle Creek en 1874 fueron extremadamente claros en lo que querían en su nuevo colegio. Deseaban una institución que enseñara la Biblia, que preparara pastores y misioneros, y que desarrollara en los alumnos la capacidad de razonar con Dios. Sabían por qué establecían ese colegio.

Pero, luego venía el cuerpo docente. Aún más básica era la cuestión de dónde encontraría profesores y personal la institución en ciernes.

Afortunadamente, tenían al menos un graduado de una universidad en su medio. Sidney Brownsberger había terminado la carrera de estudios clásicos en la Universidad de Míchigan en 1869, y pronto recibiría una maestría por la misma institución en 1875. Dadas las necesidades de la iglesia, y la educación y la dedicación de Brownsberger al adventismo, él era la opción obvia para dirigir el nuevo colegio.

Pero, su llamado tenía un solo inconveniente. Si bien era excelente en lo académico, casi no tenía noción de cómo implementar los objetivos de los fundadores.

En una de las primeras reuniones de la junta del colegio, Guillermo White nos cuenta que su madre "les leyó el testimonio sobre la educación adecuada. Todos escucharon con profundo interés. Lo reconocieron como oportuno. También, admitieron que se requería una obra más amplia que la que habían planeado y que su hermosa ubicación", en las afueras de Battle Creek, "aunque era conveniente y estaba cerca, no proporcionaba lo necesario para todo lo que se requería.

"Uno dijo: 'Bueno, hermano Brownsberger, ¿qué podemos hacer?'

"Él respondió: 'No sé nada en cuanto a la conducción de un colegio así [...].'

"Entonces se resolvió que la obra del colegio debía organizarse por las vías regulares y que la cuestión de las industrias debía estudiarse con una visión a su [posterior] introducción. Pero, no se tomaron medidas definitivas en relación con las industrias hasta que pasaron muchos años".

El joven líder en educación hizo lo mejor que pudo. El colegio que creó a mediados de la década de 1870 tenía, como plan de estudios básico, un curso tradicional de humanidades centrado en el latín, el griego clásico y las literaturas de esos idiomas. Casi no era una institución "reformista".

Pero, Dios la usó de todos modos. Y esa es una buena noticia: que Dios nos usa a pesar de nosotros mismos, a pesar de nuestros defectos. *¡Gracias, Señor!*

En busca de la educación adecuada -5

Mejor es adquirir sabiduría que oro preciado. Proverbios 16:16.

El Colegio de Battle Creek, como vimos ayer, no cumplió con las expectativas de sus fundadores. No solo tenía las literaturas y los idiomas clásicos como centro, sino que el estudio de la Biblia y la religión tenían un escaso lugar en la oferta académica; de hecho, no tenía ninguna clase regular de Religión, ni mucho menos las requeridas. Si bien es cierto que Urías Smith cojeaba con su única pierna natural para dar algunas clases optativas polvorientas sobre profecía bíblica, parece que no tenía una gran cantidad de alumnos.

Los catálogos del colegio publicitaban que "no hay nada en los cursos de estudio, o en las reglas y las prácticas de disciplina, que sea confesional o sectario en lo más mínimo. Los cursos bíblicos se dan frente a una clase de aquellos que quieren asistir por elección". Nuevamente, "los administradores de este colegio no tienen ninguna disposición de *estimular* puntos de vista sectarios en los alumnos, ni de darles ninguna prominencia a esos puntos de vista en su tarea escolar". Ese fue el nacimiento de la educación superior adventista del séptimo día.

Pero, empeoró. Brownsberger renunció en 1881, y el colegio lo reemplazó por Alexander McLearn, que llegó a Battle Creek con la ventaja de tener un exaltado título de Doctor en Divinidad... pero la desventaja de no ser adventista, ni siquiera un converso reciente.

Quizá Brownsberger haya comprendido las necesidades de una educación adventista auténtica, pero McLearn ni siquiera comprendía el adventismo. Es posible que haya sido un excelente académico, pero bajo su liderazgo las cosas fueron de mal en peor.

La institución cerró sus puertas el año escolar de 1882-1883, sin ninguna certeza de que se reabriría. Demasiado para el primer intento en la educación superior adventista. Uno de los diarios de Battle Creek describió la debacle de los adventistas como "el circo del extremo oeste".

Fue en la confusión del liderazgo de McLearn que Elena de White intervino, con un testimonio titulado "Our College" [Nuestro colegio], un documento leído en College Hall en diciembre de 1881 ante los directivos eclesiásticos y educativos de la iglesia. Y no suavizó ninguna palabra. "Existe el peligro", de que nuestro colegio se desvíe de su propósito original" (5 TI, p. 20).

Esta triste historia nos puede enseñar algo importante. Se nos hace demasiado fácil pensar que la iglesia ha corrido continuamente cuesta abajo desde su fundación. No es así: la iglesia siempre tuvo problemas, y siempre los tendrá; pero Dios no renunció a ella. Así es él. Trabaja con personas que no son perfectas y con instituciones que no son las ideales. Dios continúa, incluso, después de que nosotros estamos dispuestos a rendirnos.

En busca de la educación adecuada -6

Os daré corazón nuevo, y pondré espíritu nuevo dentro de vosotros. Ezequiel 36:26.

N o solo las personas necesitan un corazón nuevo. A veces, las instituciones también. Eso ocurrió con la educación adventista durante las décadas de 1870 y 1880, cuando buscaba su propia función en la iglesia.

Ayer terminamos con el poderoso llamado de Elena de White a la reforma en el tambaleante Colegio de Battle Creek de diciembre de 1881. Temía que "se desvíe de su propósito original [...] desde hace uno o dos años, se han hecho esfuerzos por amoldar nuestro colegio a la semejanza de otros colegios [...]. Las influencias morales y religiosas no deben quedar relegadas a un segundo plano" (5 TI, pp. 20, 21).

"Si la influencia mundana ha de reinar en nuestro colegio, entonces vendédselo a los mundanos y permitid que ellos asuman el control total; los que han invertido sus recursos en esa institución establecerán otro colegio que se rija, no según el plan de las escuelas populares ni de acuerdo con los deseos del rector y los maestros, sino conforme al plan que Dios ha especificado [...].

"Es el propósito declarado de Dios tener un colegio en el país donde se le dé a la Biblia su debido lugar en la educación de la juventud" (*ibíd.*, pp. 24, 25).

En su presentación contundente, Elena de White enfatizó especialmente el rol de la Biblia y la necesidad de retomar el rumbo con los objetivos de los fundadores.

"Se ha hecho muy poco caso", proclamó, "de la educación de hombres jóvenes para el ministerio. Este fue el primer objetivo que se intentó lograr al establecerse el colegio" (*ibíd.*, p. 21).

Ella no estaba en contra de las artes y las ciencias; al contrario, abogaba por el estudio de un campo más amplio de conocimientos, pero enfatizaba "al mismo tiempo aprender los requerimientos de su palabra [de Dios]" (*ibíd.*, pp. 21, 22). Ella objetaba el "mero" estudio de los libros. "Dicha educación puede obtenerse en cualquier colegio del país" (*ibíd.*, p. 22). Elena de White estimuló un aprendizaje más abarcador, que viera todo desde la perspectiva bíblica. "La influencia educativa de la Biblia no tiene rival", ya que desafía a los alumnos a "luchar con problemas difíciles" y a dilatar la asimilación de su mente (*ibíd.*, pp. 23, 24). El suyo fue un llamado a que la educación adventista retomara su camino.

Gracias, Padre, por la voz profética en nuestra historia pasada. Ayúdanos a escuchar esa misma voz al avanzar este día.

En busca de la educación adecuada -7

Porque si el árbol fuere cortado, aún queda de él esperanza; retoñará aún, y sus renuevos no faltarán.
Job 14:7.

En la primavera de 1882, el joven árbol de la educación adventista no había sido podado: había sido cortado.

Pero, la drástica medida no fue en vano. Del tocón salieron brotes en varias direcciones, que vitalizaron el sistema y lo ayudaron inmensamente en su búsqueda de la educación adecuada. El mismo Colegio de Battle Creek reabrió en el otoño de 1883, con la resolución de ser más fiel a su misión. E hizo un progreso significativo en esa dirección durante la década de 1880.

No obstante, quizás aún más importante era el hecho de que los dos dirigentes anteriores de la escuela de Battle Creek se habían dispersado por todo el país. Ambos habían aprendido lecciones que los ayudarían en el futuro, cuando consolidaran la educación adventista.

Goodloe Harper Bell levantó campamento en Massachusetts, donde fundó la South Lancaster Academy, en la primavera de 1882, que finalmente se convirtió en el Atlantic Union College.

Sidney Brownsberger, mientras tanto, partió rumbo al oeste, donde en abril de 1882 fundó la Healdsburg Academy, una institución que se convirtió en el Healdsburg College y, finalmente, en el Pacific Union College. Brownsberger prometió no cometer los mismos errores dos veces. Comenzó su cargo en Healdsburg con una tesitura educativa muy diferente de la que tenía cuando inició su obra en Battle Creek. Después de su experiencia en Míchigan, había resuelto que "nunca más entraría [como empleado de la iglesia] sino en virtud de los *Testimonios*".

El hecho de que el colegio buscara dar una educación equilibrada entre lo libresco y lo práctico, lo mental y lo físico, tenía un lugar destacado en los anuncios y los catálogos de Healdsburg durante los años de Brownsberger. En síntesis, además de lo académico, prepararía a sus graduados para el mundo del trabajo. Más allá de eso, el colegio estaba pensado "para brindar instrucción especialmente adaptada a la obra de jóvenes y señoritas que desean prepararse para entrar en el ministerio". Al ser, en sí, una institución reformista modificada, el Healdsburg College tuvo una buena influencia en la escuela de Battle Creek.

"Hasta los loros viejos aprenden a hablar". Y, con la ayuda de Dios, las instituciones y la gente pueden reformarse para aproximarse más estrechamente a sus ideales. Se había dado el primer paso, pero la verdadera revolución en la educación adventista ocurriría durante la década de 1890.

Pensamientos sobre el estilo de vida y la doctrina -1

Muéstrame, oh Jehová, tus caminos; enséñame tus sendas. Salmo 25:4.

Quizás hayas notado, en nuestras lecturas de los últimos meses, que Elena de White asumió un papel más amplio en el ámbito de las prácticas del estilo de vida adventista que en la formación de las doctrinas. En la formación doctrinal, el procedimiento consistía en el estudio bíblico hasta crear un consenso general. A esa altura, ella a veces recibía una visión que reafirmaba el consenso y ayudaba a quienes todavía tenían interrogantes para aceptar la exactitud de las conclusiones del grupo derivadas de la Biblia. Así que, bien podemos pensar que la participación que tuvo la señora de White en la formación doctrinal fue de *confirmación*, y no de iniciación.

Ese no es el caso de su participación en el ámbito del estilo de vida adventista. Pero, antes de avanzar con ese tema, deberíamos reconocer algunas diferencias entre la esfera del estilo de vida y la de la doctrina.

Aunque los adventistas del siglo XXI tienden a ver las cuestiones doctrinales y del estilo de vida como de igual magnitud, esa no era la postura de los fundadores de la iglesia. Mientras que elaboraron trabajosamente las doctrinas básicas mediante el intenso estudio de la Biblia y realizaban congresos para lograr un consenso, el desarrollo del estilo de vida siguió una pauta un tanto diferente.

Quizá la diferencia giraba en torno al hecho de que las doctrinas definen a una confesión religiosa. Por lo tanto, la doctrina, entre los primeros adventistas sabatarios, era una cuestión crucial, y recibió mucha atención. Por otro lado, los elementos del estilo de vida tienden a ser preocupaciones de segundo orden. Muchas cuestiones del estilo de vida no son determinantes tan básicos de la identidad de una confesión religiosa, ya que son modos de vida que facilitan su misión en la difusión de su mensaje doctrinal.

Desde esta perspectiva, la reforma pro salud permite que las personas den un mejor testimonio y que sean mejores misioneras, y permite que las personas sanadas lleguen al lugar donde puedan entender mejor el evangelio. Asimismo, la educación cristiana facilita el desarrollo de los miembros de iglesia en forma individual y de los predicadores evangélicos. Una vez más, el diezmo y el dar con sacrificio no solo permiten que la gente refleje el carácter de aquel que amó tanto que dio a su Hijo unigénito, sino también promueve la misión de Dios en la Tierra.

Señor, apreciamos el conjunto de doctrinas y los temas del estilo de vida que han hecho del adventismo del séptimo día un pueblo único. Ayúdanos a entender mejor sus roles en nuestra vida individual y colectiva.

Pensamientos sobre el estilo de vida y la doctrina -2

Andad como hijos de luz. Efesios 5:8.

Cuando todo se reduce a esto, solo hay dos caminos por andar: en la luz o en la oscuridad. La Biblia es clara sobre ese punto.

Pero ¿qué es la luz?

Muchos actuamos como si la doctrina correcta o, incluso, el estilo de vida bíblico fuese la luz. ¡Error! Cristo es la luz, y la religión se centra en nuestra relación con él. Circunscripto en ese centro está el problema del pecado y la solución de Dios en la cruz de Cristo.

La doctrina y el estilo de vida son temas secundarios. Al fin y al cabo, uno puede creer en todas las doctrinas correctas y llevar un estilo de vida correcto, y aun así estar perdido. La salvación tiene que ver con nuestra relación con Dios, a través de Jesús. La doctrina no es un fin en sí misma sino, más bien, un medio para entender mejor a Dios con el fin de poder amarlo más verdaderamente.

De todos modos, en la mente de los fundadores del adventismo, la esfera del estilo de vida y de las doctrinas no era la misma. Así que, pusieron mucho esfuerzo en formular sus doctrinas en forma precisa mientras que, básicamente, descuidaban casi todas las cuestiones relacionadas con el estilo de vida, hasta que la necesidad y la crisis los obligó a asumir una postura.

Los adventistas llenaron el vacío resultante del estilo de vida de varias formas. A veces formulaban una postura a través del estudio bíblico y los congresos, a medida que surgían las crisis; pero otras veces, Elena de White tomaba la iniciativa de plantear la cuestión, señalaba la solución e indicaba de qué manera esa solución encajaba en el panorama más amplio del mensaje de los tres ángeles. Este último proceder era evidente en ramas como la reforma pro salud, mientras que el primero, como hemos visto, predominaba en aspectos como el servicio militar y el diezmo.

Como Elena de White, con frecuencia, aplicaba principios bíblicos a la vida diaria de la iglesia y de sus miembros individuales, a través de los años sus consejos han llegado a ser cada vez más el centro de discusiones del estilo de vida adventista.

Al considerar el desarrollo del adventismo primitivo, debemos reconocer que Elena de White tuvo un papel doble, con menor actividad en la esfera de la formación doctrinal y mayor en el desarrollo del estilo de vida.

Guíanos, Padre, y ayúdanos a entender que las diferentes partes de nuestro paquete de fe religiosa se relacionan entre sí y con nuestra vida.

El surgimiento de la reunión campestre -1

Siete días celebrarás fiesta solemne a Jehová tu Dios en el lugar que Jehová escogiere. Deuteronomio 16:15.

Los antiguos israelitas acentuaban su año religioso con una serie de festividades durante las cuales la gente dejaba su hogar y viajaba, para reunirse durante siete días de edificación religiosa.

Si bien nosotros no tenemos un paralelo exacto con las festividades judías en la Era Cristiana, la reunión campestre tiene muchos de sus atributos. Las reuniones campestres (*Camp Meetings*) han desempeñado un rol importante en los reavivamientos de los Estados Unidos del siglo XIX, y en los movimientos metodista y millerita; pero, la primera específicamente convocada por los adventistas del séptimo día tuvo lugar en Wright, Míchigan, en septiembre de 1868.

El anuncio de la *Review* del 18 de agosto decía que "esta visión no ha sido fijada con el propósito de pasar algunos días de recreación y vanidad. Ni ha sido establecida como una novedad, con el propósito de llamar a los ociosos y los curiosos que de otro modo no podrían ser alcanzados. Por este medio, tampoco tratamos simplemente de reunir una gran concurrencia de gente, para que así podamos hacer una demostración de nuestra fuerza. Tenemos un objetivo muy diferente en vista.

"Deseamos que todos los que asistan a esta reunión lo hagan con el propósito de buscar a Dios. Queremos que nuestros hermanos vengan con el propósito de buscar una nueva conversión. Queremos que nuestros predicadores les den, en esto, un ejemplo digno de imitación.

"También, deseamos ver que muchos semejantes que no tienen ningún interés en Cristo, o que al menos no tienen ningún conocimiento de la verdad presente, se conviertan al Señor y se regocijen en la luz de su verdad".

Ahí lo tenemos.

El propósito de la reunión campestre era para la edificación y la instrucción de los santos, la conversión de los miembros de iglesia que la necesitaban, y para presentar el mensaje del tercer ángel a los que no lo habían aceptado o que ni siquiera habían oído hablar de él.

En síntesis, la reunión campestre debía ser una fiesta espiritual de primer orden, montada por los adventistas para toda la comunidad.

El surgimiento de la reunión campestre -2

Iban sus padres [de Jesús] todos los años a Jerusalén en la fiesta de la pascua. Lucas 2:41.

La reunión campestre, en el adventismo primitivo, llegó a ser un momento emocionante. La gente escuchaba buenas predicaciones, se encontraba con viejos amigos, rompía con su rutina diaria, compraba publicaciones adventistas y recibía bendiciones espirituales. La reunión campestre anual era una experiencia cumbre para aquellos que asistían.

La primera reunión campestre oficial, realizada en Wright, Míchigan, del 1º al 7 de septiembre de 1868, marcó la pauta para las siguientes. Dos carpas circulares de 18 metros daban cabida a las reuniones generales, mientras que la gente vivía en otras más pequeñas. Sin un centro comercial en donde poder comprar una carpa barata, los editores de la *Review* ofrecían instrucciones para poder construir carpas sencillas con el fin de que sirvieran para familias e iglesias.

En total, había 22 carpas de iglesias, a menudo con sábanas o mantas colgadas para dividirlas en dormitorios, a fin de que las diferentes familias pudieran tener un poco de privacidad. Otras carpas tenían una soga que pasaba por el medio, en la que los asistentes colgaban mantas para separar los sexos.

Las familias y los amigos cocinaban en fuegos al aire libre, y los troncos en los que se sentaban para comer ofrecían excelentes oportunidades para confraternizar. Debió haber sido un tiempo estupendo para los niños; pero también era el momento más interesante del año para los adultos.

Sí, las cosas no eran tan cómodas como en casa. Y sí, se podría haber tenido un poco más de privacidad. Y además, esto exigía un sacrificio financiero, dados los gastos del viaje y el tiempo de inactividad en el trabajo. Pero, los primeros adventistas creían que esas convocaciones valían la pena, a pesar de los costos y los inconvenientes.

La reunión campestre anual alcanzó gran popularidad después de la de Wright. Al año siguiente, se realizó en siete Estados; y después de eso, estaban por doquier en el mundo adventista.

Todavía siguen vigentes. Muy vigorosas en algunos lugares, y languideciendo en otros; pero siempre son una bendición. Si no has asistido a una últimamente, haz el esfuerzo, especialmente para pasar algunos días y noches en el lugar. Serás bendecido. El adventismo estaría mejor hoy si pudiera tener un reavivamiento de la bendición anual.

Ayúdanos, Señor, a apreciar más plenamente cada oportunidad que brindas para bendición durante el día, la semana y el año.

Surgimiento de la reunión campestre -3

Y Jehová de los ejércitos hará en este monte a todos los pueblos banquete de manjares suculentos.
Isaías 25:6.

"**M**anjares suculentos", en la Biblia, son cosas buenas, bendiciones espirituales, el cumplimiento de las promesas de Dios. Dios no solo habló de las fiestas y de los manjares suculentos en el Antiguo Testamento, sino también de la gran fiesta celestial de los redimidos al final de los tiempos. En tanto, según el modo de ver de los primeros adventistas, la reunión campestre era una fiesta de manjares suculentos.

En la de 1868, Elena de White dio lo que podríamos llamar el discurso principal. Habló de las necesidades del pueblo adventista, y preparó mentalmente a los asistentes para la fiesta espiritual venidera. Según expresó Urías Smith, ella "puso a los hermanos en el tren de pensamiento correcto desde el mismo comienzo".

O, como informó Joseph Clarke, "el testimonio de la hermana White fue tal que nos hizo sentir un poco como los discípulos cuando preguntaron '¿Soy yo, Señor?' Estuvo lleno de advertencias"; exhortó a la gente sobre las posibilidades de las reuniones y a "hablar de cosas celestiales", y no de las terrenales.

Las predicaciones eran primordiales en Wright. Jaime habló seis veces; Elena, cinco; J. N. Andrews, cuatro; y Nathan Fuller, una. Smith dijo que los mensajes estuvieron "todos encendidos con el fuego de la verdad presente".

Después, todos los Estados querían a Jaime y a Elena todos los años. Ellos hacían todo lo posible para cumplir, y durante años sacrificaron gran parte de agosto hasta octubre para ese propósito.

En esa reunión campestre había unas trescientas personas acampadas en el terreno, y varios cientos hospedados en casas vecinas, lo que constituía una asistencia de mil durante la semana. El fin de semana, por supuesto, las cifras de asistencia se elevaron a dos mil, y probablemente habría llegado a tres mil si no fuese por la lluvia torrencial.

Las reuniones campestres posteriores a menudo se convocaban a corta distancia de las ciudades, para beneficio de la gran cantidad de no adventistas que se esperaba que asistieran para escuchar el mensaje del tercer ángel y las verdades relacionadas. La más exitosa, quizás, fue la reunión campestre celebrada en Groveland, Massachusetts, cuando unas veinte mil personas se reunieron el domingo para escuchar hablar a Elena de White sobre temperancia.

¡Qué oportunidad! ¡Qué bendición!

Pensar en las misiones

Sabed, pues, que a los gentiles es enviada esta salvación de Dios; y ellos oirán. Hechos 28:28.

Lo cierto es que los primeros adventistas del séptimo día no pensaban mucho en las misiones. Como creían que las comisiones del tiempo del fin, de llevar el evangelio a todo el mundo, de Mateo 24:14 y de Apocalipsis 10:11 y 14:6 habían sido cumplidas por los protestantes a comienzos del siglo XIX y por los milleritas a comienzos de la década de 1840, sostenían la creencia de la puerta cerrada a las misiones extranjeras y nacionales. Su misión, bastante limitada, era para con otros milleritas chasqueados, que necesitaban ser consolados y guiados de los mensajes del primer ángel y el segundo ángel al tercero.

Si bien es cierto que Elena de White tuvo una visión en 1848 con respecto a que una porción de la obra adventista era como raudales de luz que circuían el globo, y un par de otras visiones que apuntaban a una amplia misión, los sabatarios de la puerta cerrada no tenían conocimiento ni aparente interés en las implicaciones.

Su etapa de la puerta cerrada concluyó cerca de 1852, cuando se dieron cuenta de que se habían equivocado con el tiempo de gracia. De allí en más, Jaime White proclamó que tenían una "puerta abierta" para predicar el sábado y el mensaje del tercer ángel a todos, hayan estado en el movimiento millerita o no.

La puerta a la misión se había abierto un poco... pero no mucho. Todavía pasaría un cuarto de siglo (1874) antes de que los adventistas del séptimo día despacharan a su primer misionero de ultramar. Mientras tanto, el enfoque sabatario para las misiones avanzaba a la velocidad de la evolución, antes que de la revolución.

Si bien surgieron algunos llamados a la misión durante la década de 1850, también hubo muchas sugerencias de por qué la iglesia no enviaba misioneros al extranjero.

Una de las soluciones más fascinantes para el problema de la misión provino de Urías Smith, en 1859. La demora del advenimiento estaba llevando a que muchos se hicieran preguntas misionológicas. Un lector de la *Review* preguntó si el mensaje del tercer ángel necesitaba salir fuera de los Estados Unidos.

El editor Smith respondió que quizá no era necesario, ya que Estados Unidos constaba de gente de todas las naciones. Así que, si el mensaje llegaba a un representante de cada grupo idiomático, eso podría ser suficiente para decir que había llegado a todas las lenguas y las naciones.

Señor, cuán paciente eres al guiarnos paso a paso a través de una existencia miope.

Conozcamos a Michael Belina Czechowski

Jesús le dijo: [...] tú ve, y anuncia el reino de Dios. Lucas 9:60.

Las misiones extranjeras adventistas sabatarias surgieron a pesar de las actitudes de los adventistas. La circulación de publicaciones adventistas ofrecía una ventaja, ya que los inmigrantes las enviaban a su tierra natal, y otros las despachaban por correo o por barco a amigos de otros países.

Como resultado, los adventistas estadounidenses se enteraron de conversos en Irlanda, a comienzos de la década de 1860. Y, para 1864, África tenía al menos dos creyentes en el mensaje del tercer ángel, y uno de ellos pronto llevaría el mensaje a Australia.

Ya sea que le gustase o no, la Iglesia Adventista del Séptimo Día recientemente organizada se enfrentaba al desafío de la misión mundial. No solo había conversos, sino además los conversos siempre solicitaban misioneros que visitaran sus países.

Como en tantas otras ocasiones, Jaime White estaba a la vanguardia de aquellos que imaginaban una misión más amplia para la iglesia. Un mes antes de la organización de la Asociación General en mayo de 1863, escribió en la *Review* que "el nuestro es un mensaje mundial". Y, pocos meses antes de esto, puntualizó la necesidad de enviar un misionero a Europa. Luego, en junio, la *Review* informó que "la Comisión Ejecutiva de la Asociación General puede enviar un misionero [B. F. Snook] a Europa antes de terminar el año 1863".

Si bien la organización estaba tan escasa de personal que no pudo liberar a Snook de sus responsabilidades de ese momento, tenía un pastor que estaba más que ansioso por hacer el viaje.

En 1858, Michael Belina Czechowski (un ex sacerdote católico romano polaco que se había convertido al adventismo sabatario en los Estados Unidos en 1857) escribió: "Cómo me encantaría visitar mi país natal, al otro lado de las grandes aguas, para contarles todo acerca de la venida de Jesús y de la gloriosa restitución, y cómo deben guardar los Mandamientos de Dios y la fe de Jesús".

Pero Czechowski era nuevo en la fe, y algunos percibían que tenía una personalidad inestable. Como resultado, los adventistas rehusaron enviarlo. Frustrado, el creativo polaco pidió a los adventistas del primer día que lo patrocinaran. Ellos así lo hicieron. Pero, cuando llegó a Europa, predicó el mensaje del séptimo día.

La iglesia está llena de gente interesante. Pero, Dios se las ingenia para usarnos a todos, a pesar de nuestras faltas obvias. Gracias al Padre, por su gracia facilitadora.

La misión europea de Czechowski

Como me envió el Padre, así también yo os envío. Juan 20:21.

En pocas palabras, M. B. Czechowski era un adventista interesante. Después de conseguir que lo apadrinara un grupo de adventistas del primer día, navegó hasta Italia, donde predicó las doctrinas adventistas sabatarias. Su fecha de partida fue el 14 de mayo de 1864, diez años antes de que los adventistas del séptimo día enviaran a su primer misionero al extranjero.

Durante catorce meses trabajó en las aldeas valdenses de los Alpes italianos. Allí, bautizó a varios creyentes y formó el primer grupo adventista sabatario fuera de los Estados Unidos.

Pero, una oposición abrumadora finalmente lo obligó, en 1865, a trasladarse a Suiza, donde hacía visitas de casa en casa, predicaba en las salas públicas, imprimía y vendía folletos, y publicaba una revista titulada *L'Evangile Eternal* [El evangelio eterno]. Cuando partió de Suiza, en 1868, dejó tras de sí a unos cuarenta creyentes bautizados, que se congregaban en varios grupos.

Como no sabían exactamente lo que estaba enseñando, pero suponían que había sido "expulsado" por los adventistas del séptimo día, sus padrinos adventistas del primer día ensalzaban sus virtudes y continuaban recaudando dinero para él, "diciendo a una voz: Ve, y Dios esté contigo".

Y él salió a predicar el mensaje sabatario en Rumania, Hungría y en otras partes de Europa. Al momento de morir en Austria, en 1876, había sentado las bases para la futura actividad adventista del séptimo día en la mayor parte de la Europa oriental y meridional.

A fines de 1869, la Iglesia Adventista del Séptimo Día había descubierto la naturaleza de su misión europea y vislumbró la providencia de Dios en lo que Czechowski había hecho. En el Congreso de la Asociación General de 1870, los dirigentes de la iglesia reconocieron específicamente la mano de Dios en su misión. "Como consecuencia de nuestros temores para confiar dinero al hermano Czechowski, y de nuestra falta de interés en aconsejarlo con paciencia en cuanto a su uso apropiado, Dios usó a nuestros rivales resueltos para llevar adelante la obra [...]. Reconocemos la mano de Dios en esto".

Como veremos en los próximos días, la misión de Czechowski daría lugar a que directamente enviaran a J. N. Andrews, el primer misionero adventista del séptimo día "oficial", en 1874.

En forma gradual y a regañadientes, el pueblo adventista del séptimo día fue tomando conciencia de la magnitud de su misión. Pero, no parecía estar muy apurado.

Misión a la lejana California

Rogad, pues, al Señor de la mies, que envíe obreros a su mies. Mateo 9:38.

La primera misión de la Iglesia Adventista del Séptimo Día fuera del noreste de los Estados Unidos fue a la lejana California, un Estado separado del resto de la República por más de dos mil cuatrocientos kilómetros de desierto, bosques y montañas. La tierra salvaje que se interponía entre ambas partes de la Nación no solo era mucha en distancia, sino también difícil (y a veces peligrosa) para viajar.

En el siglo XIX, había personas adventistas o impresos de la iglesia que generalmente llegaban a un lugar mucho antes de que la iglesia tuviese alguna actividad formal allí. Esa era la situación de California. En 1859, Merritt G. Kellogg (medio hermano mayor de J. H. Kellogg) llegó a San Francisco, después de seis meses de viaje por el país en ferrocarril, carretón y carreta de bueyes. Probablemente haya sido el primer adventista del Estado.

Dos años después, Kellogg (que era un creyente laico) predicó en una serie de reuniones en San Francisco, y bautizó a catorce almas. Cuatro años después, el grupo de creyentes que había allí decidió enviar 133 dólares en oro a Battle Creek, destinados a pagar los gastos de viaje de un pastor. Pero, la iglesia no tenía a nadie para enviar.

Entonces, en 1867, Kellogg regresó al este por algunos meses, y obtuvo una maestría en el Colegio Higiénico Terapéutico de Trall. Estando en el este, asistió al Congreso de la Asociación General de 1868, donde rogó por un misionero para California. Pero ¿quién iría?, preguntó Jaime White.

En respuesta, J. N. Loughborough relacionó sueños y habló de fuertes impresiones que había tenido, vinculadas con celebrar reuniones en carpa en California. Los dirigentes pronto estuvieron de acuerdo en dejarlo ir. Pero ¿debía lanzarse solo? Al fin y al cabo, observó Jaime, Cristo los envió de dos en dos. En ese momento, D. T. Bourdeau se puso de pie y dijo que había tenido la convicción de que era hora de mudarse, y que él y su esposa habían ido al Congreso con todo lo que tenían, ya empacado. Estaban listos para ir donde la iglesia le indicara.

Así, los dos predicadores adventistas llegaron a San Francisco en julio de 1868. Allí encontraron una carta de Elena de White, que les decía que no fuesen tacaños en su obra en California. "No pueden trabajar en California", escribió, "como lo hacían en Nueva Inglaterra. Una economía tan estricta sería considerada como 'tacaña por los californianos". Ese fue un buen consejo. Pero ¿dónde debían armar la carpa evangelizadora? El alquiler de un terreno era más de lo que incluso podrían llegar a pensar. Oraron, y Dios respondió.

La dedicación de esos primeros creyentes me asombra. ¿Cuántos asistiríamos a un Congreso de la Asociación General con todas nuestras pertenencias listas, con la intención de mudarnos según el Señor indique? ¿Cómo está nuestro "cociente de dedicación" hoy?

Soñadores de sueños californianos

Él enviará su ángel delante de ti. Génesis 24:7.

D ios obra de formas misteriosas. Varias semanas antes de la llegada de Loughborough y de Bourdeau a San Francisco, un periódico neoyorquino llegó a California con un artículo que decía que dos evangelistas estaban a punto de partir hacia California, con el fin de celebrar reuniones religiosas en una gran carpa.

El artículo llegó a conocimiento de un grupo de cristianos en Petaluma, un poblado a unos 65 kilómetros al norte de San Francisco, que oraron para que el Señor bendijera a los evangelistas.

Entre los creyentes de Petaluma, estaba un señor Wolf, que soñó que veía a dos hombres que encendían un fuego que producía una luz brillante; pero que los pastores locales tratarían de extinguir las llamas. No obstante, sus intentos solo lograron que el fuego se hiciera más brillante. Wolf supo, en su sueño, que los dos hombres eran los mismos dos mencionados en el periódico neoyorquino, y que los creyentes de Petaluma debían ayudarlos. Así, enviaron a uno de su grupo a buscar a los predicadores en la próspera ciudad de San Francisco. Con ciento cincuenta mil personas en la ciudad, Wolf no estaba muy seguro de por dónde empezar. Así que, fue al muelle, preguntó si alguien recientemente había enviado una carpa, y consiguió la dirección. En una hora, encontró a los evangelistas.

Sin contar el sueño a Loughborough y a Bourdeau, los invitó a Petaluma, donde pudieron cenar con el señor Wolf, quien pudo preguntar al grupo si estos eran los mismos hombres que había visto en su sueño. Eran ellos. Como resultado, el grupo de Petaluma hizo arreglos a fin de realizar reuniones en carpa. Asistieron unas cuarenta personas. Pero, la cantidad rápidamente aumentó a doscientas, y luego a cuatrocientas. Pronto, fue necesario enrollar las paredes de la carpa, para que los que estaban afuera pudieran escuchar los sermones.

De inmediato comenzó la oposición predicha en el sueño, cuando los pastores locales, e incluso los dirigentes del grupo de creyentes que los habían llevado a Petaluma, comenzaron a trabajar en contra de los evangelistas adventistas, especialmente después de que se diera a conocer la doctrina del sábado.

Pero, las reuniones cerraron con veinte personas que aceptaron las enseñanzas, y con la organización de un grupo de creyentes. En poco tiempo, organizaron otros ocho o nueve grupos en Santa Rosa y en otras partes del condado de Sonoma.

Dios había obrado de una manera misteriosa. Y todavía lo sigue haciendo; dirige de una manera que no tenemos conocimiento. No estamos solos en nuestros esfuerzos para él aquí, en la Tierra. El Señor todavía envía a sus ángeles delante de nosotros.

Los seguidores de Czechowski descubren la Review

Pasa a Macedonia y ayúdanos. Hechos 16:9.

El sueño de Pablo acerca del llamado macedonio para los misioneros se encuentra reflejado incontables veces en la historia adventista. Eso ocurrió con los conversos europeos de Czechowski.

Ese hombre interesante, que hizo tanto para establecer la presencia adventista en Europa, nunca habló a sus conversos de la Iglesia Adventista del Séptimo Día de los Estados Unidos. Cuando se le preguntó dónde había aprendido lo que enseñaba, su respuesta era: "De la Biblia". Hasta donde sabían, sus conversos eran las únicas personas del mundo que creían en las enseñanzas de la Biblia, como ellos. Pero esa ignorancia no duró para siempre. Casualmente, Albert Vuilleumier, uno de los creyentes suizos, encontró un ejemplar de la *Review and Herald* en una habitación que Czechowski había ocupado durante una visita reciente. El inglés que dominaba Vuilleumier no era perfecto, pero pudo captar lo suficiente como para entender el hecho de que en los Estados Unidos existía un grupo religioso que enseñaba las mismas creencias que Czechowski.

Ese descubrimiento dio origen a una carta para Urías Smith, editor de la *Review*. Los sorprendidos dirigentes de Battle Creek respondieron con una invitación a los creyentes suizos para que enviaran a un representante al Congreso de la Asociación General de 1869. Así, James Erzberger llegó a los Estados Unidos.

Erzberger era un converso reciente. Había sido un estudiante de Teología que se preparaba para el ministerio, cuando se encontró por primera vez con los observadores del sábado. Al examinar sus creencias para determinar si eran ciertas, pronto se convenció.

Aunque Erzberger llegó a Battle Creek demasiado tarde para el congreso, se quedó durante quince meses, y vivió la mayor parte del tiempo en la casa de Jaime y Elena de White. Se quedó para estudiar, a medida que perfeccionaba su inglés y exploraba más cabalmente el mensaje adventista. Cuando regresó a Suiza, lo hizo en calidad de primer pastor ordenado adventista del séptimo día en Europa.

Mientras tanto, Czechowski se había molestado bastante por el contacto de sus conversos suizos con la iglesia estadounidense. Pronto partió para Rumania, donde encontró a los primeros grupos que guardaban el sábado en ese país.

La experiencia suiza tuvo dos resultados importantes. Primero, suscitó una discusión importante sobre la misión entre los adventistas en los Estados Unidos; y segundo, llevó al persistente pedido de un misionero para ir a Europa.

Los llamados de Macedonia todavía nos llegan. Y Dios todavía necesita gente que responda.

Conscientes de las misiones extranjeras -1

Se volverán a Jehová todos los confines de la tierra. Salmo 22:27.

El contacto de Suiza cambió al adventismo para siempre. El pueblo que anteriormente estaba en contra de las misiones extranjeras pronto se encontró en una senda que finalmente lo llevaría hasta los extremos de la Tierra.

Aunque Erzberger no llegó a tiempo para el Congreso de la Asociación General de 1869, las implicaciones de su visita estaban cargadas de significado.

En ese congreso, se creó la Sociedad Misionera Adventista del Séptimo Día. "El objetivo de esta sociedad", rezaba el voto que la creó, "será enviar las verdades del mensaje del tercer ángel a países extranjeros y a partes distantes de nuestro país, mediante misioneros, revistas, libros, folletos, etc." Al presentar la resolución, Jaime White señaló que la iglesia estaba recibiendo "casi a diario solicitudes para enviar publicaciones a otras tierras".

Pocos meses después, Andrews observó la providencia de Dios en la obra de Czechowski. Y, en 1871, el Congreso de la Asociación General votó "hacer lo que esté de nuestra parte para ayudar a difundir la verdad" a los países de Europa.

Mientras tanto, Elena de White hizo su parte al incentivar la extensión misionera de la iglesia. En diciembre de 1871, tuvo una visión que mostró que los adventistas del séptimo día tenían "verdades de vital importancia" que debían "poner a prueba al mundo". De modo que los jóvenes adventistas debían estudiar "otros idiomas, para que Dios los use como medios de comunicar su verdad salvadora a los habitantes de otras naciones" (*NB* 225).

La iglesia no solo debía enviar sus publicaciones a los extranjeros, sino también "predicadores activos". Insistió en que "se necesitan misioneros que vayan a otros países para predicar la verdad". El "mensaje de advertencia" adventista debía ir "a todas las naciones", a fin de que la luz pudiese probarlas. "No tenemos un momento que perder", escribió. "Si hemos sido descuidados en este asunto, es harto tiempo de que ahora, con todo fervor, redimamos el tiempo, no sea que la sangre de las almas se encuentre sobre nuestros vestidos". "Esto requerirá considerable gasto, pero el gasto de ninguna manera debe impedir la realización de esta tarea" (*ibíd.*, pp. 226-228).

El adventismo se estaba transformando nuevamente. Esta vez, implicaba la apertura de sus ojos misionológicos. El Dios que siempre conduce a su pueblo todavía estaba guiándolos paso a paso.

Conscientes de las misiones extranjeras -2

La tierra será llena del conocimiento de Jehová, como las aguas cubren el mar. Isaías 11:9.

A pesar del hecho de que algunos destacados pastores adventistas en 1872 todavía predicaban que el llevar el evangelio a todo el mundo, mencionado en Mateo 24:14, había visto ya su cumplimiento, el impulso para la misión continuó cobrando fuerza entre los adventistas. Pero, era un problema conseguir personal capacitado; y esto hizo que en 1873 y 1874 se tomaran medidas para fundar el primer colegio de la iglesia.

En el verano de 1873, Jaime White no solo estaba solicitando un colegio, sino también instó a que J. N. Andrews fuese a Suiza ese otoño, en respuesta al pedido de un misionero para los adventistas suizos. Aquel mes de noviembre, White convocó a un congreso especial de la Asociación General con el objetivo de analizar a un misionero. Pero, aun así no pasó nada.

Es significativo que el sermón ofrecido por White en el Congreso de 1873 fuese una exposición de Apocalipsis 10, en relación con las misiones extranjeras. Anteriormente ese año, había aplicado el imperativo de Apocalipsis 14:6 de predicar el evangelio eterno a todo el mundo y el mandato de Apocalipsis 10:11 de que "es necesario que profetices otra vez sobre muchos pueblos, naciones, lenguas y reyes" a la comisión mundial de la Iglesia Adventista del Séptimo Día tras el chasco millerita. Esos dos textos, junto con Mateo 24:14, finalmente impulsarían las misiones adventistas a cada rincón de la Tierra, cuando la iglesia trataba de cumplir lo que llegó a entender como su papel profético en la historia.

En enero de 1874, White estableció el *True Missionary* [Misionero verdadero]. Las páginas del primer periódico misionero adventista recomendaban el envío de misioneros al extranjero. Elena de White compartía la visión más amplia de su esposo. En abril de 1874, tuvo un "sueño impresionante", que ayudó a vencer lo que quedaba de la oposición a las misiones. "Estáis concibiendo ideas demasiado limitadas de la obra para este tiempo", le dijo el mensajero angelical. "Vuestra casa es el mundo [...]. El mensaje avanzará con poder a todas partes del mundo, a Oregon, a Europa, a Australia, a las islas del mar, a todas las naciones, lenguas y pueblos". "Se me mostró", dijo, que la obra misionera era mucho más vasta "de lo que nuestros hermanos han imaginado, o de lo que jamás han contemplado y planeado". Como resultado, exigió mayor fe que se exprese mediante la acción (NB, pp. 230, 231). "Mayor fe". Esa era la necesidad en aquel entonces. Esa es la necesidad ahora.

Aumenta nuestra fe, Padre, a fin de que podamos ver tu voluntad aún en nuestra vida.

J. N. Andrews va a Europa

Entonces, habiendo ayunado y orado, les impusieron las manos y los despidieron [a Bernabé y a Saulo]. Hechos 13:3.

C uando las cosas finalmente se movilizan, ¡pueden hacerlo muy rápidamente! Así ocurrió con la misión adventista. En agosto de 1874, la Asociación General votó que J. N. Andrews debía ir a Europa "tan pronto como sea posible". Un mes después, se embarcó rumbo a Suiza, como el primer misionero adventista "oficial" a las misiones extranjeras. Llegó el 16 de octubre.

En Suiza, Andrews encontró que ya existían varias congregaciones pequeñas de observadores del sábado: obra de Czechowski y de Erzberger. Andrews adoctrinó más cabalmente a esos creyentes durante sus primeras reuniones con él. Más allá de eso, a dos meses de su arribo, había oído de congregaciones de creyentes en Prusia y en Rusia, y se había convencido de que "hay cristianos que guardan el sábado en la mayoría de los países de Europa". Su plan era ampliar esos grupos básicos ya existentes.

Pero ¿cómo podría ubicarlos? Para responder a esa pregunta, utilizó lo que a mí me parece un plan poco probable. Esperaba llegar a ellos publicando su deseo de corresponder con ellos "en los periódicos de mayor circulación de Europa". Y, ¡oh sorpresa! El planteamiento de la misión mediante un "aviso clasificado" funcionó con un grado razonable de éxito. En poco tiempo, los adventistas del séptimo día tuvieron misiones en Inglaterra, Escandinavia y Alemania, al igual que en Suiza. Desde esas bases, el mensaje adventista llegaría a otras naciones europeas.

Quienes dirigían esas misiones nuevas muchas veces eran inmigrantes europeos de primera generación, que se habían convertido al adventismo en los Estados Unidos y habían sido incentivados a regresar a sus países natales. Esos nacionales tenían la ventaja no solo de conocer el idioma y la cultura, sino también tenían casi siempre un grupo de conocidos con quienes iniciar su ministerio.

Como hemos dicho muchas veces, Dios guía a su pueblo paso a paso. La primera etapa (1844-1850) en el desarrollo de la misión adventista dio tiempo para construir una plataforma doctrinal. La segunda (1850-1874) permitió el surgimiento de una base de poder en los Estados Unidos, para sostener el programa de las misiones extranjeras. Y la tercera (1874-1889) crearía un mayor desarrollo en Europa y otras partes del mundo "civilizado", a fin de que el adventismo estuviera preparado para llevar su mensaje a "todo el mundo" en los años posteriores a 1890.

Una misión madura

¿A qué es semejante el reino de Dios, y con qué lo compararé? Es semejante al grano de mostaza, que un hombre tomó y sembró en su huerto; y creció, y se hizo árbol grande. Lucas 13:18, 19.

A comienzos de la década de 1880, la misión europea había llegado a su etapa adolescente. Varios factores marcan la creciente importancia de la misión, para la iglesia.

Uno de ellos fue una serie de visitas por parte de líderes adventistas prominentes, enviados por la Asociación General a recorrer varias misiones europeas entre 1882 y 1887. El primero fue S. N. Haskell, en 1882. Haskell recomendó publicar en más idiomas, y ayudó a los europeos a crear una estructura organizativa más funcional.

Sin embargo, lo más importante fue los viajes de G. I. Butler (presidente de la Asociación General) en 1884, y de Elena de White y su hijo (Guillermo White) entre 1885 y 1887. Esas visitas no solo fortalecieron a la Iglesia Adventista del Séptimo Día en Europa; demostraron el interés de la iglesia en su programa misionero. Lento pero seguro, el adventismo se estaba convirtiendo en una iglesia mundial.

Un segundo conjunto de indicadores en cuanto a la creciente maduración de la misión europea era los progresos en cuanto a organización. Lo más importante fue la primera reunión general de obreros de las diferentes misiones adventistas del séptimo día europeas en 1882, "para consultar en cuanto a las necesidades generales de la causa". Estrechamente relacionado con el desarrollo del Concilio Europeo de los Adventistas del Séptimo Día, fue el inicio de la publicación de revistas en alemán, italiano y rumano en 1884. En francés, existía una desde 1879.

Fuera de la misión europea, los adventistas establecieron misiones patrocinadas por la Asociación General entre los protestantes europeos de Australia y Nueva Zelanda en 1885, y de Sudáfrica en 1887. Es interesante notar que todos esos países habían tenido miembros laicos antes de la llegada de los misioneros oficiales.

Y esas misiones nuevas pronto se unirían a los Estados Unidos y a Europa, como bases de origen para enviar misioneros a otras naciones para la siguiente fase del desarrollo misionero adventista: llevar el mensaje de los tres ángeles a *toda* nación por todas partes del mundo. Esa etapa, que comenzó alrededor de 1889, fue una extensión lógica de la interpretación adventista en desarrollo de los pasajes "a toda nación, tribu, lengua y pueblo" de Apocalipsis 14:6, Apocalipsis 10:11 y Mateo 24:14.

La esperanza del adventismo es una misión cumplida. *Ven, Señor Jesús*, oraban los primeros adventistas. *Ven, Señor Jesús, y ven rápido* todavía continúa siendo la oración diaria de los adventistas.

Y ¿por qué Europa?

A estos doce envió Jesús, y les dio instrucciones, diciendo: Por camino de gentiles no vayáis. Mateo 10:5.

"**A** menudo ha surgido la pregunta de por qué el adventismo del séptimo día eligió a Europa central como el primer campo para el funcionamiento de su misión extranjera", declaró B. L. Whitney en 1886, en el primer párrafo de *Historical Sketches of the Foreign Missions of the Seventh-day Adventists,* el primer libro adventista sobre las misiones de ultramar. Parte de la respuesta tiene que ver con "la misión preparatoria de Czechowski"; pero hay más que eso.

J. N. Andrews nos brinda una visión crucial del interrogante de Whitney en la primera carta que envió después de llegar a Europa. Escribió: "Creo firmemente en que Dios tiene muchas personas en Europa que están listas para obedecer su santa Ley y reverenciar el sábado, y esperar a su Hijo del cielo. Yo vine aquí a dar mi vida para la proclamación de estas verdades sagradas, en cuanto a la proximidad del advenimiento de Cristo y la observancia del sábado".

En otras palabras, Andrews creía que su tarea era presentar las doctrinas adventistas a los que ya eran cristianos; la suya no era una misión del cristianismo general a los paganos. La responsabilidad para con estos últimos quedaría fuera del alcance de la misionología adventista hasta la década de 1890.

Borge Schantz resume exactamente la actitud adventista entre 1874 y 1890, al observar que "la misión a los no cristianos era aprobada y alabada" por los adventistas. Pero "consideraban que era tarea de las demás sociedades misioneras evangélicas atenderla. Cuando ellas hubiesen llevado a la gente a Cristo, los ASD tenían el compromiso de darles la última advertencia" y las doctrinas adventistas distintivas.

Ese enfoque surgió de la comprensión de los adventistas de que debían llamar al pueblo a "salir de Babilonia". Anteriormente, Jaime White había expresado ese punto de vista explícitamente, cuando escribió que los adventistas necesitaban un espíritu misionero, "no para enviar el evangelio a los paganos, sino para extender la advertencia en todas las esferas del cristianismo corrupto".

Con esa perspectiva en mente, no es de extrañar que la iglesia comenzara su obra misionera en el corazón de la Europa cristiana. Imitaba los primeros esfuerzos misioneros de Pablo, quien predicó primero a los judíos, y solo después a los gentiles.

Gracias, Dios, por la luz. Así como has dado a tu iglesia una visión más amplia a través del tiempo, oramos para que del mismo modo amplíes y profundices nuestra visión personal.

Cómo funcionan las cosas: el caso de J. G. Matteson

Cada uno según el don que ha recibido, minístrelo a los otros, como buenos administradores de la multiforme gracia de Dios. 1 Pedro 4:10.

A veces, las cosas en realidad funcionan bien; en ocasiones, parece que todo sale como Dios quiere. Ese es el caso de John Gottlieb Matteson. Nacido en Dinamarca en 1835, inmigró con sus padres a Wisconsin en 1854, llevando consigo una buena educación, pero también el escepticismo de tantos de su tierra natal. Como consideraba que era librepensador, uno de sus pasatiempos predilectos era azuzar a los predicadores con preguntas que no pudiesen responder.

Pero, los hostigadores de mentalidad abierta pueden sufrir una seria derrota. Eso ocurrió cuando Matteson escuchó a un predicador hablar con entusiasmo de la belleza del cielo. Como se había criado en la atmósfera de las "iglesias estatales muertas de la antigua Europa", "nunca había conocido una religión viva". Esa experiencia derivó en una cadena de acontecimientos en las que recuerda que "solo, en el bosque, encontré a Jesús como mi Salvador personal", en 1859. Poco después de su conversión, se sintió llamado a predicar. Y eso hizo, aunque no conocía muy bien la Biblia. Dios lo bendijo desde el comienzo, ya que la gente respondía a su sinceridad obvia. En 1860 ingresó en el Seminario Teológico Bautista de Chicago, y en 1862 fue ordenado como pastor bautista.

Hasta aquí, todo estaba bien. Pero mejoró. En 1863, aceptó el mensaje adventista del séptimo día. Su congregación le pidió que le predicara de su nueva fe, y lo hizo con gusto. Durante seis meses presentó una serie de sermones sobre las creencias adventistas, con el resultado de que todos se unieron a la Iglesia Adventista del Séptimo Día, salvo una familia.

Predicador eficiente, Matteson creó iglesias danesas-noruegas a lo ancho de los Estados del medio-oeste de los Estados Unidos. Entonces, en 1872, se le ocurrió la idea de publicar una revista en el idioma de sus conversos. El *Advent Tidende* se convirtió en el primer periódico adventista en un idioma diferente del inglés.

Los ejemplares pronto encontraron su camino de regreso a Escandinavia, para hacer conversos. En un patrón que se repetiría en muchos países, los nuevos creyentes pronto escribieron a los Estados Unidos solicitando un misionero. Matteson aceptó el llamado en 1877, y durante los once años siguientes estableció iglesias en Dinamarca, Noruega y Suecia. Estando allí, organizó la primera Asociación fuera de los Estados Unidos (Dinamarca, en 1880), y fundó la primera casa editora fuera de los Estados Unidos. Durante su ministerio, llevó a unas dos mil personas a la fe que amaba.

La vida de Matteson ilustra cómo deberían funcionar las cosas.

Gracias, Padre, por esas bendiciones del pasado. Oramos por ellas en el presente.

Cómo no funcionan las cosas: el caso de Hannah More

Fui forastero, y no me recogisteis. Mateo 25:43.

Como vimos ayer, los acontecimientos de la vida adventista de J. G. Matteson salieron como debían. En el lado opuesto de la balanza, está el caso de Hannah More.

Al igual que Matteson, More tenía una excelente educación, para ese entonces; y, al igual que Matteson, tenía un potencial excelente para hacer una contribución al adventismo.

Como ávida estudiante de la Biblia, se había aprendido de memoria todo el Nuevo Testamento. Tenía una amplia experiencia de trabajo cristiano como docente, administradora escolar, misionera de la Junta Norteamericana de Comisionados de las Misiones Extranjeras para las tribus desplazadas de Cherokke y Choctaw, en Oklahoma, y como misionera al África Occidental, bajo el patrocinio de la Asociación Misionera Norteamericana.

En 1862 conoció a S. N. Haskell, quien la colmó de buenos libros adventistas, incluyendo el *History of the Sabbath* [Historia del sábado], de J. N. Andrews. Al regresar al África, al leer se convirtió al adventismo. Esa es la buena parte de su historia.

Rechazada por su ex comunidad debido a su adventismo, viajó a Battle Creek, Míchigan, en la primavera de 1867, con la esperanza de hallar consuelo y trabajo entre los hermanos creyentes. Allí es donde comienza la parte mala de la historia.

Al llegar a Battle Creek al momento en que los White estaban en un itinerario de viaje, no pudo encontrar trabajo ni un lugar para vivir entre los miembros de iglesia. Rechazada por los adventistas, finalmente encontró hospedaje con un ex colega misionero al norte de Míchigan.

Notablemente, teniendo en cuenta la forma en que la trató la comunidad adventista, no abandonó su fe. Los White, al darse cuenta de la tragedia, comenzaron a cartearse con Hannah, comprometiéndose a ayudarla a reubicarse en Battle Creek en la primavera. Pero, no llegó a concretarse: Hannah More se enfermó en febrero y pasó al descanso el 2 de marzo de 1868. Desde la perspectiva de Elena de White, "murió en calidad de mártir, por el egoísmo y la codicia de los profesos guardadores de los Mandamientos" (1 TI, p. 583).

Años más tarde, cuando los adventistas estaban tratando de iniciarse en las misiones extranjeras, escribió: "¡Oh, cuánto necesitamos a nuestra Hannah More para ayudarnos en este tiempo a alcanzar otras naciones! Su extenso conocimiento de los campos misioneros nos daría acceso a los que hablan otros idiomas y a quienes no podemos acercarnos ahora. Dios trajo este don [...] pero no apreciamos el don". Siguió lamentando la pérdida de lo que Hannah podría haber contribuido para la misión adventista (3 TI, p. 447).

Perdónanos, Padre. Ayúdanos a tener un corazón como el tuyo.

Familia y misión

Serán benditas en ti todas las familias de la tierra. Génesis 12:3.

Nuestro texto, en cierto sentido, me recuerda al "otro" James Bond. Su hermano Seth llegó a ser uno de los primeros adventistas de California en 1872, a través del ministerio de J. N. Loughborough. Con los bolsillos llenos de folletos, su primer objetivo misionero fue James, un agricultor del valle central de California.

Al encontrar al hombre arando la tierra con un grupo de diez mulas, no perdió tiempo en comenzar con su misión. Habló de su nueva fe, en el campo, siguió en el establo y continuó dentro de la casa. La esposa de James, Sarah, una bautista devota, soportó esto algunos días, hasta que se le acabó la paciencia. Pero, finalmente, después de decirle a Seth que apreciaban sus visitas, le advirtió que si no dejaba de hablar acerca de este asunto del sábado sería mejor que se fuera.

–Sarah –respondió él–, si puedes mostrarme tan solo un texto en el Nuevo Testamento que insinúe que estamos obligados a guardar el primer día de la semana, no diré más nada.

–Eso es fácil –respondió ella.

Hizo que James dejara de arar hasta que encontraran el pasaje, y leyeron juntos el Nuevo Testamento. Cuatro días después, llegaron al último versículo de Apocalipsis... pero sin su texto.

El sábado de mañana, James Bond salió a dar de comer a sus mulas y las aparejó, preparándose para arar. Volvió a la casa, desayunó, dirigió el culto familiar y volvió al establo. A eso de las 9, su esposa vio que el arado estaba detenido en el campo. Salió corriendo, por miedo a que se hubiese lastimado, solo para descubrir que estaba sentado en una caja leyendo folletos sabáticos. En ese momento, ambos se hicieron sabatarios.

Posteriormente, por recomendación de Elena de White, este padre de once hijos llegó a ser médico. Cinco de sus hijos varones fueron pastores, y siete hijos llegaron a ser misioneros al extranjero.

Dos de ellos, Frank Starr Bond y Walter Guy Bond, iniciaron la misión adventista en España en 1903. Walter daría su vida allí, once años después, a la edad de 35 años; aparentemente, víctima de un envenenamiento. Ambos experimentaron las pruebas de Pablo, ya que fueron apedreados y sacados a la fuerza de los poblados.

Yo tengo un interés personal en esta historia porque mi esposa (Elizabeth, o "Bonnie", Bond) es la nieta de Frank y la bisnieta de James.

¡Las familias marcan la diferencia! La forma en que nuestros hijos se relacionan con el Señor, con la iglesia y con el servicio, en gran medida, es moldeada por los padres y las madres en la fe.

Una clase diferente de misionero: el caso de George King

Porque como desciende de los cielos la lluvia y la nieve, y no vuelve allá, sino que riega la tierra [...] así será mi palabra que sale de mi boca; no volverá a mí vacía, sino que hará lo que yo quiero, y será prosperada en aquello para que la envié. Isaías 55:10, 11.

George King quería ser predicador. Pero, tenía un problema: no podía predicar. Su forma vacilante de hablar y su falta de educación convencieron a Jaime White de que no tenía ningún don para predicar. Pero, Elena de White, con su corazón maternal, convenció a Richard Godsmark, un agricultor que vivía cerca de Battle Creek, de que se lo llevara consigo en el invierno, para que pudiera tener un período de prueba en la primavera.

Con el incentivo de Godsmark, el joven King dedicaba su tiempo libre a predicar a las sillas vacías del recibidor. Entonces, llegó la hora del sermón de prueba en público. "Desastre" es la única palabra para la experiencia. En ese momento, Godsmark sugirió a King que predicara de una manera diferente: vendiendo libros puerta por puerta. Como resultado, comenzó a vender por las casas libritos y suscripciones a *Signs of the Times* [Señales de los tiempos]. Su primera semana, con un total de ventas de 62 centavos, no fue exactamente un éxito rotundo; pero, a King le gustó el trabajo.

Por otro lado, este colportor que quería predicar deseaba ver que el mensaje de los tres ángeles fuese puesto delante de la gente. Así, en el otoño de 1880, convenció a los administradores de la casa editora adventista de Battle Creek de que encuadernaran los libros de Daniel y Apocalipsis de Urías Smith en un tomo, para poder venderlos. Si ese libro incluía ilustraciones dramáticas de las bestias y otros símbolos tratados allí, estaba seguro de que podría vender el libro fácilmente.

Los administradores no estaban tan seguros, pero encuadernaron algunos ejemplares. El éxito de King asombró a todos. Al año siguiente, la casa editora sacó una nueva edición de *Daniel and the Revelation* [Daniel y el Apocalipsis] magníficamente ilustrada.

Dado el creciente éxito de King y de su entusiasta habilidad de reclutamiento, pronto hubo otros que ingresaron en el campo. Y, con esto, llegó a la existencia una nueva carrera adventista.

El colportaje llegó a ser una forma más de hacer que el mensaje de Dios para los últimos días llegara a las personas alrededor del mundo. Estas compraban libros, los leían y se unían a la iglesia. Por cierto que se estaba cumpliendo la promesa de Dios a Isaías. Así como envió la lluvia para bendecir los cultivos y alimentar a los pueblos de la Tierra, así la palabra impresa salió a convertir la mente y el corazón de la gente alrededor del mundo. Antes de terminar, debería señalar que compré mi primer libro cristiano de un colportor.

¿La moraleja de la historia de George King? Solo porque no podamos predicar no significa que Dios no pueda usarnos a todos.

El cuadrilátero adventista: un plan para la misión

Y el mismo Dios de paz os santifique por completo; y todo vuestro ser, espíritu, alma y cuerpo, sea guardado irreprensible para la venida de nuestro Señor Jesucristo. 1 Tesalonicenses 5:23.

L a visión bíblica de los seres humanos se interesa en su salud total. La Escritura no solo se preocupa por la vida espiritual de la gente, sino también por su vida mental y física. De allí los aspectos de sanidad y de enseñanza del ministerio de Jesús.

El corolario misionológico de esa teología lleva a un programa que no solo toca la naturaleza espiritual de la gente, sino también trata de satisfacer sus necesidades mentales y físicas. Como resultado, finalmente se forma lo que me gustaría llamar el *cuadrilátero misionológico adventista.*

El cuadrilátero nació en Battle Creek, donde la iglesia estableció su ministerio de las publicaciones, a comienzos de la década de 1850; la estructura por asociaciones, en 1861; su primera institución médica, en 1866; y la primera institución educativa, en 1872. Los dirigentes adventistas quizá no hayan sido completamente conscientes de lo que hacían en ese momento, pero esas instituciones brindaron un enfoque a la misión que satisfacía las necesidades de la persona íntegra. Así, proveyó un modelo para la misión.

Con eso en mente, no deberíamos considerar como casual el hecho de que los adventistas exportaran el cuadrilátero a California, el primer campo misionero de "ultramar" de la iglesia. Las cosas tomaron un rumbo más formal cuando, en febrero de 1873, los 238 creyentes de 7 iglesias organizaron la Asociación de California.

El próximo paso tuvo lugar en 1874 y 1875, con la publicación de *Signs of the Times* [Señales de los tiempos] y la formación de la Pacific Seventh-day Adventist Publishing Association (Pacific Press, en la actualidad), al norte del Estado. Finalmente, establecieron en 1882 lo que llegó a ser el Healdsburg College y, finalmente, el Pacific Union College.

La misión europea siguió el mismo modelo durante las décadas de 1870 y de 1880. A comienzos de la década de 1890, el cuadrilátero se difundió alrededor del mundo, a medida que el adventismo del séptimo día trataba de mejorar la vida de las personas en todo sentido.

Dios tiene un mensaje para la gente de la Tierra. Y ese mensaje no es meramente teológico: abarca una vida más sana, pensamientos mejores y responsabilidad social.

Te agradecemos, Señor, por el mensaje equilibrado y la misión equilibrada. Ayúdame a vivir una vida equilibrada hoy mismo.

¿Cuál es la autoridad de la Asociación General? -1

¿Con qué autoridad haces estas cosas, y quién te dio autoridad para hacer estas cosas? Marcos 11:28.

¿**C**on qué autoridad? Una buena pregunta que debemos hacernos y considerar detalladamente, no solo en relación con Cristo, sino también en relación con su iglesia en la Tierra.

En la década de 1860, no todos estaban felices con la Asociación General de los Adventistas del Séptimo Día, recientemente conformada. Los objetores más activos fueron el primer presidente y el secretario de la Asociación de Iowa, recientemente organizada: B. F. Snook y W. H. Brinkerhoff.

Ellos se oponían a una fuerte organización eclesiástica, y dirigieron una campaña de críticas y de descontento en contra del liderazgo general de la iglesia, especialmente contra Jaime y Elena de White. En julio de 1865, en las elecciones de autoridades, se reemplazó a Snook por George I. Butler. Más tarde, Snook y Brinkerhoff abandonaron la iglesia, llevándose consigo a algunos de los miembros, para formar el Marion Party [Grupo Marion]. A diferencia de la mayoría de las ramificaciones del adventismo del séptimo día, el Marion Party no desapareció. Hoy lo conocemos como la Iglesia de Dios (del Séptimo Día).

Si bien no todos estaban contentos con la organización de 1861/1863, esta parece haber cumplido con su finalidad durante los años posteriores al establecimiento del sistema. La rebelión de Marion sería el último cisma importante en la iglesia, hasta comienzos del siglo XX.

Diez años después de la fundación de la Asociación General, Jaime White continuaba alabando los resultados de la organización. "Cuando consideramos el pequeño comienzo, y cuán oscura comenzó esta obra, la rapidez y la firmeza de su crecimiento, la perfección y la eficacia de nuestra organización, la gran obra ya se ha cumplido [...]. Al contemplar todas estas cosas, y ver cómo Dios nos ha prosperado, los que estamos relacionados con esta obra podemos decir: '¡Mirad lo que ha hecho Dios!' "

No obstante, a pesar de los elogios, no todo estaba bien. Existían tensiones en el ámbito adventista en cuanto a la naturaleza y el alcance de la autoridad de la Asociación General, especialmente en relación con las asociaciones de los Estados. Esas tensiones llegaron a un punto crítico en 1873.

Y no han desaparecido después de más de 130 años. Por lo tanto, nos corresponde dar un vistazo al tema en la historia adventista.

Gracias, Señor, por la voluntad que nos das para servir, por la cabeza para pensar y por el corazón para ser compasivos. Ayúdanos a usarlos en forma plena, al relacionarnos contigo y con la iglesia.

¿Cuál es la autoridad de la Asociación General? -2

Habiendo reunido a sus doce discípulos, les dio poder y autoridad. Lucas 9:1.

N ingún cristiano que cree en la Biblia duda del hecho de que Cristo haya dado autoridad a sus doce discípulos. Pero, tenemos un poco más de dificultad con los problemas de autoridad en nuestros días.

Las tensiones sobre el tema en el adventismo se hicieron evidentes en 1873, cuando Jaime White enfrentó el problema sin rodeos. Primero, presentó sus convicciones positivas. Si bien señaló la certeza de que "sin vacilaciones, expresamos nuestra firme convicción de que la organización nuestra fue por la providencia directa de Dios" y que la "mano guiadora" de Dios podía verse al guiarlos a una organización que después de un "lapso de más de diez años no ha revelado defectos que hayan demandado cambios", White también proclamó una nota defensiva, al analizar el rol de la Asociación General.

En especial, escribió que es "simplemente un insulto a nuestro sistema de organización" el permitir que el presidente (George I. Butler) y otros miembros de la Comisión Ejecutiva de la Asociación General hagan todo el trabajo en las reuniones campestres por Estado, y que luego "no muestren el respeto debido por su posición y opinión en la importante ocupación de las asociaciones de los Estados".

De ese modo, White observó que "nuestra Asociación General es la mayor autoridad terrenal entre nuestro pueblo, y está proyectada para encargarse de toda la obra en este y en todos los demás países". De modo que "se espera que los oficiales de las asociaciones de nuestros Estados y también los de nuestras instituciones [...] respeten a ia Comisión de la Asociación General como los hombres asignados para encargarse de la supervisión general de la causa en todas sus ramas e intereses".

White prosiguió, diciendo que los representantes de la Asociación General debían estar presentes en cada convocación administrativa de las asociaciones de los Estados. Advirtió a sus lectores que pasar por alto la función propia de los dirigentes de la Asociación General "es un insulto a los tratos providenciales de Dios con nosotros, y un pecado de magnitud no pequeña".

Deberíamos tener en cuenta que Jaime White expresó bastante, al afirmar que la "Asociación General es la mayor autoridad terrenal" en el adventismo, reflejando las creencias anteriores de su esposa.

Ahora, nosotros sabemos que el contexto inmediato de esa declaración se relaciona con las asociaciones locales. Pero ¿cuáles son las implicaciones para la vida de la iglesia, e incluso para mi vida personal? La pregunta más importante para cada uno de nosotros es: ¿Cómo debería relacionarme con mi iglesia? Ese es un asunto especialmente importante, porque Dios es una Deidad de orden, y no de confusión.

¿Cuál es la autoridad de la Asociación General? -3

Cristo es cabeza de la iglesia. Efesios 5:23.

Las aclaraciones a menudo surgen de un intercambio de opiniones. Indudablemente, ocurrió eso cuando la iglesia luchaba con el problema de la autoridad de la Asociación General.

Posiblemente siguiendo el ejemplo de las declaraciones de Jaime White sobre el tema, George I. Butler, presidente de la Asociación General desde 1871, también decidió escribir sobre el poder del presidente de la Asociación General.

"Nunca hubo ningún gran movimiento en este mundo sin un dirigente; y en la misma naturaleza de las cosas tampoco", afirmó en su discurso sobre liderazgo en el Congreso de la Asociación General de noviembre de 1873. Si bien Cristo es la cabeza de la iglesia, razonó, no es "poca cosa" entorpecer a una persona cuando Dios la ha llamado para el liderazgo de su causa. Butler no tenía ninguna duda de que Jaime White había desempeñado un papel similar al de Moisés, y que en todos los asuntos de conveniencia en la causa adventista era correcto "dar la preferencia a su opinión [de White]".

Si bien Butler, aparentemente, estaba escribiendo para apoyar a Jaime White como el verdadero líder de la Iglesia Adventista, indudablemente, al mismo tiempo estaba tratando de fortalecer su propia postura.

En respuesta, los delegados al Congreso de la Asociación General resolvieron "que avalamos plenamente la postura tomada en el documento leído por el pastor Butler sobre Liderazgo. Y expresamos nuestra firme convicción de que nuestra incapacidad para apreciar la mano guiadora de Dios en la selección de sus instrumentos para llevar a cabo esta obra ha dado lugar a graves daños a la prosperidad de la causa, y a nuestra propia pérdida espiritual". La resolución concluía con un compromiso por parte de los delegados a "fielmente [...] considerar" los principios que Butler había enunciado.

Las exageradas afirmaciones vertidas por Butler en cuanto al liderazgo individual incomodaron visiblemente a los White, no solo porque Butler les asignó una función similar a la de Moisés, sino también porque veían peligros en la glorificación de las autoridades humanas.

Jaime sintió que tenía que enfrentar sus demandas públicamente, en la *Signs* y en la *Review*. No dejó ninguna duda en la mente de nadie respecto de que Cristo es la cabeza de la iglesia, y que nunca designó a un discípulo en particular para dirigir los asuntos de su iglesia.

Señor, como miembros y líderes de tu iglesia, ayúdanos a nunca perder de vista a Cristo, que es quien manda, en última instancia.

¿Cuál es la autoridad de la Asociación General? -4

Y sometió todas las cosas bajo sus pies, y lo dio por cabeza sobre todas las cosas a la iglesia, la cual es su cuerpo. Efesios 1:22, 23.

E s fácil tener una opinión muy elevada o muy baja de los líderes de la iglesia. Ayer vimos que Butler pecó por exceso.

Elena de White se sumó a su esposo en contra de la perspectiva de Butler. Al afirmar que él, en defensa de su estilo de liderazgo independiente y de sus modales bastante prepotentes, había elaborado sus ideas de conducción para su "propio beneficio", pasó a negar la validez del principio de liderazgo de un solo hombre.

Por otro lado, si bien rechazaba la autoridad de una sola persona como líder, defendió la prerrogativa de la Asociación General como corporación. Usted "parecía no tener un verdadero sentido del poder que Dios ha dado a la iglesia en la voz de la Asociación General [...]. Cuando este poder que Dios ha colocado en la iglesia es acreditado a un hombre y a él se lo inviste con la autoridad de ser criterio para otras mentes, entonces se cambia el verdadero orden bíblico [...]. Su posición acerca del liderazgo es correcta, si usted concede a la suprema autoridad organizada en la iglesia lo que le ha otorgado a un hombre. Dios nunca planeó que su obra llevara el sello de la mente de un hombre ni el juicio de un individuo" (3 TI, pp. 540, 541).

Al reconocer que por necesidad Jaime tuvo que liderar durante los primeros días de la iglesia, Elena prosiguió, diciendo que una vez que los adventistas hubieron establecido una organización, "entonces era el momento apropiado para que mi esposo dejara de llevar por más tiempo las responsabilidades y las cargas pesadas" (3 TI, p. 549).

En un folleto con su carta a Butler, Jaime adjuntó una sección sobre liderazgo, en la cual señaló que "nunca había profesado ser un líder en ningún otro sentido que el que hace que todos los pastores de Cristo sean líderes".

Así, Jaime y Elena de White se pusieron firmemente a favor de la autoridad de la Asociación General como un cuerpo, y en contra de la autoridad individualista propuesta por Butler.

La mayoría de los adventistas del séptimo día modernos no prestan mucha importancia a la cuestión de la autoridad eclesiástica. Simplemente, hablamos sobre lo que nos gusta o de lo que no nos importa en el liderazgo.

Pero, este tema es de vital importancia en la Biblia y en nuestra historia. Hacemos bien en dar una mirada a lo que es la autoridad eclesiástica, y a cómo debería impactar en nuestra vida.

¿Cuál es la autoridad de la Asociación General? -5

Siguiendo la verdad en amor, crezcamos en todo en aquel que es la cabeza, esto es, Cristo.
Efesios 4:15.

A veces, aprendemos recién después de haber sido derribados casi por completo. Así fue con el presidente de la Asociación General George I. Butler. Como los esposos White, a quienes respetaba mucho, se opusieron a su idea de liderazgo individualista, se arrepintió de sus actos, renunció a la presidencia, compró y quemó todos los ejemplares posibles de su folleto *Leadership* [Liderazgo] (unos 960), y en el Congreso de la Asociación General de 1875 propuso un voto para revocar la ratificación de sus ideas de liderazgo.

Pero, en vez de apresurarse a votar un tema tan importante, la asamblea nombró una comisión para estudiar el asunto. El congreso de 1877, que se guio por el informe de la comisión, votó rescindir la aprobación de todas las partes del folleto *Leadership* de Butler que enseñara "que el liderazgo del cuerpo es confinado a un solo hombre". La asamblea de 1877, además, votó que "la máxima autoridad bajo la potestad de Dios entre los adventistas del séptimo día se encuentra en la voluntad del cuerpo de ese pueblo, según lo expresado en las decisiones de la Asociación General cuando actúa dentro de su jurisdicción debida; y que todos sin excepción deberían someterse a esas decisiones, a menos que puedan demostrar que están reñidas con la Palabra de Dios y los derechos de la conciencia individual".

De modo que, en 1877, Butler y Jaime White, que se alternaron en el ejercicio de la presidencia entre 1869 y 1888 (White, 1869-1871, 1874-1880; Butler, 1871-1874, 1880-1888), concordaban visiblemente en cuanto a la autoridad de la Asociación General como un organismo.

Lamentable, aunque inevitablemente, la delegación de la Asociación General proveniente de las asociaciones locales se reunía apenas unas pocas semanas por año. Eso, naturalmente, hizo que los adventistas acudieran al presidente de la Asociación General y a los miembros de su pequeña comisión ejecutiva en busca de liderazgo. Eso era especialmente cierto cuando personas enérgicas como Butler y White ejercían la presidencia. Ambos hombres tenían la tendencia a asumir demasiada autoridad en sus manos y, de ese modo, más en la práctica que en teoría, se inclinaban hacia el estilo de liderazgo de una persona, mencionado por Butler.

Encontramos una lección importante aquí, que nos afecta a todos, ya sea que nuestro liderazgo resida en la sede de la Asociación, en la iglesia local o incluso en la familia. No importa lo que creamos en nuestra mente sobre el liderazgo, casi todos nos vemos tentados a "tomar el control".

Ayúdanos, Padre, al ocuparnos de nuestras inclinaciones naturales. Haznos mejores líderes.

¿Cuál es la autoridad de la Asociación General? -6

El que tiene oído, oiga lo que el Espíritu dice a las iglesias. Apocalipsis 2:29.

Algunos, simplemente, tenemos problemas para escuchar. Butler, el presidente de la Asociación General, pareciera que tenía esa afección. Repetidas veces Elena de White aconsejó, tanto a él como a su esposo, sobre los peligros de su estilo de liderazgo de una sola persona.

La frustración de ella con Butler llegó a un punto crítico cerca de la fecha del Congreso de la Asociación General de 1888. Poco después de las reuniones, escribió que "el pastor Butler [...] ha estado en el cargo tres años demasiado largos, y ahora toda la humildad y el recato mental se han apartado de él. Piensa que su cargo le da un poder tal que su voz es infalible" (*Carta* 82, 1888).

Al mirar atrás, después de otros tres años, ella declaró: "Espero que nuestro pueblo nunca reciba ni el más mínimo incentivo para una confianza tan maravillosa en un hombre tan finito y equivocado como el pastor Butler, porque los pastores no son como Dios, y se ha depositado demasiada confianza sobre el pastor Butler en el pasado [...]. Debido a que los hombres han sido alentados a acudir a un hombre a que piense por ellos, a que sea su conciencia, ahora son tan ineficientes e incapaces de permanecer en su puesto del deber como fieles centinelas para Dios" (*Carta* 13, 1891).

Fue más fácil, para Butler, refinar verbalmente sus ideas sobre la teoría del liderazgo eclesiástico de los "grandes hombres" que dejar de practicarlas en la realidad. Dada la naturaleza humana, ese es un problema perenne, con el que han seguido luchando a través del tiempo quienes ocupan puestos de liderazgo.

Ese hecho lamentable de la vida también llevó a Elena de White a hacer algunas declaraciones en cuanto a la autoridad de la Asociación General en la década de 1890. Varias veces sacó el tema durante la década. En 1891, por ejemplo, escribió que "me vi obligada a asumir la postura de que esa no era la voz de Dios en la administración y las decisiones de la Asociación General. Se idearían métodos y planes que Dios no sancionó, y no obstante, el pastor Olsen [presidente de la Asociación General de 1888 a 1897] hizo pensar que las decisiones de la Asociación General eran la voz de Dios. Muchas de las posturas adoptadas, que salen como la voz de la Asociación General, ha sido la voz de uno, dos o tres hombres que estaban confundiendo a la Asociación" (*Manuscrito* 33, 1891).

Es difícil prestar oídos, si no tenemos unos que "funcionen". Quizá tendamos a criticar a los administradores que Elena de White tuvo que confrontar; pero, en el proceso, recordemos nuestra falta de oídos en tantas cosas que el Espíritu está tratando de decirnos personalmente.

¿Cuál es la autoridad de la Asociación General? -7

Obedeced a vuestros pastores, y sujetaos a ellos; porque ellos velan por vuestras almas, como quienes han de dar cuenta. Hebreos 13:17.

¿Cuál es su autoridad ideal? Ayer escuchamos que Elena de White se quejaba del estilo de administración de la Asociación General cuando en realidad esta representaba solo la autoridad del presidente. Cinco años después, ella comentó que "el carácter sagrado de la causa de Dios ya no se cuenta en el centro de la obra. La voz de Battle Creek, que ha sido considerada como autoridad para aconsejar cómo debería hacerse la obra, ya no es la voz de Dios" (*Carta 4, 1896*). Un análisis cuidadoso de estas declaraciones indica que se refieren a acusaciones vinculadas a cuando la Asociación General no actuaba como cuerpo representativo; cuando su autoridad para tomar decisiones estaba centralizada en una sola persona o en pocas; o cuando la Asociación General no había estado siguiendo principios sólidos.

Esa conclusión se alinea con las declaraciones de Elena de White a través del tiempo. De hecho, ella habló específicamente y al punto, en un manuscrito leído frente a los delegados al Congreso de la Asociación General de 1909, en el que ella respondía a las actividades cismáticas de A. T. Jones, que estaba trabajando para destruir la autoridad de la Asociación General, en un intento por volver a las formas congregacionales de gobierno de la iglesia.

"A veces", declaró a los delegados, "cuando un pequeño grupo de hombres al cual ha sido confiada la dirección general de la obra ha tratado, en el nombre de la Asociación General, de llevar a cabo planes imprudentes y de restringir la obra de Dios, he dicho que ya no podía considerar la voz de la Asociación General, representada por estos pocos hombres, como la voz de Dios. Pero esto no es decir que las decisiones de una Asociación General, compuesta por una asamblea de representantes debidamente nombrados de todas partes del campo, no deban respetarse. Dios ordenó que los representantes de su iglesia de todas partes de la Tierra, cuando están congregados en la Asociación General, tengan autoridad. El error que algunos corren el peligro de cometer consiste en dar al parecer y criterio de un hombre, o de un pequeño grupo de hombres, la plena medida de autoridad e influencia que Dios puso en su iglesia, en el criterio y la voz de la Asociación General, convocada para hacer planes en favor de la prosperidad y el progreso de su obra" (*OE, p. 505*).

En el consejo de muchos está la sabiduría; y deberíamos agregar que el equilibrio del consejo de aquellos de diversas perspectivas y regiones geográficas también conduce a decisiones bien planificadas. Las decisiones de una iglesia mundial tienen protecciones inherentes, no disponibles para individuos y congregaciones.

La autoridad de la iglesia vista en retrospectiva

Te daré las llaves del reino de Dios. Si tú juzgas a alguien aquí en la tierra, Dios ya lo habrá juzgado en el cielo. A quien perdones aquí en la tierra, Dios también lo habrá perdonado en el cielo. Mateo 16:19, NASB.

Esas fueron las palabras de Cristo al establecer su iglesia en la Tierra. Pero, la gente las ha traducido e interpretado de varias formas. La versión Reina-Valera de 1960, por ejemplo, lo traduce así: "Todo lo que atares en la tierra será atado en los cielos", lo que hace que parezca que el Cielo ratifica todo lo que la iglesia decide aquí, en la Tierra. La Nueva Versión Internacional lleva esa línea de pensamiento aún más lejos, al traducir el pasaje de esta forma: "Todo lo que ates en la tierra quedará atado en el cielo, y todo lo que desates en la tierra quedará desatado en el cielo".

Esas interpretaciones eluden lo que Jesús estaba expresando *realmente*. El tiempo verbal en griego indica claramente que deberíamos traducir el verbo como "habrá sido atado". Por lo tanto, Jesús está diciendo que "es la iglesia en la Tierra la que lleva a cabo las decisiones del Cielo, no el Cielo el que ratifica la decisión de la iglesia". Esa no es una diferencia sutil. Y las dos traducciones han llevado a dos creencias diferentes sobre la autoridad eclesiástica en la historia de la iglesia.

El *Comentario bíblico adventista* lee el texto correctamente, al señalar que "si se amplía el significado de los verbos 'atar' y 'desatar' hasta abarcar la autoridad de dictar lo que los miembros de la iglesia pueden creer, y lo que pueden hacer en asuntos de fe y de práctica, se le da un sentido más abarcador del que Cristo quiso darles, y que el que los discípulos pudieron entender en esa ocasión. Dios no sanciona esa pretensión.

"Los representantes de Cristo en la Tierra tienen el derecho y la responsabilidad de atar todo lo que ya ha sido atado en el Cielo, y de desatar todo lo que ya ha sido desatado en el Cielo; es decir, de exigir o de prohibir aquello que la Inspiración revela con claridad. Ir más allá de esto es poner la autoridad humana en lugar de la autoridad de Cristo [...] tendencia que Dios no puede tolerar en aquellos que han sido designados como supervisores de los ciudadanos del Reino de los cielos en la Tierra".

Hemos dedicado bastantes días a meditar en la autoridad de la iglesia porque es un tema bíblico importante que nos afecta a todos, y porque la mayoría le damos muy poca importancia.

En vez de, simplemente, aceptar o rechazar la autoridad de la iglesia, necesitamos comprender su base teológica, sus limitaciones y su propósito.

Podemos estar agradecidos de que, como cristianos, no estamos solos. Pertenecemos a una iglesia que sirve de guía *en el marco de la Biblia*. La autoridad eclesiástica equilibrada es una cosa más por la que podemos alabar a Dios.

El surgimiento del adventismo negro

Y de una sangre ha hecho todo el linaje de los hombres, para que habiten sobre toda la faz de la tierra. Hechos 17:26.

El acercamiento adventista a los afroamericanos tuvo un comienzo lento, en parte debido a que el adventismo era una iglesia norteña, en una nación acerbamente dividida por la esclavitud y la raza. Casi toda la gente de raza negra, en las décadas intermedias del siglo XIX, vivían en el sur; y ni siquiera la evangelización de nuestra iglesia entre los blancos de esa región tuvo mucho impulso hasta fines de la década de 1870 y comienzos de la de 1880.

No era que el adventismo primitivo no estuviese preocupado por la difícil situación de los afroamericanos; al contrario, la nueva iglesia fue abolicionista desde su nacimiento, al sostener que la esclavitud africana era el mayor pecado estadounidense. Elena de White había aconsejado desobedecer la Ley de Esclavos Fugitivos aprobada en el orden federal, aunque significara ir a prisión. Y dirigentes sabatarios como J. P. Kellogg (padre de John Harvey y Merritt G.) y John Byington (primer presidente de la Asociación General) habían dirigido estaciones del Ferrocarril Subterráneo en sus fincas, con la intención de ayudar a los esclavos a huir del sur y alcanzar la libertad en Canadá.

Después de haberse alcanzado la libertad de los esclavos durante la Guerra Civil, la Asociación General, en 1865, reconoció que "ahora hay un campo abierto en el sur para trabajar entre la gente de color, y debería ser penetrado según nuestras capacidades". Lamentablemente, la capacidad de la iglesia en términos financieros y de personal era muy limitada.

Los primeros adventistas del séptimo día de color, probablemente, estaban en el norte, pero tenemos poco conocimiento sobre su identidad. No fue sino hasta que la iglesia comenzó a penetrar en el sur que encontró gente de raza negra en cualquier cantidad y, además, en una situación de segregación.

Durante la década de 1870, varios adventistas hicieron esfuerzos para ayudar a los ex esclavos a recibir una educación básica. Se dio un paso importante cuando R. M. Kilgore llegó a Texas con el fin de ayudar a organizar iglesias en una zona racialmente enfervorizada. Varias veces enfrentó amenazas de linchamiento, y en una ocasión alguien quemó su tienda de campaña.

Incluso predicar a la gente era problemático en el dividido sur. Una propuesta era hablar a los blancos y a los negros desde una puerta que separaba sus respectivas salas. Los congresos de la Asociación General de 1877 y 1885 debatieron el problema de si crear iglesias separadas para ambas razas o no, siendo que la mayoría de los oradores creía que hacer eso no sería cristiano. Pero, cuando los evangelistas intentaban predicar a grupos mixtos en el sur, los blancos y, a veces, los negros boicoteaban las reuniones. ¿Qué hacer?

Señor, los seres humanos hemos hecho un verdadero desastre de la cuestión racial. Ayúdanos a entender que somos un solo pueblo. Y ayúdanos, como cristianos, a ir más allá de los prejuicios de nuestras culturas.

Conozcamos a Charles M. Kinny

Ya no hay judío ni griego; no hay esclavo ni libre; no hay varón ni mujer; porque todos vosotros sois uno en Cristo Jesús. Gálatas 3:28.

C harles M. Kinny (o Kinney) se convirtió en el primer pastor afroamericano adventista del séptimo día ordenado. Nacido como esclavo en Virginia en 1855, después de la Guerra Civil, siendo un niño de diez u once años, se desplazó hacia el oeste con un grupo de ex esclavos, con la esperanza de encontrar mejores oportunidades en los territorios recientemente abiertos. Y Kinny hizo exactamente eso.

El momento crucial en su vida llegó en 1878, cuando asistió a una serie de reuniones evangelizadoras conducidas por J. N. Loughborough en Reno, Nevada. A su término, Kinny, presumiblemente el único negro, llegó a ser uno de los siete miembros fundadores de la nueva congregación de Reno.

Mientras la serie de Loughborough todavía estaba en plena marcha, Elena de White visitó Reno, y el 30 de julio predicó ante una multitud de cuatrocientas personas sobre las palabras de Juan: "Mirad cuál amor nos ha dado el Padre, para que seamos llamados hijos de Dios; por esto el mundo no nos conoce, porque no le conoció a él". Ese texto y el sermón, que satisfacía sus implicaciones, ofreció a Kinny la seguridad y el coraje que le permitieron avanzar en la vida.

Su vida como esclavo errante había sido incierta, pero en el adventismo había descubierto a una familia enriquecedora. Los miembros de Reno, al percibir su dedicación, lo eligieron como primer secretario de iglesia. Pero, vendrían cosas mejores. La Asociación de California le ofreció el cargo de secretario de la Sociedad Misionera y de Tratados. Después de triunfar en eso, la Asociación de California llegó a un acuerdo, en 1883, con los miembros de la iglesia de Reno, para becar a Kinny, a fin de que estudiara en el Healdsburg College, recientemente fundado.

Al final de dos años de estudio, los dirigentes de la iglesia lo enviaron a Topeka, Kansas, en 1885, para iniciar obra entre la creciente población de color de esa ciudad. En 1889, la Asociación General lo trasladó a Louisville, Kentucky, y fue ordenado al ministerio ese mismo año. Por más de dos décadas, Kinny trabajó en toda la región superior del sur, organizó iglesias de negros y se convirtió en el primer portavoz adventista importante de las aspiraciones afroamericanas.

Como tantas cosas en el adventismo, la década de 1890 fue testigo del gran avance de la obra entre los negros gracias a la inventiva de Edson White y a la creación de una escuela en Oakwood.

Señor, estamos impresionados por lo que hiciste con la vida de Charles M. Kinny. Toma nuestra vida hoy, y permite que seamos una bendición para los demás. Amén.

Paladines de la temperancia

¿Para quién será el ay? ¿Para quién el dolor? ¿Para quién las rencillas? ¿Para quién las quejas? ¿Para quién las heridas en balde? ¿Para quién lo amoratado de los ojos? Para los que se detienen mucho en el vino. Proverbios 23:29, 30.

Una de las grandes cruzadas de los Estados Unidos del siglo XIX fue el movimiento pro temperancia, que tenía como objetivo la ilegalización del uso y la venta de bebidas alcohólicas. Lyman Beecher, uno de los predicadores más influyentes de la Nación, creó el movimiento en 1825. "La intemperancia", dijo a voz en cuello, "es el pecado de nuestro país [...] y si hay algo que frustrará las esperanzas del mundo [...] es ese río de fuego". Beecher siguió exigiendo una corrección nacional, mediante la prohibición de bebidas fuertes como artículo comercial.

Para cuando el adventismo había llegado a su adolescencia, en la década de 1870, la campaña general de temperancia se había ampliado: incluía la abolición y todas las bebidas alcohólicas. La joven iglesia propugnaba activamente a los candidatos de la temperancia, y Elena de White estaba tan interesada en el asunto que hasta sugirió la medida, sin precedentes, de ir a las urnas y votar en sábado por los proponentes de la temperancia.

A lo ancho de los Estados Unidos y finalmente alrededor del mundo, el adventismo ofrecía sus oradores y sus propiedades a fin de ayudar en la cruzada contra el alcohol. En 1874, por ejemplo, los adventistas cedieron sus dos grandes carpas evangelizadoras para una serie de reuniones que propugnaban el cierre de los 135 bares de Oakland, California, sede del programa de publicaciones del adventismo en la costa oeste. Esa cooperación llevó a los adventistas a una relación de trabajo con el "alcalde de la ciudad, varios clérigos, uno de los periódicos locales, y varios de los principales ciudadanos y empresarios [...]. Después de organizarse bien, la comisión ejecutiva planificó una serie de reuniones masivas, que se llevaron a cabo en nuestras espaciosas carpas. Trabajaron día y noche, hasta que toda la ciudad despertó a la acción".

El resultado fue una "gloriosa victoria", de la que los adventistas recibieron parte del reconocimiento en los titulares de los periódicos.

Elena de White estaba al frente de los adventistas en la temperancia y, a menudo, hablaba frente a audiencias no adventistas en los Estados Unidos, Europa y Australia. En 1879, los adventistas del séptimo día habían formado la Asociación Norteamericana de Salud y Temperancia, bajo el liderazgo de John Harvey Kellogg.

La cruzada de la temperancia fue un método que Dios usó para abrir el camino con el fin de que la iglesia tuviese un mayor impacto en la cultura de su época. ¿En qué movimientos de reforma deberíamos estar involucrados hoy?

El fin de una era

Toda carne es como hierba, y toda la gloria del hombre como flor de la hierba. La hierba se seca, y la flor se cae; mas la palabra del Señor permanece para siempre. 1 Pedro 1:24, 25.

Entre 1872 y 1881, la Iglesia Adventista del Séptimo Día vería pasar al descanso a dos de sus fundadores. El primero fue José Bates, que falleció en el Instituto de Reforma Pro Salud de Battle Creek el 19 de marzo de 1872, poco antes de cumplir ochenta años. El anciano reformador de la salud había seguido un programa intenso casi hasta el fin. El año anterior a su muerte, realizó al menos cien reuniones públicas, además de las de su iglesia local y de las asociaciones a las cuales asistió.

El viejo guerrero concurrió a uno de los congresos de la Asociación General un año antes de su muerte. "La reunión anual", informó eufóricamente, "fue de profundo interés para la causa. Fue alentador escuchar lo que se ha logrado el año anterior, y enterarnos de las amplias oportunidades para la obra misionera, y los llamados urgentes y acuciantes para la tarea ministerial en todo el amplio campo de cosecha". Desesperadamente, Bates deseaba responder al llamado, pero no podía.

Asistió a su último congreso dos meses antes de fallecer, y cerró con una oración: "Oh, Señor, en el amado nombre de Jesús, ayúdanos, con este querido pueblo, a cumplir con nuestra sagrada promesa, y que todo tu pueblo remanente que espera también entre en pacto contigo".

Mientras que Bates gozó de buena salud hasta el final, no puede decirse lo mismo de Jaime White. El exceso de trabajo había disparado una serie de ataques debilitantes, que comenzaron a mediados de la década de 1860. Dada la condición de su salud, es absolutamente asombroso todo lo que siguió realizando. Falleció el 6 de agosto de 1881, dos días antes de cumplir sesenta años.

Elena estaba destrozada. "Estoy totalmente convencida", escribió a su hijo Guillermo, "de que mi vida estaba tan entrelazada, o entretejida, con la de mi esposo que me resulta casi imposible sentir que valgo algo sin él" (*Carta* 17, 1881).

Dieciséis años después, escribió: "¡Cuánto lo echo de menos! ¡Cómo anhelo sus palabras de consejo y sabiduría! ¡Cómo anhelo escuchar sus oraciones mezcladas con mis oraciones, para pedir luz y dirección, para pedir sabiduría a fin de saber cómo planificar la obra!" (*MS* 2: 296).

Allí es donde entra en juego la esperanza adventista. Junto con Elena, nosotros también esperamos saludar aquella mañana de la resurrección no solo a su esposo y a Bates, sino también a nuestros seres queridos.

Nuevos comienzos

Escudriñemos nuestros caminos, y busquemos, y volvámonos a Jehová. Lamentaciones 3:40.

El período que va de 1885 a 1900 fue de muchos cambios radicales en la historia adventista. La iglesia enfrentaría cambios enormes en casi cada aspecto de su identidad. Tanto es así que, para comienzos del nuevo siglo, parecía otra cosa, y no lo que había sido antes.

A la cabeza de la lista estaba el gran cambio de fondo de la teología adventista que finalmente emanó del Congreso de la Asociación General de Minneápolis, Minnesota, en 1888. Motivó un llamado a una predicación más cristocéntrica, puso a Cristo como el punto focal de la predicación adventista como nunca antes y llevó a un énfasis en la salvación por la gracia mediante la fe, que la iglesia llegó a ver como *justificación por la fe*. El énfasis anterior en la Ley no desapareció, sino que fue reorientado para ocupar su lugar correcto en el plan de salvación.

El nuevo enfoque en Cristo y en su justicia también vio surgir nuevas personalidades al frente del adventismo. De especial importancia fueron Alonzo T. Jones, Ellet J. Waggoner y W. W. Prescott. Jones y Waggoner llegaron a ser los predicadores adventistas más destacados en la década de 1890, y dominaron, por ejemplo, el púlpito en cada uno de los seis congresos de la Asociación General entre 1889 y 1899. Y, para fines de la década, Jones sería el editor de la *Review and Herald*, uno de los puestos más influyentes de la iglesia en ese entonces.

La década de 1890 también fue testigo del comienzo de una transformación en las creencias adventistas acerca de la Deidad. Al fin y al cabo, cada vez que empezamos a hablar de la salvación a través de Cristo, tenemos que tener un Salvador y un Espíritu Santo adecuados para la tarea.

Junto con la reforma en la teología adventista, habría una explosión en el programa misionero de la iglesia, que finalmente la enviaría a "toda" nación. En 1900, la Iglesia Adventista del Séptimo Día verdaderamente era mundial.

Otro aspecto del enorme cambio fue el educativo. La reforma teológica y la explosión misionera llevaron a la transformación del sistema educativo de la iglesia, en su orientación y en su importancia relativa en ella.

El cambio pudo haber sido doloroso, como descubrieron algunos. Pero, también era esencial.

Danos mentes abiertas, oh Dios, al vislumbrar las transformaciones del pasado y a medida que nos llevas hacia el futuro.

Nuevos temas -1

Porque por gracia sois salvos por medio de la fe; y esto no de vosotros, pues es don de Dios. Efesios 2:8.

En 1850, los adventistas sabatarios estaban entusiasmados con las nuevas verdades que habían hallado. Nunca dejaron de hablar, de escribir ni de predicar acerca de esas doctrinas que los hicieron resaltar como pueblo distintivo: la Segunda Venida literal, visual y premilenial; el ministerio de Cristo en el Santuario celestial, en dos fases; el día de reposo sabático, en su contexto del tiempo del fin; y la inmortalidad condicional. Al ser vistas a través del prisma del mensaje de los tres ángeles de Apocalipsis 14, esas doctrinas conformaban un poderoso conjunto teológico que valía la pena proclamar.

A esta altura, debemos reconocer que los adventistas, en realidad, sustentaban dos conjuntos de creencias. La primera categoría incluía doctrinas que *compartían* con los demás cristianos, como la salvación por gracia solo mediante la fe, la importancia de la Biblia como el único determinante de la verdad doctrinal, el papel histórico de Jesús como el Salvador del mundo, el poder de la oración intercesora, etc.

La segunda categoría doctrinal consistía en aquellas doctrinas que lo hacían un grupo de personas diferentes; creencias que los *separaban* de los demás cristianos, como el sábado y la enseñanza del Santuario celestial.

Dado que los adventistas del siglo XIX vivían básicamente en una cultura cristiana, tendían a no enfatizar lo que compartían con otros cristianos. Al fin y al cabo, ¿por qué predicar la gracia salvífica a los bautistas o la importancia de la oración a los metodistas, cuando ellos ya creían en esas enseñanzas?

Lo importante, según ellos, era presentar esas verdades adventistas distintivas que los demás necesitaban oír y aceptar.

Como resultado, cuando entraban en una población o una ciudad nueva, conseguían el mejor lugar de reuniones, a veces el auditorio de una escuela, y luego desafiaban al predicador más destacado de la zona a un debate público acerca de cuál es el día de reposo, o sobre qué es lo que sucede con una persona cuando muere.

¿Alguna vez pensaste en tu sistema de creencias y cómo encajan unas con otras? ¿O, incluso, si es bíblicamente válido?

Deberías hacerlo. Cada uno de nosotros es responsable de saber por qué somos cristianos y por qué somos adventistas. Te desafío hoy a profundizar el estudio personal de la Biblia.

Nuevos temas -2

Respondiendo Simón Pedro, dijo: Tú eres el Cristo, el Hijo del Dios viviente. Mateo 16:16.

Ayer vimos que los primeros predicadores adventistas creían que debían concentrarse en aquellos temas que los distinguían, como el día de reposo sabático, y no en aquellas doctrinas que compartían con los demás cristianos.

Su método de entrar en una comunidad y desafiar a un pastor destacado a un debate público parecía funcionar; al fin y al cabo, sin televisores, el mejor espectáculo en un pueblo chico tal vez fuese el de dos predicadores discutiendo sobre cómo sufre la gente en el infierno. De todos modos, los evangelistas adventistas no parecían haber tenido ninguna dificultad para reunir a una multitud con el fin de que escuchara su mensaje.

Pero, después de cuarenta años de enfatizar las verdades adventistas distintivas en una atmósfera de debate en detrimento de las doctrinas cristianas generales, esto tuvo dos efectos perjudiciales. Primeramente, produjo algunos adventistas bastante combativos; rasgo de la personalidad que inquietó a la iglesia en los acontecimientos relacionados con las reuniones de 1888.

Más allá de eso, cuatro décadas de enfatizar demasiado las enseñanzas distintivas y de descuidar las doctrinas compartidas llevó a una disyuntiva entre el adventismo y el cristianismo básico. A mediados de la década de 1880, el tema había alcanzado proporciones problemáticas. La iglesia había hecho un excelente trabajo al predicar lo que era adventista en el adventismo, pero había perdido de vista el conjunto más amplio, que hacía que el adventismo fuese cristiano.

El adventismo necesitaba corregir el rumbo. Dos hombres relativamente jóvenes de la parte oeste de los Estados Unidos, A. T. Jones y E. J. Waggoner, comenzaron esa corrección. Al principio, parecía que Jones y Waggoner estaban haciendo un ajuste doctrinal, al dar un lugar mayor a Cristo y la fe dentro de la teología adventista, y un papel menos destacado a la Ley.

Pero, los dirigentes de la iglesia G. I. Butler y Urías Smith veían esa "corrección" como un gran terremoto teológico. Consideraban que las nuevas enseñanzas eran un derrocamiento del adventismo histórico, con su énfasis en la Ley y las obras.

Como resultado, lucharon contra ella con todas sus fuerzas; que no eran pocas, dado el hecho de que tenían influencia directa sobre los predicadores de la iglesia, que todavía apenas contaba con unos 25.000 miembros en el ámbito mundial.

Señor, ayúdanos a aprender de nuestra historia lecciones de equilibrio teológico en nuestro caminar contigo.

Nuevos temas -3

Como el agua fría al alma sedienta, así son las buenas nuevas de lejanas tierras. Proverbios 25:25.

En 1886, los bandos de la lucha teológica adventista que se avecinaba eran bastante visibles. Por un lado, estaban G. I. Butler, el presidente de la Asociación General, y Urías Smith, secretario de la Asociación General. Por el otro, estaban los dos editores recién llegados del oeste: A. T. Jones y E. J. Waggoner.

Parece que la única participante destacada del conflicto trató de permanecer neutral, para poder trabajar con ambas partes. Sin embargo, a comienzos de 1887, Elena de White comenzó a inferir que los hombres más jóvenes estaban siendo tratados injustamente, en una lucha desigual; pero que ellos tenían algo que enseñar, que la Iglesia Adventista del Séptimo Día necesitaba desesperadamente oír. Por lo tanto, para abril de 1887, ella se había dedicado a asegurarse de que Jones y Waggoner consiguiesen una audiencia en el Congreso de la Asociación General de 1888.

Después de todo, fue Elena de White la que reveló con mayor claridad la verdadera importancia del mensaje de 1888 de Jones y Waggoner. Su tema principal se centró en la reinterpretación de parte de Apocalipsis 14:12: "Aquí está la paciencia de los santos, los que guardan los mandamientos de Dios y la fe de Jesús".

Ese pasaje es el texto central de la historia adventista. Contiene el último mensaje que daría Dios al mundo antes de la Segunda Venida, que es representado como algo que ocurre en los versículos 14 al 20.

Lo interesante es que ambos bandos de la lucha adventista en torno a 1888 se centraban en Apocalipsis 14:12; pero enfatizaban diferentes partes del versículo. Los tradicionalistas ensalzaban "los Mandamientos de Dios", mientras que los reformadores enfatizaban "la fe de Jesús". De las reuniones de Minneápolis, surgió una nueva interpretación de Apocalipsis 14:12, que cambiaría para siempre la forma de la teología adventista.

Elena de White sufrió por apoyar a Jones y Waggoner. En diciembre de 1888, recordó el Congreso de la Asociación General que hacía poco había concluido y declaró: "Mi testimonio fue ignorado, y nunca en mi vida [...] me trataron como en ese congreso" (*Carta* 7, 1888).

Algunos creemos que en los "buenos tiempos de antaño" todo andaba bien en la iglesia. ¡No es así! Ahora tampoco es así. Las personas buenas se enojan unas con otras, y necesitan orar para que Dios las perdone.

Nuevos rostros: conozcamos a E. J. Waggoner

Y les dijo: Esto es mi sangre del nuevo pacto, que por muchos es derramada. Marcos 14:24.

Ellet J. Waggoner era el más joven de los participantes más destacados del Congreso de la Asociación General de 1888. Nacido en 1855, era hijo del pastor J. H. Waggoner, a quien ya conocimos.

Ellet obtuvo una maestría en la ciudad de Nueva York en 1878, pero nunca encontró la satisfacción deseada en la práctica médica. Como resultado, entró en el ministerio, y recibió una invitación como asistente editorial de la *Signs of the Times* en 1884.

La crisis teológica más importante en la vida del joven Waggoner ocurrió en una reunión campestre en Healdsburg, California, en octubre de 1882. Durante un sermón, experimentó lo que denominó una "revelación bíblica extra".

"De repente", informó, "brilló una luz a mi alrededor y, para mí, la carpa estaba mucho más iluminada que si estuviese brillando el sol del mediodía, y vi que Cristo pendía de la cruz, *crucificado por mí*. En ese momento, tuve mi primer pensamiento positivo, que llegó como un diluvio abrumador: que Dios *me* amaba, y que Cristo murió *por mí*".

Waggoner "sabía que esta luz [...] era una revelación directa del Cielo". Por lo tanto, resolvió allí mismo que "estudiaría la Biblia a la luz de esa revelación", para poder "ayudar a otros a ver la misma verdad". Debido a ese plan, señaló, "cada vez que acudí al Libro Sagrado, hallé a Cristo definido como el poder de Dios para la salvación de las personas, y nunca encontré nada más".

Fue la "visión" de Waggoner la que finalmente lo guió a un estudio en profundidad del libro de Gálatas. Dado su punto de partida, no es de extrañar que encontrara el evangelio en Gálatas. Ese descubrimiento le daría protagonismo en el adventismo durante la última parte de la década de 1880. Esto, también, lo prepararía para la confrontación directa con los dirigentes de la Asociación General, G. I. Butler y Urías Smith, en el Congreso de la Asociación General de 1888.

Como veremos, E. J. Waggoner fue el más gentil de los hombres que participaron de los acontecimientos que giraron en torno de las nuevas enseñanzas de la era de 1888.

La experiencia de Waggoner le dio forma a su vida. Una "visión" de la justicia de Cristo siempre transforma nuestros pensamientos y nuestra manera de actuar. Cada día necesitamos preguntarnos si nuestro adventismo ha sido bautizado por la luz de la cruz.

Nuevos rostros: les presento a A. T. Jones

Aunque un ejército acampe contra mí, no temerá mi corazón. Salmo 27:3.

"¡Muerto para el mundo, y vivo para ti, oh, mi Señor!" Con esas palabras y con las manos en alto, el sargento Alonzo T. Jones se levantó de la tumba bautismal en Walla Walla, territorio de Wáshington, el 8 de agosto de 1874. Durante semanas había estado "buscando fervientemente al Señor", y pocos días antes había recibido "pruebas vívidas de los pecados perdonados". Carismático, enérgico, dramático, apuesto y con tendencia a irse a los extremos, Jones se convirtió en una figura destacada en los círculos adventistas durante la década de 1890.

Jones estaba orgulloso de su pasado militar. Cualquier título de gloria militar provenía de su participación en la guerra de Modoc, al norte de California, en 1873, durante la cual asegura que él y su pelotón "sirvieron una lluvia de balas" contra el enemigo, en un esfuerzo por proteger a un oficial herido.

El intrépido Jones pasaría el resto de su vida sirviendo "una lluvia de balas" a cualquier blanco que percibiera como enemigo.

Su personalidad y su estilo de confrontación hicieron mucho para fastidiar a sus oponentes. Elena de White, repetidas veces, le advirtió en contra de sus comentarios duros, pero a Jones se le hacía casi imposible distinguir entre la franqueza y la crudeza. Él aclaró este tema en 1901, cuando algunos desafiaron su candidatura a la presidencia de la Asociación de California porque su "franqueza y crudeza de expresión [...] lastimaban a la gente". Jones se confesó culpable; pero señaló: "No puedo arrepentirme de eso, porque es simple cristianismo".

Su aspereza hizo mucho en marcar la pauta para las reuniones de Minneápolis, cuando espetó a la delegación que él no debería hacerse responsable de la ignorancia de Urías Smith de ciertos detalles históricos sobre Daniel 7. Habiendo hecho su tarea, Jones sabía que estaba en lo cierto y subrayó su posición.

Si bien esa determinación hacia un patriarca de la iglesia no hizo mucho por su causa, su contundencia intrépida indudablemente lo ayudó en los pasillos del Congreso de los Estados Unidos y en otras partes, al luchar en contra de las inminentes leyes dominicales. Jones era un hombre que prosperaba en el fragor de la batalla.

¡Pero, de todos modos, Dios lo usó poderosamente!

Aquí encuentro algo importante para mí. Con todas mis faltas, Dios todavía puede usarme a mí (y a ti). Si bien es cierto, él desea cambiarnos si se lo permitimos, comienza con nosotros exactamente donde estamos.

Rostros viejos: conozcamos a G. I. Butler

Porque siete veces cae el justo, y vuelve a levantarse; mas los impíos caerán en el mal. Proverbios 24:16.

Algunas personas son más duras que otras.

Ese era el caso de George I. Butler, presidente de la Asociación General en 1888. En sus mejores momentos, pudo ser muy honesto consigo mismo. Quizás hizo su autoanálisis más preciso y perceptivo en 1886, cuando escribió: "Yo [...] naturalmente [tengo] [...] demasiado hierro en mi modo de ser", y no suficiente cantidad del amor de Jesús. "La escuela en la que he tenido que capacitarme para enfrentar cualquier clase de influencia", agregó, "ha sido muy favorable para mantener el hierro en mí, y hacerme inflexible".

Ese último comentario quizá nos ayude a entender la "dureza" de muchos de los dirigentes adventistas del siglo XIX. No era fácil conducir a un movimiento pequeño y despreciado, que no brindaba ninguna seguridad terrenal y que prácticamente no tenía instituciones para darle prestigio, en una era en la que el chasco millerita todavía era un recuerdo vivo entre la población en general. Solo los de fuerte voluntad podían triunfar cuando Butler comenzó con sus primeros cargos administrativos. Un hierro era una necesidad, para la mayoría de los pioneros adventistas, antes de que el adventismo llegase a ser una religión más "cómoda" y respetable.

Butler tenía lo que se necesitaba para sobrevivir en una época semejante, pero el precio por pagar había sido el "hierro". Así, en 1886 se describió como "un poco combativo". Al percibir, al comienzo de su controversia con Waggoner sobre Gálatas, que era muy beligerante, escribió a Elena de White diciendo que "él quería ser como Jesús: sabio, paciente, amable, de corazón tierno [y] franco", con "un amor por la justicia y la equidad para todos". Lamenta el hecho "de que todavía queda demasiada naturaleza humana en mí", y que "tengo grandes luchas con el viejo hombre". Butler quería que su naturaleza vieja "muriera, MURIERA TOTALMENTE".

Sin embargo, ese deseo fue de cumplimiento lento. Con él, como con la mayoría de nosotros, el proceso de santificación en realidad era obra de toda una vida. Al escribir a Kellogg en 1905, el anciano Butler señaló: "Soy un tipo bastante duro, pienso para mí. Usted le dio en la tecla al decir: 'Razonar con el pastor Butler es lo mismo que razonar con un poste, cuando apuesta a algo' ".

Mi Padre, temo que hay un poco de Butler en mí. Ayúdame hoy a MORIR TOTALMENTE.

Rostros viejos: les vuelvo a presentar a Urías Smith

Llevad mi yugo sobre vosotros, y aprended de mí, que soy manso y humilde de corazón; y hallaréis descanso para vuestras almas. Mateo 11:29.

En 1888, Urías Smith, el cómplice de Butler en el poder, había sido secretario de la Asociación General durante todos los años desde 1863, salvo durante tres años. Más allá de eso, Smith había estado relacionado con la revista semioficial del adventismo (la *Review and Herald*) desde la década de 1850, y para 1888 había trabajado por casi 25 años como jefe editorial.

Además, era la autoridad incomparable sobre interpretación profética. Su *Thoughts on Daniel and the Revelation* [Pensamientos sobre Daniel y el Apocalipsis] era un éxito de ventas adventista, tanto entre los miembros de iglesia como entre los que no lo eran. Uno de los periódicos de Minneápolis-St. Paul señaló, al anunciar su llegada para las reuniones de 1888, que "el pastor Urías Smith [...] tiene la reputación de ser uno de los redactores y oradores más capaces del congreso; y además es un profundo erudito".

Al igual que Butler, Smith se consideraba guardián de la ortodoxia de la iglesia. Enunció en forma sucinta su política editorial con relación a algunas de las nuevas ideas de A. T. Jones en 1892: "Luego de años de estudio y de observación en la obra, me he decidido por determinados principios, y no estoy preparado para tropezar por sugerencia de cada novicio". Sin duda, esa había sido su postura frente a la "nueva teología" de Jones y Waggoner en 1888. Ni Smith ni Butler tenían la mínima inclinación a "tropezar" frente a las enseñanzas de los hombres, más jóvenes, de California; de hecho, resultó ser exactamente lo contrario.

Como hemos visto, ciertas características de Jones y de Waggoner no facilitaron las cosas. Elena de White les escribió una carta a comienzos de 1887, tratando de bajar el tono a su agresividad: "Al pastor [J. H.] Waggoner", dijo, "le encantaban las discusiones y las polémicas. Temo que E. J. [Waggoner] haya cultivado ese mismo amor. Ahora necesitamos una religión bien humilde. E. J. W. necesita humildad, mansedumbre; y la influencia del hermano Jones puede hacer mucho bien si constantemente cultiva la piedad práctica" (*Carta* 37, 1887).

¿No es que todos necesitamos humildad? Una cosa es cantarle al Señor que nos haga humildes y mansos. Pero, otra totalmente diferente es aceptar el don.

Señor, ayúdanos.

El inicio del año 1888

Después vi otra bestia que subía de la tierra; y tenía dos cuernos semejantes a los de un cordero, pero hablaba como dragón. Apocalipsis 13:11.

"**V**olvemos la mirada hacia el futuro", escribió Urías Smith en su editorial de apertura de la *Review* en 1888. "El panorama, año tras año, se hace cada vez más claro y la evidencia, más segura, de que no hemos seguido fábulas ingeniosamente inventadas para dar a conocer la pronta venida del Señor. Las profecías están convergiendo a su cumplimiento. Los acontecimientos avanzan a una velocidad acelerada. La palabra de Dios está demostrando sus afirmaciones de veracidad y está consolando a todo creyente humilde con el pensamiento de que la esperanza cifrada en ella nunca puede fallar".

El presidente de la Asociación General, G. I. Butler, compartía perspectivas similares con Smith. "Tenemos muchas razones para agradecer a Dios y animarnos al entrar en el año 1888", escribió en enero. Al observar que los adventistas del séptimo día "nunca asumieron una postura sobre la exégesis bíblica a la que se hayan visto obligados a renunciar", señaló que "cada año tenemos más evidencias de que estamos en lo cierto en nuestra interpretación de los grandes temas proféticos que nos distinguen como pueblo".

En enero de 1888, también A. T. Jones, coeditor de la *Signs of the Times*, asumió la postura de que los acontecimientos de aquel entonces en relación con la unificación de la religión y el Estado en los Estados Unidos iban en "camino directo al cumplimiento de Apocalipsis 13:11 al 17", con su enseñanza sobre la formación de la imagen de la bestia.

Los adventistas del séptimo día de todas partes estaban entusiasmados por la Segunda Venida a comienzos de 1888, ya que los acontecimientos de todas partes indicaban que pronto verían que la ley dominical nacional, predicha durante tanto tiempo, se convertiría en realidad.

La interpretación adventista de Apocalipsis 13 predecía una confrontación, en los últimos días, entre quienes honraran el verdadero día de reposo y los que simbólicamente siguieran a la bestia. Como resultado, los adventistas del séptimo día habían estado prediciendo pública-mente, desde fines de la década de 1840, que finalmente sufrirían persecución por causa de su fidelidad al sábado bíblico.

En ese contexto histórico y teológico, no es demasiado difícil ver por qué Apocalipsis 14:12 ("Aquí está la paciencia de los santos, los que guardan los mandamientos de Dios y la fe de Jesús") era su texto insignia, impreso en su totalidad debajo del encabezamiento de la *Review* durante casi un siglo. Dado este énfasis, es fácil comprender por qué eran sensibles a una legislación dominical.

Te agradecemos, Señor, por las profecías de Daniel y Apocalipsis. Ayúdame a estudiarlas más plenamente.

Persecución dominical por todos lados

Bienaventurados los que padecen persecución por causa de la justicia, porque de ellos es el reino de los cielos. Mateo 5:10.

Durante la década de 1880, la legislación dominical y la persecución aumentaron en fuerza y magnitud. El problema emergió en forma explosiva en California en 1882, cuando la cuestión del domingo se convirtió en un tema importante en las elecciones de los Estados. Las consecuencias afectaron a los adventistas, cuando las autoridades locales arrestaron a Guillermo C. White por hacer funcionar la Pacific Press en día domingo.

Aunque California pronto repelió su ley dominical, la amenaza de leyes similares en toda la Nación impulsó a los adventistas del séptimo día a la acción. Quizá su medida más importante fue establecer lo que llegó a ser el *American Sentinel of Religious Liberty* [Centinela Norteamericano de Libertad Religiosa] (ahora llamado *Liberty* [Libertad]) en 1884, con la intención de encabezar la lucha contra la legislación dominical.

La escena de acción se trasladó a Arkansas en 1885. Entre 1885 y 1887, el Estado tuvo 21 casos relacionados con la profanación del domingo. Todos los casos, salvo dos, habían incluido a observadores del sábado; y las autoridades habían liberado a los acusados de esos dos casos sin fianza, y desestimaron sus casos. Sin embargo, para los adventistas, la fianza iba de 110 a 500 dólares cada una; una dura multa en una época en que un trabajador ganaba, aproximadamente, un dólar diario.

A. T. Jones concluyó que "no podría haber una demostración más clara de que la ley era usada solo como medio de desahogar despechos religiosos contra una clase de ciudadanos inocentes de todo delito, que solo profesaban una religión diferente de la de la mayoría".

A finales de 1885, el eje central de la legislación dominical cambió a Tennessee, donde las autoridades arrestaron a una cantidad de adventistas a fines de la década de 1880 y a comienzos de la de 1890. Algunos, incluyendo pastores, trabajaban en cuadrillas, como delincuentes comunes.

El entusiasmo escatológico de los adventistas se intensificó en 1888, cuando el cardenal católico romano James Gibbons se unió a los protestantes, al elevar una petición al Congreso en favor de la legislación dominical nacional. Los protestantes estuvieron más que dispuestos a aceptar esa ayuda. "Cada vez que ellos [los católicos romanos] estén dispuestos a cooperar para resistir el progreso del ateísmo político", proclamó el *Christian Statesman* [Estadista cristiano], "con gusto nos uniremos a ellos". -

La libertad religiosa es un don precioso. Debemos apreciarla y usarla, mientras todavía la tenemos.

El proyecto de ley dominical nacional

Y ejerce toda la autoridad de la primera bestia en presencia de ella, y hace que la tierra y los moradores de ella adoren a la primera bestia, cuya herida mortal fue sanada. Apocalipsis 13:12.

El apogeo de la cuestión dominical llegó el 21 de mayo de 1888, cuando el senador H. L. Blair, de Nueva Hampshire, presentó en el Senado de los Estados Unidos un proyecto para la promoción de la observancia del "día del Señor" "como el día de adoración religiosa".

El proyecto de ley dominical nacional de Blair fue la primera legislación de este tipo en entrar en el Congreso desde el establecimiento del movimiento adventista en la década de 1840. Cuatro días después, presentó una propuesta de enmienda para la Constitución de los Estados Unidos tendiente a cristianizar el sistema de escuelas públicas nacionales.

Los adventistas del séptimo día no pasaron por alto la importancia profética de los proyectos de Blair. El entusiasmo escatológico por causa del movimiento de la ley dominical sirvió como factor que contribuyó al aumento de las tensiones en el período anterior al Congreso de la Asociación General de 1888.

Esa crisis escatológica creó una atmósfera emocional directamente relacionada con otras dos cuestiones que surgirían en las reuniones de Minneápolis. La primera tenía que ver con la interpretación de la profecía, especialmente en el libro de Daniel; la segunda estaba relacionada con la clase de justicia necesaria para la salvación. Ese segundo tema se centraría en la función de la Ley de Dios en el plan de salvación, mientras los adventistas luchaban por saber cuál era el papel de esta en el libro de Gálatas.

Es imposible comprender el elevado tono de agitación de los participantes en las reuniones de 1888 sin captar el hecho de que los adventistas creían, debido a la crisis dominical, que ya habían afrontado el tiempo del fin.

S. N. Haskell escribió, poco antes del comienzo del congreso, que su libertad como observadores del sábado pronto les sería quitada, y que pronto podrían estar dando testimonio en cortes y prisiones.

Con eso en mente, no es difícil ver por qué algunos dirigentes adventistas reaccionaron de forma violenta y emocional cuando Jones y Waggoner comenzaron a cuestionar la validez de los aspectos de la interpretación corriente en la iglesia acerca de la profecía y su teología de la Ley. Esas cuestiones, razonaban, amenazaban la misma esencia de la identidad adventista, en un tiempo de crisis extrema.

Reaccionar y sobrerreaccionar a los problemas a menudo van de la mano. Que el Señor nos ayude no solo a conocer la diferencia, sino además a practicar una forma más saludable en nuestra vida en la iglesia y en nuestra vida privada.

La explosión de los diez cuernos

He aquí la cuarta bestia [...] era muy diferente de todas las bestias que vi antes de ella, y tenía diez cuernos. Daniel 7:7.

Bueno, quizá pienses: *Ese no es un gran texto para mi devoción diaria.* Tienes razón. Pero, tiene una historia detrás que sacudió al adventismo en la década de 1880. Comenzó cuando el Congreso de la Asociación General de 1884 pidió a A. T. Jones que reuniera información histórica sobre el cumplimiento de la profecía, incluyendo los diez cuernos de Daniel 7.

Urías Smith estaba encantado de que Jones tuviese tiempo para hacerlo. Pero, su placer desapareció cuando el hombre más joven se diferenció de él en cuanto a la identidad de uno de los cuernos y, de ese modo, sugería que el listado tradicional estaba equivocado. Las cosas empeoraron cuando Jones publicó sus hallazgos en la *Signs*. Smith lo refutó en la *Review,* cuando el "debate" pasó de frío a caliente.

Y ¿por qué tanta preocupación por un detalle tan pequeño?

Permitamos que Smith responda. Indicó que si cambiaban lo que habían predicado por cuarenta años, la gente lo notaría y diría: "¡Oh! Ahora descubren que están equivocados en lo que consideraban uno de los puntos más claros; y así, si les damos suficiente tiempo, ¡probablemente al final llegarán a reconocer que están errados en todo!" Y, con esa jugada, toda la interpretación profética que incluía la ley dominical nacional se desplomaría... O así razonaba Smith.

Jones, además, combatió el fundamento de la cuestión dominical, al observar que "la verdadera batalla de la verdad y por la verdad aún no ha comenzado". Pero, el surgimiento de las leyes dominicales cambiaría todo eso. Las creencias adventistas del séptimo día durante la crisis del tiempo del fin se "convertirían en el principal tema de discusión [...]. Entonces, nuestras creencias van a ser percibidas por los grandes del país. Luego, cada punto será analizado y desafiado [...]. Entonces tendremos [...] que presentar alguna razón mejor para nuestra fe que 'ha sido predicada por cuarenta años', o que el obispo Chandler así lo dice".

Fue la crisis dominical lo que hizo que un tema aparentemente sin importancia, como la identidad de uno de los diez cuernos, fuese explosivo. A Smith y a Butler no les parecía de ninguna manera un buen momento para jugar públicamente con una interpretación de la profecía de larga data.

Uno de los hechos de la historia adventista es que incluso un *pequeño tema* puede sentar las bases para *grandes pugnas,* cuando la mente y el espíritu de las personas se enardecen durante un enfrentamiento poco edificante.

Ayúdanos, Padre, a obtener una perspectiva adecuada al leer tu Palabra y en nuestro trato con los demás.

La explosión de la ley en Gálatas -1

Así que la ley vino a ser nuestro guía, encargado de conducirnos a Cristo, para que fuéramos justificados por la fe. Pero ahora que ha llegado la fe, ya no estamos sujetos al guía. Gálatas 3:24, 25, NVI.

El hecho de que este pasaje pudiera causar una explosión adventista es un poco más fácil de ver que el de los diez cuernos de Daniel 7; especialmente, si leemos que el texto presupone que no había ninguna necesidad de la Ley después de la venida de Cristo, y no que la Ley siempre nos señala los pecados y, más allá de ellos, al Salvador.

Butler y sus amigos indudablemente temían la primera opción. Y eso sería grave, si la Ley fuese los Diez Mandamientos. Las tropas de Butler consideraban que esa interpretación era una amenaza para la misma esencia de la teología adventista: la continua sacralidad del día de reposo sabático está incrustada en la misma Ley moral. Por lo tanto, los dirigentes de la iglesia percibían que Jones y Waggoner estaban poniendo en peligro uno de los pilares centrales del adventismo.

Durante más de treinta años, la iglesia había sostenido la interpretación de la ley ceremonial. Y entonces, en medio de la crisis de la ley dominical, Waggoner tuvo que plantear una enseñanza que, según Butler y Smith, socavaba la misma base de su razón de observar el sábado, y así brindaba "gran ayuda y consuelo" a los enemigos adventistas que estaban en contra de la Ley.

Butler consideraba que la nueva enseñanza era "la cuña de entrada" por la que se podría "dejar entrar" un "diluvio" de cambios doctrinales y proféticos en la Iglesia Adventista.

Smith era uno en corazón y mente con Butler. Para él, "después de la muerte del hermano White, la mayor calamidad que cayó sobre nuestra causa fue cuando el Dr. Waggoner publicó sus artículos sobre el libro de Gálatas en la *Signs*". Afirmó rotundamente que si la iglesia alguna vez cambiaba su postura sobre Gálatas, "conmigo no cuenten", porque "aún no estoy preparado para renunciar al adventismo del séptimo día".

A veces, el temor impulsa a nuestra teología a una lectura más cuidadosa de la Biblia. Cuando esto ocurre, a veces reaccionamos y perdemos la capacidad de leer el texto claramente.

Padre, ayúdanos a leer tu Palabra con ambos ojos abiertos y nuestras emociones en su lugar.

La explosión de la ley en Gálatas -2

Todos sois hijos de Dios por la fe en Cristo Jesús. Gálatas 3:26.

El hecho de que Elena de White hubiera tenido una visión en la que había identificado la ley de Gálatas en la década de 1850 complicaba aún más el conflicto. Butler y Smith aseguraban que ella la había especificado como la ley ceremonial. Ella respondió que recordaba la visión, pero, como no había registro escrito, no recordaba lo que había dicho, y que debían abandonar el tema porque no era importante. Para ella, era una "mera mota" de un problema. Su preocupación no era la ley, sino "presentar a Jesús y su amor ante mis hermanos, porque vi señaladas evidencias de que muchos no tenían el espíritu de Cristo" (*Manuscrito 24, 1888*).

Esa conversación enardeció aún más a Butler y a Smith, quienes ahora acusaron a Elena de White de cambiar de opinión. E insinuaron que ningún profeta verdadero podría hacer eso; por lo tanto, su don profético también fue objeto de críticas por parte de los dirigentes de la iglesia, en un momento ya tenso.

Pero, no era la primera vez, en la década de 1880, que Smith se había disgustado con la profetisa adventista. En 1882 se había alborotado por un testimonio que criticaba su manejo de Goodloe Harper Bell, en el Colegio de Battle Creek. En ese entonces, había llegado a la conclusión de que no todo lo que ella escribía era de Dios: el consejo de ella era inspirado solamente si decía "Vi". Así que, a menos que dijeran "Vi", las cartas que ella le enviaba eran buenos consejos, simplemente; o un mal consejo, según Smith, en el caso de Bell.

A mediados de la década de 1880, en medio del conflicto de Gálatas, Butler se había unido a Smith en su opinión resentida respecto de los "malos consejos" de Elena de White.

Elena de White, por supuesto, tenía su propia opinión al respecto. "Si las opiniones preconcebidas o las ideas particulares de algunos son contradichas al ser reprendidas por los testimonios, ellos sienten inmediatamente la necesidad de hacer clara su posición para discriminar entre los testimonios, definiendo lo que es el juicio humano de la hermana White y lo que es la Palabra de Dios. Cualquier cosa que sostenga sus ideas acariciadas es divina, y los testimonios que corrigen sus errores son humanos: son las opiniones de la hermana White. Anulan el efecto del consejo de Dios con su tradición" (*Manuscrito 16, 1889*).

Protégenos, oh Dios, de nosotros mismos.

Estruendos de guerra en 1886

Estruendo de guerra en la tierra. Jeremías 50:22.

Butler salió a resolver los conflictos por la ley de Gálatas y los diez cuernos de Daniel 7 a finales de 1886. Primero, escribió una serie de cartas para que Elena de White se pusiera de su lado. Segundo, preparó un "breve comentario" sobre Gálatas, que en realidad fue un libro de 85 páginas titulado *The Law in the Book of Galatians* [La ley en el libro de Gálatas], que desafiaba la postura de Waggoner.

Tercero, trató de usar el Congreso de la Asociación General de 1886 con el fin de poner en su lugar las "falsas enseñanzas" de Jones y Waggoner, y así hacer que la iglesia retomara el rumbo. El presidente de la Asociación General entregó un ejemplar de su libro a cada asistente. Lo más importante es que organizó una comisión teológica para resolver los temas debatidos, de una vez por todas.

Pero, la esperanza de Butler de una declaración de credo que establecería para siempre la verdad sobre los puntos controvertidos se vio frustrada. La comisión de nueve miembros se dividió en cinco a cuatro. "Discutimos durante varias horas", informó Butler, "pero ninguna de las partes estaba convencida". La siguiente duda, señaló, "era si debíamos presentarlo ante el Congreso y tener una gran pelea pública al respecto". Al ser un astuto político, se dio cuenta de que ese accionar únicamente causaría más problemas.

Tanto Butler como Elena de White recordarían el Congreso de la Asociación General de 1886 como aquel "congreso terrible". Si bien él señaló que la reunión fue una de las más tristes a las que hubiese asistido, ella destacó que "Jesús estaba apenado y herido en la persona de sus santos". Especialmente, se sintió molesta por la "dureza", la "falta de respeto y de amor compasivo de hermano a hermano" (*Carta* 21, 1888; *Manuscrito* 21, 1888). La dinámica de las reuniones de Minneápolis ya estaba establecida.

La baja más grave de la reunión de 1886 fue D. M. Canright, un firme defensor de la postura de Butler sobre la Ley. Aparentemente, entendió que la postura tradicional del adventismo tenía problemas. Había reconocido que Butler y sus amigos estaban "exaltando la Ley por encima de Cristo". Pero, en vez de adoptar la creencia de Waggoner de que los Diez Mandamientos conducen a las personas hacia Cristo, Canright abandonó el adventismo y la Ley, y se transformó en el antagonista más agresivo de la iglesia.

No hay ningún tema más importante que la exaltación de Jesús.

Guíanos, Señor, mientras meditamos, en la historia adventista, sobre el lugar de Cristo en nuestra vida.

Elena de White trata de equilibrar las cosas

Bienaventurados los mansos, porque ellos recibirán la tierra por heredad. Mateo 5:5.

Elena de White estaba cada vez más preocupada por su iglesia y hacia dónde esta se dirigía. Expuso algunos de sus pensamientos y temores en una carta dirigida a Jones y a Waggoner el 18 de febrero de 1887. "Hay peligro de que nuestros ministros se ocupen demasiado de las doctrinas, predicando demasiados discursos acerca de temas debatidos, cuando su propio ser necesita de la piedad práctica [...]. Las maravillas de la redención se consideran muy livianamente. Necesitamos que estos temas sean presentados más plena y continuamente [...]. Hay peligro de que los discursos y los artículos sean como la ofrenda de Caín: sin Cristo" (*Carta* 37, 1887).

Parte de su carta era un reprimenda para Jones y Waggoner por hacer públicas varias cuestiones en un tiempo de crisis, y por cierto acerca de sus rasgos de carácter indeseables. Ambos hombres respondieron de forma positiva, y humildemente se disculparon por sus faltas públicas y privadas.

Una copia de la carta que reconvenía a Jones y a Waggoner fue enviada a Butler. Enfervorizado por su contenido, erróneamente la interpretó como una confirmación de su postura sobre la Ley. En su euforia, escribió a Elena de White que en realidad había llegado a "amar" a esos dos jóvenes, y señaló que sentía pena por ellos. "Siempre me compadezco de los que sufren un chasco fuerte". A pesar de su "compasión", Butler publicó jubilosamente un artículo agresivo en la *Review* del 22 de marzo, promocionando su postura sobre las dos leyes.

Por decirlo de alguna manera, el uso que Butler hizo de la carta a Jones y a Waggoner molestó a la señora de White. El 5 de abril de 1887, lanzó una carta a Butler y a Smith, afirmando que la única razón por la cual les envió una copia de su carta a los hombres más jóvenes era que ellos necesitaban seguir las mismas advertencias en cuanto a hacer públicas las desavenencias. Pero, ahora que Butler había vuelto a abrir la batalla públicamente, era justo dar una oportunidad a Waggoner de presentar su postura.

Cuando Elena de White comenzó a ver los problemas con mayor claridad, se volvió más agresiva hacia los métodos prepotentes de los dirigentes de la Asociación General. "Debemos trabajar como cristianos", escribió. Siempre rindiéndonos a la verdad bíblica, "queremos llenarnos de la plenitud de Dios, y tener la mansedumbre y la humildad de Cristo" (*Carta* 13, 1887).

Eso necesitamos cada uno de nosotros todavía.

Ayúdanos, Señor, a tener tu humildad y tu espíritu, aun en tiempos de conflictos teológicos.

El espíritu de los fariseos

Honra es del hombre dejar la contienda. Proverbios 20:3.

E lena de White declaró: "Noté desde el mismo comienzo de la reunión [en Minneápolis] un espíritu que me preocupó"; una actitud que nunca antes había visto entre sus hermanos líderes y pastores. Le molestó que fuese "tan diferente del espíritu de Cristo, tan contrario al espíritu que debería manifestarse mutuamente, que llenó mi alma de angustia" (*MS* 3: 184, 198). Llegó a pensar que esa hostilidad era el "espíritu de Minneápolis", o el "espíritu de los fariseos". Es esencial comprender la actitud manifestada en Minneápolis, si deseamos entender la dinámica de las reuniones de 1888 y la posterior historia adventista.

Una descripción compuesta acerca del espíritu de Minneápolis, según la representó la señora de White, tendría las siguientes características. Primero, mostraba sarcasmo y bromas hacia el componente reformista de la iglesia. Algunos, por ejemplo, se referían a Waggoner como "la mascota de la hermana White". Segundo, daba lugar a las críticas. Tercero, muchos manifestaban malas sospechas, odio y celos. Cuarto, sus poseedores estaban "embriagados con el espíritu de resistencia" a la voz del Espíritu. Quinto, llevaba a quienes lo tenían a hablar de una manera calculada para enardecer a los demás, en relación con aquellos que tenían creencias doctrinales contrarias. Sexto, generaba contención y debate doctrinal, en lugar del espíritu de Jesús. Séptimo, generaba una actitud que llevaba a "juegos de palabras" y a "sutilezas de palabras" en los debates doctrinales. En síntesis, el espíritu manifestado "era descortés, poco caballeroso y poco cristiano".

Una de las cosas más notables sobre el espíritu de Minneápolis es que fue el resultado de un deseo de proteger los antiguos "hitos" doctrinales. Elena de White deploraba el hecho de que "una diferencia en la aplicación de algunos pasajes bíblicos hace que los hombres se olviden de sus principios religiosos" (*Manuscrito 30, 1889*). "Dios me libre de sus ideas [...]", declaró, "si la recepción de esas ideas me haría tan anticristiana en mi espíritu, palabras y obras" (*Manuscrito 55, 1890*).

La tragedia de Minneápolis fue que, al tratar de conservar la pureza doctrinal del adventismo y sus interpretaciones bíblicas tradicionales, los líderes de Battle Creek habían perdido su cristianismo.

Sálvanos, oh Señor, del espíritu de los fariseos. Cólmanos con el espíritu de Jesús en todo lo que hagamos hoy.

La mayor necesidad del adventismo

Bienaventurados los que tienen hambre y sed de justicia, porque ellos serán saciados. Mateo 5:6.

"La mayor y más urgente de todas nuestras necesidades", escribió Elena de White en 1887, "es la de un reavivamiento de la verdadera piedad en nuestro medio. Procurarlo debería ser nuestra primera obra". Sin embargo, observó que muchos adventistas no estaban preparados para recibir la bendición de Dios, y que muchos necesitaban convertirse. "No hay nada que Satanás tema tanto como que el pueblo de Dios despeje el camino quitando todo impedimento, de modo que el Señor pueda derramar su Espíritu sobre una iglesia decaída y una congregación impenitente" (*RH*, 22 de marzo de 1887).

A fines de la década de 1880, Elena de White había estado profundamente preocupada por la condición del adventismo. Había demasiados dirigentes y miembros que poseían una teoría de la verdad, pero que no comprendían la verdad en sí.

Esa preocupación no era nueva en sus escritos. En 1879, había escrito que "sería bueno que dedicásemos una hora de meditación cada día para repasar la vida de Cristo desde el pesebre hasta el Calvario [...]. Al contemplar así sus enseñanzas y sus sufrimientos, y el sacrificio infinito que hizo para la salvación de la familia humana, podemos fortalecer nuestra fe, vivificar nuestro amor e imbuirnos más profundamente del espíritu que sostuvo a nuestro Salvador. Si queremos ser salvos, todos debemos aprender al pie de la cruz la lección de penitencia y fe". Siguió diciendo que anhelaba "ver a nuestros ministros espaciándose más en la cruz de Cristo" (4 TI, pp. 367, 368).

El mismo énfasis sonó a verdad en el Congreso de la Asociación General de 1883, en el que la hermana White dijo a los pastores reunidos que "debemos aprender en la escuela de Cristo. Solo su justicia puede darnos derecho a una de las bendiciones del pacto de la gracia. Durante mucho tiempo hemos deseado y procurado obtener esas bendiciones, pero no las hemos recibido porque hemos fomentado la idea de que podríamos hacer algo para hacernos dignos de ellas. No hemos apartado la vista de nosotros mismos, creyendo que Jesús es un Salvador viviente" (1 MS, p. 412).

Una vez más, escribió en vísperas de las reuniones de Minneápolis: "Lo principal de nuestro mensaje debe consistir en la misión y la vida de Jesucristo" (*RH*, 11 de septiembre de 1888).

La mayor carencia del adventismo en la década de 1880 era la de Jesús y su amor. Todavía continúa siendo la mayor necesidad.

Hacer notar el problema

Procura con diligencia presentarte a Dios aprobado, como obrero que no tiene de qué avergonzarse, que usa bien la palabra de verdad. 2 Timoteo 2:15.

El 5 de agosto de 1888, dos meses antes del inicio de las reuniones de la Asociación General, Elena de White escribió una carta poderosa a los "Queridos hermanos que se reunirán en la Asociación General", con la que metió el dedo en los problemas viscerales del enfrentamiento teológico. Escucha con atención sus preocupaciones y los temas.

"Con humildad de mente, con el Espíritu de Cristo, escudriñen las Escrituras cuidadosamente, para ver cuál es la verdad. La verdad no puede perder nada con una investigación a fondo. Que la Palabra de Dios hable por sí misma, que sea su propio intérprete [...].

"Hay una maravillosa [es decir, asombrosa] pereza, que es permitida por una gran clase de nuestros pastores que están dispuestos a que otros [es decir, Smith y Butler] escudriñen las Escrituras por ellos; y toman la verdad de sus labios como un hecho positivo, pero no saben si es la verdad bíblica por su propia investigación personal ni por las profundas convicciones del Espíritu de Dios sobre su corazón y mente [...].

"Nuestro pueblo, en forma individual, debe entender la Biblia más a fondo, porque por cierto serán llamados a presentarse ante concilios, serán criticados por mentes agudas y críticas. Una cosa es dar su consentimiento a la verdad, y otra cosa es, mediante un examen minucioso como estudiosos de la Biblia, saber cuál es la verdad [...].

"Muchos, muchos se perderán porque no han estudiado su Biblia de rodillas, con oración ferviente a Dios para que el ingreso de la Palabra de Dios pueda dar luz a su comprensión [...].

"Uno de los obstáculos más grandes para nuestro éxito espiritual es la gran falta de amor y respeto demostrado por el otro [...] es la obra del enemigo crear un espíritu festivo, y tener sentimientos festivos, y algunos creen que están haciendo la obra de Dios al reforzar el prejuicio y los celos entre los hermanos [...].

"La Palabra de Dios es la gran detectora de errores, ante la cual debemos traer todas las cosas. La Biblia debería ser la norma de cada doctrina y práctica. Deberíamos estudiarla con reverencia. No deberíamos recibir opinión alguna sin antes compararla con las Escrituras. En asuntos de fe, es la autoridad divina y suprema" (*Carta 20*, 1888).

En esos pensamientos hallamos nuestras órdenes de marcha para hoy.

La "conspiración de California"

Jesús entonces, conociendo los pensamientos de ellos, respondiendo les dijo: ¿Qué caviláis en vuestros corazones? Lucas 5:22.

Pensar *puede* ser algo bueno. Pero, no necesariamente es bueno. Esto es especialmente cierto cuando es estimulado por teorías de la conspiración.

Fue ese pensamiento el que abrumó a Butler y a sus amigos en vísperas del Congreso de la Asociación General de 1888. El fósforo que inició el fuego de la conspiración fue una carta de California de fines de septiembre, de parte del pastor William H. Healey para George I. Butler, que sugería que los dirigentes del oeste (Jones, Waggoner, Guillermo C. White y Elena de White) de la iglesia habían fraguado un ardid para cambiar la teología de la iglesia.

Antes de recibir la carta de Healey, Butler parece que estaba emocionalmente estable. No le gustaba pensar en los puntos controvertidos de Daniel y Gálatas que se venían en disputa, pero las cartas de agosto de Guillermo y Elena de White lo habían convencido de la necesidad de darles cabida.

Sin embargo, el presidente de la Asociación General, que ya estaba tenso, quedó devastado cuando recibió lo que le pareció la noticia de una conspiración, organizada pocos días antes de la inauguración del Congreso de Minneápolis. De repente, los acontecimientos de los últimos dos años parecieron tener sentido para él: la razón de que los White hubiesen presionado tanto para conseguir una audiencia para la nueva teología de Jones y Waggoner era que estaban todos juntos en esto. Sin duda, concluyó Butler, aquí había una conspiración de lo más peligrosa, y una amenaza para las creencias adventistas que pasaron la prueba del tiempo.

Ese razonamiento llevó a Butler a un arrebato de frenética actividad a última hora. Organizó a sus tropas para resistir lo que creía que era la coalición occidental, despachando una serie de telegramas y cartas a los delegados, con el objetivo de advertirles de la conspiración e instarlos a "defender los antiguos hitos".

Mientras tanto, los White, Waggoner y Jones, y los demás delegados de California, ignoraban el hecho de que las tropas de Battle Creek los consideraban conspiradores. Como dijo Guillermo White, él era más "inocente que un ganso" en cuanto al malentendido; desconocimiento que pronto hizo que los occidentales, sin saberlo, favorecieran el juego de los defensores de la teoría de la conspiración.

Pensar correctamente ya es bastante difícil. Pero, cuando el pensamiento está contaminado con teorías conspirativas, se hace emocionalmente imposible. Todavía debemos ser conscientes de ese pensamiento, y orar para que la gracia de Dios nos libre de eso.

Un líder confundido

Porque donde hay envidias y rivalidades, también hay confusión y toda clase de acciones malvadas.
Santiago 3:16, NVI.

Hablemos de *confusión.*

Esa misma palabra describe la mente del presidente de la Asociación General, George I. Butler, en vísperas del Congreso de la Asociación General de 1888. Influenciado por los pensamientos de la "conspiración de California", espetó una carta escrita a máquina de 42 páginas a Elena de White el 1° de octubre, pocos días antes de las reuniones, que, en el mejor de los casos, revela un estado mental de total confusión.

Después de expresar que estaba sufriendo de "agotamiento nervioso" y que, debido a que su "fuerza nerviosa se había agotado", "debía abandonar todos los puestos de responsabilidad en la causa", atacó a Elena de White, diciéndole que ella era la causa de su "condición actual más que ninguna otra cosa".

Butler estaba especialmente indignado por su supuesto revés sobre la naturaleza de la ley en Gálatas. Por decirlo de algún modo, estaba obsesionado con el tema.

"El principio de esta duda que ha estado en la costa del Pacífico durante los últimos cuatro años", escribió, "está cargado de maldad y solo maldad. Creo firmemente que se descubrirá que es la causa del desconcierto en la mente de muchos de nuestro pueblo, que acabará con su fe en la obra como una unidad, y que las almas se perderán y abandonarán la verdad a causa de esto, y que se abrirá una puerta ancha para otras innovaciones venideras que derribarán nuestras antiguas posturas de fe.

"Y la forma en que se ha manejado tenderá a truncar la confianza de nuestro pueblo en los mismos Testimonios. Y creo que todo este asunto hará más por acabar con la confianza en su obra que ninguna otra cosa que haya ocurrido desde que existe esta causa [...]. Acabará con la fe de muchos de nuestros principales obreros, en los Testimonios".

Continuó culpando a Guillermo White por gran parte del problema, y manifestó que Jones y Waggoner debían ser "reprendidos públicamente".

Butler creía que había sido "asesinado en casa de sus amigos". Mental y físicamente destrozado, no asistiría al congreso de 1888.

Y todo por una cuestión que Elena de White le había dicho que no era importante.

Así son los hechos de la historia.

Quizá nos hayamos sorprendido con Butler. Pero, cuántos nos hemos amargado por las aristas teológicas de la Biblia hasta hallarnos en un estado similar de enfermedad espiritual y mental. Que tengamos la gracia de Dios no para especializarnos en nimiedades, sino para centrarnos en los grandes temas trascendentes de la Escritura.

El mensaje de 1888 -1

Y yo, si fuere levantado de la tierra, a todos atraeré a mí mismo. Juan 12:32.

En estos días escuchamos mucho acerca del mensaje de 1888. ¿Qué fue? ¿Qué es? Quizás el mejor resumen haya aparecido en una carta que Elena de White escribió pocos años después de las reuniones de Minneápolis. Lee y escucha con los oídos de tu corazón. "En su gran misericordia, el Señor envió un preciosísimo mensaje a su pueblo por medio de los pastores Waggoner y Jones. Este mensaje tenía que presentar en forma más destacada ante el mundo al *sublime Salvador*, el *sacrificio* por los pecados del mundo entero. Presentaba la *justificación por la fe* en el Garante; invitaba a la gente a recibir la *justicia de Cristo*, que se manifiesta en la obediencia a todos los mandamientos de Dios. *Muchos habían perdido de vista a Jesús*. Necesitaban dirigir sus ojos a su *divina Persona*, a sus méritos, a su amor inalterable por la familia humana. Todo el poder es colocado en sus manos, y él puede dispensar ricos dones a los hombres, impartiendo el inapreciable *don* de su propia *justicia* al desvalido agente humano. *Este es el mensaje que Dios ordenó que fuera dado al mundo.* Es el mensaje del tercer ángel, que ha de ser proclamado en alta voz y acompañado por el abundante derramamiento de su Espíritu.

"El *exaltado Salvador* ha de aparecer en su obra eficaz como el Cordero inmolado, sentado en el Trono, para dispensar las inapreciables bendiciones del Pacto, los beneficios que pagó con su vida en favor de toda alma *que había de creer en él.* Juan no pudo expresar ese amor en palabras porque era demasiado profundo, demasiado ancho, e invitó a la familia humana a contemplarlo. Cristo está intercediendo por la iglesia en los atrios celestiales, abogando en favor de aquellos por quienes pagó el precio de la redención con su propia sangre. Los siglos y las edades nunca podrán aminorar la eficacia de este sacrificio expiatorio" (*TM* 91, 92; énfasis añadido).

¡Qué mensaje!

Los adventistas habían exaltado el sábado, el Santuario, el estado de los muertos, la Segunda Venida; *pero* no habían exaltado lo suficiente a la única Persona que hacía que todo lo demás fuese significativo.

En pocas palabras, Elena de White se sumó a Jones y a Waggoner en un llamado al adventismo a cambiar su enfoque. Tú ¿ya lo has hecho? Si no, ¿por qué no todavía?

El mensaje de 1888 -2

Siendo justificados gratuitamente por su gracia, mediante la redención que es en Cristo Jesús. Romanos 3:24.

Continuamos desde donde dejamos ayer, en lo que indudablemente es el mejor resumen de la importancia del mensaje de 1888 de Jones y Waggoner.

"El mensaje del *evangelio de su gracia* tenía que ser dado a la iglesia con contornos claros y distintos, para que *el mundo no siguiera afirmando que los adventistas del séptimo día hablan mucho de la Ley, pero no predican a Cristo ni creen en él.*

"La eficacia de la *sangre de Cristo* tenía que ser presentada al pueblo con poder renovado, para que su *fe* pudiera echar mano de los méritos de esa sangre. Así como el sumo sacerdote asperjaba la sangre caliente sobre el Propiciatorio, mientras la fragante nube de incienso ascendía delante de Dios, de la misma manera, mientras confesamos nuestros pecados e invocamos la eficacia de la *sangre expiatoria* de Cristo, nuestras oraciones han de ascender al cielo con la fragancia de los méritos del carácter de nuestro Salvador. A pesar de nuestra indignidad, siempre hemos de tener en cuenta que *hay Uno que puede quitar el pecado y salvar al pecador.* Cristo quitará todo pecado reconocido delante de Dios con corazón contrito. *Esta creencia es la vida de la iglesia [...].*

"A menos que haga de la contemplación del exaltado Salvador la gran ocupación de su vida, y por la fe acepte los méritos que tiene el privilegio de reclamar, el pecador no tendrá mayores posibilidades de ser salvado que las que Pedro tenía de caminar sobre las aguas sin mirar constantemente a Jesús. Siempre ha sido el firme propósito de Satanás eclipsar la visión de Jesús e inducir a los hombres a mirar al hombre, a confiar en el hombre y a esperar ayuda del hombre. Durante años, la iglesia ha estado mirando al hombre y esperando mucho del hombre, *en lugar de mirar a Jesús, en quien se cifran nuestras esperanzas de vida eterna.* Por eso, Dios entregó a sus siervos un testimonio que presentaba con contornos claros y distintos *la verdad como es en Jesús*, que es el mensaje del tercer ángel [...]. Este es el testimonio que debe circular por toda la longitud y la anchura del mundo. Presenta la Ley y el evangelio, vinculando ambas cosas en un conjunto perfecto" (TM, pp. 92-94).

El contundente pensamiento del mensaje de 1888 era exaltar a Jesús. Eso es algo que nunca podremos exagerar. Exáltalo hoy en tu trabajo, en tu familia, en tus juegos… en todo tu ser. Permite que verdaderamente sea el Salvador y el Señor de tu vida.

El mensaje de 1888 -3

En esto conocerán todos que sois mis discípulos, si tuviereis amor los unos con los otros. Juan 13:35.

Durante los últimos dos días hemos estado examinando el corazón del mensaje de 1888 a partir de una carta escrita en 1895. Hoy queremos verlo desde una página del diario que Elena de White escribió en febrero de 1891.

"Muchos de nuestros predicadores", reflexionó, "se han contentado con hacer meramente sermones, presentando temas de una manera argumentativa, haciendo escasa mención del poder salvador del Redentor. Su testimonio estaba desprovisto de la sangre salvadora de Cristo. Su ofrenda se parecía a la de Caín [...].

"¿Por qué no se lo presenta a la gente como el Pan de vida? Porque no habita en el corazón de muchos de los que piensan que es su deber predicar la Ley [...]. La iglesia ha estado hambrienta del Pan de vida.

"De todos los cristianos profesos, los adventistas del séptimo día deberían ser los primeros en exaltar a Cristo ante el mundo [...]. La Ley y el evangelio, armonizados, convencerán de pecado. La Ley de Dios, si bien condena el pecado, señala al evangelio, revelando a Jesucristo [...]. En ningún discurso deben divorciarse [la Ley y el evangelio] [...].

"¿Por qué, entonces, en la iglesia se manifiesta una falta de amor tan grande [...]? Es porque Cristo no es presentado constantemente delante de la gente. Sus atributos de carácter no son llevados a la vida práctica [...].

"Existe el peligro de presentar la verdad de manera que se exalte el intelecto, dejando insatisfechas las almas de los oyentes. Quizá se presente una teoría correcta de la verdad, y sin embargo es posible que no se manifieste la calidez del afecto que el Dios de verdad requiere [...].

"La religión de muchos es muy similar a un carámbano: fría como un glaciar [...] no pueden tocar el corazón de los demás, porque su corazón no está recargado con el bendito amor que fluye del corazón de Cristo. Hay otros que hablan de religión como una cuestión de voluntad. Se explayan en el deber riguroso, como si fuese un amo que gobierna con un cetro de hierro: un amo severo, inflexible, todopoderoso, desprovisto del amor dulce y fundente, y de la tierna compasión de Cristo" (*Manuscrito 21, 1891*).

Ayúdanos, Padre, a captar la esencia de lo que es el evangelio y de lo que debe hacer en nuestra vida. Amén.

En el Congreso de la Asociación General -1

El hermano ofendido es más tenaz que una ciudad fuerte, y las contiendas de los hermanos son como cerrojos de alcázar. Proverbios 18:19.

No todas las reuniones de la iglesia son igualmente agradables. Las reuniones de Minneápolis, lamentablemente, tuvieron un balance negativo.

El *Journal* de Minneápolis del 13 de octubre pregonó que los adventistas eran "un pueblo peculiar que guarda el sábado como el domingo, venera a una profetisa y cree que el fin del mundo está cercano".

El *Journal* del 19 de octubre informó que los adventistas "abordan los problemas difíciles de la teología con casi el mismo afán con que un hombre serio arremete contra un atado de leña". El periódico podría haber agregado que eran casi igual de amables entre sí, en su diálogo teológico. El espíritu agresivo evidenciado era exactamente lo que Elena de White había temido que podría ocurrir.

El Congreso de la Asociación General de 1888 se congregó en el nuevo templo adventista construido en Minneápolis, Minnesota, del 17 de octubre al 4 de noviembre. Un concilio ministerial que duró del 10 al 17 de octubre precedió al congreso formal de la Asociación General. Si bien los asuntos tratados se restringieron a la sesión formal, los debates teológicos se extendieron a través de ambas reuniones. Waggoner señaló, casi al cierre del congreso, que los tres puntos teológicos de la agenda habían sido los diez cuernos de Daniel 7, el Papado y la propuesta de ley dominical, y "la Ley y el evangelio, en sus diversas relaciones, bajo el título de justificación por la fe".

De esos tres, el único que no dividió a las autoridades adventistas en Minneápolis fue el tema de la libertad religiosa. Todos estuvieron de acuerdo en que la propuesta de ley dominical nacional representaba una señal siniestra de la historia profética relacionada con Apocalipsis 13 y 14. Como resultado, nadie cuestionó los sermones de A. T. Jones sobre libertad religiosa.

El congreso adoptó tres medidas en cuanto a la cuestión del domingo: publicar los sermones de Jones sobre el tema, patrocinarlo en una gira de conferencias para presentar el tema y pedirle que encabezara una delegación de tres, para dar testimonio ante la comisión correspondiente del Senado de los Estados Unidos.

De modo que, al concluir el congreso, Jones estaba yendo por buen camino para convertirse en un defensor de la libertad religiosa de tiempo completo, cargo en el que haría algunas de sus contribuciones más importantes a la Iglesia Adventista.

Padre, cólmanos, especialmente en tiempos difíciles, con tu Espíritu, de modo que aprendamos a trabajar con los demás de forma más eficiente.

En el Congreso de la Asociación General -2

De manera que la ley ha sido nuestro ayo, para llevarnos a Cristo, a fin de que fuésemos justificados por la fe. Gálatas 3:24.

No salió mucha luz teológica del debate sobre los diez cuernos de Daniel 7 en Minneápolis. Su principal contribución fue la tensión, cuando Smith pronunció que incluso analizar el tema era "absolutamente innecesario" y se estaba "haciendo pedazos la antigua verdad"; Jones proclamó que él no se haría responsable de la ignorancia de Smith en determinados temas; y Elena de White respondió: "No tan tajante, hermano Jones; no tan tajante".

Por otro lado, hubo un auténtico progreso teológico en el sentido de llegar a una interpretación de la justificación por la fe. Uno de los hechos interesantes de las reuniones de 1888 fue que, aunque las partes contrincantes entraron en las reuniones con el asunto de la ley de Gálatas en la frente, el principal resultado de los encuentros fue un nuevo énfasis en la justificación por la fe. Cómo ocurrió eso, ha sido un misterio para muchos.

Waggoner debería recibir reconocimiento por el nuevo rumbo que tomó el tema. Tomó la decisión estratégica de no simplemente debatir el tema de la ley de Gálatas, sino también de plantear el tema de la salvación en términos de la Ley y el evangelio, para luego analizar el libro de Gálatas en ese contexto.

Por lo tanto, aunque Waggoner hizo al menos nueve presentaciones sobre temas de evangelio y Ley, las primeros cinco o seis se centraron en la justificación por la fe; solo después de eso se ocupó más específicamente de Gálatas. Eso hizo que el tema de Gálatas quedara en segundo plano y que el tema de la salvación tomara la delantera.

Según la teología de Waggoner, la ley de los Diez Mandamientos nos lleva "a Cristo, *para que podamos ser justificados mediante la fe*". Elena de White lo respaldaba en ese punto. Dijo a los delegados: "Veo la belleza de la verdad en la presentación de la justicia de Cristo en relación con la Ley, como el doctor nos la ha presentado [...]. Armoniza perfectamente con la luz que Dios se ha complacido en darme durante todos los años de mi experiencia" (*Manuscrito* 15, 1888).

En ese pasaje, Elena de White resaltó lo que consideraba como una de las contribuciones más importantes de Waggoner a la teología adventista. Él había construido un puente entre la Ley y el evangelio, al explicitar la función evangélica de la ley de los Diez Mandamientos.

La Ley todavía funciona de ese modo en nuestra vida: no solo mantiene el ideal de Dios, sino además conduce hacia Cristo a quienes no llegan a ese ideal, en procura de perdón y justificación.

Cómo hacer teología: apelaciones a la autoridad humana -1

¿Qué dice la Escritura? Romanos 4:3.

¿Qué tiene para decir la Biblia sobre este tema? Ese era el interrogante de Pablo al pensar en la justificación por la fe en el libro de Romanos. También había sido el planteo de los primeros adventistas sabatarios. Al ser un pueblo radicalmente comprometido con la Biblia, se había negado a usar la tradición, la autoridad eclesiástica, la experiencia académica o cualquier otra forma de autoridad religiosa para resolver sus interrogantes teológicos. Era el pueblo de un Libro.

Las cosas habían cambiado entre los dirigentes adventistas a fines de la década de 1880. En la era Minneápolis, intentaban usar al menos cuatro formas de autoridad humana con el fin de resolver las controversias teológicas que preocupaban a la iglesia.

La primera se centraba en la *posición autoritativa*. Butler, con su voluntad férrea, era especialmente susceptible a ese enfoque. Su concepto de que los líderes tenían "criterios más claros" y posturas más importantes que los seguidores lo preparó para ciertos abusos de autoridad. Elena de White lo reprendió, en octubre de 1888, por favorecer a quienes concordaban con él, mientras que miraba con sospechas a los que "no se sentían obligados a recibir las impresiones e ideas de los seres humanos, [actuando] solo como ellos actúan, [hablando] solo como ellos hablan, [pensando] solo como ellos piensan y, de hecho, [volviéndose] poco menos que máquinas" (*Carta* 21, 1888).

El enfoque del presidente de la Asociación General, al incentivar a los adventistas "a mirar a un solo hombre para que piense por ellos, para que sea su conciencia", a los ojos de la señora de White, había creado demasiados débiles, que se convertían en "incapaces de permanecer en su puesto del deber" (*Carta* 14, 1891).

Al denigrar la postura autoritativa en temas doctrinales y bíblicos, Elena de White señaló, en diciembre de 1888, que "no deberíamos considerar que el pastor Butler ni el pastor Smith son los guardianes de las doctrinas de los adventistas del séptimo día, y que nadie puede atreverse a expresar una idea que difiera de la de ellos. Mi clamor ha sido: *Investiguen las Escrituras por su cuenta [...]. Ningún hombre debe ser una autoridad para nosotros*" (*Carta* 7, 1888; énfasis añadido).

Y así es. La Palabra de Dios, según se encuentra en la Biblia, es la autoridad para todo creyente. Así fue en 1888. Y así lo es todavía hoy. Con eso en mente, con el apóstol, necesitamos comenzar cada día con un "¿Qué dice la Escritura?"

Cómo hacer teología: apelaciones a la autoridad humana -2

No sólo de pan vivirá el hombre, mas de todo lo que sale de la boca de Jehová. Deuteronomio 8:3.

Si bien todos aceptamos que la Biblia es importante, es terriblemente difícil no intentar resolver nuestros problemas teológicos citando las opiniones de los "expertos". Tanto Urías Smith como G. I. Butler usaron esos recursos en la era de 1888. Si bien la mayoría de los pastores adventistas posiblemente haya concordado con los líderes, la sustancia de la reforma del adventismo planteó un coro de objeciones.

E. J. Waggoner era el más lúcido de todos sobre el tema. Al refutar el uso de la opinión experta de Butler para resolver el problema de Gálatas, interceptó al hombre de más edad en su punto más vulnerable. *"No me importa nada"*, sostuvo Waggoner, *"lo que diga un hombre. Quiero saber lo que Dios dice.* Nosotros no enseñamos como doctrina la palabra de los hombres, sino la Palabra de Dios. Yo estoy totalmente convencido de que usted no citaría a Greenfield, si pudiera encontrar un argumento bíblico en su lugar".

Si los adventistas iban a comenzar a confiar en la opinión autoritativa, aseguró Waggoner, "bien podríamos hacernos papistas de una vez; porque prender la fe de uno a la opinión del hombre es la propia esencia del Papado". Afirmó que los adventistas del séptimo día, "en cambio, deberían ser protestantes, al examinar todo mediante la Biblia sola".

No solo los adventistas enfrentaban la tentación de invocar autores cristianos convencionales con la intención de sostener diversas posturas, sino también tenían sus autores bien establecidos, como Urías Smith.

Guillermo White señaló que algunos pastores adventistas atribuían "igual importancia a las citas de la Escritura que a los comentarios del pastor Smith", porque Elena de White había elogiado su *Daniel and the Revelation* [Daniel y el Apocalipsis]. Al fin y al cabo, decían algunos pastores, ¿no dijo ella que Smith "tuvo la ayuda de ángeles celestiales en su obra"?

Aquí tenemos un argumento interesante de la historia adventista. Vez tras vez, argumentaban a favor de aceptar la autoridad de alguna persona porque Elena de White recomendó sus escritos o dijo que estos tenían la verdad.

Esa no fue la postura de los reformadores en Minneápolis, incluyendo a la misma Elena de White. Todos ellos dirían que, no importa cuánta verdad pudiera tener alguien, la única manera de validar cualquier enseñanza particular suya sería yendo a la Biblia y verificándola exhaustivamente.

Ese continúa siendo un buen consejo todavía. O, como me gusta decirlo, el undécimo Mandamiento es: "Nunca confíes en un teólogo". Todas las ideas deben verificarse con la Biblia.

Cómo hacer teología: apelaciones a la autoridad humana -3

Porque dejando el mandamiento de Dios, os aferráis a la tradición de los hombres. Marcos 7:8.

Un tercer uso no válido de la autoridad humana durante la era de 1888 tenía que ver con la dependencia de la tradición adventista para resolver un punto. Tanto Smith como Butler usaron repetidas veces el argumento de que como las creencias adventistas sobre Gálatas y Daniel habían permanecido durante cuarenta años, no debían cambiarse. Smith, incluso, llegó a afirmar que si las interpretaciones tradicionales estaban equivocadas, se vería forzado a renunciar al adventismo.

E. J. Waggoner y A. T. Jones, por supuesto, rechazaron el llamado a la tradición adventista. J. H. Waggoner apoyaba a su hijo. "Durante mucho tiempo he creído", escribió, "que está un grave error, que está creciendo entre nosotros, que una persona, o incluso una casa editora, emita sus opiniones, y mantenga a la iglesia atada a esa postura porque dio la casualidad de que fue publicada por ella [...]. Las exposiciones de las Escrituras no pueden descansar sobre" la autoridad de la tradición. "Solo pueden establecerse mediante la investigación serena y el razonamiento justo; y entonces todos deben tener el mismo derecho a expresar sus opiniones".

Elena de White, como de costumbre, estaba del lado de los reformadores. "Como pueblo", advirtió, "sin duda estamos en gran peligro, si no estamos constantemente en guardia, de considerar que nuestras ideas, por haber sido acariciadas durante mucho tiempo, son doctrinas bíblicas e infalibles en todo sentido. Este es nuestro peligro, y este sería el mayor mal que podría sobrevenirnos como pueblo" (*Manuscrito* 37, 1890).

La tradición es un tema interesante. Todo adventista ferviente puede ver que otros cristianos se equivocan, al depender de su tradición. Al fin y al cabo, esas tradiciones, en algunos casos, son obviamente erróneas. Nosotros afirmamos que deberían ir a la Biblia.

Pero, a la *tradición adventista* a veces se la ve desde otra perspectiva. Según la lógica, ¿no tenían la verdad nuestros pioneros?

Sí, podríamos responder; pero no era toda la verdad sin errores. La única prueba auténtica de la tradición o de cualquier otra fuente de autoridad es comparar su enseñanza con la posición bíblica sobre el tema.

En síntesis, la tradición adventista, en sí, no es mejor que la de cualquier otro grupo religioso. Es siempre a la Biblia a la que debemos apelar.

Cómo hacer teología: apelaciones a la autoridad humana -4

Me ha sido necesario escribiros exhortándoos que contendáis ardientemente
por la fe que ha sido una vez dada a los santos. Judas 3.

Contender por la fe no era uno de los defectos de los cuales carecieran los directivos adventistas en la década de 1880. Su problema no era contender, sino hacerlo sobre una base correcta.

Una última categoría de autoridad humana, empleada por el grupo Smith-Butler en su intento de conservar el adventismo tradicional, fue su campaña para votar una declaración similar a un credo, que establecería en concreto la teología previa a 1888, y así hacer que estuviera exenta de cambios en el futuro.

Los líderes de la Asociación General habían intentado votar una declaración en el Congreso de la Asociación General de 1886, pero fracasaron al no lograr que la comisión teológica se alineara del "lado correcto" de los temas relacionados con Gálatas y Daniel 7.

Uno de los problemas de los credos votados es que la tendencia ha sido situarlos firmemente junto a las doctrinas fundamentales de la Biblia, como hitos de la fe. Esos nuevos hitos, una vez establecidos en un credo, se vuelven casi imposibles de revocar en el futuro, ya que la gente interpreta que cualquier cambio destruye la fe de los padres.

Las reuniones de Minneápolis fueron testigos de intentos de resoluciones similares a credos sobre los diez cuernos y la ley en Gálatas. El 17 de octubre, por ejemplo, G. B. Starr exigió un voto sobre los diez cuernos. "Me gustaría", dijo, "acordar una decisión permanente sobre esta cuestión, para que no vuelva a salir la discusión otra vez". La audiencia respondió con "exclamaciones de 'amén', 'amén'".

Sin embargo, Waggoner y los White resistieron con éxito esa movida. La señora de White escribió, el último día de las reuniones, que ella y "Guillermo [...] tuvieron que vigilar por todas partes para que no haya movidas, para que no se voten resoluciones que resultarían perjudiciales para la obra futura" (*Carta* 82, 1888).

Ella señaló, en 1882, que "la iglesia puede aprobar una resolución tras otra para suprimir todos los desacuerdos de opiniones, pero no podemos forzar la mente ni la voluntad, y así extirpar el desacuerdo. Estas resoluciones quizá disimulen la discordia, pero no pueden aplacarla ni establecer un acuerdo perfecto". Como resultado, sugirió que era necesario cierto "autodominio cristiano" de variación de creencias. Por otro lado, "las grandes verdades de la Palabra de Dios están enunciadas tan claramente que nadie necesita cometer un error al interpretarlas". El problema vino con los que magnificaban "los simples granos de arena [...] y los convertían en montañas y [...] colocaban barreras entre los hermanos" (*Manuscrito* 24, 1892).

Ayúdame, Padre, a no ser especialista en granos de arena.

Cómo hacer teología: apelaciones a la autoridad de Elena de White -1

La hierba se seca, y la flor se cae; mas la palabra del Señor permanece para siempre. 1 Pedro 1:24, 25.

Los líderes de la Asociación General habían fracasado en el intento de resolver las cuestiones doctrinales que enfrentaba la iglesia mediante el uso de la autoridad humana. Pero, creían que un "testimonio" de Elena de White sobre los puntos en disputa sería aún mejor; al fin y al cabo, sus escritos, ¿no eran de Dios?

Butler estaba especialmente entusiasmado con las posibilidades inherentes a ese tipo de decisión. Entre junio de 1886 y octubre de 1888, escribió una serie de cartas que indican un grado creciente de presión, al tratar de forzar a Elena de White a brindar la interpretación autoritativa que él necesitaba para resolver la cuestión de Gálatas. Si hubiese tenido más éxito, podría haber escrito un libro titulado *Cómo presionar a un profeta*.

Empleando buena psicología, comenzó de una manera suave a obtener una respuesta de parte de ella. El 20 de junio de 1886, le escribió quejándose de las enseñanzas de Jones y de Waggoner acerca de que la ley mencionada en Gálatas era la Ley moral; enfatizaba que era un punto que no armonizaba con la enseñanza bíblica tradicional.

Luego, Butler deslizó en su apelación, empujándola suavemente a la respuesta apropiada: "He oído que hace años usted insinuó que tenía luz en cuanto a la ley adicional, en el sentido de que se refería al sistema de redención, y no a la Ley moral. Pienso que esta cuestión debe disiparse de alguna manera. Sería una píldora muy amarga para muchos de nuestros principales dirigentes ver que la idea es enseñada en forma general, que la ley que fue agregada [...] era la misma Ley moral".

El 23 de agosto, el presidente de la Asociación General se expuso un poco más sobre el tema. Después de señalar que el tema estaba creando conflictos, fue bastante específico sobre la situación de la década de 1850, cuando los directivos adventistas habían adoptado la interpretación de la ley ceremonial. Sugirió que podría escribir un folleto sobre el tema. Y, finalmente, insinuó que sabía muy poco sobre la opinión de ella; y de este modo le dio una oportunidad a la señora de White de estampar la "verdadera" postura que él acababa de explicarle en términos generales.

Ahora, aquí Butler se encontró con un problema. ¿Cómo se hace para forzar, manipular, convencer o instar a una profetisa a hacer algo?

Buena pregunta. Veremos un poco más de la respuesta mañana.

Mientras tanto, necesitamos comenzar a pensar en profundidad acerca de la relación del don de profecía moderno con la Biblia.

Cómo hacer teología: apelaciones a la autoridad de Elena de White -2

Las cosas que se escribieron antes, para nuestra enseñanza se escribieron, a fin de que por la paciencia y la consolación de las Escrituras, tengamos esperanza. Romanos 15:4.

Ayer dejamos al presidente Butler en su intento de manipular a Elena de White para que "produjera" un testimonio, a fin de resolver la controversia de Gálatas. Él no había ido demasiado lejos antes del 23 de agosto de 1886. Para el 16 de diciembre, su paciencia con la profetisa silenciosa se había deteriorado rápidamente. Su plan de resolver el asunto mediante una resolución de credo en el Congreso de la Asociación General de 1886 había fracasado, y estaba comenzando a desesperarse en relación con la falta de cooperación de parte de ella. "Por años hemos estado esperando tener noticias suyas sobre el tema [de Gálatas]", soltó, "al saber que esta agitación solo terminaría en debate". Doce días después, le dijo de plano que "nada menos que un testimonio del Cielo" le haría cambiar de opinión.

En marzo de 1887, Butler estaba de mejor humor, al haber recibido la reprimenda de Elena de White para Waggoner y Jones, por hacer públicas sus opiniones controvertidas. Al interpretar que algunos de los comentarios de ella indicaban que estaba de su parte en el conflicto de Gálatas, y al creer que ella diría lo correcto, por lo tanto, le recordó que le había escrito repetidas veces sobre el tema, "pero no obtuve respuesta".

Si bien afirmó que no la estaba instando a hacer una declaración, siniestramente insinuó que se sentía "seguro de que después de todo el revuelo sobre este asunto habrá problemas constantes hasta que se sepa su opinión". "Si nuestro pueblo supiera que usted tenía luz de que la Ley moral no era la ley agregada, el asunto se resolvería en el corto plazo. Eso es, precisamente, lo que nuestro pueblo está esperando saber con mucha ansiedad".

Seguro de que ella ahora se pondría de su lado en público, Butler se sintió herido e impactado cuando ella le escribió, en abril de 1887, que su carta de reprensión a los hombres más jóvenes no significaba que la postura de él era la correcta.

Después de esa "traición", no gastó más tinta en pedir la opinión sobre el tema a ella. En cambio, en su mente comenzaron a crecer fantasmas de un desastre teológico, de traición profética y de conspiración, que a la larga lo llevaron a una depresión nerviosa y a la profusa carta del 1° de octubre de 1888, en la que finalmente la atacó por no presentar la respuesta correcta.

Y todo esto, ante los reiterados consejos de ella de que el tema no era de importancia y que debía abandonarse.

Aquí hay una pregunta para cada uno de nosotros. ¿Cuánto de nuestra corriente de opinión domina nuestro pensamiento, al acercarnos a la Biblia y a los consejos de Elena de White? ¡Medita en esto! ¡Sé honesto!

Cómo hacer teología: apelaciones a la autoridad de Elena de White -3

Inquirid en el libro de Jehová. Isaías 34:16.

Como hemos visto en los últimos dos días, el presidente G. I. Butler, de la Asociación General, había estado tratando de manipular a Elena de White con el propósito de que diera una respuesta autoritativa a sus problemas bíblicos/teológicos, ya que no tenía evidencias suficientes del "libro del Señor" para sostener su posición.

Toda la secuencia de las cartas de Butler es de gran interés, dada la forma en que los adventistas consideraban la obra de Elena de White. Muchos han deseado, en forma silenciosa tanto como verbal, que ella todavía estuviese viva en nuestros días, para poder preguntarle el "verdadero" significado de un pasaje bíblico en particular. En la secuencia de Butler, hallamos la respuesta de ella a ese enfoque: silencio; silencio frustrante. Los líderes de la Asociación General querían que ella funcionara como una mujer policía teológica, o un árbitro exegético. Eso, es de destacar, es exactamente lo que ella se negó a hacer.

Elena de White no solo se negó a resolver el problema bíblico apelando a sus escritos, sino también hasta llegó a inferir a los delegados de las reuniones de Minneápolis, el 24 de octubre, que era providencial que hubiese perdido el testimonio para J. H. Waggoner, en el que supuestamente había resuelto la cuestión de la ley en Gálatas de una vez por todas en la década de 1850. *"Dios tiene un propósito en esto. Quiere que vayamos a la Biblia y busquemos evidencias bíblicas"* (*Manuscrito 9*, 1888; énfasis añadido).

En otras palabras, ella estaba más interesada en lo que la Biblia tenía para decir sobre el tema que en lo que ella hubiese escrito. Para ella, los Testimonios no debían convertirse en la última palabra autoritativa sobre temas bíblicos. Ni tampoco debían ocupar el lugar de la Biblia. Enfatizó ese punto con energía a comienzos de 1889, en la publicación del *Testimonio 33*, que tiene una amplia sección sobre el rol de sus escritos. Necesitamos familiarizarnos con esa sección. ¿Por qué no leerla hoy o el próximo sábado (ver 5 TI, pp. 615-647)?

Elena de White explicitó que sus escritos cumplían la función de "hacerlos volver a la Palabra" (*ibíd.*, p. 622) y ayudarlos a comprender los principios bíblicos; pero, nunca los mostró como un comentario divino de la Escritura. Sin embargo, esto no siempre era obvio para sus hermanos adventistas. Y hay muchos que aún hoy no han captado eso.

Elena de White nunca dejó de conducir a la gente al "libro del Señor" y a Jesús. No se señaló a sí misma, ni a sus escritos, como la autoridad. Ese es el mejor testimonio que tenemos para sostener la validez de su don.

Cómo hacer teología: apelaciones a la autoridad de Elena de White -4

Recibieron la palabra con toda solicitud, escudriñando cada día las Escrituras para ver si estas cosas eran así. Hechos 17:11.

L os nobles bereanos estudiaban las Escrituras fielmente para descubrir la verdad. Eso es exactamente lo que Elena de White estaba tratando de lograr que hicieran los dirigentes adventistas, a fines de la década de 1880. Pero, muchos de ellos acudían a los escritos de ella para resolver sus problemas bíblicos, en vez de hacer su tarea con la Biblia. Fue justamente ese problema el que trató de evitar. Quizá sus seguidores "equivocados" no hayan logrado que ella "produjera" un testimonio sobre el tema de Gálatas; pero, al menos pudieron sentir una oleada de agradecimiento porque finalmente tenían sus escritos publicados sobre el tema, especialmente, dado que aparentemente ella había identificado la ley en Gálatas en sus *Sketches From the Life of Paul* [Notas biográficas de la vida de Pablo] (1883). Por las anotaciones en diarios, sabemos exactamente qué páginas leyeron algunas personas en el congreso de 1888.

El 24 de octubre, J. H. Morrison utilizó *Sketches* en un intento por demostrar la validez de la interpretación de la ley ceremonial. Buscó la página 193 y leyó a los delegados: "Él [Pablo] describe la visita que hizo a Jerusalén para garantizar una solución a las mismas cuestiones que están agitando a las iglesias de Galacia, en cuanto a si los gentiles deberían someterse a la circuncisión y guardar la ley ceremonial". A continuación, Morrison citó, de la página 188, el análisis que ella hizo sobre la naturaleza del problema de los gálatas: "Habiendo llegado a este punto, ellos [los cristianos judaizantes] los indujeron [a los cristianos de Galacia] a volver a la observancia de la ley ceremonial, como elemento esencial para la salvación. La fe en Cristo y la obediencia a la ley de los Diez Mandamientos eran consideradas de menor importancia". Morrison también leyó de la página 68, en la que la señora de White hablaba del yugo de esclavitud mencionado en Hechos 15:10 y en Gálatas 5:1: "Este yugo no era la ley de los Diez Mandamientos, como aquellos que se oponen a la demanda obligatoria de la Ley insisten; pero Pablo se refería a la ley de las ceremonias".

Después de presentar estas evidencias, Morrison se sentó, y los tradicionalistas debieron haber creído que habían zanjado la cuestión; después de todo, ¡tenían una cita de Elena de White! De modo que ellos tenían razón, y Waggoner y Jones estaban errados, sobre la base del comentario que ella hizo de la Biblia.

Esa postura, como veremos mañana, no fue la que asumió Elena de White.

Guíanos, Padre, al contemplar la importante cuestión de la autoridad religiosa y de la relación de los dones del Espíritu con la Biblia.

Cómo hacer teología: apelaciones a la autoridad de Elena de White -5

Los oídos de todo el pueblo estaban atentos al libro de la ley. Nehemías 8:3.

Ayer vimos que J. H. Morrison leyó los *Sketches From the Life of Paul*, de Elena de White, para resolver de una vez por todas la argumentación de que la ley de Gálatas era la ley ceremonial, y no la moral. Las citas que presentó, indudablemente, parecen enseñar esa posición. Morrison y sus amigos estaban convencidos de que habían demostrado que tenían razón, sobre la base del "comentario divino" de Elena de White sobre la Escritura.

Pero, esa *no* era la postura que asumió la señora de White. Esa misma mañana (antes de la presentación de Morrison), al referirse al tema de Gálatas, había dicho: "No puedo asumir una postura para ninguno de los dos lados hasta que haya estudiado el tema" (*Manuscrito* 9, 1888). Fue en ese contexto que señaló que era providencial que no pudiera encontrar su testimonio para J. H. Waggoner sobre el tema. Algunos habrían hecho un uso erróneo de él, para evitar que la gente explorara la Palabra de Dios.

Elena de White tenía luz para los delegados de la Asociación General sobre el tema de Gálatas. Pero esa luz, como afirmó en repetidas ocasiones, era que ellos necesitaban estudiar la Biblia, y *no descansar en ninguna otra forma de autoridad* al buscar el significado en la Escritura. Ella recalcó ese mensaje en su último mensaje registrado del evento de Minneápolis: "Un llamado a un estudio más profundo de la Palabra".

Aparentemente, el uso que hizo Morrison de *Sketches* con el fin de demostrar que tenía razón no la impresionó. No tenemos indicios de que ella considerara que la cuestión se había resuelto mediante ese método, ni citó sus propios escritos en Minneápolis para decidir ningún tema teológico, histórico ni bíblico. Sus escritos tenían sus propósitos, pero uno de ellos era no asumir una posición superior a la Biblia proveyendo un comentario infalible.

La señora de White reflejaría la misma actitud veinte años después, en la controversia por el "continuo" de Daniel 8; una lucha basada, una vez más, en sus comentarios. Y, una vez más, indicó a la gente que no usara sus escritos de ese modo.

De hecho, para evitar que emplearan mal sus escritos sobre la ley en Gálatas, hizo quitar las declaraciones cuando revisó *Sketches,* para convertirlo en *Los hechos de los apóstoles,* en 1911. Se tomó en serio lo que mencionara respecto de que la gente acudiera a la Biblia para descubrir su significado, en vez de depender de sus escritos.

El asunto de la autoridad es muy importante. Que Dios nos ayude diariamente, al estudiar su Palabra, para descubrir su verdad y su voluntad para nuestra vida.

Cómo hacer teología:
La autoridad de la Biblia

Toda la Escritura es inspirada por Dios, y útil para enseñar, para redargüir, para corregir, para instruir en justicia. 2 Timoteo 3:16.

W aggoner, Jones y los White sintonizaban armónicamente entre ellos en cuanto al modo apropiado de resolver las cuestiones teológicas. Todos sostenían que la Biblia es el único determinante de la creencia cristiana. Como resultado, se unieron contra los intentos de los tradicionalistas de utilizar cualquier otra forma de autoridad a fin de resolver las cuestiones bíblicas.

Elena de White fue especialmente insistente en la necesidad del estudio de la Biblia para ocuparse en disputas teológicas. En abril de 1887, por ejemplo, escribió a Butler y a Smith, diciendo: "Queremos evidencias bíblicas para cada punto en el que avanzamos. No queremos pasar por alto cuestiones, como hizo el pastor Canright con las afirmaciones" (*Carta* 13, 1887). En julio de 1888, enunció su postura con la mayor claridad posible, cuando publicó en la *Review* que *"la Biblia es la única regla de fe y doctrina"* (*RH*, 17 de julio de 1888; énfasis añadido).

Y el 5 de agosto de 1888 recomendó a sus lectores: "Escudriñen las Escrituras cuidadosamente, para ver cuál es la verdad". Y añadió que "la verdad no tiene nada que perder con una investigación a fondo. Que la Palabra de Dios hable por sí misma, que sea su propio intérprete". "La Palabra de Dios es la gran detractora del error; creemos que todo debe ser llevado a ella. *La Biblia debe ser nuestro patrón para toda doctrina y práctica [...]. No debemos recibir la opinión de nadie sin compararla con las Escrituras. Aquí hay autoridad divina, que es suprema en asuntos de fe. Es la palabra del Dios viviente la que debe decidir todas las controversias"* (*Carta* 20, énfasis añadido).

Elena de White, también, recalcó el mensaje durante su última presentación en Minneápolis: "Las Escrituras deben ser su estudio; entonces sabrán que tienen la verdad [...]. No deberían creer ninguna doctrina simplemente porque otro diga que es verdad. No deberían recibirla porque el pastor Smith, o el pastor Kilgore, o el pastor Van Horn o el pastor Haskell dicen que es verdad, sino porque la voz de Dios la ha declarado en sus oráculos divinos" (*Manuscrito* 15, 1888). Fácilmente podría haber agregado su propio nombre a esa lista, dada la postura que había asumido durante las reuniones.

Gracias, Señor, por tu Palabra en la Biblia. Hoy queremos reconsagrar nuestra vida al estudio diario de ella, con más persistencia y energía.

Victoria en Minneápolis
sobre la cuestión de la autoridad

*A fin de que el hombre de Dios sea perfecto, enteramente preparado
para toda buena obra. 2 Timoteo 3:17.*

Una buena cantidad de pastores se tomó en serio la petición de Elena de White de Minneápolis del estudio personal de la Biblia. "Muchos salieron de esta reunión", escribió Guillermo White el 2 de noviembre de 1888, "con la determinación de estudiar la Biblia como nunca antes, y el resultado será una predicación más clara".

R. DeWitt Hottel anotó en su diario que una de sus primeras actividades después de regresar a su casa desde Minneápolis "fue leer el libro del hermano Butler sobre Gálatas, y también la respuesta del hermano Waggoner. También, me sumergí en la Biblia". Aparentemente, Hottel estaba probando las conclusiones de ambos hombres con las Escrituras.

Otra historia exitosa fue la de J. O. Corliss, que había estado examinando la Palabra de Dios con resultados gratificantes. "Nunca tuve esos torrentes de luz en el mismo período", declaró, "y la verdad nunca me pareció tan buena como ahora. En soledad, estudié los temas de los pactos y la ley de Gálatas. Arribé a mis conclusiones sin consultar a nadie, más que al Señor y su santa Palabra. Creo que ahora tengo el asunto claro en mi mente, y puedo ver la belleza y la armonía de la postura del Dr. [Waggoner] sobre la ley de Gálatas".

Aparentemente, no todos habían sintonizado a Elena de White en Minneápolis. Durante el Congreso de la Asociación General de 1889, ella pudo escribir que estaba "agradecida de ver en los hermanos ministros la disposición de escudriñar las Escrituras por sí mismos" (*Manuscrito* 10, 1889).

A comienzos de la década de 1890, la Asociación General patrocinó escuelas anuales para los pastores, como respuesta al llamado de Minneápolis para el clero adventista de llegar a ser mejores estudiantes de la Biblia. Las reuniones de Minneápolis habían destacado la incapacidad de ellos de interactuar con la Biblia. El avasallador Butler ya no era presidente de la Asociación General, y la administración de O. A. Olsen hizo lo posible con el propósito de procurar que los pastores de la iglesia llegaran a ser mejores estudiantes de la Biblia.

Dada la importancia de la Biblia, una de las sorpresas de la iglesia del siglo XXI es que no le dedicamos más tiempo. La mayoría pasa más tiempo frente al televisor, por ejemplo, que frente a una Biblia abierta.

Hoy es el día de cambiar esa pauta.

Fracaso en Minneápolis
sobre la cuestión de la autoridad

Fueron halladas tus palabras, y yo las comí; y tu palabra me fue por gozo y por alegría de mi corazón.
Jeremías 15:16.

Es bueno comer las palabras de Dios. Pero, a veces, preferiríamos participar de las de otras personas.

Ese pensamiento nos remonta al tema de la autoridad en Minneápolis. Si bien las repercusiones del congreso tuvieron sus éxitos, también tuvieron sus fracasos. Quizás el más obvio fue la tentación continua a depender de las opiniones humanas. Sin embargo, en 1894 ya no eran las palabras autoritativas de Butler y de Smith sino las de Jones las que causaban problemas. El repetido aval que tuvieron él y Waggoner de parte de Elena de White en Minneápolis, y después, indudablemente había preparado la mente de muchos para aceptar cualquier cosa que ellos dijeran o escribieran. Debido a que exaltaban a Cristo, pero el poder de las fuerzas del adventismo estaban alineadas contra ellos, ella tuvo que "gritar en alta voz" su respaldo hacia ellos, para que les prestaran oídos.

Su voz no fue ignorada. En 1894, S. N. Haskell sintió la obligación de hacerle la observación de que había sido "absolutamente necesario" que ella "defendiera a los pastores Waggoner y A. T. Jones durante estos años". "Pero", añadió, "todo el país ha sido acallado en sus críticas contra ellos en la medida necesaria. Se ha peleado la batalla, y se ha ganado la victoria".

La iglesia, le dijo, ahora afrontaba el problema opuesto: la gente y los líderes eclesiásticos "estaban tomando todo lo que ellos [Jones y W. W. Prescott] decían como si fuese casi inspirado por Dios". F. M. Wilcox había llegado a una conclusión similar. Al escribir desde Battle Creek, señaló: "Hubo un tiempo en que muchos de los principios que el hermano Jones ha hecho resaltar eran combatidos; pero últimamente la gran mayoría de nuestro pueblo se ha colgado de sus palabras casi como si fuesen las palabras de Dios".

Así es que, para 1894, los adventistas habían engendrado una nueva crisis de autoridad. "Algunos de nuestros hermanos", comentó Elena de White, "han mirado a estos pastores y los han colocado donde debería estar Dios. Han recibido cada palabra de sus labios, sin buscar con atención el consejo de Dios para ellos mismos" (*Carta* 27, 1894).

¿Aprenderemos alguna vez?

Una de las grandes lecciones del Congreso de la Asociación General de 1888 trae consigo la definición de autoridad: que la Palabra de Dios es la autoridad suprema; y que necesitamos dejar de confiar en las palabras de los seres humanos y de leer la Biblia a través de los ojos de ellos.

¡Dios, ayúdanos!

El profeta y los mensajeros

Toma a Marcos y tráele contigo, porque me es útil para el ministerio. 2 Timoteo 4:11.

Los profetas y los apóstoles bíblicos de tanto en tanto recomendaban a personas que serían una bendición especial para la iglesia. Elena de White no era diferente en ese sentido. El respaldo más reiterado que dio durante su ministerio fue hacia Waggoner y Jones. Una y otra vez los defendió por causa de su mensaje cristocéntrico.

Pero, su repetida recomendación ¿significaba que ella aceptara todo lo que ellos enseñaban, incluso en relación con la Ley y el evangelio?

Permitámosle responder a ella misma. Al comienzo de las reuniones de Minneápolis, ella escribió acerca de su ángel "guía", que "extendió sus brazos en dirección al Dr. Waggoner y hacia usted, pastor Butler, y en esencia dijo: 'Ninguno [tiene] toda la luz sobre la ley; ninguna de las dos posiciones es perfecta' ". Si bien el contexto de esa declaración es el Congreso de la Asociación General de 1886, todavía tenía la misma postura en 1888 (*Carta* 21, 1888).

A principios de noviembre, dijo a los delegados de Minneápolis que algunas de las cosas que Waggoner había presentado sobre la ley de Gálatas "no armonizan con la interpretación que yo he tenido de este tema". Más adelante en la misma charla, ella afirmó que "algunas interpretaciones de la Escritura dadas por el Dr. Waggoner no considero que sean correctas" (*Manuscrito* 15, 1888).

Guillermo White justifica la postura de su madre. Desde Minneápolis, escribió a su esposa que "gran parte de lo que enseña el Dr. W. está en línea con lo que" su madre había "visto en visión". Eso había llevado a algunos a la conclusión "de que ella respalda todas las opiniones de él, [y que ninguna] parte de la enseñanza de ellos discrepa [con la de su madre] ni con sus Testimonios [...]. Podría demostrar que todo esto es [falso]".

Constantemente Elena de White validaba el núcleo central de lo que Jones y Waggoner presentaban sobre la justicia de Cristo. Pero, un análisis de sus escritos refleja una cantidad de temas teológicos importantes en los que ella difería de ellos.

Sin embargo, apuntaban en la dirección correcta al tratar de exaltar a Cristo y la justificación por la fe, no mediante la observancia de la Ley.

Como con cualquier orientación profética, no hay blancos perfectos. Todo debe evaluarse a la luz de la Biblia.

Dos clases de justicia -1

Maestro bueno, ¿qué bien haré para tener la vida eterna? [...]. Si quieres entrar en la vida, guarda los mandamientos. Mateo 19:16, 17.

L os adventistas, a lo largo de los años, han oído mucho acerca de la cuestión de la justificación por la fe en el Congreso de la Asociación General de 1888. Pero ¿qué enseñaban Jones y Waggoner en realidad? Y ¿qué posturas de Smith y Butler necesitaban corregirse? Pasaremos varios días considerando las respuestas a esas preguntas.

Quizá la mejor forma de introducir el tema sea mediante los editoriales de Urías Smith en la *Review* de enero de 1888. En un artículo del 3 de enero titulado "El punto principal", afirmaba que el objetivo de los pioneros adventistas era anunciar la última proclamación de la Segunda Venida y "llevar a las almas a Cristo mediante la obediencia a esta verdad de prueba final. Este era el único punto objetivo de todos sus esfuerzos; y el fin buscado no se lo consideraba ganado a menos que las almas se convirtieran a Dios y que llevara a buscar, a través de una obediencia inteligente a todos sus mandamientos, una preparación del Señor del cielo". Smith unió "El punto principal" con el mensaje del tercer ángel, subrayando la palabra "guardar" al citar Apocalipsis 14:12: "Aquí está la paciencia de los santos, los que guardan los mandamientos de Dios y la fe de Jesús".

Debemos detenernos aquí por un momento. Piensa en esto. ¿Cómo llega la gente a Cristo? ¿Mediante la obediencia, como afirma Smith? ¿O por algún otro método?

Este énfasis vuelve a aparecer en su último editorial de enero de 1888, "Condiciones de vida eterna". Basó sus comentarios en la pregunta del joven rico a Cristo: "Maestro bueno, ¿qué bien haré para tener la vida eterna?" La respuesta bíblica, proclamó Smith, podría resumirse en una proposición como "arrepiéntete, cree, obedece y vive". Afirmaba que esa era la respuesta de Jesús. Al fin y al cabo, ¿no le dijo al joven rico: "Si quieres entrar en la vida, guarda los mandamientos"?

Smith siguió señalando que "el problema con la justicia de los fariseos" era que no habían alcanzado un grado aceptable de "carácter moral" en relación con la "Ley moral".

Al seguir la falsa pista de José Bates sobre el significado de la historia del joven rico, Smith y sus colegas estaban sumidos en el legalismo. Aún no habían descubierto la relación neotestamentaria entre la Ley y el evangelio.

Algunos de nosotros, y me incluyo, hemos luchado fuertemente con el mismo tema. Pero, espera. De eso se trata 1888.

Dos clases de justicia -2

¿No fue justificado por las obras Abraham [...]? Santiago 2:21.

L a relación entre la fe y la obediencia está en el centro de la justicia y la justificación. Ayer encontramos a Urías Smith razonando, a comienzos de 1888, que la obediencia era la clave de la salvación. Su principal ilustración era la del joven rico. De lo que Smith no se dio cuenta fue que aunque el joven rico había guardado los Mandamientos, aun así se alejó de Cristo, totalmente perdido.

Smith y sus colegas, por supuesto, creían en la justificación por la fe. Tenían que creerlo, porque está en la Biblia. Pero, basaban su interpretación en la traducción engañosa de la King James Version [Versión del Rey Jacobo] de Romanos 3:25, que afirma que "la justicia [de Cristo] para la remisión de los pecados que son pasados" [en RV60: "su justicia [de Cristo], a causa de haber pasado por alto [...] los pecados pasados"]. De modo que J. F. Ballenger pudo escribir: "Para hacer reparación de los pecados pasados, la fe lo es *todo*. Indudablemente preciosa es esa sangre que borra nuestros pecados y deja un registro limpio del pasado. La fe solo puede hacer que las promesas de Dios sean nuestras. Pero el deber actual debemos cumplirlo nosotros [...]. Obedece la voz de Dios, y vive; o desobedece, y muere".

Un resultado de su creencia de que la justificación por la fe se ocupaba de los pecados pasados era que Smith, Butler y sus amigos enseñaban que conservar la justificación después de la conversión era un asunto de "justificación por obras". Después de todo, Ballenger escribió posteriormente, citando a Santiago: "¿No fue justificado por las obras Abraham [...]?" "Cuando obedecemos, ese acto, unido a nuestra fe, garantiza nuestra justificación".

Así que, para estos adventistas, la justificación no era solo por fe, como afirma Pablo repetidas veces (incluso de Abraham; ver Rom. 3:20-25; 4:1-5; Efe. 2:5, 8; Gál. 2:16), sino fe más obras.

Era precisamente esa teología con la cual Waggoner y Jones disentían. En un editorial de enero de 1888 en la *Signs*, titulado "Diferentes clases de justicia", Waggoner, que contendía con Smith, señaló que una persona no podía mejorar la justicia moral de los escribas y los fariseos porque "ellos confiaban en sus propias obras, y no se sometían a la justicia de Dios". De hecho, afirmaba que la justicia de ellos no era "verdadera justicia para nada". Simplemente, habían tratado de "encubrir una prenda sucia y harapienta, poniéndose encima algunos trapos sucios más".

¿Cómo somos salvos? Y ¿cómo se relacionan las obras con esa salvación? Esa era la esencia de la lucha en Mineápolis. También era el conflicto entre Pablo y sus adversarios en Romanos y en Gálatas.

Danos entendimiento para este tema crucial, Padre, al reflexionar en él día a día.

Dos clases de justicia -3

Todas nuestras justicias [o "mejores obras", TLA] como trapo de inmundicia. Isaías 64:6.

¿Será así?

Esa es la postura asumida por Waggoner, ante el énfasis de Smith y sus amigos sobre la justificación por obras. "La justicia humana", escribió Waggoner, "no tiene más valor que antes, después de que un hombre es justificado". El cristiano justificado " 'por su fe vivirá' ". Por lo tanto, "el que tiene más fe vivirá la vida más íntegra". Eso es cierto, porque Cristo es " 'JEHOVÁ, JUSTICIA NUESTRA' ". Para Waggoner, la fe lo era todo; y la ecuación de fe + obras = justificación encontró sus raíces en "el espíritu del anticristo".

Jones se mantuvo firme con Waggoner. En mayo de 1889, por ejemplo, dijo a sus oyentes que la Ley *no* era el lugar para buscar justicia. "Todas nuestras justicias [son] como *trapo de inmundicia*".

Smith se ofendió con esos comentarios. Un mes después, disparó una andanada contra Jones en la *Review,* titulada "Nuestra justicia". Observó que algunos de los corresponsales de la *Review* estaban cayendo en el juego de los que acabarían con la Ley haciendo comentarios acerca de que nuestra justicia son "trapos de inmundicia". El editor de la *Review* siguió, diciendo que "la obediencia perfecta a la [Ley] originará justicia perfecta, y que esa es la única manera en que alguien pueda alcanzar la justificación". Afirmó que "no debemos sentarnos a descansar sin hacer nada, como una masa de inercia en las manos del Redentor [...]. 'Nuestra justicia' [...] se da por estar en armonía con la Ley de Dios [...]. Y 'nuestra justicia', en este caso, no puede ser trapos de inmundicia". Concluyó que hay una justicia que "ha de obtenerse haciendo y enseñando los Mandamientos".

Cuando salió ese artículo, Elena de White estaba predicando que la fe debe venir antes que las obras, en la reunión campestre de Rome, Nueva York. Cuando la gente no podía armonizar lo que ella estaba diciendo con el artículo de Smith, la respuesta de ella fue que el hermano Smith "no sabe de qué está hablando; ve a los árboles como hombres caminando". Señaló que solo porque Jesús y su justicia son fundamentales en la salvación eso no significa que desechemos la Ley de Dios (*Manuscrito* 5, 1889). A Smith le escribió diciendo que estaba en una senda que lo llevaría a un precipicio; y que estaba "caminando como un ciego" (*Carta* 55, 1889).

¿Cómo está nuestra vista espiritual? ¿Tenemos en claro la relación entre la fe y las obras, la Ley y la gracia? Quizá no. Pero, de eso se trató el énfasis de 1888. Las respuestas vendrán al seguir la conducción de Dios a través de este pedacito de historia adventista.

Dos clases de justicia -4

Por las obras de la ley ningún ser humano será justificado delante de él; porque por medio de la ley es el conocimiento del pecado. Romanos 3:20.

L a enseñanza bíblica parece ser bastante clara. La función de la Ley es mantener en pie el ideal de Dios y hacer notar nuestro pecado cuando no cumplimos con ese ideal. La Ley, dice claramente Romanos 3:20, no tiene absolutamente ningún poder para salvar. Eso es totalmente cierto. ¡Pero! Pero, si yo creo realmente que la justificación es por gracia mediante la fe, sin las obras de la Ley, entonces, ¿qué pasa con la Ley?

¡Buena pregunta!

El temor era que la minimización de la Ley terminara acabando con el sábado, que motivó las fuerzas de Smith y Butler en la era de 1888.

Escuchemos a Butler sobre el tema. En un artículo titulado "La justificación de la ley cumplida por nosotros", observó que "hay un sentimiento que predomina en casi todas partes", que es agradable pero peligroso: "'Solo cree en Cristo, y vas a estar bien' [...]. Jesús lo hace todo". Esa enseñanza, proclamó, "es una de las herejías más peligrosas del mundo". La razón de ser del mensaje del tercer ángel, enfatizó, es "la necesidad de la obediencia a la Ley de Dios. 'Aquí está la paciencia de los santos, *los que guardan los mandamientos de Dios* y la fe de Jesús' ". El mundo cristiano, agregó Butler, estaba perdiendo rápidamente esa verdad, y los adventistas necesitaban exaltarla.

Ahí lo tenemos. Demasiado de Cristo y su justicia, temían algunos, acabaría con la Ley, la obediencia y la necesidad de justicia humana.

Ese temor estaba en la médula de la reacción de las enseñanzas de Jones y Waggoner en Minneápolis.

Los dos bandos tenían dos perspectivas muy diferentes. Para los reformadores, las palabras y las frases clave eran "Cristo", "fe", "justificación por la fe", y términos relacionados con la justicia de Cristo. El grupo de Smith/Butler, por otro lado, enfatizaba el "esfuerzo humano", las "obras", la "obediencia", la "Ley", los "Mandamientos", "nuestra justicia" y la "justificación por obras".

Esos dos énfasis son bien visibles en el adventismo, 120 años después de Minneápolis. ¿Tienen que ser mutuamente excluyentes? ¿Por qué sí o por qué no?

¿Cuál es tu postura en estos temas? Piénsalo. Analízalo con tu familia y con tus amigos.

¿Cómo consideraba Waggoner la salvación? -1

Porque por gracia sois salvos por medio de la fe; y esto no de vosotros, pues es don de Dios; no por obras, para que nadie se gloríe. Efesios 2:8, 9.

L o primero que advertimos en la teología de Waggoner es que los seres humanos no pueden hacer nada para ganar la salvación. "Nuestra salvación", escribió, "se debe exclusivamente a la infinita misericordia de Dios, por los méritos de Cristo". Dios "no espera que los pecadores deseen el perdón antes de hacer un esfuerzo por salvarlos". Eso, sin duda, es una buena noticia. Pero es un evangelio muy alejado de la postura de Urías Smith de que la obediencia lleva a los hombres y las mujeres a Dios. Al contrario, según Waggoner, el Dios de gracia busca al perdido inmerecedor. El Señor toma la iniciativa en la salvación.

Un segundo pilar de la teología de Waggoner es que ninguna persona puede llegar a ser buena por la obediencia a la Ley, porque "la ley no tiene ni una partícula de justicia para ofrecerla a ningún hombre". Sostenía que *"un hombre no puede hacer el bien hasta que primero se haga bueno.* Por lo tanto, los actos hechos por una persona pecaminosa no tienen ningún efecto para hacerlo justo; pero, al contrario, como provienen de un corazón malo, son malos, y así añaden a la suma de su pecaminosidad". Sin embargo, señaló, "los fariseos no se extinguieron; son muchos en nuestros días los que esperan obtener la justificación mediante sus buenas obras".

Según Waggoner, Dios nunca presentó la Ley como un camino para alcanzar el cielo. Tanto Waggoner como Jones creían que *la función de la Ley no era solo "dar a conocer el pecado",* sino *"llevar a la gente a Cristo, para que pueda ser justificada por la fe".*

"Dado que los mejores esfuerzos de un hombre pecador", afirmó, "no tienen ni la más mínima incidencia para producir justicia, es evidente que la única manera de obtenerla es como un regalo". Nuestros intentos de obtener justicia son como tratar de cubrir nuestra desnudez con "trapos de inmundicia". Pero, "descubrimos que cuando Cristo nos cubre con el manto de su justicia, no proporciona un manto de pecado, sino que quita el pecado". De hecho, cuando aceptamos la justicia de Cristo, nuestro "pecado ha sido cancelado".

Gracias, Señor, por el manto de Cristo. Habiendo intentado infructuosamente, durante años, finalmente estamos listos para entregarnos y aceptar tu don plenamente. Amén.

¿Cómo consideraba Waggoner la salvación? -2

Mas a todos los que le recibieron, a los que creen en su nombre, les dio potestad de ser hechos hijos de Dios; los cuales no son engendrados de sangre, ni de voluntad de carne, ni de voluntad de varón, sino de Dios. Juan 1:12, 13.

En el momento en que una persona acepta la justificación de Cristo mediante la fe, afirmaba Waggoner, esa persona llega a ser parte de la familia de Dios. "Observen", escribió, "que es al ser justificados por gracia cuando somos hechos herederos [...]. *La fe en Cristo Jesús nos hace hijos de Dios;* por lo tanto, sabemos que todo el que ha sido justificado por la gracia de Dios –ha sido perdonado– es un heredero de Dios".

Pero, la justificación y la adopción en la familia de Dios no son la suma total de la salvación, para Waggoner. Lejos de eso, "Dios no nos adopta como sus hijos porque somos buenos, sino para hacernos buenos".

En el mismo momento en que Dios justifica y adopta a las personas en su familia celestial, las transforma en nuevas criaturas. Esas personas, añade Waggoner, no solo ya no están bajo condenación, sino también "ahora son nuevas criaturas en Cristo, y de allí en adelante deben caminar en novedad de vida, ya no 'bajo la Ley', sino 'bajo la gracia' ". En el momento de la justificación, Dios da al pecador convertido "un corazón nuevo". Así que, "es correcto decir que es salvo".

Aquí es importante señalar que Waggoner a menudo hablaba de la justificación por fe y del nuevo nacimiento en el mismo contexto. Eso es bastante apropiado, ya que ocurren en el mismo momento. En otras palabras, en el momento en que una persona es justificada, también nace de nuevo por el Espíritu Santo. Así que, el ser considerados justos (ser justificados) y el cambio de naturaleza ocurren simultáneamente.

Como resultado, el ser considerados justos, según Waggoner, no es una ficción legal. Las personas justificadas piensan diferente y desean actuar en forma diferente, bajo la conducción de Dios. Pero, por supuesto, cuando caen y confiesan esa falta, la gracia de Dios está allí para perdonarlas de nuevo.

El ser adoptados en la familia de Dios, como personas que nacieron fuera de esa familia (ver Efe. 2:1-5), es una promesa maravillosa.

Gracias, Señor, porque podemos ser parte de la familia de Dios.

¿Cómo consideraba Waggoner la salvación? -3

De modo que si alguno está en Cristo, nueva criatura es; las cosas viejas pasaron; he aquí todas son hechas nuevas. 2 Corintios 5:17.

N ueva "criatura" (RVR 60), o nueva "creación" (NVI) en Cristo es una enseñanza poderosa. Está presente en todo el Nuevo Testamento, pero halla especial expresión en los escritos de Pablo.

Waggoner retomó ese tema, al señalar que en el mismo momento en que las personas son justificadas también nacen de nuevo como nuevas criaturas y son adoptadas en la familia de Dios.

En palabras de Waggoner, "la diferencia entre un hombre justo y un pecador es mucho más que una mera diferencia de creencia. Es más que un mero ajuste de cuentas de parte de Dios. Es una diferencia real [...]. Dios nunca declara justa a una persona simplemente porque acepte la verdad. Hay un cambio real y literal de un estado de pecado a la justificación, que justifica a Dios al hacer la declaración". En pocas palabras, la persona justificada vivirá diferente que un pecador, porque Dios la ha transformado en una nueva criatura en el momento de la justificación.

Para Waggoner, la justificación, el nuevo nacimiento y la adopción eran el comienzo del caminar cristiano. En contra de los maestros de la santidad que se aferraban a una forma de santificación "sin ningún cambio de hábito de parte de la persona", *él consideraba que la "santidad" sin la obediencia a la Ley y un cambio de vida era una "ilusión".*

La persona salva, según Waggoner, llevará una vida según la Ley de Dios. Escribió que "una persona no puede amar a Dios sin manifestarlo en obras, así como no puede vivir sin respirar". La victoria sobre el pecado proviene del poder del Espíritu Santo que mora en la vida de un cristiano. Solo los que ganan la victoria sobre el pecado, sostenía, estarán en el Reino eterno.

Waggoner, como podemos ver, no estaba en contra de la Ley ni de la obediencia. No obstante, estaba totalmente en contra de la Ley y de la obediencia como el centro de la experiencia de una persona. ¡No! Ese lugar era solo para Cristo y su justicia.

Pero, dentro de la esfera de la justicia de Cristo, la persona recién nacida necesariamente deseará caminar con Dios y guardar su Ley.

El orden es crucial. Primero viene la salvación. Luego viene la obediencia. Si lo invertimos, tenemos legalismo.

¿Y el Pacto? -1

He aquí vienen días, dice el Señor, en que estableceré con la casa de Israel [...] un nuevo pacto [...].
Pondré mis leyes en la mente de ellos, y sobre su corazón las escribiré. Hebreos 8:8-10.

Un pacto religioso es un compromiso entre Dios y las personas, en el que Dios se compromete a bendecir a los que lo aceptan y se comprometen con él.
Esa es una buena definición. Pero ¿qué significa, exactamente? ¿Cuáles son sus implicaciones? Esos interrogantes dividieron a la comunidad adventista allá, por la década de 1880.

Smith y Butler tenían su respuesta para la cuestión del Pacto. Era sencilla: "Obedece, y vive". Quienes obedecieran tendrían vida eterna. De allí su énfasis en la Ley, la obediencia y la justificación personal.

Pero, a Waggoner la ecuación "obedece, y vive" lo desconcertaba. Primero, afirmó, venía la justificación y la vida en Cristo, y recién después la obediencia. Así que, podríamos enunciar su fórmula como: "Vive [en Cristo], y [luego] obedece".

El problema crucial del antiguo Pacto, desde la perspectiva de Waggoner, era que "no hacía provisión para el perdón de los pecados". Pero, el nuevo Pacto tenía, como centro, la justificación por la fe en Jesús. Era un pacto de gracia, en el que los cristianos nacidos de nuevo tienen la Ley de Dios en su corazón. "Caminar en la Ley", afirmó Waggoner, será una forma de vida natural para los que han nacido en la familia de Dios y tienen la Ley que habita en su ser interior.

Los adventistas de 1888 estaban preocupados por el Pacto. Y era lógico; al fin y al cabo, ¿qué es más importante que la salvación?

¡Nada! Comparados con la salvación, un auto nuevo, una casa mejor o, incluso, la misma vida terrenal no tienen importancia.

No deberíamos culpar a los adventistas de hace más de un siglo por su agitación cuando alguien desafiaba su idea de la salvación y de la misión de la iglesia. Cada uno de nosotros debería estar profundamente preocupado por los mismos temas. Vivimos en un mundo convulsionado, de enfermedad y muerte. ¿Existe algo mejor? Este desorden ¿durará para siempre? ¿Sobre qué base puede Dios salvar a las personas problemáticas en un mundo problemático? Esos son los interrogantes de las creencias religiosas.

Las respuestas de ellos estimularon la formación de la Iglesia Adventista, y estarán relacionadas con su destino final.

Ayúdanos, Padre, a aprender a pensar como tú. Ayúdanos a comprender los asuntos más importantes de la Biblia y de la vida.

¿Y el Pacto? -2

He aquí que vienen días, dice Jehová, en los cuales haré nuevo pacto con la casa de Israel [...] perdonaré la maldad de ellos, y no me acordaré más de su pecado. Jeremías 31:31-34.

Entre Elena de White y Waggoner primaba la armonía sobre los pactos. El tratamiento que ella dio al tema de los dos pactos, redactado a fines de la década de 1880, nos brinda un resumen de su punto de vista sobre la cuestión.

"Los términos del 'Pacto antiguo' ", escribe ella, "eran: Obedece, y vivirás [...]. El 'nuevo Pacto' se estableció sobre 'mejores promesas': *la promesa del perdón de los pecados, y de la gracia de Dios para renovar el corazón y ponerlo en armonía con los principios de la Ley de Dios.* 'Este es el pacto que haré con la casa de Israel después de aquellos días, dice Jehová: daré mi ley en su mente, y *la escribiré en su corazón;* y [...] *perdonaré* la maldad de ellos, y no me acordaré más de su pecado' (Jer. 31:33, 34).

"La misma ley que fue grabada sobre tablas de piedra es escrita por el Espíritu Santo sobre las tablas del corazón. En vez de tratar de establecer nuestra propia justicia, aceptamos la justicia de Cristo. Su sangre expía nuestros pecados. Aceptamos su obediencia. Entonces, el corazón renovado por el Espíritu Santo producirá 'los frutos del Espíritu'. Mediante la gracia de Cristo, viviremos obedeciendo la Ley de Dios escrita en nuestro corazón. Al poseer el Espíritu de Cristo, andaremos como él anduvo" (PP, p. 342).

Fue el concepto de un pacto de gracia lo que sacudió hasta sus mismas raíces a muchos de los adventistas tradicionales que enfatizaban la primacía de la obediencia en el antiguo Pacto. El enfoque de Waggoner en la fe en Cristo socavaba la teología de ellos, basada en la Ley; aunque, como hemos visto, Waggoner, Jones y Elena de White tenían un lugar prominente para la Ley y la obediencia en su teología. *Pero, para ellos, la obediencia fluía de una relación salvífica con Jesús, no llevaba a esa relación.*

¿En qué sentido corre el "flujo" en tu vida? Tengo la impresión de que muchos adventistas están preocupados por su desempeño –cómo lo están haciendo–, en vez de estar, ante todo, interesados en Cristo y en lo que él ha hecho por ellos.

Hoy es el mejor día del resto de tu vida para hacer que tu "flujo" cambie completamente, y para comenzar a caminar con Dios en un nuevo pacto.

La relación entre la doctrina y el amor cristiano

Amados, si Dios nos ha amado así, debemos también nosotros amarnos unos a otros [...]. Si nos amamos unos a otros, Dios permanece en nosotros, y su amor se ha perfeccionado en nosotros.
1 Juan 4:11, 12.

Supongo que si pudiéramos obtener la salvación con nuestras propias fuerzas, podríamos tener razones para estar orgullosos de nuestros logros, e incluso tratar a otros "seres inferiores" con un poco de disgusto porque no han logrado alcanzar nuestro "elevado nivel de realización".

Pero, no es así como ocurren las cosas. Todos han fracasado y seguirán fracasando; solo el amor de Dios es lo que nos rescata. Dado ese hecho, la única respuesta posible es amar a él y a nuestros semejantes. El amor es la única respuesta cabal para un Dios que nos ha salvado a pesar de nosotros mismos.

No es que la doctrina no sea importante. Elena de White, por ejemplo, tenía un profundo interés en la interpretación correcta de la Biblia y de la doctrina cristiana. No obstante, estaba aún más preocupada porque hubiese estudio bíblico y análisis doctrinal en el contexto del amor cristiano.

En 1887, al ver el cruel espíritu de Minneápolis asomando en el horizonte, había escrito que "hay peligro de que nuestros pastores se explayen demasiado en las doctrinas [...] cuando su propia alma necesita piedad práctica" (*Carta* 37, 1887).

Nuevamente en 1890, D. T. Jones (secretario de la Asociación General) escribió a Guillermo White, diciendo que "tu madre y el Dr. Waggoner dicen que los puntos de doctrina no son para nada los temas en cuestión, sino el espíritu mostrado por nuestro pueblo en oposición a estos interrogantes que objetan. Me siento totalmente libre de reconocer que el espíritu no ha sido el Espíritu de Cristo. No ha sido así en mi caso, y creo que puedo discernir lo suficiente como para estar seguro al decir que no ha sido así en el caso de otros. Muchas veces reflexioné en este asunto y me pregunté por qué esos temas prácticamente sin importancia causaban tanto revuelo, como una división [...]. El propósito en la mente de tu madre y en la mente del Dr. Waggoner no era implantar estas cuestiones e imponerlas a la fuerza sobre todos, sino presentar la justificación por la fe y el Espíritu de Cristo, y tratar de que la gente se convierta a Dios".

¡Ese es el punto crucial! Enfrentémoslo: cuando nuestro "cristianismo" nos hace ser desamorados, obviamente no tenemos algo auténtico, aunque tengamos razón en todas las doctrinas. Pero, cuando nos damos cuenta de que Cristo, mediante la gracia de Dios, verdaderamente nos ha rescatado del abismo del pecado, nuestra respuesta será el amor. La falta de amor indica que todavía tenemos que ser rescatados.

Ayúdame, Padre, a aceptar tu gracia salvífica, para que pueda transformarme en un canal de tu amor.

Elena de White en Minneápolis:
Deja a Jesús entrar -1

Por esta causa doblo mis rodillas ante el Padre [...] para que [...] seáis plenamente capaces [...] de conocer el amor de Cristo, que excede a todo conocimiento, para que seáis llenos de toda la plenitud de Dios. Efesios 3:14-19.

El énfasis de Elena de White en Minneápolis no fue ninguna enseñanza nueva de algún aspecto de la teología adventista sino, más bien, un llamado al adventismo a ennoblecer y practicar el cristianismo básico. "Mi preocupación durante la reunión era la de presentar a Jesús y su amor ante mis hermanos, porque vi señaladas evidencias de que muchos no tenían el espíritu de Cristo" (*Manuscrito* 24, 1888; 3 MS, p. 194).

"La fe en Cristo como la única esperanza del pecador ha sido dejada fuera de consideración y excluida no solo de los discursos sino también de la experiencia de muchísimos que dicen creer en el mensaje del tercer ángel. En esta reunión, yo testifiqué que la luz más preciosa había estado brillando desde las Escrituras en la presentación del gran tema de la justicia de Cristo en relación con la Ley. Este tema de la justicia de Cristo debe ser mantenido constantemente delante del pecador como su única esperanza de salvación [...].

"La norma para medir el carácter es la Ley real. La Ley es la que descubre el pecado. Por la Ley es el conocimiento del pecado; pero el pecador es constantemente atraído a Jesús por la maravillosa manifestación de su amor, pues él se humilló a sí mismo para padecer una muerte vergonzosa sobre la cruz. ¡Qué estudio es este! Los ángeles han luchado y anhelado fervientemente entender este maravilloso misterio. Es un estudio que requiere el esfuerzo de la más alta inteligencia humana: que el hombre caído, engañado por Satanás, que se coloca al lado de Satanás en este asunto, pueda conformarse a la imagen del Hijo del Dios infinito; que el hombre pueda ser como Cristo; que, debido a la justicia de Cristo dada al hombre, Dios amara al hombre –caído pero redimido– así como amaba a su Hijo [...].

"Este es el misterio de la piedad. Este cuadro es del más alto valor, y debe ser engarzado en todo discurso, debe ser colgado en los pasadizos de la memoria, debe ser anunciado por los labios humanos, debe ser presentado por seres humanos que han gustado y han visto que Dios es bueno. Esto es algo sobre lo cual debe meditarse; debe ser el tema de todo discurso" (*ibíd.*, pp. 190, 191).

Deja a Jesús entrar; si Elena de White solo pudiera darnos un consejo a partir de las reuniones de 1888, sería este. Decidamos permitirle entrar ahora mismo, antes de levantarnos de esta lectura.

Elena de White en Minneápolis:
Deja a Jesús entrar -2

Sed, pues, imitadores de Dios como hijos amados. Y andad en amor, como también Cristo nos amó, y se entregó a sí mismo por nosotros. Efesios 5:1, 2.

"Se han presentado teorías áridas, y las almas preciosas están hambrientas del Pan de vida. Esta no es la predicación que Dios exige o que el Dios del cielo aceptará, porque está desprovista de Cristo. El cuadro divino de Cristo debe ser mantenido delante de la gente [...].

"Debe ser elevado delante de los hombres. Cuando esto se mantiene delante de la gente, el mérito de la criatura se hunde en la insignificancia. Cuanto más se concentra la mirada sobre él, cuanto más se estudia su vida, sus lecciones, su perfección de carácter, tanto más pecaminoso y aborrecible aparecerá el pecado. Por medio de la contemplación, el hombre no podrá menos que admirar y ser más atraído hacia él; queda más encantado y con más deseos de ser semejante a Jesús, hasta que se asimile a su imagen y tenga la mente de Cristo. Anda con Dios, como Enoc. Su mente queda llena de los pensamientos de Jesús. Él es su mejor amigo [...].

"Estudiad a Cristo. Estudiad su carácter, rasgo por rasgo. Él es nuestro Modelo, que se nos pide que copiemos en nuestras vidas y caracteres, pues de otro modo dejamos de representar a Jesús; pero presentaremos ante el mundo una copia falsa. No imitéis a ningún hombre, porque los hombres son defectuosos en sus hábitos, en su lenguaje, en sus maneras, en su carácter.

"Presento delante de vosotros al Hombre: a Cristo Jesús. Debéis conocerlo individualmente como vuestro Salvador, antes de que podáis estudiarlo como vuestro modelo y ejemplo [...].

"Todos los que dicen ser seguidores de Cristo están en la obligación de andar en sus pisadas, de estar llenos de su Espíritu, y así presentar a Jesucristo al mundo, a ese Jesús que vino a nuestro planeta a representar al Padre [...].

"Considerar a Cristo como nuestra única fuente de fortaleza, presentar su amor incomparable para que la culpa de los pecados fuera cargada a su cuenta y su propia justicia fuera acreditada al hombre de ninguna manera anula o descarta la Ley o rebaja su dignidad; al contrario: la coloca en el lugar en que brilla sobre ella la verdadera luz y la glorifica [...]. La Ley es completa y plena en el gran plan de salvación solamente al ser presentada bajo la luz que brilla desde el Salvador crucificado y resucitado" (*Manuscrito 24, 1888; 3 MS, pp. 191-193, 200*).

Al escuchar hablar a Elena de White, podríamos pensar que no podemos apropiarnos de Jesús lo suficiente. Eso es cierto: él es lo único en el mundo con lo que podemos tener deseos intemperantes.

Elena de White en Minneápolis: Reflejemos a Jesús -1

Porque ejemplo os he dado, para que como yo os he hecho, vosotros también hagáis. Juan 13:15.

El humilde y amante Jesús. Un ejemplo digno de seguir, pero que los seres humanos "normales" no se sienten tentados a imitar. Allí es donde entran en escena la gracia transformadora y el nuevo nacimiento. Dios quiere tomar a los seres humanos normales y transformarlos en criaturas nuevas: en cristianos que reflejen su carácter de amor.

Ese fue otro de los temas de predicación de Elena de White en Minneápolis. El 20 de octubre, ella presentó un sermón que el *Tribune* de Minneápolis señaló que conmovió a muchos hasta las lágrimas, y que ella misma comentó que produjo muchos testimonios sinceros en sus oyentes.

"Uno no puede", dijo a la audiencia, "ser un cristiano fructífero y tener conocimiento de nuestro Señor y Salvador Jesucristo a menos que sea un cristiano práctico, a menos que progrese todo el tiempo en la vida divina. Esto es sumamente importante. Muchos parece que piensan que no bien descienden al agua y reciben el bautismo, y sus nombres son anotados en el libro de la iglesia, entonces se acabó toda la obra".

Al contrario, "si no llevan a sus hogares la religión práctica, pronto lo perderán todo [...]. Es importante que todo el tiempo sumemos gracia sobre gracia, y si trabajamos en el plan de adición Dios obrará en el plan de multiplicación", ya que él desarrolla su "imagen moral" en sus seguidores.

"Todo el universo del cielo estaba interesado en la gran obra" de Cristo. "Todos los mundos que Dios ha creado están observando para ver cómo termina la batalla entre el Señor de luz y gloria, y los poderes de las tinieblas. Aquí está Satanás, que ha estado intentando con todas sus fuerzas tapar el verdadero carácter de Dios, para que el mundo no pueda entenderlo, y bajo un traje de justicia obra en muchos que profesan ser cristianos pero que representan el carácter de Satanás en vez del carácter de Jesucristo. Tergiversan a mi Señor. Tergiversan el carácter de Jesús cada vez que no tienen misericordia, cada vez que no tienen humildad" (*Manuscrito 8, 1888*).

"Dios es amor" (1 Juan 4:8). Cristo vino para demostrar ese amor en su vida y en su muerte. Y quiere que seamos como él; que le permitamos desarrollar su "imagen moral" en nosotros.

Tómame hoy, Señor. Ayúdame no solo a desear tu don sino también a aceptarlo y vivirlo en mi vida diaria.

Elena de White en Minneápolis: Reflejemos a Jesús -2

Nosotros sabemos que hemos pasado de muerte a vida, en que amamos a los hermanos. 1 Juan 3:14.

¿Realmente amamos a nuestros hermanos creyentes? ¿Especialmente, a los desagradables? Amar a los hermanos miembros de iglesia era un problema primordial en el adventismo de la era de 1888.

"Los que verdaderamente aman a Dios", dijo Elena de White a los delegados del Congreso de la Asociación General el 21 de octubre, "deben manifestar bondad de corazón, discernimiento y justicia hacia todos aquellos con los que entran en contacto; porque estas son las obras de Dios. No hay nada que Cristo necesite tanto como representantes que sientan la necesidad de imitarlo. Hablar mal y pensar mal son ruinosos para el alma. Esto ha sido común en este congreso. *No hay nada que a la iglesia le falte tanto como la manifestación del amor cristiano.* Cuando los miembros de una iglesia se unen en asociación santificada y cooperan con Cristo, él vive y obra en ellos.

"Nuestros ojos necesitan ser ungidos con el colirio celestial, para poder ver lo que somos y lo que debemos ser, y ese poder es provisto en Cristo en cantidad suficiente como para permitirnos alcanzar la norma elevada de la perfección cristiana.

"Siempre debemos tener a Jesús, nuestro Modelo, delante de nosotros. Esta es y siempre será la verdad presente. Fue al contemplar a Jesús y al apreciar sus virtudes de carácter como Juan llegó a ser uno con su Maestro en espíritu [...]. Y a él se le encomendó la obra de hablar del amor del Salvador y del amor que sus hijos deberían manifestarse mutuamente. 'Este es el mensaje que habéis oído desde el principio:', escribe, 'Que nos amemos unos a otros [...]. Nosotros sabemos que hemos pasado de muerte a vida, en que amamos a los hermanos [...]'

"El Señor tiene palabras claras para los que, como los fariseos, hacen gran alarde de su piedad, pero cuyos corazones están destituidos del amor de Dios. Los fariseos rehusaron conocer a Dios y a Jesucristo, a quien él había enviado. ¿No estamos en peligro de hacer lo mismo que los fariseos y los escribas? (*Manuscrito* 8a, 1888; cursiva añadida).

No es casual que Cristo (Mat. 5:43-48; 19:21) y Elena de White (PVGM, pp. 46, 47, 256, 316) repetidamente vincularan el concepto de perfección con el de amor. Reflexionar en el carácter moral de Dios no significa lo que comemos o incluso lo que creemos. Es ser semejantes a Dios, quien es amor.

Elena de White en Minneápolis: Reflejemos a Jesús -3

Puesto que tenemos tales promesas, limpiémonos de toda contaminación de carne y de espíritu, perfeccionando la santidad en el temor de Dios. 2 Corintios 7:1.

"**L**o peor –y lo más grave– es la falta de amor y la falta de compasión mutua. Eso", les dijo la señora de White a sus colegas, "es lo que Dios presentó con mucha luz delante de mí, y yo quería decirles que si alguna vez hubo un tiempo en que deberíamos humillarnos ante Dios es ahora [...].

"*Impedir que el amor de Cristo entre en nuestro corazón ha sido una obra estudiada por Satanás [...].* Hay una gran cantidad de ceremonia y formalismo. Lo que queremos es el amor de Cristo, amar a Dios por sobre todas las cosas y a nuestro prójimo como a nosotros mismos. Cuando tenemos esto, habrá una desintegración, como con los muros de Jericó, ante los hijos de Israel. Pero hay mucho egoísmo y deseo de supremacía en nuestras filas [...].

"Cuanto más abajo estemos al pie de la cruz, más clara será nuestra visión de Cristo [...]".

"¿Qué están haciendo Dios y Jesús? [...]. Están purificando el Santuario. Bueno, nosotros deberíamos estar con [ellos] en esta obra y purificar el Santuario de nuestra alma de toda injusticia, para que nuestros nombres puedan ser escritos en el libro de la vida del Cordero, para que nuestros pecados puedan ser borrados cuando vengan los tiempos de refrigerio de la presencia del Señor [...].

"Ustedes no tienen tiempo para exaltar el yo, sino [solo para] exaltar a Jesús. Oh, ¡exáltenlo! ¿Cómo podemos hacerlo? [...]. Quizás el Dios del cielo permita que su poder llegue a nuestro corazón para que podamos tener caracteres justos y corazones puros, y sepamos cómo trabajar por los enfermos [y] los dolientes [...].

"*Apenas amemos a Dios con todo nuestro corazón y a nuestro prójimo como a nosotros mismos, Dios obrará a través de nosotros. ¿Cómo nos mantendremos de pie en la hora de la lluvia tardía?*" Solo si tenemos su amor.

"*El amor de Cristo en el corazón hará más para convertir a los pecadores que todos los sermones que ustedes puedan predicar.* Lo que necesitamos es obtener el amor de Cristo, para poder estudiar la Biblia y saber lo que dicen las Escrituras [...]. Hermanos, también deberíamos separar la basura de las puertas de nuestro corazón ahora [...] porque no tenemos tiempo que perder" (*Manuscrito* 26, 1888; énfasis añadido).

Y esa es la verdad. Hoy es el día de nuestra salvación. ¡De rodillas, Israel!

Padre celestial, en los últimos días me he dado cuenta, como nunca antes, de la absoluta centralidad del amor en el cristianismo auténtico. Ayúdame este mismo día a ser un canal más fructífero de tu amor en mi familia, en mi lugar de trabajo, en...

277

Elena de White en Minneápolis: La Ley y el evangelio

El hombre no es justificado por las obras de la ley, sino por la fe de Jesucristo [...] por las obras de la ley nadie será justificado. Gálatas 2:16.

C omo hemos visto durante los últimos días, la señora de White estaba un poco preocupada por el adventismo de la era 1888. Y con razón. Al concentrarse en la doctrina correcta, en la tradición adventista y en ser buenos adventistas, muchas veces habían olvidado de qué se trataba el evangelio, tanto en la teoría como en la práctica. Al emular a los fariseos de antaño, podían llegar a tratarse entre sí como si no fuesen cristianos, aun cuando analizaban la Ley de Dios y las otras buenas enseñanzas adventistas.

Con un clamor del corazón, el 24 de octubre volvió a decir a los delegados que "queremos la verdad como es en Jesús; pero, cuando entre cualquier cosa para cerrar la puerta de modo que no entren las olas de verdad [acerca de Jesús], oirán mi voz donde esta esté, ya sea en California o en Europa, o donde yo esté, porque Dios me ha dado luz y pienso hacerla brillar.

"Y he visto que hay almas preciosas que habrían aceptado la verdad [del adventismo] pero se han alejado de ella debido a la forma en que se ha manejado la verdad, porque Jesús no estaba en ella. *Y esto es lo que he estado rogándoles todo el tiempo: queremos a Jesús*" (*Manuscrito* 9, 1888; énfasis añadido).

Dieciocho meses más tarde, todavía estaba luchando con los pastores adventistas para que "abran su corazón y dejen entrar al Salvador". Dijo, a los reunidos para la escuela bíblica de pastores de la Asociación General, que al salir de las reuniones debían "estar tan llenos del mensaje" del evangelio que sería como fuego encerrado en los huesos hasta que no pudieran resistirlo. Sin embargo, si expresaban sus sentimientos, les dijo que "los hombres dirán: 'Estás demasiado alterado; estás haciendo demasiado alboroto con este asunto, y no piensas mucho en la Ley. Ahora bien, debes pensar más en la Ley; no estés todo el tiempo intentando alcanzar la justicia de Cristo, sino alimenta la Ley' ".

A esos "buenos" sentimientos adventistas, ella respondió: "Que la Ley se encargue de sí misma. Hemos estado trabajando en la Ley hasta que nos secamos como las colinas de Gilboa, sin rocío ni lluvia. Confiemos en los méritos de Jesucristo de Nazaret. Que Dios nos ayude a fin de que nuestros ojos sean ungidos con colirio, para que podamos ver" (*Manuscrito* 10, 1889).

Hay algunas cosas buenas con las que entusiasmarse, si podemos hacerlo con el espíritu adecuado.

La justificación por la fe
y el mensaje del tercer ángel -1

Aquí está la paciencia de los santos, los que guardan los mandamientos de Dios y la fe de Jesús.
Apocalipsis 14:12.

C omo hemos visto, en 1888 la disyunción entre la interpretación adventista de la salvación y la evangélica se había vuelto problemática. Los adventistas eran fuertes en las creencias confesionales distintivas, pero débiles en las grandes enseñanzas evangélicas que sus fundadores habían compartido con otros cristianos. Elena de White veía en Jones y Waggoner un correctivo para esa dificultad.

A diferencia de algunos dirigentes de la época inclinados hacia las obras, Waggoner se daba cuenta de que su iglesia se había apartado de la doctrina histórica de la salvación. Elena de White habló de la misma verdad, al expresar su sorpresa porque algunos consideraran que la enseñanza de Jones y Waggoner era una "doctrina extraña", cuando su "mensaje" no era "una nueva verdad, sino la misma que enseñó Pablo, que Cristo mismo enseñó" (*Manuscrito* 27, 1889).

El comentario de Waggoner de que su interpretación de la Ley y el evangelio reflejaba la de Pablo, Lutero y Wesley se volvió aún más profundo y significativo cuando agregó que "estaba un paso más cerca del fundamento del mensaje del tercer ángel". Elena de White arribó al mismo punto de vista. Al observar que algunos habían "expresado temores de que nos espaciemos demasiado en el tema de la justificación por la fe", ella indicó que varios le habían escrito, "preguntando si el mensaje de la justificación por la fe es el mensaje del tercer ángel". Ella respondió que "en verdad es el mensaje del tercer ángel" (*RH*, 1° de abril de 1890).

Esa declaración ha desconcertado a algunos. ¿Qué quiso decir, exactamente? Examinaremos el tema en los próximos días.

Mientras tanto, deberíamos recordar que Apocalipsis 14:12 es el texto central de la historia adventista: "Aquí está la paciencia de los santos, los que guardan los mandamientos de Dios y la fe de Jesús".

Al reconocer las implicaciones del uso que los adventistas dan a ese texto como una descripción de su confesión religiosa, un periodista del *Journal* de Minneápolis señaló que "es un egoísmo monstruoso o una fe sublime lo que los lleva a aplicar este texto a sí mismos".

Los adventistas, por supuesto, consideraban que era "fe sublime". Y ambos bandos de la crisis de 1888 se dieron cuenta con más claridad, a medida que pasaba el tiempo, de que sus diferencias de Minneápolis se centraban en el significado de Apocalipsis 14:12.

De paso, este es un buen texto para memorizar, mientras meditamos en su mensaje e implicaciones.

La justificación por la fe
y el mensaje del tercer ángel -2

Bienaventurados los que lavan sus ropas, para tener derecho al árbol de la vida, y para entrar por las puertas en la ciudad. Apocalipsis 22:14.

L os primeros adventistas eran grandes hacedores de los Mandamientos; a veces por buenas razones, y a veces por otras no tan buenas.

La faceta de las obras en el sistema de creencias adventistas en 1888 tuvo un papel importante en las preinterpretaciones de Apocalipsis 14:12: "Aquí está la paciencia de los santos, los que guardan los mandamientos de Dios y la fe de Jesús".

La interpretación adventista de ese versículo había sido bastante uniforme antes de 1888. Jaime White brindó un modelo para esa interpretación en abril de 1850. Destacó que el versículo tenía tres puntos principales de identificación.

Indicaba (1) un pueblo que debía ser paciente, a pesar del chasco de la década de 1840, para esperar la venida de Jesús; (2) un pueblo que había obtenido " 'la victoria sobre la bestia y su imagen, y su MARCA' ", y que es sellado con el sello del Dios viviente al guardar 'los Mandamientos de Dios' "; y (3) un pueblo que "guardó la 'fe' ", como cuerpo de creencias, en cosas como "el arrepentimiento, la fe, el bautismo, la cena del Señor, el lavamiento de los pies de los santos", etc. Una parte de guardar la fe, enfatizó, era "GUARDAR LOS MANDAMIENTOS DE DIOS". Fíjate que White se las arregló para introducir la obediencia a la Ley de Dios en dos de las tres partes del versículo.

Dos años después, fue aún más preciso: "La fe de Jesús debe guardarse, al igual que los Mandamientos de Dios [...]. Esto no solo muestra la distinción entre los Mandamientos del Padre y la fe del Hijo, sino también muestra que la fe de Jesús que debe guardarse necesariamente abarca los dichos de Cristo y los apóstoles. Abarca todos los requerimientos y las doctrinas del Nuevo Testamento".

J. N. Andrews era de la misma opinión, al decir que "la fe de Jesús [...] se dice que se guarda de la misma manera que los Mandamientos de Dios".

Y R. F. Cottrell escribió que la fe de Jesús "es algo que se puede obedecer, o guardar. Por lo tanto, concluimos que todo lo que se nos pide hacer para ser salvos del pecado pertenece a la fe de Jesús".

Como observamos antes, las obras son importantes. Pero ¿es cierto que "todo lo que se nos pide hacer para ser salvos del pecado pertenece a la fe de Jesús"?

Medita en eso. Analízalo. Ora al respecto.

La justificación por la fe
y el mensaje del tercer ángel -3

¡En esto consiste la perseverancia de los santos, los cuales obedecen los mandamientos de Dios y se mantienen fieles a Jesús! Apocalipsis 14:12, NVI.

C asi todos los intérpretes adventistas de Apocalipsis 14:12 antes de 1888 consideraban que "la fe de Jesús" era un cuerpo de verdad que debía creerse y guardarse. Sin embargo, muy a menudo los adventistas no dedicaban mucho tiempo a esa parte del versículo; era la parte sobre la obediencia a los Mandamientos la que captaba la mayor atención. Así, como vimos antes, Urías Smith subrayó la palabra "guardar", al comentar el texto en enero de 1888; y G. I. Butler hizo lo mismo para *"guardan los mandamientos de Dios"*, en mayo de 1889.

Ese énfasis surgió de la postura de que la verdad del sábado, en el contexto de la marca de la bestia, sería el último mensaje de Dios para un mundo listo para la Segunda Venida. No es de extrañar que esa interpretación y ese énfasis muchas veces llevaran al adventismo tradicional al ámbito del legalismo. Esas implicaciones se encontraban en el vocabulario básico de sus creencias. Palabras como "guardar", "hacer", "obedecer", "ley" y "mandamientos" anunciaban, en sus mentes, la importancia de la contribución distintiva del adventismo al cristianismo.

Fue esa interpretación de Apocalipsis 14:12 la que fue criticada en 1888. *De Minneápolis saldría una nueva interpretación del texto central en la historia adventista del séptimo día.*

Jones hizo alusión a la nueva interpretación en diciembre de 1887: "La única manera en la que alguna vez ellos puedan lograr armonizar con la justa Ley de Dios", escribió, "es a través de la justicia de Dios, que es por la *fe de Jesucristo* [...]. En el mensaje del tercer ángel está plasmada la verdad suprema y la justicia suprema".

Fíjate lo que había hecho Jones. Había equiparado "la verdad suprema" con "los Mandamientos de Dios", y la "justicia suprema" con "la fe de Jesús", que él presuponía que era la fe de Jesús.

A esta altura, simplemente deberíamos señalar que la frase griega al final de Apocalipsis 14:12 puede traducirse tanto fe *de* Jesús como fe *en* Jesús.

Pregunta de hoy, para pensar: ¿Cuáles son las implicaciones de fe *en* Jesús en comparación con fe *de* Jesús? ¿Qué diferencias podrían marcar esas implicaciones en tu vida?

La justificación por la fe
y el mensaje del tercer ángel -4

Porque no me avergüenzo del evangelio, porque es poder de Dios para salvación a todo aquel que cree. Romanos 1:16.

A. T. Jones pudo haber insinuado una nueva interpretación de la "fe de Jesús" en 1887; pero Elena de White sería aún más específica.

"El mensaje", escribió, "que fue dado al pueblo en las reuniones" de Minneápolis "presentó en forma clara no solo los Mandamientos de Dios –como parte del mensaje del tercer ángel– sino la fe de Jesús, que abarca más de lo que generalmente se supone. Y sería bueno que el mensaje del tercer ángel se proclame en todas sus partes, porque el pueblo necesita cada tilde de él. Si proclamamos los Mandamientos de Dios y dejamos la otra mitad casi sin tocar, el mensaje se echa a perder en nuestras manos [...].

"El mensaje actual que Dios convirtió en deber de sus siervos para darlo a la gente no es una cosa nueva o insólita. Es una antigua verdad que se ha perdido de vista, exactamente según los esfuerzos magistrales que hizo Satanás para que así sucediera.

"El Señor tiene una obra que hacer para cada uno dentro de su pueblo leal, de llevar la fe de Jesús al lugar correcto donde debe estar: en el mensaje del tercer ángel. La Ley tiene su posición importante, pero no tiene poder a menos que la justicia de Cristo sea puesta junto a la Ley para darle su gloria a la regia norma de justicia en su totalidad [...].

"Una confianza cabal y completa en Jesús dará la calidad adecuada a la experiencia religiosa. Fuera de esto, la experiencia no es nada. El culto es como la ofrenda de Caín: sin Cristo. Dios es glorificado mediante la fe viva en un Salvador personal y todopoderoso. La fe ve a Cristo tal cual es: la única esperanza del pecador. La fe se aferra de Cristo, confía en él. Dice: 'Él me ama; murió por mí. Acepto el sacrificio, y Cristo no habrá muerto por mí en vano'.

"No solo nuestras almas han cedido demasiado, sino también como ministros hemos descuidado la parte más solemne de nuestra obra, al no explayarnos en la sangre de Jesucristo como la única esperanza del pecador para la vida eterna. Cuenten la historia de Cristo [...]. Díganles a los pecadores: 'Miren, y vivan' " (*Manuscrito* 30, 1889).

La fe en Cristo como Salvador es la esencia del evangelio. Y también es la esencia del mensaje del tercer ángel, el corazón del mensaje de 1888.

Ayúdanos, Padre, a comprender la relación de la Ley y el evangelio en toda su riqueza, al contemplar las implicancias de Apocalipsis 14:12.

La justificación por la fe
y el mensaje del tercer ángel -5

Cristo nos redimió de la maldición de la ley, hecho por nosotros maldición (porque está escrito: Maldito todo el que es colgado en un madero). Gálatas 3:13.

La exaltación de la fe en Cristo como la esencia del mensaje del tercer ángel llegó a ser fundamental para el mensaje de Elena de White en el Congreso de la Asociación General de 1888, y más adelante.

Poco después de las reuniones de Minneápolis, hizo una de sus declaraciones más enérgicas sobre Apocalipsis 14:12 y el significado central del mensaje de 1888. "El mensaje del tercer ángel es la proclamación de los Mandamientos de Dios y la fe de Cristo Jesús. *Los Mandamientos de Dios han sido proclamados, pero la justicia de Jesús, dándole igual importancia, no ha sido presentada por los adventistas del séptimo día, haciendo que la Ley y el evangelio vayan de la mano.* No puedo hallar palabras para presentar este tema en toda su plenitud.

" *'La fe de Jesús'.* Se habla de ella, pero no ha sido entendida. ¿Qué cosa constituye la fe de Jesús, que pertenece al mensaje del tercer ángel? *Jesús convertido en el ser que lleva nuestros pecados para llegar a ser el Salvador que perdona el pecado.* Él fue tratado como nosotros merecemos ser tratados. Vino a nuestro mundo, y llevó nuestros pecados para que nosotros pudiéramos llevar su justicia. Y *la fe en la capacidad de Cristo para salvarnos en forma amplia, completa y total es la fe de Jesús [...].*

"Solo hay salvación para el pecador en la sangre de Jesús, que nos limpia de todo pecado. El hombre de intelecto cultivado puede tener un vasto acervo de conocimientos, puede empeñarse en especulaciones teológicas, puede ser grande y honrado por los hombres, y puede ser considerado el depósito del conocimiento; pero, a menos que tenga un conocimiento salvador del Cristo crucificado por él, y por fe eche mano de la justicia de Cristo, está perdido. Cristo 'herido fue por nuestras rebeliones, molido por nuestros pecados; el castigo de nuestra paz fue sobre él, y por su llaga fuimos nosotros curados' (Isa. 53:5). 'Salvado por la sangre de Jesús' será nuestra única esperanza para este tiempo y nuestro canto por la eternidad" (*Manuscrito 24, 1888, 3 MS*, p. 195; énfasis añadido).

¿Captas el mensaje? Es una necesidad. Es lo más crucial que podríamos escuchar: que Cristo murió por nosotros, y que podemos ser salvos solo teniendo una fe vital en su sacrificio. Esa es la esencia de la fe de Jesús y de Apocalipsis 14:12. Es la esencia de lo que significa ser adventista del séptimo día. Y es la esencia de lo que significa ser cristiano. Con solo los Mandamientos de Dios podríamos ser "adventistas" [es decir, miembros de iglesia], pero no cristianos.

La justificación por la fe
y el mensaje del tercer ángel -6

Miré, y he aquí una nube blanca; y sobre la nube uno sentado semejante al Hijo del Hombre, que tenía en la cabeza una corona de oro, y en la mano una hoz aguda. Apocalipsis 14:14.

Me atrevo a decir que Elena de White podía entusiasmarse con algunos temas. Pero, su entusiasmo nunca fue mayor que el que tuvo por el plan de salvación en Cristo. Al reflexionar sobre el Congreso de la Asociación General de 1888, realizado recientemente, señaló que "al pastor E. J. Waggoner se le otorgó el privilegio de hablar en forma sencilla y presentar sus puntos de vista sobre el tema de la justificación y la justicia de Cristo, en relación con la Ley. Esta no era una nueva luz, sino la antigua luz colocada en donde debe estar dentro del mensaje del tercer ángel.

"¿Cuál es el principal propósito de ese mensaje? Juan ve a un pueblo. Él dice: 'Aquí está la paciencia de los santos, los que guardan los mandamientos de Dios y la fe de Jesús' (Apoc. 14:12). Juan observa a este pueblo precisamente antes de ver al Hijo del Hombre, 'que tenía en la cabeza una corona de oro, y en la mano una hoz aguda' (vers. 14).

"Se ha perdido de vista la fe de Jesús: esta ha sido tratada de una manera descuidada. No ha ocupado la posición destacada que le fue revelada a Juan. La fe en Cristo como la única esperanza del pecador ha sido dejada fuera de consideración, y excluida no solo de los discursos sino también de la experiencia de muchísimos que dicen creer en el mensaje del tercer ángel.

"En esta reunión, yo testifiqué que la luz más preciosa había estado brillando desde las Escrituras en la presentación del gran tema de la justicia de Cristo en relación con la Ley. Este tema de la justicia de Cristo debe ser mantenido constantemente delante del pecador como su única esperanza de salvación.

"Esta no era una nueva luz para mí, porque la había recibido de una autoridad más alta durante los últimos 44 años, y la había presentado a nuestro pueblo por la pluma y la palabra en los testimonios de su Espíritu; pero muy pocos habían respondido [...]. Se ha hablado y escrito demasiado poco acerca de este gran tema. Los discursos de algunos podrían describirse correctamente diciendo que eran como la ofrenda de Caín: carentes de Cristo. La norma para medir el carácter es la Ley real. La Ley es la que descubre el pecado. Por la Ley es el conocimiento del pecado; pero el pecador es constantemente atraído a Jesús por la maravillosa manifestación de su amor, pues él se humilló a sí mismo para padecer una muerte vergonzosa sobre la cruz" (*Manuscrito* 24, 1888; 3 MS, pp. 190, 191).

Medita en él hoy, y en lo que ha hecho por ti. Esos pensamientos no solo confortarán tu alma, sino también vigorizarán tu vida y transformarán tus acciones.

La justificación por la fe
y el mensaje del tercer ángel -7

Mas el justo por la fe vivirá. Romanos 1:17.

D e especial interés en lo que leímos ayer es el hecho de que Elena de White señalara más de una vez que la verdad sobre la justificación por la fe que Waggoner había estado predicando no era nueva luz; que ella misma la había estado proclamando durante 44 años. Esa idea coincidía con el mismo Waggoner, que señaló que el mensaje que estaba enseñando había sido proclamado "por todos los reformadores eminentes" "desde los días de Pablo hasta los días de Lutero y Wesley".

En otras palabras, según Waggoner, lo que él presentó era una recuperación del punto de vista evangélico de la justificación por la fe.

Esa también era la interpretación de Elena de White, de al menos parte de la contribución de Jones y Waggoner. En agosto de 1889, escribió que la doctrina de la "justificación por la fe" había sido por "largo tiempo oculta debajo de la escoria del error". Ese error, señaló, había sido exhibido por "la gente de la santidad" que había predicado la fe en Cristo, pero también habían promovido "acabar con la Ley" (*RH*, 13 de agosto de 1889). Desde esa perspectiva, la enseñanza de la justificación por la fe había estado en "compañía del error" (*Manuscrito 8*, 1888).

Por otro lado estaban los adventistas, que habían mantenido la santidad de la Ley pero habían "perdido de vista" la "doctrina de la justificación por la fe". En ese contexto, ella observa que "Dios ha levantado a hombres [Jones y Waggoner] para satisfacer las necesidades de este tiempo [...]. La obra de ellos no es solo proclamar la Ley, sino también predicar la verdad para este tiempo: el Señor, nuestra justicia".

Los adventistas, señala, habían estado haciendo un buen trabajo sobre la Ley, mientras que los de la santidad habían estado predicando la fe en Cristo. Pero, ambas partes tenían errores. Los adventistas descuidaban la fe, mientras que los de la santidad denigraban la Ley. El logro de Jones y de Waggoner fue deshacerse de los errores de cada grupo, a la vez que combinaba sus verdades.

En el proceso, dieron al adventismo una interpretación completa de los tres mensajes angélicos, que había estado ausente (*ibíd.*).

Como resultado, Elena de White pudo decir que, a través del énfasis de Jones y Waggoner sobre la justificación por la fe, "Dios ha rescatado estas verdades de la compañía del error [antinomianismo], y las ha puesto en su marco adecuado [el mensaje del tercer ángel]" (*Manuscrito 8a*, 1888).

¡Qué mensaje! Dios no quiere adventistas legalistas desequilibrados ni adventistas desequilibrados que enfaticen solo la fe. Quiere un pueblo que ponga la Ley y la fe en su perspectiva adecuada.

La justificación por la fe
y el fuerte clamor

Después de esto vi a otro ángel descender del cielo con gran poder; y la tierra fue alumbrada con su gloria. Y clamó con voz potente, diciendo: Ha caído, ha caído la gran Babilonia [...]. Salid de ella, pueblo mío. Apocalipsis 18:1-4.

Ayer vimos que un aspecto del mensaje de 1888 de Waggoner y de Jones que entusiasmó a Elena de White era que habían combinado las dos mitades de Apocalipsis 14:12. No solo predicaban los Mandamientos de Dios sino también la fe en Jesús como Señor y Salvador. De este modo, habían rescatado las verdades de la justificación por la fe "de la compañía del error [antinomianismo]" y las colocaron "en su marco adecuado": el mensaje del tercer ángel (*Manuscrito* 8a, 1888).

Desde la perspectiva de ella, la importancia del mensaje de 1888 no era por alguna doctrina adventista especial originada por Jones y Waggoner, sino la *reunificación del adventismo con el cristianismo básico*. Esta exaltaba a Jesucristo como el pilar central de toda vivencia y pensamiento cristianos, proclamaba la justificación por la fe y enseñaba la santificación que se refleja en la obediencia a la Ley de Dios, mediante el poder del Espíritu Santo.

Una vez que captamos que la esencia de la contribución de Jones y Waggoner fue la combinación de las diversas partes del mensaje del tercer ángel, es posible que entendamos la intrigante declaración de ella en cuanto al comienzo del fuerte clamor en 1888. En la *Review* del 22 de noviembre de 1892, leemos: "El tiempo de prueba está precisamente delante de nosotros, pues el fuerte pregón del tercer ángel ya ha comenzado en la revelación de la justicia de Cristo, el Redentor que perdona los pecados. Este es el comienzo de la luz del ángel cuya gloria llenará toda la Tierra. Esto es así, porque la obra de cada uno a quien ha llegado el mensaje de amonestación es la de exaltar a Jesús" (1 MS, p. 425).

Jones, al confundir la lluvia tardía (el derramamiento del Espíritu Santo: una persona) con el fuerte clamor (un mensaje), hizo mucho aspaviento con la declaración del fuerte clamor en 1892, al proclamar que la lluvia tardía había comenzado. Pero, debió haber leído con más atención: era el fuerte clamor, y no la lluvia tardía, lo que había comenzado en Minneápolis.

La enérgica observación que hizo Elena de White en 1892 fue que por fin en 1888 los adventistas del séptimo día finalmente tenían el mensaje completo de misericordia para predicarlo al mundo antes de la Segunda Venida. El mensaje del fuerte clamor proclamaría la importancia perpetua de los Diez Mandamientos en el contexto de una fe firme en Jesús como Señor y Salvador; todo enunciado dentro de la expectativa por la Segunda Venida (Apoc. 14:12).

¡Qué mensaje!

Y Dios quiere que seamos fieles a estas tres partes.

¿Y la Trinidad? -1

Por tanto, id, y haced discípulos a todas las naciones, bautizándolos en el nombre del Padre, y del Hijo, y del Espíritu Santo. Mateo 28:19.

A muchos adventistas del séptimo día los toma por sorpresa el hecho de que la mayoría de los fundadores de nuestra confesión religiosa no podrían unirse a la iglesia de hoy si tuviesen que aceptar las 28 creencias fundamentales. Para ser más específico, habrían rechazado la creencia número 2, sobre la Trinidad, porque eran antitrinitarios; habrían rechazado la número 4, acerca del Hijo, porque sostenían que el Hijo no era eterno; y habrían negado la número 5, sobre el Espíritu Santo, porque para ellos el Espíritu era una fuerza, y no una persona.

En gran medida, la Conexión Cristiana había moldeado la interpretación que ellos tenían sobre estos puntos. En 1835, Josué V. Himes, un pastor destacado de los conexionistas, escribió que "al principio [los creyentes de la Conexión], generalmente eran trinitarios", pero se habían alejado de esa creencia cuando consideraron que no era bíblica. Himes observó que solo el Padre "no tiene origen, es independiente y eterno". Por lo tanto, necesariamente Cristo tuvo origen, era dependiente y llegó a la existencia por el Padre. Los conexionistas, también, propendían a ver al Espíritu Santo como el "poder y la energía de Dios, esa santa influencia de Dios".

José Bates, Jaime White y otros adherentes conexionistas llevaron esas creencias al adventismo sabatario. White, por ejemplo, se refirió a la Trinidad, en 1846, como ese "antiguo credo trinitario no bíblico"; y en 1852, como ese "antiguo absurdo trinitario".

J. N. Andrews compartía las creencias de White. En 1869, escribió que "el Hijo de Dios [...] tenía a Dios como Padre, y en algún punto de la eternidad del pasado tuvo un comienzo de días".

Urías Smith también rechazaba la Trinidad, y en 1865 esgrimió que Cristo era "el primer ser creado"; y en 1898, que solo Dios no tiene principio.

Aquí tenemos algo así como un quién es quién en el adventismo sabatario sobre la Trinidad. Solo falta un nombre, como habrás observado: el de Elena de White. No es que ella no haya tenido algo que decir sobre el tema, sino que es imposible distinguir exactamente lo que ella creía por lo que dijo, al menos en las primeras décadas del movimiento.

¿Cómo pudieron equivocarse sobre un tema tan importante los primeros dirigentes adventistas?

Aquí hay una respuesta parcial. Dios guía a su pueblo paso a paso: a medida que este progresa, su visión se vuelve cada vez más clara. En los próximos días, veremos que hubo una transformación en el pensamiento adventista sobre la Trinidad.

¿Y la Trinidad? -2

En el principio era el Verbo, y el Verbo era con Dios, y el Verbo era Dios. Juan 1:1.

Si la dirigencia tradicional del adventismo del séptimo día parece haber sido antitrinitaria casi por unanimidad, ¿qué sucedía con los reformadores de Minneápolis?

Aquí, curiosamente, hay un tema teológico en el que E. J. Waggoner podía concordar con Urías Smith. "Hubo un tiempo", escribió Waggoner en su libro de 1890 titulado *Christ and his Righteousness* [Cristo y su justicia], "en que Cristo surgió y salió de Dios [...] pero ese tiempo fue tan remoto en los días de la eternidad que para la comprensión finita prácticamente es sin principio".

Su declaración, sorprendentemente, se asemeja a la que hiciera Smith esa misma década: "Solo Dios no tiene comienzo. En la época más temprana, cuando pudo haber un principio –un período tan remoto que para las mentes finitas esencialmente es eternidad–, apareció la Palabra".

Ahora, debemos preguntarnos: si Smith y Waggoner estaban del mismo lado en relación con la Trinidad, ¿de dónde surgió el estímulo para el cambio?

Aquí es donde entra en escena otro de los reformadores de 1888. La experiencia de 1888, literalmente, transformó el ministerio de la palabra escrita de Elena de White. Fue en los acontecimientos que rodearon al Congreso de la Asociación General que tomó plena conciencia de la ignorancia de los pastores y los laicos adventistas sobre el plan de salvación y la centralidad de Cristo.

Los años posteriores verían la publicación de sus libros más importantes sobre esos temas:

- 1892. Su clásico, *El camino a Cristo.*
- 1896. *El discurso maestro de Jesucristo,* que versaba sobre el Sermón del Monte.
- 1898. *El Deseado de todas las gentes,* su libro sobre la vida de Cristo.
- 1900. *Palabras de vida del gran Maestro,* una obra sobre las parábolas.
- 1905. *El ministerio de curación,* en el que los capítulos introductorios se centran en el ministerio de curación de Jesús.

En ningún lugar de estos libros Elena de White ofreció un capítulo o incluso un párrafo sobre la Trinidad o la plena divinidad de Cristo, pero enuncia frases y palabras que hicieron que los adventistas regresaran a la Biblia para volver a estudiar el tema. Ese estudio bíblico, finalmente, transformaría al adventismo en relación con la Trinidad y otros temas relacionados.

Gracias, Señor, por tu tierna conducción. Tú haces avanzar a tu iglesia solo al paso que esta puede absorber lo que tienes para ella.

¿Y la Trinidad? -3

Y dijo Pedro: Ananías, ¿por qué llenó Satanás tu corazón para que mintieses al Espíritu Santo [...]? No has mentido a los hombres, sino a Dios. Hechos 5:3, 4.

A pesar de la claridad de la Biblia sobre el tema, el adventismo primitivo no había reconocido la personalidad y la plena divinidad del Espíritu Santo. Eso tuvo consecuencias desastrosas para la iglesia a fines del siglo XIX.

Pero, primero debemos reconocer que en la década de 1890 quizá se escribió más sobre el Espíritu Santo y Cristo que en cualquier otra década de la historia adventista. Eso fue algo natural, una vez que comenzaron a hablar acerca de la justificación por la fe y la centralidad de Cristo en la salvación. Al fin y al cabo, si Cristo es el que salva, entonces es importante tener a un Cristo adecuado para la tarea. Y, si el Espíritu Santo es un actor clave en el proceso, es de esperar que se hable de su función. No es casual que el debate de la Deidad haya hecho erupción en la década de 1890.

Sin embargo, los adventistas no eran los únicos que hablaban del Espíritu Santo en ese entonces. Las iglesias de la santidad wesleyana, con su énfasis en la sanidad mediante la fe y la vida victoriosa, surgieron durante ese tiempo; y los comienzos del nuevo siglo verían el surgimiento del pentecostalismo moderno. Ambos movimientos tenían mucho que decir sobre la obra del Espíritu en la vida de las personas y de la iglesia. En el otro extremo del espectro teológico, los cristianos liberales habían comenzado a desarrollar un renovado interés en teorías relacionadas con el Espíritu como la inmanencia de Dios y en las ideas de religiones orientales como el hinduismo, con su perspectiva panteísta de que todo lo que existe es Dios.

El adventismo, al no tener una interpretación correcta de esos temas, se vio profundamente afectado por los movimientos del resto del mundo religioso. Por un lado, el cambio de siglo tuvo su propio estallido pentecostal en el movimiento de la Carne Santificada, que proclamaba que incluso los dientes que la gente no tuviese volverían a crecer antes de que Cristo regresara, a fin de poder tener *carne perfecta*. Por otro lado, Waggoner y J. H. Kellogg quedaron atrapados en el panteísmo. Waggoner afirmó, en los congresos de la Asociación General de 1897 y 1899, por ejemplo, que Cristo "aparecía como un árbol", y que "un hombre puede conseguir la justificación al bañarse, si sabe de dónde proviene el agua".

Hablamos de confusión.

Es en ese contexto que Dios guió al adventismo en su próximo paso en la senda progresiva de la verdad presente.

Dios tenía un mensaje para su pueblo sobre la Deidad. Pero, este necesitaba estudiar la Biblia para descubrirlo.

¿Y la Trinidad? -4

Mas del Hijo dice: Tu trono, oh Dios, por el siglo del siglo; cetro de equidad es el cetro de tu reino.
Hebreos 1:8.

Aunque la Biblia no tiene ningún problema en llamar Dios a Jesús, los primeros adventistas sí; indudablemente, por un prejuicio en contra de la Edad Media, según el cual se sostenía que la doctrina de la Trinidad era producto de una iglesia en apostasía. Pero, esa actitud cambiaría.

Y, al frente de los que dirigían a la iglesia en nuevas direcciones estaba Elena de White. Si bien nunca usó la palabra "Trinidad", sus escritos en la era de 1888 y posteriores están colmados de frases y conceptos trinitarios. Señaló, por ejemplo, que "hay tres personas vivientes en el trío celestial [...] el Padre, el Hijo y el Espíritu Santo" (Ev, p. 446). Y, en 1901 escribió respecto de "los eternos dignatarios celestiales –Dios, Cristo y el Espíritu Santo" (*ibíd.*, p. 447). Repetidas veces se refirió al Espíritu Santo como la "tercera persona de la Divinidad" (*ibíd.*, p. 448; DTG, p. 625). Y no tenía ninguna duda de "que el Espíritu Santo [...] es una persona así como Dios es persona" (*Ev* 447).

En cuanto a Cristo, Elena de White avanzó infinitamente más allá que Waggoner, Smith y la mayoría de los otros adventistas de su época, cuando describió a Jesús no solo como "igual a Dios" sino también como "el Hijo eterno y existente por sí mismo" (*ibíd.*, p. 446). Había estado con el Padre "por toda la eternidad" (*RH*, 5 de abril de 1906).

Quizá la declaración más controvertida y sorprendente de la señora de White, para los adventistas en la década de 1890, fue una frase que apareció en su libro sobre la vida de Jesús, en la que señaló que *"en Cristo hay vida original, que no proviene ni deriva de otra"* (DTG, p. 489; énfasis añadido). Esa declaración tomó por sorpresa a la iglesia, y algunos se preguntaban si ella había abandonado la fe.

No podemos tener la menor duda de que Elena de White estaba a la vanguardia de los que intentaban cristianizar el adventismo en su acercamiento a la Deidad.

Pero, es fundamental tener en cuenta que ella nunca resolvió ningún problema y que nunca elaboró una teología de la Trinidad, sino que salpicó sus escritos con declaraciones que llevaron a pastores y miembros de iglesia a volver a la Biblia, y reestudiar el tema por su cuenta.

Padre celestial, hoy estamos agradecidos por un Cristo suficiente para salvar y un Espíritu Santo adecuado para su tarea redentora.

¿Y la Trinidad? -5

Porque un niño nos es nacido, hijo nos es dado, y el principado sobre su hombro; y se llamará su nombre Admirable, Consejero, Dios Fuerte, Padre Eterno, Príncipe de Paz. Isaías 9:6.

Ayer vimos algunas expresiones de Elena de White claramente trinitarias, que aparecieron en la era de 1888. Especialmente problemática para muchos era su declaración de *El Deseado de todas las gentes* que dice: "En Cristo hay vida original, que no proviene ni deriva de otra" (p. 489).

La energía de esa declaración tomó por sorpresa a muchos. Uno de ellos era un joven predicador llamado M. L. Andreasen. Él estaba convencido de que ella en realidad no había escrito esa declaración; que sus editores y asistentes debieron haberla alterado. Como resultado, pidió leer su libro manuscrito. Ella gustosamente le dio acceso a sus documentos de archivo. Posteriormente, él recordó que "tenía conmigo una cantidad de citas que quería ver si estaban en el original de su propio puño y letra. Recuerdo lo asombrados que estábamos cuando se publicó *El Deseado de todas las gentes* por primera vez, porque contenía algunas cosas que considerábamos increíbles, entre otras la doctrina de la Trinidad, que en ese entonces no era generalmente aceptada por los adventistas".

Al quedarse en California por varios meses, Andreasen tuvo tiempo suficiente para revisar sus sospechas. Estaba especialmente "interesado en la declaración de *El Deseado de todas las gentes* que en un momento causó gran preocupación teológica en la iglesia: 'En Cristo hay vida original, que no proviene ni deriva de otra' [...]. Esa declaración quizá no les parezca tan revolucionaria", dijo a su audiencia en 1948, "pero para nosotros lo era. Casi no lo podíamos creer [...]. Yo estaba seguro de que la hermana White nunca había escrito" el pasaje. "Pero ahora, lo encontré en su propio manuscrito tal cual había sido publicado".

Algunos todavía no lo creen. En los últimos quince años, ha habido un reavivamiento antitrinitario entre algunos adventistas. Al igual que Andreasen, creen que los editores cambiaron los pensamientos de ella.

Por cierto, eso no dice mucho de su conocimiento de Elena de White. Ella sabía en lo que creía y podía mantenerse firme en cualquier desacuerdo con los editores, o incluso con los administradores de la Asociación General, como vimos en 1888. Sus asistentes podían modificar sus palabras exactas proporcionando sinónimos, pero no sus pensamientos.

La recuperación de la idea de la Trinidad en el adventismo fue un paso más en la conducción progresiva de Dios hacia una comprensión más plena de la Escritura.

La Trinidad en retrospectiva

La gracia del Señor Jesucristo, el amor de Dios, y la comunión del Espíritu Santo sean con todos vosotros. Amén. 2 Corintios 13:14.

Esas fueron las palabras finales de Pablo en su segunda carta a los Corintios; una declaración que transmite a todos los lectores de la Biblia la identidad de los miembros de la Deidad: el Padre, el Hijo y el Espíritu Santo.

Entre la década de 1880 y mediados del siglo XX, el adventismo sufrió una revolución sobre la Trinidad, la naturaleza divina y la personalidad del Hijo y del Espíritu. Elena de White, como vimos, dirigió al adventismo en la nueva dirección. Pero, sus declaraciones no originaron la revolución, sino que incentivaron a otros adventistas a explorar la Biblia por sí mismos sobre esos temas.

Pero, aun así no se produjo un cambio rápido; de hecho, llevaría décadas. Un ejemplo de ello es el Congreso Bíblico de 1919, patrocinado por la Asociación General, que tuvo un debate abierto sobre la Trinidad que puso nerviosos a algunos. Un destacado pastor declaró: "No he podido aceptar la supuesta doctrina de la Trinidad [...]. No puedo creer que la así llamada doctrina trinitaria de las tres personas exista siempre".

El presidente de la Asociación General A. G. Daniells trató de calmar las cosas al indicar que "no vamos a someter a votación el trinitarianismo ni el arrianismo". También afirmó que se le habían caído las escamas de los ojos por la publicación de *El Deseado de todas las gentes* y había acudido a la Biblia por el tema.

En la primera declaración de las Creencias Fundamentales de la iglesia, esta asumió una postura trinitaria en 1931. Eso no significa que todos estuviesen de acuerdo. Hubo baches antitrinitarios que permanecieron hasta la década de 1940; pero, para la de 1950, la iglesia en su conjunto compartía la misma opinión sobre la Trinidad.

Por esa razón, fue sorprendente ver un reavivamiento antitrinitario. Algunos de los apóstoles de esa doctrina me atraparon en un "callejón oscuro" en el Congreso de la Asociación General de Toronto en 2000. Les pregunté por qué creían que su postura era verdadera. "Porque era la postura de nuestros fundadores", respondieron. Esa lógica nos llevaría a comer cerdo y a guardar el día de reposo de 18 a 18. La tradición, respondí, es una buena postura para una iglesia medieval, pero no para un movimiento cimentado en la Biblia. Eso se resolvió en la década de 1840, y se reiteró en la era de 1888.

La única tradición que cuenta es que el adventismo es el pueblo del LIBRO.

Los años posteriores a Minneápolis -1

Y nosotros también os anunciamos el evangelio de aquella promesa hecha a nuestros padres, la cual Dios ha cumplido [...] resucitando a Jesús. Hechos 13:32, 33.

Difundir el "evangelio", o las "buenas nuevas" (según la versión NVI), fue la tarea para los reformadores de 1888, después de realizar el Congreso de la Asociación General. Elena de White se fue de Minneápolis desanimada con los dirigentes ministeriales de la iglesia, pero todavía tenía esperanzas en el pueblo adventista en su conjunto. Antes de terminar el congreso, había dicho a los pastores reunidos que, si no aceptaban la luz, ella quería "darle una oportunidad al pueblo; quizás él la recibiría" (*Manuscrito 9*, 1888). Sin duda que la necesitaban. En septiembre de 1889, comentó que "no hay ni uno en cien" que realmente entendiera lo que significaba ser justificado por la fe, lo que significaba que "Cristo debía ser [...] la única esperanza y salvación" (*RH*, 3 de septiembre de 1889).

Hasta el otoño de 1891, ella, Jones y Waggoner recorrieron el país, predicando la justificación por la fe al "pueblo" y a los pastores. Después de que ella partiera para Australia en 1891, y Waggoner se fuera a Inglaterra, Jones y W. W. Prescott continuaron presentando el mensaje en los Estados Unidos. En todo este período, y de allí en más, Elena de White enfatizó que Dios había escogido a Jones y a Waggoner con el fin de llevar un mensaje especial a la Iglesia Adventista; y ella misma publicó extensamente sobre el tema de la justificación por la fe.

Los nuevos administradores de la Asociación General, O. A. Olsen (1888-1897) y G. A. Irwin (1897-1901), respondieron positivamente, dando oportunidades para presentarse en público a Jones y a Waggoner. Los dos hombres tuvieron acceso a la gente a través de las iglesias, las lecciones de Escuela Sabática, los colegas, los colegios con internado, que generalmente estaban dedicados a formar para el ministerio, y las casas editoras de la iglesia.

Especialmente importante era el hecho de que en todos los congresos de la Asociación General de 1889 a 1897 Jones y Waggoner recibieron el papel de liderazgo en el estudio de la Biblia y la teología. Más allá de eso, para 1897 Jones había asumido el poderoso cargo de editor de la *Review and Herald*.

Habría sido difícil imaginar un programa que pudiera otorgar mayor prominencia a los reformadores durante la década de 1890.

Verdaderamente se estaban llevando las "buenas nuevas" al "pueblo". Y todavía continúa siendo así. Cristo todavía es el centro de atención en la predicación adventista con orientación bíblica.

Los años posteriores a Minneápolis -2

¡Cuán hermosos son los pies de los que anuncian la paz, de los que anuncian buenas nuevas!
Romanos 10:15.

Los meses posteriores a Minneápolis fueron agotadores para Elena de White, Jones y Waggoner, al predicar a Cristo y su amor a los pastores y los laicos adventistas en todo el país en 1889. Si bien los resultados estuvieron lejos de lo deseado, hubo algunas confesiones en cuanto a la actitud errónea en Minneápolis, al igual que un gran regocijo por la libertad recién descubierta de la justicia de Cristo. La señora de White alegremente escribió, durante el Congreso de la Asociación General, que estaban "realizando reuniones excelentes. No existe aquí el espíritu que hubo en las reuniones de Minneápolis". Muchos de los delegados testificaron que el año anterior había "sido el mejor de su vida. La luz que brilla de la Palabra de Dios ha sido clara y nítida: la justificación por la fe, Cristo, nuestra justicia" (3 MS, p. 181).

La buena noticia es que había progreso. Y continuaría a lo largo de toda la década de 1890; aunque algunos vacilaron.

En 1899, Waggoner dijo a los delegados del Congreso de la Asociación General que los principios que él y Jones habían predicado en Minneápolis "han sido aceptados en gran medida desde ese entonces".

Cuatro días después, Jones señaló en la *Review* no solo que la iglesia en gran medida había aceptado el mensaje, sino también que "me temo que ha habido una tendencia a pasarse para el otro lado ahora, y predicar la fe de Jesús sin los Mandamientos". Siguió abogando por el equilibrio apropiado al presentar las diferentes partes de Apocalipsis 14:12.

Un tercer testigo de la aceptación teológica del mensaje de 1888 fue Elena de White. El 6 de octubre de 1896, ella aconsejó la discontinuación de los institutos ministeriales de tres a cinco meses, establecidos a raíz de la crisis de Minneápolis, para educar a los pastores. "Hubo un tiempo cuando esta obra era necesaria, porque nuestro propio pueblo se oponía a la obra de Dios rechazando la luz de la verdad acerca de la justicia de Cristo"; pero ese esfuerzo ya no era necesario (TM, p. 401).

¡Alabado sea el Señor! La iglesia había progresado. Pero, algo así nunca es universal ni totalmente duradero. La reforma es un mandato constante de la iglesia. Necesitamos más de Cristo hoy; pero, también necesitamos un equilibrio continuo al tratar de presentar la fe salvífica y los Mandamientos de Dios en su relación adecuada.

¿Qué sucedió con Butler? -1

Has dejado tu primer amor. Apocalipsis 2:4.

No todas las experiencias después de Minneápolis fueron felices. G. I. Butler, al sentir que había sido "asesinado" en casa de sus amigos, renunció a la presidencia de la Asociación General al final del congreso de 1888. Poco después, él y su esposa se mudaron a Florida para cultivar naranjas. Seis días antes de partir hacia el sur a mediados de diciembre, Elena de White le envió una carta en la que le decía que era un enemigo de los Testimonios y un hombre inconverso. Cerró con un llamado a su corazón para que se enmendara.

Esa fue la primera de muchas cartas para Butler. Pero, él no estaba para confesiones. Al mirar hacia atrás y contemplar su primer período en Florida desde la perspectiva de 1905, escribió: "A algunos se les hace difícil confesar [...]. Ella solía escribirme, una y otra vez, sobre el encuentro de Minneápolis y cosas por el estilo, y yo invariablemente le respondía que era completamente inútil que yo fuese a confesar algo que no creía necesario. Mantuve mi postura en eso". Dijo que nunca cometería el error de presumir paz cuando no existía.

Exteriormente, la frustración de Butler había llegado a su nivel máximo a comienzos de 1893 cuando pidió que la iglesia no le renovara sus credenciales ministeriales. Pero, en realidad, Butler probablemente no estaba pidiendo renunciar como pastor sino que estaba planteando una pregunta que necesitaba una respuesta: "¿Todavía me necesitan?"

Por esa misma época predicó por primera vez en cuatro años. Mientras tanto, la iglesia le renovó las credenciales. Encantado con su aceptación, Butler declaró que estuvo a punto de exclamar que "los queridos hermanos han entrado en una conspiración para matar al viejo pecador con bondad".

Pero, como era una persona complicada, como todos nosotros, todavía no podía creer "que Dios guió a Waggoner a inundar a la iglesia con la controversia de Gálatas". Por otro lado, ahora estaba dispuesto a admitir que Dios había sacado algo bueno de eso, especialmente en términos de la creciente prominencia de la justificación por la fe y la justicia de Cristo.

Señor, queremos agradecerte por ser tardo para la ira con los seres humanos rebeldes. Cada uno de nosotros tiene un poco de George I. Butler, y necesitamos ayuda. Es más, queremos ayuda. Gracias por permanecer en nuestra vida a pesar de lo que somos.

¿Qué sucedió con Butler? -2

Aun en la vejez fructificarán; estarán vigorosos y verdes. Salmo 92:14.

El hermano Butler era un tipo duro, pero Dios lo amaba de todos modos. Esa es una buena noticia para todos nosotros.

Tuvo sus momentos de arrepentimiento. En 1893, por ejemplo, escribió a Elena de White que "los últimos años" le habían "partido la espalda, pero eso es un asunto menor, comparado con el progreso de la obra". Y, para el otoño de 1894, Butler invitó a A. T. Jones para que fuese a ayudarlo en la reunión campestre de Florida.

En 1901, después de la muerte de su esposa, Butler salió de su semijubilación para convertirse en el presidente de la Asociación de Florida. Entre 1902 y 1907, trabajó como presidente de la Asociación Unión del Sur.

Elena de White se alegró de ver de vuelta al anciano pionero en un puesto de liderazgo. "Yo sabía", dijo a los delegados al Congreso de la Asociación General de 1903, "que llegaría el momento en que él volvería a ocupar su lugar en la obra. Quiero que aprecien las pruebas por las que ha pasado [...]. Dios desea que los pioneros que peinan canas", que tuvieron una parte en el adventismo primitivo, "ocupen su lugar en la obra hoy. No deben caer en el olvido" (1903, GCB, p. 205).

El nuevo Butler, escribió ella en 1902, no era el mismo hombre de 1888. No solo "tenía fortaleza física y salud espiritual", sino también "el Señor lo había puesto a prueba, lo había examinado y juzgado, como lo hizo con Job y con Moisés. Veo en el pastor Butler a alguien que ha humillado su alma delante de Dios. Tiene otro espíritu que el pastor Butler de los años de su juventud. Estuvo aprendiendo la lección a los pies de Jesús" (*Carta* 77, 1902).

Ese certificado de salud no implicaba que Butler fuese categórico sobre las cuestiones de 1888. En 1909, dijo a A. G. Daniells, presidente de la Asociación General, que "nunca pudo ver luz" en los mensajes de Jones y Waggoner. Su lema todavía era "Obedece, y vive".

A pesar de sus problemas, Elena de White escribió de él: "Aunque quizá cometa algunos errores, aún es un siervo del Dios viviente, y yo haré todo lo posible para apoyarlo en su obra" (*Carta* 293, 1905). Butler permaneció asombrosamente activo en la iglesia hasta su muerte, en 1918, a la edad de 84 años.

Dios utiliza a personas imperfectas. Y eso es bueno; de lo contrario, no tendría a nadie para emplear.

Tómanos hoy, Señor, con todos nuestros defectos, y utilízanos para tu gloria. Amén.

¿Qué pasó con Smith?

Todo el que cayere sobre aquella piedra, será quebrantado. Lucas 20:18.

Al igual que Butler, Smith padeció una experiencia traumática en las reuniones de Minneápolis. Profundamente decepcionado y perturbado por el congreso, en noviembre de 1888 renunció a su cargo de tantos años como secretario de la Asociación General, pero continuó siendo editor de la *Review*.

Conservó ese puesto hasta 1897, combatiendo gran parte del tiempo con A. T. Jones sobre interpretación profética y otros temas. Sin embargo, su dirección editorial durante esos años fue una batalla en declive, frente a la popularidad del carismático Jones, que a fines de 1892 se había convertido en la voz ministerial más escuchada del adventismo. En 1897, Smith recibió su máxima humillación cuando la iglesia nombró a Jones como editor de la *Review;* y a Smith, como su asociado.

En los años posteriores a 1888, se le hizo casi imposible a Smith luchar a brazo partido con el hecho de que Waggoner había predicado la postura de los Diez Mandamientos de la ley de Gálatas, y de que Elena de White había respaldado a Waggoner en la relación entre la Ley y el evangelio. En los años siguientes a las reuniones de Minneápolis, Smith fue uno de los cabecillas en cuanto a poner en duda la obra de Elena de White.

No obstante, ella no se dio por vencida con él. Le escribió una carta tras otra, llamándolo al arrepentimiento, pero en vano. Entonces, en enero de 1891, confesó sus errores de Minneápolis. Y la señora de White expresó: "Ha caído sobre la Roca, y fue quebrantado".

Sin embargo, la caída de Smith sobre la Roca no implicaba que estuviese del todo sobre la Roca; su teología legalista todavía le causaba problemas.

Pero, en 1901, los dirigentes de la iglesia lo volvieron a nombrar editor de la *Review*. Elena de White estaba muy contenta, y expresó su placer al ver que su nombre nuevamente estaba a la "cabeza de la lista de editores; porque así debía ser [...]. Cuando hace unos años su nombre fue puesto en segundo lugar [después del de Jones], me sentí herida. Cuando nuevamente lo pusieron primero, lloré y dije: 'Gracias, Dios' " (*Carta* 17, 1902).

No obstante, todavía le quedaba algo del viejo Smith. No mucho después de llegar a ser editor, reabrió la guerra de Gálatas y tuvo que ser despedido una vez más. Nunca se recuperó del golpe. La misma *Review* que anunció el cambio de editor señaló que estaba gravemente enfermo. Pasó al descanso en 1903, a los setenta años.

Señor, ayúdanos este día con nuestro yo caprichoso. Ayúdanos a entregarte todo a ti, incluso nuestras ideas y modos más acariciados.

¿Qué sucedió con Jones y Waggoner?

He aquí, yo vengo pronto; retén lo que tienes, para que ninguno tome tu corona. Apocalipsis 3:11.

Inmediatamente después de Minneápolis, a Jones y a Waggoner se les hizo difícil hacerse oír en la iglesia. Pero, esa situación no persistió. Con la ayuda del nuevo presidente de la Asociación General, O. A. Olsen, de Elena de White y otros, se transformaron en los principales oradores de la iglesia.

Quizá podamos calcular mejor la magnitud del apoyo de la Asociación General al considerar el rol central que tuvieron los dos hombres como oradores destacados sobre temas bíblicos en los congresos de la Asociación General del período posterior a Minneápolis.

* En 1889, Jones tuvo a su cargo una serie sobre justificación por la fe. Elena de White señaló que la gente "se está alimentando con trozos grandes de la mesa del Señor", y "se manifiesta un gran interés" (*Manuscrito* 10, 1889).

* El congreso de 1891 (después de 1889 se reunían cada dos años) contó con Waggoner, y sus 16 sermones que exaltaban a Jesucristo y el evangelio eterno de Romanos.

* Jones dirigió los cursos de estudios bíblicos en 1893, con 24 sermones sobre el mensaje del tercer ángel. Diez sermones sobre la promesa del Espíritu Santo, de W. W. Prescott –el colega más allegado a Jones en los Estados Unidos desde 1892 hasta el fin del siglo– complementaron su obra.

* Las reuniones de 1895 nuevamente tuvieron a Jones como el principal expositor bíblico, con 26 sermones sobre el mensaje del tercer ángel, además de otras presentaciones.

* Los 18 estudios de Waggoner sobre Hebreos fueron el eje central del estudio bíblico en 1897. Además, Jones hizo once presentaciones.

Los reformadores de Minneápolis, a la larga, se habían transformado en los "vencedores" en la batalla con Smith y Butler. No obstante, lamentablemente, su victoria no duró mucho; ambos dejaron la iglesia a comienzos del siglo XX: Waggoner, por su panteísmo y por una mujer que no era su esposa; y Jones, por una lucha de poder en la que no pudo conseguir el liderazgo de la Asociación General. En 1907, Jones se convirtió en enemigo acérrimo de Elena de White y de la iglesia.

Paradoja de paradojas. Los "vencedores" finales de Minneápolis se volvieron perdedores. *"Retén lo que tienes, para que ninguno tome tu corona"*: este es un consejo necesario para todos nosotros, en un mundo de pecado. Debemos fijar la vista en Jesús en cada paso de nuestro viaje.

Minneápolis en retrospectiva

Llamarás su nombre JESÚS, porque él salvará a su pueblo de sus pecados. Mateo 1:21.

E l Congreso de la Asociación General de 1888 fue uno de los grandes momentos decisivos en la historia adventista del séptimo día.

No podemos tener la menor duda acerca de sus resultados. Guió a la iglesia de regreso a la Biblia como la única fuente de autoridad en doctrina y práctica; exaltó a Jesús y puso la salvación por la gracia, mediante la fe, en el centro de la teología adventista; contextualizó el rol apropiado de la Ley dentro del evangelio de la gracia; y llevó a reestudiar los temas de la Trinidad, la plena divinidad de Cristo y la personalidad del Espíritu Santo.

Y quizá lo más importante sea que otorgó al adventismo una interpretación más cabal del mensaje del tercer ángel de Apocalipsis 14:12: el texto central de la autointerpretación adventista. El pasaje no solo los identificaba como adventistas que esperaban con paciencia a su Señor mientras guardaban todos los Mandamientos de Dios, sino también puso delante de ellos el mensaje evangélico en el hecho de que el último mensaje de Dios para el mundo antes de la Segunda Venida (vers. 14-20) se centraría en tener fe *en* Jesús.

En resumen, el mensaje de 1888 transformó la manera de pensar de los adventistas en cuanto a su mensaje. Esa es la buena noticia.

La mala noticia es que el diablo siempre intenta asegurarse de que olvidemos o que descuidemos las buenas noticias. Así, algunos adventistas, en la década de 1890 y después, continuaron enfocándose en la Ley y no en el evangelio, mientras otros usaron el mensaje de Jones y de Waggoner como una nueva puerta al antiguo legalismo y el perfeccionismo humano que se habían levantado para oponérseles.

La historia completa de la saga de Minneápolis trae a la mente dos de los hechos más grandiosos de la Tierra. Primero, la total perversidad de los seres humanos. Segundo, la ilimitada gracia de Dios. Al considerar la historia de la iglesia en la era de Minneápolis, vienen a mi mente las palabras del gran himno de John Newton: "Sublime gracia del Señor, de muerte me libró".

"Sublime gracia" es la única clase que existe. Esas dos palabras resumen el mensaje y el significado de lo sucedido en 1888.

Conozcamos a W. W. Prescott

Yo reprendo y castigo a todos los que amo; sé, pues, celoso, y arrepiéntete. Apocalipsis 3:19.

Uno de los dirigentes más enérgicos del adventismo de fines del siglo XIX fue William Warren Prescott. Pero, las personas enérgicas no siempre son líderes espirituales. Así fue con el primer Prescott, que había llegado a ser presidente del Colegio de Battle Creek en 1885.

El momento crucial de su vida llegó a finales de 1890, cuando leyó un testimonio especial titulado: "Sé celoso y arrepiéntete" desde el frente del templo de Battle Creek. "El Señor", decía, "ha visto nuestras rebeliones [...]. Porque el Señor, en tiempos pasados, ha bendecido y honrado" a la Iglesia Adventista, "se halagan a sí mismos que son escogidos y justos, y que no necesitan advertencias, instrucción ni represión".

Pero, "el Testigo Verdadero dice: 'Yo reprendo y castigo a todos los que amo; sé, pues, celoso, y arrepiéntete' pues si no, vendré pronto a ti, y quitaré tu candelero de su lugar' [...]. El desagrado del Señor es en contra de su pueblo. En su condición actual, es imposible que ellos representen el carácter de Cristo. Y, cuando el Testigo Verdadero les ha enviado consejos, represiones y advertencias porque los ama, ellos se han negado a recibir el mensaje [...]. ¿Qué significa que una gracia tan sublime no enternezca nuestros corazones duros? [...].

"En las iglesias debería haber una manifestación maravillosa del poder de Dios, pero este no se moverá en los que no se hayan humillado ante el Señor, y hayan abierto la puerta del corazón mediante la confesión y el arrepentimiento [...]. El talento y una amplia experiencia no harán de los hombres canales de luz, a menos que se coloquen bajo los rayos de luz del Sol de Justicia [...].

"La luz debe resplandecer del pueblo de Dios con rayos claros e inequívocos, para presentar a Jesús ante las iglesias y ante el mundo [...]. Triunfará un solo interés, un tema absorberá a todos los demás: Cristo, nuestra justicia [...]. Todos los que se arriesgan a seguir su propio camino, que no se unen a los ángeles que son enviados del Cielo con un mensaje para llenar toda la Tierra con su gloria, serán pasados por alto. La obra avanzará hacia la victoria sin ellos, y no tendrán parte en el triunfo" (*RH* Extra, 23 de diciembre de 1890).

Mientras leía, Prescott se sintió tan emocionado que se detuvo varias veces, porque las lágrimas de la emoción embargaban su voz. Su vida nunca más sería la misma. Había sido adventista, pero ese día se había encontrado con Cristo como su Salvador. De allí en adelante, estrechó lazos con Elena de White, Jones y Waggoner, para predicar a Cristo y su amor. Prescott se había tomado en serio el consejo de arrepentirse y ser celoso.

El bautismo de la educación
adventista -1

He aquí, yo estoy a la puerta y llamo; si alguno oye mi voz y abre la puerta, entraré a él, y cenaré con él, y él conmigo. Apocalipsis 3:20.

En diciembre de 1890, como vimos ayer, Cristo se aproximó a William Warren Prescott y llamó a la puerta de su corazón. El joven educador la abrió. Y nunca más sería el mismo. Tampoco Urías Smith. Un resultado de la conversión de Prescott fue su ministerio hacia Smith, que lo llevó a una confesión pública, y a una reparación entre él y Elena de White.

Y así, el mensaje de Cristo cambia vidas y las reforma. Pero, en el caso de Prescott, la reforma no solo afectó vidas individuales sino también tuvo un poderoso impacto en la educación adventista.

Es que Prescott no solo era presidente del Colegio de Battle Creek; también era director de la Asociación Educativa Adventista del Séptimo Día, y pronto sería el presidente del Union College y del Colegio de Walla Walla. Al ser dirigente de Asociación y presidente de tres colegios al mismo tiempo, el elocuente Prescott estaba en condiciones de establecer cambios importantes en la educación adventista.

Inició la transformación de la educación adventista en una convención educativa que fomentó en un pequeño lugar llamado Harbor Springs, al norte de Míchigan, durante julio y agosto de 1891.

Hasta ese momento, la educación adventista había luchado con la determinación de su misión y su identidad. Aunque los adventistas la habían fundado a fin de que fuera visiblemente cristiana, y con la intención de preparar pastores y misioneros, desde su comienzo en el Colegio de Battle Creek, en 1874, había sido prisionera de los clásicos paganos, y del estudio del latín y del griego clásico. Se habían intentado algunas reformas, pero todavía quedaba mucho por hacer.

Eso comenzó a cambiar con la conversión de Prescott. La verdad de la historia de Prescott es que Dios utiliza a personas para cambiar a su iglesia. Pero, solo puede obrar a través de aquellos que están dispuestos a permitir que él los use.

Allí es donde tú y yo entramos en escena. Dios quiere tomar nuestra vida y moldearnos de tal forma que pueda usarnos para llegar a otros, e influir en ellos y en la iglesia en general.

Escuchen, yo sé que algunos de ustedes piensan que no ejercen ninguna influencia. ¡No es así! Cada uno de nosotros toca a otras personas de alguna forma pequeña cada día. Es a través de partículas y de pedazos que finalmente se produce la bola de nieve del cambio.

El bautismo de la educación adventista -2

El que tiene oído, oiga lo que el Espíritu dice a las iglesias. Apocalipsis 3:22.

El Espíritu Santo tenía mucho para decir a la iglesia y a su programa educativo durante la década de 1890. No solo Elena de White, A. T. Jones y E. J. Waggoner estaban llevando el mensaje de Cristo y su justicia a las iglesia y a las reuniones campestres, sino también la Asociación General había establecido un instituto anual para pastores, en el que los ministros adventistas podían reunirse durante varias semanas por año para estudiar la Biblia y el plan de salvación.

Prescott, con energías renovadas, decidió hacer lo mismo por los educadores de la iglesia en el verano de 1891 en Harbor Springs. Guillermo White describió las reuniones en términos de reavivamiento espiritual, y llamó la atención sobre el énfasis de los testimonios personales espontáneos. Observó que cada día comenzaba con exposiciones de Jones sobre el libro de Romanos. Elena de White también habló de esos temas referentes a la necesidad de una relación personal con Cristo, la necesidad de un reavivamiento espiritual entre los educadores que asistieron a la convención y la centralidad del mensaje cristiano para la educación.

Prescott afirmó, en el Congreso de la Asociación General de 1893, que Harbor Springs había marcado el momento decisivo en la educación adventista. "Si bien el propósito general hasta ese momento", señaló, había sido "tener un elemento religioso en nuestras escuelas, sin embargo, desde ese instituto, como nunca antes, nuestra obra ha sido *práctica* [y no teórica] sobre esa base, demostrándose en cursos de estudio y planes de trabajo como no lo había hecho anteriormente".

Antes de Harbor Springs, la enseñanza de la Biblia había tenido un lugar menor en la educación adventista. Sin embargo, la convención adoptó una recomendación que requería cuatro años de estudio de la Biblia para estudiantes de colegios adventistas. Específicamente, los delegados decidieron que "la Biblia en su totalidad debería estudiarse como el evangelio de Cristo de principio a fin". La convención también recomendó la enseñanza de la Historia desde la perspectiva de la cosmovisión bíblica.

Hay una lección secundaria de gran importancia, si pensamos en los cambios efectuados en la educación adventista en Harbor Springs. Y es que cuando realmente comprendemos la centralidad de Cristo en nuestra vida, eso afectará todo lo que hacemos como personas y como iglesia. Educativamente, si nuestra salvación depende de Cristo, sería mejor llegar a conocerlo.

La "adventización" de la educación adventista: El experimento Avondale -1

Escrito está en los profetas: Y serán todos enseñados por Dios. Así que, todo aquel que oyó al Padre, y aprendió de él, viene a mí. Juan 6:45.

El primer paso en la transformación de los colegios adventistas tuvo lugar en el instituto educativo de Harbor Springs, en el verano de 1891. El siguiente comenzó cuando Elena de White y su hijo Guillermo White viajaron a Australia en noviembre de 1891. Como se quedaron allí hasta 1900, tuvieron oportunidad de trabajar con algunos de los dirigentes reformistas adventistas más receptivos.

Una de las iniciativas más importantes de los adventistas de Australia, en la década de 1890, fue la creación del Colegio Avondale para Obreros Cristianos (conocido hoy como Colegio Avondale). Australia tenía la ventaja de estar lejos del alcance de los dirigentes adventistas conservadores de los Estados Unidos. Además, era un nuevo campo misionero para los adventistas del séptimo día. De modo que la incipiente confesión religiosa allí no tenía ninguna tradición establecida con la cual luchar. Como resultado, piloteó varias innovaciones en Australia durante la década de 1890, que habrían sido mucho más difíciles de experimentar en los Estados Unidos.

La iglesia forjó un nuevo tipo de colegio adventista en Avondale. Para fines de siglo, Elena de White estaba tan impresionada que se refirió a Avondale como a un "ejemplo práctico", un "colegio modelo" y un "prototipo" (NB, p. 409; CM, p. 334). En 1900, afirmó categóricamente que "el colegio de Avondale debe ser un modelo para otros colegios que se establecerán entre nuestro pueblo" (*Manuscrito* 92, 1900).

Milton Hook, historiador de Avondale, concluyó que hubo dos objetivos primordiales que afianzaron al Colegio Avondale. El primero era la conversión y el desarrollo del carácter de sus estudiantes. "Educación superior", según la definía Avondale, es la que prepara a las personas para la vida eterna. El segundo objetivo era la capacitación de jóvenes de la iglesia para el servicio cristiano en la comunidad local y en la extensión misionera mundial.

Ambos objetivos reflejan un visible alejamiento de la orientación estrictamente académica del Colegio de Battle Creek y de los colegios que surgieron bajo su influencia.

Aquí surge una pregunta que todavía tenemos que hacernos: ¿Por qué valoramos la educación adventista? La única respuesta importante es que marca la diferencia en la vida de nuestros hijos. Su propósito primordial es presentarles a Jesucristo como Salvador y Señor. Al hacerlo, la educación adventista tiene un valor superior, que no se puede comprar con dinero.

La "adventización" de la educación adventista: El experimento Avondale -2

Y todos tus hijos serán enseñados por Jehová; y se multiplicará la paz de tus hijos. Isaías 54:13.

Como vimos ayer, Elena de White dedicó gran parte de su tiempo, durante la década de 1890, a trabajar estrechamente con el desarrollo del colegio de Avondale en Australia como un modelo, cuyos principios podrían ser aplicados por la iglesia en otras instituciones.

A comienzos de 1894, escribió: "Hemos pensado mucho de día y de noche con respecto a nuestras escuelas. ¿Cómo deben ser dirigidas? Y ¿cuál será la educación y la preparación de nuestra juventud? ¿Dónde deberá estar instalada la Escuela Bíblica Australiana? Me desperté esta mañana a la una de la madrugada, con una carga pesada sobre mi alma. El tema de la educación me ha sido presentado de diferentes maneras, en diversos aspectos, por medio de muchas ilustraciones, y con especificaciones directas a veces sobre un punto, y otras sobre otro. Por cierto, creo que tenemos mucho que aprender. Somos ignorantes con respecto a muchas cosas" relacionadas con la educación (NB, p. 384).

La señora de White estaba pensando seriamente en el complejo australiano propuesto, porque veía la posibilidad de crear un colegio fuera de la esfera de influencia del Colegio de Battle Creek. En su testimonio principal al respecto, marcó la pauta para pensar en un nuevo tipo de colegio adventista. Sería un colegio bíblico, que enfatizara las actividades misioneras y el aspecto espiritual de la vida. Además, sería práctico, ya que enseñaría a la gente a trabajar, y tendría una ubicación rural.

Después de veinte años de prueba y error, Elena de White estaba más convencida que nunca en cuanto al tipo de educación que necesitaba la iglesia. Al interpretar cada vez mejor sus propios testimonios durante las dos décadas anteriores, ya había afirmado explícitamente que la Biblia debe estar en el centro y que los colegios adventistas no deberían seguir las pistas falsas de la educación clásica. Escribió que ha "llevado mucho tiempo comprender qué cambios debían hacerse" a fin de establecer la educación en un "orden diferente" (T 6: 126); pero el proceso de interpretación y de implementación de esa interpretación evolucionó rápidamente entre 1894 y 1899.

Como hemos visto una y otra vez durante los últimos meses, Dios guía a su pueblo paso a paso. Él no da todo el conocimiento de una sola vez; Dios nos dirige al siguiente paso en el momento apropiado. Así ocurrió en el campo de la educación. Para la década de 1890, el adventismo estaba preparado para una revolución educativa.

La "adventización" de la educación adventista: El experimento Avondale -3

Todos me conocerán, desde el menor hasta el mayor de ellos. Hebreos 8:11.

Parte de la experiencia del nuevo Pacto reflejado en Hebreos 8 es educativo. Conocer a Dios y su voluntad es fundamental para el nuevo Pacto. Con eso en mente, no es casual que la revolución posterior a Minneápolis, que había comenzado a transformar el pensamiento adventista sobre el lugar de Cristo y la Biblia para el adventismo, también determinara en gran medida la filosofía educativa de la iglesia.

Fue a la luz del experimento de Avondale que Elena de White escribió que "las producciones humanas se han usado como si fuesen más esenciales" en la educación adventista anterior, "y la Palabra de Dios ha sido estudiada simplemente para dar color a otros estudios" (EC, pp. 54, 55).

Ese modelo, afirmó, debía llegar a su fin. "No ha de introducirse la Biblia en nuestras escuelas para ser intercalada en medio de la incredulidad. La Biblia debe llegar a ser el fundamento y el tema de la educación [...]. La Biblia debe usarse como la Palabra del Dios vivo, y debe ser tenida como lo primero y lo último y mejor en todas las cosas. Entonces se verá el verdadero crecimiento espiritual. Los alumnos desarrollarán caracteres religiosos sanos, porque comen la carne y beben la sangre del Hijo de Dios. Pero, a menos que sea cuidada y promovida, la salud del alma decaerá. Manteneos en el conducto de la luz. Estudiad la Biblia" (EC , p. 243).

Nuevamente: "La educación superior es un conocimiento experimental del plan de la salvación, y se la obtiene por el estudio fervoroso y diligente de las Escrituras. Esta educación renovará la mente y transformará el carácter, restaurando la imagen de Dios en el alma. Fortalecerá la mente contra [...] el adversario, y nos habilitará para comprender la voz de Dios. Enseñará al alumno a ser colaborador con Jesucristo [...]. La sencillez de la verdadera piedad es nuestro pasaporte de la escuela preparatoria de la Tierra a la escuela superior del cielo.

"No se puede adquirir una educación superior a la impartida a los primeros discípulos, la cual nos es revelada por la Palabra de Dios. Adquirir la educación superior significa seguir implícitamente la Palabra, andar en las pisadas de Cristo, practicar sus virtudes. Significa renunciar al egoísmo y dedicar la vida al servicio de Dios" (CM, p. 13).

Ahora existe la plataforma de la educación revolucionaria, para una vida cristiana.

La "adventización" de la educación adventista: El experimento Avondale -4

Vosotros mismos habéis aprendido de Dios que os améis unos a otros. 1 Tesalonicenses 4:9.

El reavivamiento espiritual en la iglesia y en sus enseñanzas había llevado, en la década de 1890, a exigir una reforma similar en la educación adventista. Los colegios de la iglesia debían ser más específicamente cristianos y adventistas que en el pasado.

Los numerosos testimonios de Elena de White sobre educación durante sus años en Australia continuaron brindando un rumbo al Colegio Avondale. Además, al vivir al lado del predio durante sus etapas de formación, pudo participar de la creación de la institución de un modo que fue único en su experiencia. Más allá de eso, W. W. Prescott, que había reunido y editado los manuscritos para *Christian Education* (1893) y *Special Testimonies on Education* (1897), pasó varios meses en el campus, a mediados de la década de 1890. Durante ese período, él y Elena de White mantuvieron largas conversaciones sobre la educación cristiana. Ambos se beneficiaron de poder entender más cabalmente las implicaciones de los testimonios y cómo se podrían implementar esos principios. Ella escribió a su hijo Edson que Prescott puso en marcha su mente y sus pensamientos como lo había hecho su esposo anteriormente. Sus conversaciones, afirmó, le permitieron aclarar su pensamiento y expresarlo más que de cualquier otra manera. "Podríamos ver algunas cuestiones bajo una luz más clara" (*Manuscrito 62*, 1896).

El experimento Avondale no solo ayudó a colocar la Biblia, la espiritualidad de los alumnos y el servicio a los demás en el centro de atención de la educación adventista, sino también instaba a que fuese rural, en lo posible. Así, en lugar de las pocas hectáreas en el límite con la ciudad que habían bastado para el Colegio de Battle Creek, la nueva institución fue establecida en la propiedad Brettville, de más de seiscientas hectáreas, en una ubicación rural. La superficie en hectáreas y la ubicación rural no solo permitían que los alumnos se alejaran de los problemas de la ciudad y que estuviesen cerca de la naturaleza, sino también posibilitaba al colegio un amplio espacio para las habilidades educativas y prácticas para el mundo del trabajo. La iglesia ahora no solo tenía una gran cantidad de material sobre ideales educativos de la pluma de Elena de White, sino además contaba con un modelo del mundo real del que podrían tomar ejemplo en otras partes del mundo.

Dada la importancia de la educación para la iglesia, los que somos mayores necesitamos interesarnos más en nuestros jóvenes y en nuestras escuelas de iglesia. No solo debemos apoyarlos con nuestros fondos, sino también ayudarlos a llegar a ser lo que pueden y deben ser.

El surgimiento de las escuelas primarias adventistas -1

Y estas palabras que yo te mando hoy, estarán sobre tu corazón;
y las repetirás a tus hijos. Deuteronomio 6:6, 7.

Uno de los avances más emocionantes de la educación adventista en la década de 1890 fue el movimiento de las escuelas primarias. Hasta mediados del decenio de 1890, los adventistas habían descuidado mayormente la educación primaria, salvo en las localidades donde tenían un instituto terciario o un colegio secundario. Esa diferencia cambiaría hacia el final de la década, y los adventistas desde entonces han mantenido un sólido sistema de escuelas primarias de iglesias locales.

La Asociación General había convocado, en 1887 y 1888, a comenzar con un sistema de escuelas primarias, pero no se había logrado nada con las resoluciones.

Sin embargo, en 1897 Elena de White desafió a la iglesia con una nueva demanda de escuelas primarias. La situación australiana la había alertado sobre el tema. "En algunos países", afirmó, "la ley obliga a los padres a enviar sus hijos a la escuela. En esos países, se deberían establecer escuelas en las localidades donde haya iglesias, aun en el caso en que hubiera solo seis niños para asistir a cada una de ellas. Trabajad para impedir que vuestros hijos se ahoguen en las influencias viciosas y corruptoras del mundo.

"Estamos muy atrasados en el cumplimiento de nuestro deber en este importante asunto. En muchos lugares, hace años que deberían estar funcionando escuelas" (6 TI, p. 203).

Nuevamente, escribió: "Dondequiera que haya unos cuantos observadores del sábado, los padres deben unirse para habilitar un lugar destinado a una escuela de iglesia donde sus menores y los adolescentes puedan ser enseñados. Deben emplear a un maestro cristiano que, como consagrado misionero, eduque a los niños de manera que los encamine hacia la vocación misionera. Se deben contratar maestros que impartan una educación apropiada en los ramos comunes, haciendo de la Biblia el fundamento y el centro de todo estudio" (*ibíd.*, p. 201).

Esas palabras resultaron ser unos de los consejos más importantes e influyentes de todo su largo ministerio. En los años siguientes, las iglesias adventistas alrededor del mundo establecieron escuelas, aunque tuviesen apenas cinco o seis niños para atender. La salvación y el futuro de ellos se convirtieron en el centro de atención del adventismo del séptimo día, cuando la iglesia se tomó en serio su responsabilidad evangélica de preparar a sus propios hijos para el Reino de Dios.

Desde esa perspectiva, *la educación es evangelización*. Esa es una revelación que no deberíamos pasar por alto.

El surgimiento de las escuelas primarias adventistas -2

Yo lo he elegido [a Abraham] para que instruya a sus hijos y a su familia, a fin de que se mantengan en el camino del Señor y pongan en práctica lo que es justo y recto. Génesis 18:19.

L a educación para la fe tiene una larga historia en el ámbito judeocristiano. De hecho, Dios escogió, o separó, a Abraham, el padre de los fieles, debido a su disposición a educar a su familia en los caminos y las enseñanzas del Señor.

Pero, por más que en la Biblia se haya establecido hace mucho tiempo el mandato de educar a nuestros hijos en la fe, este se despertó tardíamente en el adventismo del séptimo día. La iglesia dejaría pasar más de cincuenta años después del Gran Chasco de 1844 antes de comenzar a desarrollar un sistema de educación primaria.

El estímulo, como vimos ayer, provino de los llamados de Elena de White desde la remota Australia, para formar escuelas de iglesia locales aunque la congregación apenas tuviese seis niños para que asistieran.

En los Estados Unidos, personas como Edward Alexander Sutherland y Percy T. Magan, los líderes reformistas que trasladaron el Colegio de Battle Creek al campo en 1901, se tomaron en serio la amonestación. Años después, Sutherland recordó, con un poco de exageración: "Magan, la señorita DeGraw y yo prácticamente al final de cada semana conseguíamos un maestro y salíamos a establecer tres escuelas antes del lunes de mañana".

Sea o no esto exagerado, las estadísticas sobre la educación primaria adventista se dispararon prácticamente hacia arriba, a partir de la segunda mitad de la década de 1890. Observa la curva: en 1880, la iglesia tenía 1 escuela primaria, con 1 maestro y 15 alumnos; en 1885, tenía 3 escuelas, con 5 maestros y 125 alumnos; en 1890, 7 escuelas, con 15 maestros y 350 alumnos; en 1895, 18 escuelas, con 35 maestros y 895 alumnos; y en 1900, 220 escuelas, con 250 maestros y 5.000 alumnos. Y el crecimiento no se detuvo allí. Para 1910, los números habían crecido a 594 escuelas, con 758 maestros y 13.357 alumnos. En 2006, las cifras estaban en 5.362 escuelas, 36.880 maestros y 861.745 alumnos.

El movimiento de las escuelas primarias también estimuló la expansión en la educación secundaria y superior de la iglesia. En parte, ese crecimiento se suscitó debido a la creciente necesidad de maestros adventistas. Pero, lo más importante es que el movimiento de escuelas primarias dio publicidad a la creencia de que cada joven adventista debía tener una educación cristiana.

Gracias, Señor, por nuestro sistema educativo. Ayúdame a hacer mi parte para auxiliar a cada joven de mi congregación a fin de que obtenga una educación que lo capacite para la eternidad.

La explosión educativa

Desde la niñez has sabido las Sagradas Escrituras, las cuales te pueden hacer sabio para la salvación por la fe que es en Cristo Jesús. 2 Timoteo 3:15.

Podríamos decir que la década de 1890 fue la de la educación adventista. Comenzando con el reavivamiento de Minneápolis en 1888, pasando por el inicio de la reforma educativa en la convención de Harbor Springs en 1891, y terminando en el experimento Avondale y el movimiento de las escuelas primarias, la década de 1890 otorgaría un perfil educativo al adventismo por el resto de su estadía en la Tierra.

Y todavía no hemos hablado de la explosión misionera de la década de 1890, que llevó al adventismo y a su sistema educativo casi literalmente hasta cada rincón del globo. Tampoco hemos explorado el impacto del modelo Avondale en los colegios adventistas de otras partes del mundo.

Un pequeño aspecto de la influencia fue que la educación adventista de nivel secundario y superior se convirtió, mayormente, en un sistema rural. E. A. Sutherland y P. T. Magan, por ejemplo, transfirieron el Colegio de Battle Creek, de su campo restringido, a un "paraje remoto" de Berrien Springs, Míchigan, donde se convirtió en el Colegio Misionero Emanuel, en 1901. Además, los directores del Colegio Healdsburg trasladaron la institución, durante la primera parte del siglo XX, a la cima del monte Howell, donde se transformó en el Pacific Union College. Las instituciones no solo estaban aisladas de los problemas de la ciudad (como alumnos del Pacific Union College a comienzos de la década de 1960, bromeábamos que el colegio estaba ubicado a 16 kilómetros del pecado más cercano que se conozca.), sino también ambos fueron construidos en cientos de hectáreas de campo.

Y así ocurrió con la educación adventista en todo el mundo. Las repercusiones de Avondale nunca cesaron. Y debieron de haber tenido efectos secundarios interesantes. Como el aumento de la población ha expandido las ciudades y ha ejercido presión sobre los precios de los terrenos, los colegios adventistas del séptimo día a menudo se encuentran con propiedades de un valor incalculable, que nunca podrían aspirar a comprar en el mercado actual.

Dios ha guiado a su pueblo de una forma especial y única. Al evaluar los diversos aspectos del programa adventista alrededor del mundo, solo podemos alabar su Nombre por la conducción que nos ha dado en nuestra historia pasada. Ahora, debemos orar con el fin de poder tener la convicción y el coraje de seguir su dirección en la historia presente.

Padre, ayúdanos a ser tan receptivos a tu dirección como los reformadores de épocas pasadas.

La educación gira sobre su cabeza

Si alguno quiere ser el primero, será el postrero de todos, y el servidor de todos. Marcos 9:35.

"**N**uestro concepto de la educación tiene un alcance demasiado estrecho y bajo. Es necesario que tenga una mayor amplitud y un fin más elevado. La verdadera educación significa más que la prosecución de un determinado curso de estudio. Significa más que una preparación para la vida actual. Abarca todo el ser, y todo el período de la existencia accesible al hombre. Es el desarrollo armonioso de las facultades físicas, mentales y espirituales. Prepara al estudiante para el gozo de servir en este mundo, y para un gozo superior proporcionado por un servicio más amplio en el mundo venidero" (Ed, p. 13).

Esas son las primeras palabras del libro *La educación*, una de las contribuciones más importantes de Elena de White para el adventismo. No es casual que el libro se haya impreso en 1903. Después de una década de pensar y escribir sobre el tema de la educación, en los primeros años del nuevo siglo estaba lista para producir un libro que orientaría a los sectores más importantes del adventismo. *La educación* brinda las "órdenes de marcha" filosóficas para el sistema educativo adventista. Y, en el proceso, expone ideales de educación bastante reñidos con los programas tradicionales.

Mientras que la educación tradicional aspiraba a preparar a la gente para una vida exitosa aquí, en la Tierra, *La educación*, si bien no niega esa función importante, afirmaba que esa preparación no era suficiente. Era aún más vital preparar a los alumnos para vivir con Dios por la eternidad.

Mientras que la educación tradicional tendía a centrarse en el desarrollo de los aspectos mentales de sus alumnos, *La educación* requería el perfeccionamiento de la persona integral.

Y, mientras que la educación tradicional preparaba a la gente para posicionarse con ventaja para salir adelante en el mundo, *La educación* abogaba por el objetivo del servicio a Dios y a los demás. El tema del *servicio* es el hilo conductor del libro. En su última página, leemos que "en nuestra vida terrenal, aunque restringida por el pecado, el mayor gozo y la más elevada educación se encuentran en el servicio. Y, en la vida futura, libre de las limitaciones de la humanidad pecaminosa, hallaremos nuestro mayor gozo y nuestra más elevada educación en el servicio" (*ibíd.*, p. 277).

El libro *La educación* transformó completamente la educación tradicional adventista. Y, en el proceso, desplegó una filosofía de la educación y de la vida que debemos comprender y vivir. Es una filosofía que pone en práctica los valores de aquel que dijo: "Si alguno quiere ser el primero, será el postrero de todos, y el servidor de todos".

Evangelizar mediante la educación

Y creó Dios al hombre a su imagen, a imagen de Dios lo creó; varón y hembra los creó. Génesis 1:27.

El libro *La educación*, de Elena de White, saca el tema de la pedagogía del ámbito de lo mundano y lo transfiere a un asunto crucial en el Gran Conflicto.

En su segunda página, presenta el propósito esencial de la educación adventista. "A fin de comprender qué abarca la obra de la educación", leemos, "necesitamos considerar tanto (1) la naturaleza del ser humano como (2) el propósito de Dios al crearlo. Hemos de considerar también (3) el cambio que sufrió la humanidad por la introducción del conocimiento del mal, y (4) el plan de Dios para cumplir, sin embargo, su glorioso propósito en la educación de la especie humana" (*Ed* 14).

En ese momento, el libro comienza a tratar esos cuatro puntos, indicando que (1) Dios creó a los seres humanos a su imagen para que fuesen semejantes a él; y (2) que tenían un potencial infinito.

Luego, se hace muy específico y pertinente en cuanto a la situación humana. "Pero, por su desobediencia perdió todo esto. El pecado mancilló y casi borró la semejanza divina. Las facultades físicas del hombre se debilitaron, su capacidad mental disminuyó, su visión espiritual se oscureció. Quedó sujeto a la muerte. No obstante, la especie humana no fue dejada sin esperanza. Con infinito amor y misericordia había sido diseñado el plan de salvación, y se le otorgó una vida de prueba. La obra de la redención debía restaurar en el hombre la imagen de su Hacedor, devolverlo a la perfección con que había sido creado; promover el desarrollo del cuerpo, la mente y el alma, a fin de que se llevara a cabo el propósito divino de su creación. Este es el objetivo de la educación, el gran propósito de la vida" (*ibíd.*, p. 15).

Más adelante en el libro, Elena de White lo expresa con más claridad, al señalar que la gente "puede encontrar ayuda en un solo poder. Ese poder es Cristo. La mayor necesidad del hombre es cooperar con ese poder. ¿No debería ser, acaso, esta cooperación el propósito más importante de la verdadera educación? [...]. En el sentido más elevado, la obra de la educación y la de la redención son una". El "principal esfuerzo del maestro y su propósito constante" es dar a conocer a Jesús y sus principios a los alumnos (*ibíd.*, pp. 28, 29).

Con esos pensamientos en mente, no es de extrañar que los adventistas hayan respaldado la educación cristiana para sus hijos y los hijos de los demás, dando con sacrificio. Han reconocido la verdad de que *la educación es, en realidad, evangelización.*

La explosión misionera protestante

Y será predicado este evangelio del reino en todo el mundo, para testimonio a todas las naciones;
y entonces vendrá el fin. Mateo 24:14.

La misión mundial estaba en el corazón del cristianismo protestante del siglo XIX. El movimiento misionero moderno comenzó en 1792, cuando Guillermo Carey publicó *An Enquiry Into the Obligation of Christians to Use Means for the Conversion of the Heathens* [Una investigación sobre la obligación de los cristianos de usar recursos para la conversión de los paganos].

Eso quizá no nos parezca tan revolucionario, pero sí lo era en 1792. Al año siguiente, se fundó la primera sociedad misionera para patrocinar a misioneros extranjeros y el envío de Carey a la India, donde trabajó durante siete años, sin ningún converso hindú.

Pero, aunque sus esfuerzos comenzaron lentamente, se arraigaron con firmeza. Al momento de su fallecimiento en 1834, Carey no solo había establecido una fuerte iglesia cristiana en la India, sino además había apadrinado el movimiento misionero moderno, que llevaría el protestantismo a todo el mundo. La primera gran ola misionera protestante al mundo alcanzó su apogeo en la década de 1830; pero no se detuvo allí, sino que aumentó en magnitud durante la última parte del siglo. El historiador Kenneth Scott Latourette ha etiquetado el siglo XIX como "el gran siglo" de las misiones protestantes; mientras Sydney Ahlstrom, un destacado estudioso de historia eclesiástica estadounidense, señaló que "las dos últimas décadas del siglo XIX fueron testigos de la fase culminante del movimiento de misiones extranjeras en el protestantismo estadounidense".

Uno de sus principales estimulantes fue el Movimiento de Estudiantes Voluntarios para las Misiones Extranjeras, que surgió de un llamado del evangelista Dwight L. Moody, en 1886, a que los estudiantes universitarios dedicaran su vida al servicio misionero. Cien se ofrecieron para ese primer año. Esa cifra aumentó a 2.200 en 1887, y en pocos años muchos miles de jóvenes habían dedicado su vida al servicio misionero. El lema del movimiento era "La evangelización del mundo en esta generación".

Eso estimuló, según Ernest R. Sandeen, "la mayor demostración de interés misionero que se conozca en los Estados Unidos". Como resultado, los protestantes estadounidenses comenzaron a considerar lugares como África, China y Japón como sus provincias espirituales.

Ese movimiento no tomó por sorpresa a los adventistas. Dios había abierto el camino a través de la iniciativa protestante, y los adventistas del séptimo día rápidamente llegaron "a toda nación, tribu, lengua y pueblo" con el mensaje de los tres ángeles.

La explosión misionera adventista -1

Vi volar por en medio del cielo a otro ángel, que tenía el evangelio eterno para predicarlo a los moradores de la tierra, a toda nación, tribu, lengua y pueblo. Apocalipsis 14:6.

Hay que confesar que la Iglesia Adventista del Séptimo Día no comenzó como un pueblo con orientación misionera; al contrario, en sus primeros años podríamos decir que fue un pueblo antimisionero.

Entre 1844 y 1850, al creer en la teología de la puerta cerrada, no sentían ningún peso de predicar a nadie más que a aquellos que habían participado en el movimiento millerita de la década de 1840.

¡Miopes!, podríamos decir. Sí; pero fue una etapa esencial en el desarrollo del adventismo. En este período de la misión adventista (1844-1850), se destinaron escasos recursos a las misiones potenciales, para construir una plataforma doctrinal. En otras palabras, primero vino un mensaje muy distintivo, y recién después de eso pudieron difundir el mensaje.

La segunda etapa de la misión adventista (1850-1874) se restringió al norte de los Estados Unidos. Ese también fue un paso necesario en la evolución de la misión adventista. Esos años permitieron el desarrollo de una base de poder en los Estados Unidos, que finalmente apoyaría un proyecto de misiones extranjeras.

Podríamos pensar en la tercera etapa (1874-1889) como una misión a las naciones cristianas. Por lo tanto, los adventistas del séptimo día enviaron su primer misionero oficial a Suiza, con el fin de llamar al pueblo a salir de Babilonia. E incluso cuando iban a lugares como Australia o Sudáfrica, los adventistas siempre comenzaban su obra entre los cristianos de esas naciones. Más allá de·sus limitaciones, la tercera etapa funcionó para establecer bases de poder adicionales entre las diversas poblaciones cristianas diseminadas alrededor del mundo. Como resultado, esas naciones estaban preparadas para actuar como base de operaciones para el envío de misioneros al inicio de la cuarta etapa de las misiones adventistas, que comenzó en 1890. Podríamos considerar esta etapa como *misión al mundo*: no solo para poblaciones cristianas alrededor del mundo, sino a *todas* las personas.

Paso a paso, sin que nadie fuese consciente de lo que estaba ocurriendo en el desarrollo global de las misiones adventistas, Dios posicionó a la Iglesia Adventista del Séptimo Día donde pudiera aprovechar la explosión misionera protestante que detonó en los últimos años del siglo XIX.

Dios conduce aun cuando no somos conscientes de ello.

La explosión misionera adventista -2

Es necesario que profetices otra vez sobre muchos pueblos, naciones, lenguas y reyes.
Apocalipsis 10:11.

Desde la perspectiva de la historia adventista, la década de 1890 fue un momento excelente para una explosión misionera protestante, que casi concluyó su penetración en los rincones remotos de la Tierra. Como vimos ayer, el desarrollo de la mentalidad misionera adventista a través de tres etapas había posicionado a la iglesia de modo tal que pudo aprovechar los nuevos impulsos que surgieron a través de la comunidad cristiana mayor.

Más allá de eso, los adventistas habían publicado su primer libro sobre las misiones extranjeras: *Historical Sketches of the Foreign Missions of the Seventh-day Adventists* [Reseñas históricas de las misiones extranjeras de los adventistas del séptimo día], el mismo año (1886) que D. L. Moody estimuló el nacimiento del Movimiento de Estudiantes Misioneros.

Más adelante, a comienzos de 1889, la iglesia envió a S. N. Haskell y a Percy T. Magan en un itinerario de dos años alrededor del mundo, con el objetivo de reconocer oportunidades, problemas y posibles emplazamientos misioneros en varias partes de África, India y el Oriente. Informaron extensamente acerca de su gira a través de las páginas de *Youth's Instructor* [El instructor de la juventud] (el precursor de *Insight*). Así que, la misión y el servicio misionero comenzaron a captar el corazón y la mente de los jóvenes adventistas de forma similar a la que el movimiento de estudiantes no adventistas influyó en miles de jóvenes en el mundo protestante mayor.

En noviembre de 1889, el Congreso de la Asociación General dio el paso trascendental de crear la Junta de Misiones Extranjeras Adventista del Séptimo Día, "para la administración de la obra misionera extranjera" de la iglesia. Ese mismo año, la *Home Missionary* fundó un periódico dedicado a promocionar los diversos aspectos del servicio misionero.

El establecimiento de la Junta de Misiones Extranjeras fue más que simbólico. Proclamaba que los adventistas, al menos, estaban listos para asumir en serio su mandato misionero. Nunca más los adventistas del séptimo día retrocedieron con las misiones extranjeras. Al contrario, se los llegó a conocer por sus esfuerzos para alcanzar a todo el mundo con su mensaje especial de los tres ángeles, y por difundir no solo esto, sino también sus instituciones editoras, médicas y educativas dondequiera que iban.

Señor, apreciamos la importancia del mensaje final de advertencia que has dado a tu iglesia. Ayúdanos a apoyarlo con nuestras oraciones, nuestro dinero e incluso con nuestras vidas, si tú lo requieres.

El surgimiento del colegio misionero

¿Cómo, pues, invocarán a aquel en el cual no han creído? Romanos 10:14.

Esa es una buena pregunta. Y tanto la comunidad cristiana en general como los adventistas del séptimo día en la década de 1890 comenzaron a tomar medidas sin precedentes con el propósito de difundir las enseñanzas de la Palabra de Dios como el semillero de la fe.

Parte de la preparación para la misión más amplia entre los protestantes fue la creación de colegios misioneros e institutos bíblicos. Esos colegios aspiraban a preparar una gran cantidad de obreros lo más rápido posible para los puestos misioneros de avanzada nacionales y de ultramar. Las nuevas instituciones se centraban en la capacitación práctica y el conocimiento bíblico. El primer colegio de este tipo surgió, en 1883, como el Colegio de Capacitación Misionera para Misioneros y Evangelistas Nacionales y Extranjeros.

Los acontecimientos dentro del adventismo se comparan con los del ámbito evangélico educativo. Por lo tanto, la extensión misionera tuvo un efecto directo en la expansión de la enseñanza de nuestra iglesia.

John Harvey Kellogg, aparentemente, fue el primer adventista en fundar un colegio misionero. Estableció el Sanatorio Escuela de Capacitación para Médicos Misioneros en 1889, seguido por el Colegio de Médicos Misioneros Norteamericanos en 1895.

Mientras tanto, el Colegio Avondale para Obreros Cristianos (1894), las escuelas de capacitación fundadas por E. A. Sutherland y Percy Magan, y los colegios misioneros adventistas (como el Colegio Misionero Washington, el Colegio Misionero Emanuel, el Colegio Misionero del Sur y el Colegio de Médicos Evangelistas de Loma Linda), pronto salpicaban el paisaje adventista; todos ellos, con intenciones similares a las instituciones engendradas por el movimiento misionero evangélico.

La expansión misionera afectó el crecimiento educativo adventista en al menos dos formas: primero, incrementó en gran medida la cantidad de escuelas y de alumnos en los Estados Unidos, ya que la mayoría de los primeros obreros de la iglesia provenían de este país; en segundo lugar, los adventistas comenzaron a establecer escuelas y colegios alrededor del mundo, para que la iglesia pudiera capacitar a las personas en sus propios campos. Sin embargo, para 1900 no solo las instituciones educativas adventistas explosionaron en número, sino también el sistema había sido internacionalizado.

Nadie puede dudar de la orientación misionera de los colegios adventistas en la década de 1890. El desafío de nuestro tiempo es mantener ese enfoque a la vanguardia de nuestros colegios en todos los niveles. La naturaleza de la misión ha cambiado desde el siglo pasado, pero no la necesidad de contar al mundo acerca de la esperanza en Cristo.

El Advenimiento en marcha -1: Rusia

¿Y cómo creerán en aquel de quien no han oído? Romanos 10:14.

Dios, a veces, usa formas extrañas a fin de ayudar a la gente a oír su Palabra. Ese fue el caso del arribo del adventismo a Rusia. Como en tantos lugares del mundo, los conversos al adventismo en los Estados Unidos entre las poblaciones de inmigrantes estimularon por primera vez el comienzo del adventismo en Rusia. En su deseo de compartir su fe, a menudo enviaban folletos doctrinales a familiares y amigos de su país.

Así fue en 1882, cuando un vecino de Gerhardt Perk, proveniente de Crimea, le notificó que tenía literatura interesante pero peligrosa, que había llegado de los Estados Unidos en 1879. Después de suplicarle mucho, el vecino le prestó a Perk *The Third Angel's Message* [El mensaje del tercer ángel], de J. N. Andrews. Al leerlo en secreto, Perk escribió a los publicadores estadounidenses pidiendo más información. Pronto, al leer, se convenció de la doctrina adventista, pero tuvo dudas para comenzar a guardar el sábado.

Por esa época, llegó a ser representante de la Sociedad Bíblica Británica y Extranjera. Mientras viajaba de un lugar a otro vendiendo libros, Perk escapó del desastre varias veces, por lo que creyó que fue la protección divina. En ese momento, se convenció de que, si esperaba que Dios lo cuidara, debía vivir a la altura de toda la verdad bíblica que poseía. Como resultado, agregó literatura adventista a las Biblias que vendía.

Pero, Perk no era el único que difundía la doctrina adventista en el sur de Rusia. Otro era un ruso-alemán convertido al adventismo en Dakota del Sur. Aunque tenía más de ochenta años, un impedimento en el habla y no tenía dinero, regresó a Rusia para compartir su fe, y vendió sus botas para pagar parte de su boleto.

En pocas palabras, era creativo. Alegando problemas de visión, entraba en el mercado de un pueblo y pedía a la gente que le leyera. Si el lector se interesaba en el tema, le daba el folleto.

Sin embargo, repartir ese material en Rusia estaba en contra de la ley. Pero, cuando el sacerdote local quiso que arrestaran al anciano, la gente apedreó al clérigo por pensar que un viejo casi ciego podría ser peligroso. El "inofensivo anciano" evangelizó durante más de un año de esta manera.

Así fue el comienzo del adventismo en Rusia. Parece que Dios puede usar casi a cualquiera, en casi cualquier condición, con casi cualquier método, para difundir la verdad bíblica. Probablemente pueda usarnos a nosotros, incluso.

El Advenimiento en marcha -2: Rusia

¿Y cómo oirán sin haber quien les predique? Romanos 10:14.

Y ellos eran predicadores. Uno de los más importantes era L. R. Conradi, que nació en Alemania e inmigró a los Estados Unidos cuando descubrió el mensaje adventista. En 1886, regresó a Europa como pastor.

Casi inmediatamente hizo frente a un pedido de Gerhardt Perk de visitar Rusia. Como las autoridades no admitían un pastor en el país, Conradi, como había trabajado por un tiempo en la Review and Herald Publishing Association en Battle Creek, declaró que era impresor.

Pero, sin importar el nombre que se haya puesto, una vez que Conradi ingresó en el país comenzó a predicar abiertamente el mensaje adventista del séptimo día. Él y Perk localizaron a unas cincuenta personas que guardaban el sábado, y las congregaciones bautista y luterana a menudo los recibían con los brazos abiertos. En otras ocasiones, los dos adventistas se encontraron con que los esperaban con piedras, especialmente cuando presentaban el tema del sábado.

Pero, en todas sus actividades Conradi violaba la ley rusa, que prohibía predicar y hacer proselitismo. Con todo, las cosas iban bien hasta que llegaron a Berde Bulat, donde organizaron una iglesia y realizaron un bautismo público en el Mar Negro. Los tejados estaban repletos de espectadores, que deseaban observar la novedosa escena.

Eso fue demasiado para las autoridades locales. Arrestaron a Conradi y a Perk, y los acusaron de enseñar herejías judías, de bautizar en público y de hacer prosélitos rusos. Durante cuarenta días, los dos hombres soportaron una celda estrecha, mala alimentación y amenazas intimidatorias. Pero, finalmente la embajada estadounidense en San Petesburgo logró liberarlos.

Y ¿qué hicieron? Predicar más, mientras difundían el mensaje adventista en un lugar difícil para evangelizar.

Finalmente, Conradi se estableció en Alemania, donde dirigió a la Iglesia Adventista en Europa durante los 35 años siguientes.

Mientras tanto, llegaron a Rusia más inmigrantes adventistas, que regresaban para predicar el mensaje que amaban. Algunos terminaron proscriptos en Siberia, pero fue mediante esos sacrificios que el mensaje adventista del séptimo día echó raíces y comenzó a crecer en Rusia.

Señor, la mayoría de nosotros hoy tenemos todo demasiado fácil. Ayúdanos a aprender a recordar los sacrificios de quienes nos precedieron en la difusión del mensaje de los tres ángeles.

El Advenimiento en marcha -3:
Las islas del Pacífico

¿Y cómo predicarán si no fueren enviados? Romanos 10:15.

Pero, algunos salieron sin ser enviados. Uno de ese grupo fue John Tay, un carpintero de buque que por mucho tiempo había soñado con visitar la diminuta isla de Pitcairn, donde los infames amotinados del *Bounty* se habían establecido finalmente en 1790. Abriéndose camino con unos seis barcos, finalmente Tay llegó a Pitcairn en 1886.

Diez años antes, Jaime White y John Loughborough se habían enterado de la isla y habían enviado una caja con literatura adventista, con la esperanza de que sus habitantes la leyeran. Pero, no lo hicieron. Durante diez años, la caja estuvo almacenada. Finalmente, algunos de los más jóvenes la redescubrió. Para su sorpresa, descubrieron que el sábado era el verdadero día de reposo. Aunque quedaron impresionados con las evidencias bíblicas, dudaban en realizar un cambio.

Fue en ese momento que llegó Tay, pidiendo permiso para quedarse en Pitcairn hasta que llegara el siguiente barco. Como le pidieron que hablara en la iglesia el primer domingo que estuvo allí, el "misionero" que fue por su cuenta analizó el día de reposo sabático. Muchos se convencieron, y otros seguían con dudas. Pero, el estudio bíblico de Tay convenció a todos. Al momento de dejar la isla cinco semanas después, todos los habitantes adultos habían aceptado el abanico de doctrinas adventista del séptimo día.

La emocionante noticia de la conversión de los isleños de Pitcairn inspiró a los adventistas de los Estados Unidos. Tomaron el hecho como una señal de Dios, de que era hora de abrir la obra adventista en el Pacífico Sur.

Pero ¿cómo? Parte del problema era que las conexiones navieras en gran parte de la región eran irregulares, en el mejor de los casos. Así, en 1887 el Congreso de la Asociación General autorizó el gasto de veinte mil dólares para comprar o construir un barco lo antes posible.

Pero, eso no ocurriría; no todavía.

Con la esperanza de avanzar con mayor premura, enviaron a Tay de vuelta a Pitcairn, para fortalecer a sus conversos. Después de intentarlo, finalmente regresó a San Francisco sin haber podido conseguir un barco que lo llevara a la remota isla. La experiencia de A. J. Chudney, quien también fue enviado a Pitcairn, fue más desastrosa: como no pudo conseguir un barco que lo llevara a su destino, compró uno a bajo precio. Pero él, su tripulación y el barco se hundieron en el Pacífico.

Esa catástrofe aleccionadora hizo que los dirigentes de la iglesia retomaran la idea de construir su propio barco misionero.

El Advenimiento en marcha -4:
Las islas del Pacífico

Den gloria a Jehová, y anuncien sus loores en las costas. Isaías 42:12.

El desastre de Chudney y la frustración de John Tay de no poder encontrar un barco que lo llevara a la isla de Pitcairn reorientaron a la Asociación General sobre la necesidad de construir un buque apto para la navegación marina, para servir a la multitud de islas del Pacífico Sur.

Ese barco misionero fue un proyecto que despertó el entusiasmo de las Escuelas Sabáticas, a lo ancho de los Estados Unidos, como ningún otro anteriormente. Los adultos llevaban sus centavos de dólar y los niños vendían productos horneados, con el fin de poder participar en la compra de las tablas, las lonas y los clavos necesarios.

Hasta se invitó a los miembros de la Escuela Sabática para que sugirieran un nombre para el barco. Algunos optaron por *Glad Tidings* [Buenas nuevas]; pero otros finalmente decidieron ponerle el nombre de la isla que había estimulado el proyecto. Así que, los adventistas bautizaron a su primer barco misionero con el nombre de *Pitcairn*.

En octubre de 1890, la goleta de 30 metros, 120 toneladas y 2 mástiles zarpó con 7 tripulantes y 3 parejas de misioneros. La primera parada, como era razonable, fue la isla de Pitcairn, donde E. H. Gates y A. J. Read bautizaron a 82 isleños y organizaron una iglesia.

Varias semanas después, el barco misionero siguió viaje hacia Tahití, Rarotonga, Samoa, Fiji y los grupos de islas Norfolk. En cada lugar, los que estaban a bordo organizaban reuniones, distribuían publicaciones y despertaban el interés.

Después de dos años, el *Pitcairn* regresó a San Francisco, siendo un éxito su primer viaje. Pero, había habido un costo en vidas humanas: John Tay, que se había quedado para promover la misión adventista en Fiji, falleció después de apenas cinco meses en su obra; y el capitán J. O. Marsh pasó al descanso mientras reparaban su barco en Nueva Zelanda.

No obstante, la obra continuó. En total, el *Pitcairn* realizó seis viajes entre 1890 y 1900. A esa altura, el itinerario de los navíos había mejorado a punto tal que la iglesia ya no necesitaba su barco misionero.

Pero, durante esos diez años, la iglesia no solo se estableció en las islas del Pacífico, sino también las aventuras de la intrépida *Pitcairn* inspiraron a los adventistas para las misiones y las ofrendas misioneras más que ninguna otra cosa en su historia.

El Advenimiento en marcha -5: Sudáfrica

Acumulen para sí tesoros en el cielo. Mateo 6:20, NVI.

Algunos buscadores de tesoros encuentran más de lo que están buscando. Así ocurrió con William Hunt, quien, mientras buscaba oro en California en la década de 1870, aceptó el sábado gracias a J. N. Loughborough.

Años después, Hunt, que para ese entonces buscaba diamantes en Sudáfrica, conoció a dos agricultores holandeses, que independientemente se habían convencido, gracias al estudio de la Biblia, de que el sábado, el séptimo día, era el día de reposo.

El encuentro realmente pareció ser casual, pero el ojo de la fe podría llamarlo providencial. George van Druten, uno de los agricultores, se cruzó con Hunt mientras daba un paseo un sábado de tarde. Pero, observó algo extraño en este buscador: en vez de estar dedicándose a lo que supuestamente era su trabajo, el hombre estaba leyendo la Biblia. Y así, los dos observadores del sábado se encontraron en los campos de diamantes de Sudáfrica.

Hunt contactó a van Druten y a otro observador independiente del sábado, de nombre Pieter Wessels, con otros adventistas del séptimo día de los Estados Unidos. Los dos sudafricanos redactaron rápidamente un pedido a Battle Creek para que enviaran un misionero de habla holandesa. Con su pedido, enviaron la considerable suma de cincuenta libras (gran parte del salario anual de un obrero) para financiar el viaje.

Alguien leyó su "llamado macedonio" ante el Congreso de la Asociación General de 1888. Conmovió tanto a los delegados que estos se pusieron de pie espontáneamente y entonaron la doxología. El siguiente mes de julio, un grupo de siete misioneros, bajo el liderazgo de D. A. Robinson, partió para Ciudad del Cabo. Mientras tanto, los sudafricanos levantaron un grupo de unos cuarenta creyentes en su ciudad.

La misión sudafricana mejoró para bien después del descubrimiento de diamantes en la finca de Johannes Wessels, el padre de Pieter. Convertido en millonario de la noche a la mañana, Wessels padre invirtió mucho en el programa adventista en su patria. En poco tiempo, la joven iglesia tenía una casa editora, un colegio, un sanatorio y otras instituciones.

Parece más que casual que dos personas del puñado de observadores del sábado se encontraran en medio de un campo de diamantes sudafricano. Dios estaba guiando a su pueblo. Y la buena noticia es que todavía lo sigue haciendo.

El Advenimiento en marcha -6: Rhodesia

Por toda la tierra ha salido la voz de ellos, y hasta los fines de la tierra sus palabras. Romanos 10:18.

Una cosa era comenzar una misión entre los inmigrantes europeos de Sudáfrica, y otra totalmente diferente era proclamar el mensaje adventista a los pueblos autóctonos de Rhodesia (ahora Zimbabwe).

En 1894, la Asociación General, a instancias de la familia Wessels, decidió intentar conseguir un puesto misionero en Matabeleland, en el territorio norte de Sudáfrica. Esto fue justo después de que los británicos habían aplastado a la poderosa tribu Matabele.

Llamada Rhodesia en honor a Cecil Rhodes, que extendió su influencia y fue primer ministro de Cabo Colonia en Sudáfrica, era una tierra libre de influencias europeas. A. T. Robinson y Pieter Wessels recibieron un sobre sellado, después de concluir lo que temían que fuese una reunión bastante insatisfactoria con Rhodes. Los adventistas estaban más que sorprendidos al descubrir que la carta les otorgaba más de 4.850 hectáreas cerca de la ciudad de Bulawayo.

Obtener la donación, en realidad, había sido la parte fácil en la creación de lo que se convertiría en la Misión de Solusi. Un desafío al proyecto Solusi provenía de los Estados Unidos, donde A. T. Jones encabezó un ataque contra quienes aceptasen favores gubernamentales y, de ese modo, desdibujaran los límites entre la Iglesia y el Estado. Según Jones y los demás editores del *Sentinel of Religious Liberty* [Centinela de la libertad religiosa], los misioneros se habían "vendido por un plato de lentejas africano". Si la iglesia era inconsistente, afirmó Jones, ese hecho persuadiría a sus enemigos y debilitaría el argumento adventista en contra de los que cristianizaron los Estados Unidos mediante cosas como la ley dominical. El influyente Jones logró incluso que el Congreso de la Asociación General de 1895 votara rechazar la donación, sobre la base del principio de separación de la Iglesia y el Estado.

Del otro lado de la balanza estaba Elena de White, quien escribió a los dirigentes de la Asociación General desde la remota Australia, recomendando que Jones y otros leyeran el libro de Nehemías. "El Señor", escribió, "todavía actúa en corazones de reyes y gobernantes en favor de su pueblo, y conviene que los que están tan profundamente interesados en el asunto de la libertad religiosa no rechacen ningún favor, o dejen de aceptar la ayuda que Dios ha inducido a los hombres a dar para el progreso de la causa" (*Carta* 11, 1895; TM, p. 202).

El Advenimiento en marcha -7: Rhodesia

Fui hallado de los que no me buscaban; me manifesté a los que no preguntaban por mí.
Romanos 10:20.

Cuando Elena de White señaló que Nehemías había orado "al Señor por ayuda, y Dios escuchó su plegaria" y "obró en los reyes paganos para que vinieran en su ayuda" (*Carta* 11, 1895; *TM* 200, 201), la Asociación General dio marcha atrás en su decisión de rechazar el regalo de Solusi. De modo que el desafío interno para la misión había sido superado.

Pero, la situación política seguía estando. No mucho después de la llegada de los misioneros, la tribu Matabele, conquistada recientemente, se sublevó en contra de los británicos, lo que hizo que los misioneros se retiraran durante cinco meses. Y, como si eso no fuese suficiente problema, poco después de regresar tuvieron que enfrentar una hambruna entre la gente local y un brote de la peste bovina, que destruyó el poco ganado de la misión que había sobrevivido a la reciente guerra.

Y la misión enfrentó aún otro problema grave: la malaria. Todavía recuerdo haber estado en el pequeño cementerio en lo que hoy es la Universidad de Solusi. Casi todos los misioneros originales habían muerto porque se negaron a tomar quinina, la única prevención conocida contra la malaria en la década de 1890.

¿Por qué se negaron a usar la medicación que les hubiese salvado la vida? Porque, al no comprender plenamente el contexto del consejo de Elena de White en contra de tomar drogas peligrosas, rechazaron inflexiblemente lo único que podría haberlos ayudado. Fueron "fieles reformadores de la salud" hasta su muerte.

De los siete enviados originales que habían llegado en 1894, solo tres sobrevivían en 1898; y dos de ellos estaba en el Cabo, recuperándose de la malaria.

El misionero restante había sido el "infiel": había usado quinina, basándose en que tomar algo de droga dañina era mejor que continuar siendo vulnerable ante toda la fuerza de una enfermedad letal. En realidad, estaba usando el "sentido común", que Elena de White recomendaba en situaciones difíciles como esas. Como resultado, él continuó sirviendo y testificando en la Misión de Solusi.

Hasta 2007, ese punto de apoyo en África ha crecido a más de cinco millones de creyentes bautizados, en las tres divisiones mundiales de la iglesia que sirven en ese continente.

Las lecciones que extraemos en torno a lo sucedido en la Misión de Solusi son muchas. Una de las más importantes es que Dios todavía conduce a su iglesia, a pesar de los seres humanos imperfectos que ha elegido usar en su obra.

Señor, vivimos en un mundo complejo. Por favor, ayúdanos en nuestras luchas para mantener los ojos abiertos, junto con el ojo de la fe.

El Advenimiento en marcha -8: Interamérica

Así que la fe es por el oír, y el oír, por la palabra de Dios. Romanos 10:17.

Hay muchas formas diferentes de oír el mensaje adventista. Esa es la lección que aprendemos desde la entrada del adventismo en el mundo tropical que rodea el Caribe. Todo empezó en 1883, cuando un adventista de la ciudad de Nueva York persuadió a un capitán de navío para que entregara un paquete de material impreso en Georgetown, Guayana Británica. La forma de entrega del capitán dejó mucho que desear, pero funcionó. Al lanzar el paquete en el muelle, el buen hombre estimó que había cumplido con su obligación. Mientras tanto, un transeúnte recogió algunos papeles cuando comenzaron a esparcirse. No solo los leyó, sino también los compartió con sus vecinos.

Varios de ellos comenzaron a guardar el sábado, y una mujer envió copias de la *Signs of the Times* rescatadas a su hermana en Barbados. Aquí, llegaron a una mujer que años antes había dicho a sus hijos que el verdadero día de reposo sería restaurado.

Mientras tanto, del otro lado del Caribe, la esposa de E. Gauterau, que se había convertido al adventismo en California, regresó en 1885 a sus Islas de la Bahía, en la costa de Honduras. Después de compartir su fe durante seis años, la iglesia envió a Frank Hutchins para atender a la gente que ella había ganado con su influencia. Las escuelas sabáticas, al igual que con el *Pitcairn*, le proveyeron fondos para construir una goleta misionera (*Heraldo*), a fin de difundir el mensaje adventista a lo largo de la costa centroamericana.

En Antigua se encontraba la esposa de A. Roskrug, que había aceptado el adventismo en Inglaterra y quien comenzó a plantar las semillas de una iglesia a su regreso a su isla natal en 1888. En poco tiempo, un libro adventista vendido en Antigua se abrió paso hasta Jamaica.

El mensaje adventista en México tuvo su comienzo en 1891, con un sastre ítalo-estadounidense que llegó a ser colportor. Como no conseguía algo en castellano para vender, vendía casa por casa ejemplares de *El conflicto de los siglos*.

Se desprende de estas historias que Dios es capaz de emplear a casi todos y casi cualquier método para difundir su mensaje. Hasta puede usarnos a nosotros, si estamos dispuestos.

El Advenimiento en marcha -9: Sudamérica

Como me envió el Padre, así también yo os envío. Juan 20:21.

Muchos de los misioneros adventistas pioneros no contaban con el apoyo de ninguna "organización"; el Espíritu los impulsaba a ir como obreros de sostén propio. Así ocurrió con Sudamérica.

Curiosamente, aunque los idiomas principales de ese continente son el castellano y el portugués, las primeras conversiones a la iglesia fueron de inmigrantes de habla germana y francesa radicados en las repúblicas de Argentina, Chile y Brasil. En gran medida, eso se debía al hecho de que la iglesia carecía de material en castellano y en portugués, y de personas que hablaran esos idiomas.

Los primeros adventistas del séptimo día que llegaron a Sudamérica fueron Claudio y Antonieta de Dessignet, que habían aceptado el adventismo en Francia gracias a D. T. Bourdeau e inmigraron a la República de Chile en 1885.

Por esa misma época, dos familias de diferentes regiones de la Argentina descubrieron el adventismo gracias a revistas recibidas de Europa. Al norte de la Argentina, un matrimonio de italianos, los Peverini, leyeron un artículo que se burlaba de la argumentación de *Les Signes des Temps'* [Señales de los tiempos] de que el fin del mundo estaba cerca. La señora Peverini consiguió un ejemplar de esta revista adventista a través de su hermano en Italia y, al leerla, comenzaron a convertirse a la fe adventista. Más hacia el sur, Julio e Ida Dupertuis, que residían en una colonia bautista suizo-francesa, tuvieron una experiencia similar.

La familia Dupertuis no solo aceptó las nuevas creencias, sino además convenció a varias familias más de la colonia acerca de la veracidad de lo que estaban descubriendo. Alrededor de 1889, se contactaron con los adventistas del séptimo día de Battle Creek. Sus consultas estimularon a los dirigentes de la iglesia a considerar la posibilidad de iniciar una misión en Sudamérica. Pero ¿de dónde conseguir dinero? Ese era el eterno problema. La eterna solución finalmente llegó a ser la Asociación de Escuelas Sabáticas. La Asociación asumió la tarea con gusto, y destinó sus ofrendas durante la última mitad de 1890 a la Misión Sudamericana.

Dios obra de un modo que a menudo no esperamos. Toma a personas humildes, que no están capacitadas para el ministerio, y las utiliza para difundir su verdad con un bajo perfil. Eso ocurrió en el pasado y continúa en nuestros días, a medida que la gente abre su corazón y su vida al Espíritu.

El Advenimiento en marcha -10: Sudamérica

Y [...] Dios [...] había abierto la puerta de la fe a los gentiles. Hechos 14:27.

Ayer observamos que la Asociación de Escuelas Sabáticas destinó las ofrendas de la última parte de 1890 a fin de iniciar la Misión Sudamericana de la iglesia.

Aquí necesitamos detenernos un momento. La mayoría de nosotros ha participado de las ofrendas misioneras de la Escuela Sabática, pero pocos reconocemos cómo surgieron. Las primeras ofrendas de Escuela Sabática para las misiones tuvieron lugar en 1885, cuando la Iglesia Adventista comenzó en Australia. Pero, las ofrendas misioneras no incitaron mucho entusiasmo hasta el proyecto "Pitcairn" en 1889 y 1890. Después de ese proyecto, la Escuela Sabática nunca sería la misma. Al ser una firme partidaria de las misiones adventistas alrededor del mundo, su segundo gran proyecto sería para la Misión Sudamericana, en 1890. A partir de ese entonces, la Escuela Sabática nunca ha dejado de alentar financieramente a cada parte del mundo.

Eso nos remonta a los comienzos del adventismo en Sudamérica. A comienzos de 1890, antes de que la iglesia pudiera enviar misioneros sostenidos por ella, Jorge Riffel llevó a cuatro familias de agricultores ruso-alemanes desde Kansas a la Rep. Argentina, como misioneros de sostén propio. Habiéndose convertido recientemente al adventismo, Riffel había escrito de su nueva fe a los colonos ruso-alemanes de ese país. Uno le respondió diciendo que guardaría el sábado si tuviese a alguien para guardarlo con él. Eso fue suficiente para inducir a Riffel a dar un paso que le cambiaría la vida.

A fines de 1891, la Iglesia Adventista del Séptimo Día envió a sus primeros misioneros "oficiales" a Sudamérica. Ninguno de ellos hablaba castellano ni portugués, de modo que esos tres colportores se abrieron paso vendiendo libros en alemán e inglés, a la población que leía otro idioma.

Los llamados de la familia Dupertuis, los informes de los colportores y las consultas de los Riffel estimularon a la Asociación General, en 1894, a despachar a F. H. Westphal para supervisar la misión adventista en las repúblicas de Argentina, Uruguay, Paraguay y Brasil. Westphal dedicó más de veinte años a trabajar en esos países y en la República de Chile.

Las ideas pequeñas dan lugar a resultados grandes. Y los humildes laicos que compartieron publicaciones con los demás hicieron mucho para difundir el adventismo alrededor del mundo. Estas son cosas en las que podemos participar todos.

El Advenimiento en marcha -11:
India

Ustedes vayan y hagan más discípulos míos en todos los países de la tierra. Mateo 28:19, TLA.

Como en tantos otros lugares del mundo, los colportores fueron los primeros en difundir el mensaje adventista del séptimo día en la India. William Lenker y A. T. Stroup desembarcaron en Madrás en 1893, para vender libros entre los habitantes de habla inglesa de las principales ciudades de la India.

Pero, como era común también en otros lugares, Lenker y Stroup no eran los primeros adventistas del país. Al pasar por Londres de camino a la India, Lenker supo, para su alegría, que allí ya vivían creyentes adventistas. Según dijo: "Mi corazón se regocijó al saber que la verdad había entrado antes a la India, y ha comenzado con presagios alentadores".

Cómo llegó allí el mensaje adventista, no lo sabemos. Pero, presumiblemente, fue a través de folletos enviados desde los Estados Unidos, Europa o Australia. Esos mensajeros silenciosos hicieron más que todas las otras cosas combinadas para difundir las enseñanzas adventistas "a toda nación, tribu, lengua y pueblo" (Apoc. 14:6).

Para 1894, al menos cinco colportores trabajaban en la India; tres de ellos, australianos. Los libros se vendían bien, y en poco tiempo la gente pedía que los tradujeran al tamil y a otros idiomas locales.

La primera empleada adventista regular fue Georgia Burrus (más adelante Georgia Burgess), una joven instructora bíblica de California que llegó a la India en enero de 1895, como la única representante oficial de la iglesia en ese complejo país.

La Asociación General había planificado que D. A. Robinson dirigiera la Misión, pero estaba demorado en Inglaterra. Eso no impidió que la intrépida señorita Burrus prosiguiera en solitario, aunque solo le hayan pagado el pasaje. Mientras aprendía bengalí, trabajaba extraoficialmente para sobrevivir. Pero, pronto alguien de África le prometió ayuda financiera. Georgia pasó cuarenta años en su país adoptivo difundiendo el mensaje adventista.

Otros misioneros llegaron a la India a fines de 1895, y en 1898 William A. Spicer (que llegó a ser presidente de la Asociación General en 1922) arribó, para comenzar la publicación del *Oriental Watchman* [Centinela oriental].

Una cosa impresiona a los alumnos sobre la propagación de las misiones adventistas, y es que estas fueron internacionales desde el comienzo. Si bien el movimiento a lo largo de todo el siglo XIX, mayormente, fue estadounidense, descubrimos que hubo gente, publicaciones y fondos que provenían de todas partes e iban hacia todas partes. Esa todavía es la dinámica de la misión adventista.

El Advenimiento en marcha -12:
Asia Oriental

Vendrán muchos del oriente y del occidente, y se sentarán con Abraham e Isaac
y Jacob en el reino de los cielos. Mateo 8:11.

Abram La Rue (1822-1903) es una de las personas verdaderamente fascinantes en un adventismo forjado por un buen número de personajes pintorescos. Habiendo amasado una fortuna en los campos de oro de California e Idaho, para la década de 1880 se las había arreglado para perderla, y trabajaba alternadamente como pastor de ovejas y leñador, cuando el mensaje adventista se apoderó de él.

Inmediatamente después de su conversión, La Rue, a quien no faltaba ni coraje ni entusiasmo, solicitó a la Asociación General un nombramiento misionero para China. Pero, dado el hecho de que era un converso reciente y de que estaba en edad de jubilarse, los líderes rechazaron su ofrecimiento y le sugirieron que fuera como adventista de sostén propio a una de las islas del Pacífico.

Después de hacer un curso acelerado de un año en el Healdsburg College, La Rue se abrió camino hasta Honolulú en 1883 o 1884. Su éxito allí hizo que la iglesia enviara a W. M. Healey a Hawaii, a fin de organizar la iglesia en las islas.

En 1888, el exuberante pionero partió hacia Hong Kong, donde estableció una misión de marineros, y durante catorce años hizo obra de colportaje. Se concentró en los tantos barcos del puerto multinacional. Pero, durante sus años en Hong Kong, La Rue se las ingenió para acoplarse en viajes misioneros a lugares como Shanghai, Japón, Borneo, Java, Ceilán, Sarawak, Singapur, y una vez hasta Palestina y el Líbano. No hace falta decir que vendía libros y folletos cada vez que su barco se detenía. En su tiempo libre, también hizo arreglos para publicar los primeros folletos adventistas en chino.

Mientras tanto, en California, W. C. Grainger, uno de los primeros conversos de La Rue, había llegado a ser presidente del Healdsburg College. Pero, inspirado por su mentor, pronto partió con llamado oficial hacia Japón. Allí, en alianza con un ex alumno de origen japonés, T. H. Okohira, estableció una escuela de idioma extranjero, para enseñar inglés a alumnos universitarios mediante la lectura de la Biblia. Así, Grainger inició una forma de evangelización que ha resultado productiva en el Lejano Oriente hasta la actualidad.

Una de las lecciones de la historia de La Rue es que Dios puede usar a personas "mayores" para difundir su mensaje. Lo bueno es que, para Dios, la vida no termina con la jubilación.

Misión a los afroamericanos -1

Todos sois hijos de Dios por la fe en Cristo Jesús. Gálatas 3:26.

Un aspecto singular de la extensión misionera adventista durante la década de 1890 fue su acercamiento a los estadounidenses de color. Aunque algunos afroamericanos participaron del movimiento millerita (incluyendo al pastor William Foy, que ocupó un rol profético de 1842 a 1844), el adventismo sabatario primitivo, mayormente, fue un movimiento de blancos. De hecho, pasó aproximadamente medio siglo después del Gran Chasco antes de que el adventismo del séptimo día se pusiera en marcha entre los afroamericanos de los Estados Unidos, con algún éxito genuino.

Los historiadores de la iglesia han calculado que existían solo cincuenta adventistas del séptimo día negros en los Estados Unidos en 1894; pero, para 1909 esa cifra había ascendido a novecientos. Ese crecimiento en la feligresía negra, básicamente, fue consecuencia de varios proyectos misioneros dirigidos a evangelizar a los habitantes de color durante la década de 1890.

En las décadas de 1870 y 1880, hubo obra esporádica entre los afroamericanos del sur, en Texas, Tennessee, Georgia y otros Estados, siendo en Edgefield Junction, Tennessee, donde se organizó oficialmente la primera congregación de personas de color. Pero los "yankies" blancos del norte no sabían cómo enfrentar los difíciles y peculiares problemas raciales del sur. No solo enfrentaron sospechas entre los blancos del sur por ser norteños (recuerda que esta gente recientemente había librado una sangrienta guerra civil relacionada con la cuestión racial), sino también estaban en un dilema en cuanto a cómo manejar cuestiones como la segregación.

Su obra, a menudo, era recibida con violencia por parte de los locales blancos, que temían que los intrusos pudieran estar predicando la "peligrosa" doctrina de la igualdad racial. Dadas las dificultades, los dirigentes adventistas finalmente concluyeron que sería mejor seguir la convención social y establecer congregaciones separadas para las dos razas. Charles M. Kinny, a quien conocimos anteriormente como el primer afroamericano ordenado como pastor adventista del séptimo día, estuvo de acuerdo con la decisión. Si bien Kinny no consideraba que lo ideal fuese separar las congregaciones, sí creía que era preferible esa solución antes que segregar a los negros a los últimos bancos de las iglesias blancas.

Señor, oramos hoy y cada día para la sanidad entre las diversas razas del mundo. Si esto no sucede en el mundo en general, ayuda a que se dé en nuestro corazón.

Misión a los afroamericanos -2

Porque todos los que habéis sido bautizados en Cristo, de Cristo estáis revestidos. Gálatas 3:27.

En 1891, Elena de White estaba preocupada por la falta de actividad adventista entre los afroamericanos estadounidenses. El 21 de marzo presentó un "testimonio" sobre el tema, ante los delegados al Congreso de la Asociación General. Especialmente exigió más obra entre la gente de color del sur. Su llamado pronto salió publicado como un folleto de 16 páginas, titulado *Our Duty on the Colored People* [Nuestro deber hacia la gente de color].

"El Señor", dijo a los delegados, "nos ha dado luz en cuanto a todas estas cuestiones. Hay principios establecidos en su Palabra que deberían guiarnos al enfrentar estas cuestiones desconcertantes. El Señor Jesús vino a nuestro mundo para salvar a hombres y mujeres de todas las nacionalidades. Murió tanto por la gente de color como por los de raza blanca [...]. Se pagó el mismo precio por la salvación del hombre de color que por la del hombre blanco, y los desaires para con la gente de color, por parte de muchos que afirman estar redimidos por la sangre del Cordero [...] tergiversan a Jesús, y revelan que el egoísmo, la tradición y el prejuicio corrompen el alma [...]. Que ninguno de los que mencionan el nombre de Cristo sea cobarde en su causa. Por amor a Cristo, manténganse como si estuviesen mirando dentro de los portales abiertos de la ciudad de Dios" (SW, pp. 9-18).

A pesar de su súplica de extender agresivamente la misión adventista entre los afroamericanos del sur, nada ocurrió hasta 1893. Ese año, Edson White "descubrió" el documento. Edson, el mayor de sus hijos vivos, hacía poco había experimentado la conversión, con poco más de cuarenta años. En su entusiasmo, se convenció de que llevaría el mensaje adventista a los ex esclavos del extremo sur.

Aparentemente inspirado por el "Pitcairn", Edson, siempre creativo, se relacionó con Will Palmer (otro recién convertido con un historial dudoso) para construir un "barco misionero" y entrar en uno de los capítulos más emocionantes de las misiones adventistas estadounidenses.

Los dos misioneros insólitos construyeron el *Morning Star* [Estrella de la mañana] en Allegan, Míchigan, en 1894, a un costo de tres mil setecientos dólares. Su embarcación finalmente serviría como residencia para el personal adventista. Además, había espacio para una capilla, una biblioteca, una imprenta, la cocina y el laboratorio fotográfico. En resumen, era un puesto misionero sobre el agua.

Me asombra el hecho de que Dios pudiera usar al inquieto Edson y a Will. Es un aspecto de su gracia. Más allá de eso, es un faro de esperanza para aquellos que tienen hijos que todavía no han descubierto el Camino.

Misión a los afroamericanos -3

Ya no hay judío ni griego; no hay esclavo ni libre [...] porque todos vosotros sois uno en Cristo Jesús.
Gálatas 3:38.

El barco misionero de Edson White tenía un problema importante. Estaba a cientos de kilómetros del público al que iba dirigido y, al menos, a treinta kilómetros de cualquier cuerpo de agua importante. No había ningún problema para el inventivo Edson. Hizo flotar su embarcación río abajo por el río Kalamazoo hasta el lago Míchigan; cruzó el lago Míchigan hasta la zona de Chicago; cruzó Illinois, en el sistema ribereño que une el lago Míchigan con el Mississippi; y bajó por el río Mississippi hasta Vicksburd, Mississippi, al sur de los Estados Unidos, donde estableció su sede.

Pero, White tenía otro problema: ¡el dinero! Como los dirigentes de la Iglesia Adventista no confiaban en él, él y sus colegas se autofinanciaban en su misión. Pero, al igual que su padre, uno de los talentos de Edson era el de juntar dinero.

Un proyecto que usó para financiar la misión fue la publicación del *Gospel Primer* [Libro elemental evangélico], un libro bastante sencillo que utilizaban para enseñar a leer a los analfabetos mientras, en el proceso, transmitían la verdad bíblica. La venta de ese librito exitoso ayudó a financiar la misión.

Desde Vicksburg, la obra se diseminó por la zona rural circundante, a menudo frente a la resistencia y la violencia de los blancos. En los primeros años del siglo XX, la misión tenía casi cincuenta escuelas funcionando. En 1895, la misión autofinanciada de Edson se organizó como la Sociedad Misionera del Sur. Luego, en 1901, la sociedad pasó a ser parte de la Asociación Unión del Sur, recientemente establecida. A la larga, la rama editorial del proyecto pasó a ser propiedad de la iglesia, con el nombre de Southern Publishing Association, con sede en Nashville, Tennessee.

A mediados de la década de 1890, también se fundó una escuela de capacitación para obreros de color. La Asociación General abrió la Escuela Industrial Oakwood en 1896, en una plantación de 145 hectáreas cerca de Hutsville, Alabama. Oakwood pronto se convirtió en el centro de capacitación de líderes afroamericanos, y pasó a ser un instituto de estudios superiores en 1943; y universidad, en 2007.

La misión tardía a los afroamericanos esconde una lección muy necesaria. Es demasiado fácil entusiasmarse con ir como misioneros de ultramar, o enviarlos, mientras que al mismo tiempo descuidamos a nuestros vecinos de al lado.

Señor, ayúdanos a que los valores de nuestro pueblo sean los correctos y a permitirte que nos utilices exactamente donde estamos hoy, para derramar tu amor.

Mujeres del Espíritu -1

Ya no hay [...] varón ni mujer; porque todos vosotros sois uno en Cristo Jesús. Gálatas 3:28.

"**E**lla ha logrado más en los últimos dos años que ningún pastor en este Estado [...]. Estoy [...] a favor de darle [una] licencia a la señora Lulu Wightman para predicar, y si el hermano W. es un hombre con capacidad, y trabaja con su esposa y promete ser un obrero exitoso, estoy a favor de darle una licencia a él también". Esas fueron las palabras que el pastor S. M. Cobb escribió al presidente de la Asociación Neoyorkina en 1897.

Como la mayoría de los pastores adventistas sistemáticamente habían sido varones, muy pocos han reconocido la contribución a la iglesia hecha por mujeres que han trabajado como pastoras y en otros cargos oficiales.

El rol de Elena de White, por supuesto, fue fundamental para el establecimiento y el desarrollo del adventismo. Aunque la iglesia nunca la ordenó formalmente, ya en 1872 la inscribió como pastora con credencial ministerial. Como creía que su ordenación provenía de Dios, no parece haber estado preocupada por la imposición de manos humanas. Sin embargo, lo indudable es que ella fue la pastora más influyente que haya servido alguna vez a la Iglesia Adventista del Séptimo Día.

Muchas otras mujeres participaron a finales del siglo XIX y comienzos del siglo XX como pastoras con credencial ministerial. Una de las primeras debió haber sido Sarah Lindsay, acreditada en 1872. Los *Yearbook* [Anuario] de nuestra iglesia enumeran a más de veinte mujeres más como pastoras con credencial ministerial entre 1884 y 1904: las dos primeras décadas del *Yearbook*.

A pesar del hecho de que esas mujeres, en ocasiones, enfrentaron discriminación, a menudo hicieron grandes contribuciones a la iglesia.

Minnie Sype, por ejemplo, estableció al menos diez iglesias. Y, además de su obra evangélica, realizó tareas pastorales como bautizar, casar y dirigir funerales. En una ocasión en que fue atacada porque presumía de predicar, como mujer, Minnie respondió que, después de su resurrección, Jesús había comisionado a María a fin de que notificara a los discípulos que él estaba vivo. Minnie afirmó que ella estaba siguiendo los pasos de María, al contar a la gente que Jesús no solo había resucitado, sino también viene otra vez.

Dios puede usar tanto a hombres como a mujeres para difundir la buena noticia de la salvación en Cristo. De eso se trata el ministerio. La iglesia estaría mejor si tuviese más mujeres y hombres efectuando el ministerio del Salvador resucitado.

Mujeres del Espíritu -2

¡María! [...] ve a mis hermanos, y diles: Subo a mi Padre y a vuestro Padre, a mi Dios y a vuestro Dios.
Juan 20:16, 17.

"**A**yer, la Cámara de Diputados [de Missouri] adoptó una resolución para invitar a la señora Wightman a dirigir la palabra ante los diputados sobre 'El surgimiento de la libertad religiosa en los Estados Unidos'. Creo que este voto de parte de la Legislatura de Missouri no tiene precedentes en la historia de nuestro pueblo".

Ese fue parte del impacto del ministerio de la impresionante Lulu Wightman, una de las evangelistas más exitosas. Al atribuírsele la creación de al menos 17 iglesias, sobrepasaba por lejos a la mayoría de sus contemporáneos masculinos.

Otra mujer del Espíritu fue Jessie Weiss Curtis, que presentó ochenta conversos para el bautismo al terminar su primera campaña de evangelización. La iglesia The Drums, en Pennsylvania, surgió a partir de ese esfuerzo. Ella extendió su influencia al capacitar a residentes ministeriales para la Asociación. Uno de esos jóvenes fue N. R. Dower, que más adelante llegó a ser director del Departamento Ministerial de la Asociación General.

Además de esas mujeres que tenían credenciales ministeriales, hubo muchas otras que sirvieron en la iglesia de diversas formas. La mayoría, por supuesto, ocupaba los roles femeninos de costumbre: maestras y enfermeras. Pero otras ocuparon puestos menos tradicionales. Entre ellas, estaba L. Flora Plummer, que llegó a ser secretaria ejecutiva de la Asociación de Iowa en 1897, y trabajó como presidenta interina durante un tiempo en 1900. En 1901 pasó a ser secretaria correspondiente del Departamento de Escuela Sabática de la Asociación General, recientemente organizado. En 1913, llegó a ser directora del departamento, cargo que ocupó durante los siguientes 23 años.

Y luego se encontraba Anna Knight, quien promovió el programa de educación adventista entre los afroamericanos del sur. También, tuvo la distinción de ser la primera misionera afroamericana enviada a la India desde los Estados Unidos.

Muchas otras mujeres adventistas de fines del siglo XIX y principios del siglo XX trabajaron en cargos tan exclusivos como el de tesoreras de Asociación, secretarias de Asociación, directoras del departamento de Educación y directoras del departamento de Escuela Sabática. Y, además de ellas, hay millones de mujeres anónimas que forman la columna vertebral de la mayoría de las congregaciones vigentes.

La comisión de Jesús a María todavía se está poniendo en práctica.

Repensar la organización
de la iglesia -1

Y crecía la palabra del Señor, y el número de los discípulos se multiplicaba grandemente en Jerusalén.
Hechos 6:7.

El crecimiento generalmente es algo bueno. Pero, en las iglesias, tradicionalmente, este ha provocado que sea necesario repensar las estructuras que permiten que un cuerpo religioso ejerza su función. Así fue en Hechos 6, cuando el cambio produjo el nombramiento de diáconos.

El adventismo del séptimo día ha experimentado un crecimiento dinámico desde su creación. El período de 1863 hasta 1900 tuvo una expansión de la iglesia sin precedentes, en parte debido a su organización. El adventismo entró en ese período con 6 asociaciones y 30 evangelistas, todos ubicados en el cuadrante noreste de los Estados Unidos. La iglesia salió de ese intervalo de tiempo con 45 asociaciones locales y 42 misiones, con 1.500 obreros evangélicos diseminados alrededor del mundo.

Más allá del crecimiento en el ámbito de las asociaciones, el sector institucional de la iglesia también tuvo un rápido desarrollo. Solo entre 1888 y 1901, la cantidad de instituciones médicas importantes saltó de 2 a 24, terminando con unos 2.000 empleados. Para 1903, la iglesia pudo informar de 464 instituciones educativas adventistas desde el nivel primario hasta el universitario, que empleaban a 687 docentes y con una matrícula de 11.145 alumnos. Además de las instituciones de salud y de enseñanza, había comenzado a funcionar una cantidad siempre creciente de casas editoras alrededor del mundo.

Esa expansión sin precedentes en todos los sectores de la iglesia produjo una situación administrativa que el formato organizativo de 1863 no estaba preparado para manejar. La mayoría parecía contentarse con la estructura de dos niveles por sobre la congregación local. Pero, pronto descubrieron ciertos problemas inherentes.

Uno era la centralización de la toma de decisiones en los pocos que conformaban la pequeña comisión ejecutiva de la Asociación General (nunca más de 8 miembros antes de 1897, cuando cambió a 13)... que casi nunca se reunía. De modo que la mayoría de las decisiones importantes recaía sobre el presidente de la iglesia. De cualquier modo, el hecho de que Jaime White y George I. Butler tuviesen tendencia a dominar no ayudaba mucho. Así que, el eterno problema con la estructura de 1863 era que se prestaba a lo que Elena de White repetidas veces mencionó como "realeza".

Para 1900, casi todos reconocían la necesidad de un cambio.

Repensar la organización de la iglesia -2: El llamamdo al congregacionalismo

Cristo es la cabeza de todo varón. 1 Corintios 11:3.

Los años posteriores a 1888 presenciarían el desarrollo de dos estrategias esenciales para reorganizar la iglesia. Los teólogos más destacados e influyentes de la iglesia durante la década de 1890 –A. T. Jones, E. J. Waggoner y W. W. Prescott– promovieron el primer método de reforma. Concebían una eclesiología teológica que, básicamente, sostenía que la iglesia no necesitaba presidente, ya que Cristo era su cabeza y dirigiría a cada persona que había vuelto a nacer.

Según Waggoner, "unidad perfecta significa independencia absoluta [...]. Esta cuestión de la organización es algo muy sencillo. Todo lo que hay que hacer es que cada persona se entregue al Señor, y luego el Señor hará con ella como él quiere [...]. 'Recibid el Espíritu Santo'. El Espíritu Santo es el organizador". "Si lo hacemos bien", afirmó Prescott, "no habrá ningún directivo aquí". "Todos vosotros sois hermanos" es el ideal bíblico.

Para Prescott, Jones, Waggoner y sus colegas, ese sistema no era anárquico, sino verdadera organización bíblica. Ellos impulsaron sus ideas con gran vigor en los congresos de la Asociación General de 1897, 1899, 1901 y 1903.

Su mayor éxito se dio en 1897. Estimulados por una cita de 1896 de Elena de White (sacada del contexto de sus declaraciones generales sobre el tema), que sostenía que "no es sabio escoger a un solo hombre como presidente de la Asociación General" (*Carta* 24a, 1896), la sustancia de la reforma instaba a no tener ningún presidente (su opción de preferencia) o varios presidentes. Durante 1897, hicieron aprobar una resolución para tres presidentes de la Asociación General: uno en los Estados Unidos, otro en Europa y otro en Australia.

En la práctica, las cosas no funcionaron según el deseo de los reformadores. Pero, sus ideas eran sólidas, y las defendieron enérgicamente en 1901 y 1903.

A. G. Daniells, que finalmente llegó a ser presidente de la iglesia, mencionó en broma que las ideas de Jones y de Waggoner sobre la organización funcionarían en el cielo, pero no en la Tierra, por cierto. Y Elena de White debió de haberse asombrado por el sesgo extraño que los dos hombres le habían dado a su declaración original.

Ayúdanos, Señor, al pensar en el propósito de la organización con relación a la misión de tu iglesia aquí, en la Tierra.

Repensar la organización de la iglesia -3: El experimento sudafricano

Y será predicado este evangelio del reino en todo el mundo, para testimonio a todas las naciones; y entonces vendrá el fin. Mateo 24:14.

El segundo método para la reforma organizativa de la década de 1890 surgió de los campos misioneros de la iglesia y se centraba en la necesidad pragmática, y no en la teología. No es que la teología estuviese ausente; mejor dicho, no era primordial. La base teológica de este método era la *escatología*. Como los adventistas necesitaban predicar el mensaje de los tres ángeles a todo el mundo antes de la Segunda Venida, este segundo método se centraba en la misión de la iglesia en relación con su objetivo escatológico.

El primer elemento de la reforma comenzó en la Asociación Sudafricana, recientemente establecida en 1892 bajo el liderazgo de A. T. Robinson. Su mayor problema implicaba un recorte de personal. De ninguna manera podía dotar de personal a todas las organizaciones auxiliares independientes que se habían creado en Battle Creek. ¿Dónde, por ejemplo, iba a encontrar directivos para la Asociación de Publicaciones, la Sociedad Misionera y de Tratados, la Asociación de Salud y Temperancia, la Sociedad de la Asociación General y la Junta Misionera Extranjera?

La solución de Robinson surgió de la necesidad. No creó organizaciones independientes, sino departamentos bajo el sistema de asociaciones.

Tanto O. A. Olsen, presidente de la Asociación General, como Guillermo White estaban preocupados por la sugerencia, y la Asociación General escribió a Robinson para que no creara los departamentos.

Pero, fue demasiado tarde. Debido a la gran cantidad de tiempo que llevaba comunicarse por correo marítimo en aquellos días, para cuando llegó la indicación de la Asociación General, Robinson ya había creado el programa y descubrió que funcionaba.

Más adelante en la década de 1890, Robinson se trasladó a Australia, donde pudo vender la idea de los departamentos a A. G. Daniells y a Guillermo White. Ellos, a su vez, llevaron la idea al Congreso de la Asociación General, como parte de un plan de reorganización.

La innovación a menudo es el origen del progreso. Si bien la estructura y las normas son necesarias para cualquier organización estable, la capacidad de improvisar es esencial para que continúe la vitalidad.

Ayúdanos, Señor, a encontrar el equilibrio adecuado entre las normas y las innovaciones en nuestra vida diaria, y en nuestra iglesia.

Conozcamos a Arturo G. Daniells

Una cosa hago: olvidando ciertamente lo que queda atrás, y extendiéndome a lo que está delante, prosigo a la meta. Filipenses 3:13, 14.

"**S**i he logrado algo que valga la pena en la causa de Dios, es porque en mi juventud fijé mis ojos en la meta, y [...] por la gracia de Dios, nunca permití que nada distrajera mi mente o apartara mi vista de esa meta", escribió Arturo G. Daniells casi al final de una vida larga y fructífera. Era un líder por excelencia, porque no solo conocía su meta sino también persistía en alcanzarla.

Nacido en 1858 de un padre que murió en la Guerra Civil Norteamericana, Daniells aceptó el adventismo a los diez años. Como todos los jóvenes, enfrentó la angustiante pregunta de qué hacer con su vida. Después de asistir al Colegio de Battle Creek por un año, daba clases en una escuela pública cuando recibió un llamado al ministerio.

Eso no era lo que buscaba. Sentía que no estaba preparado. Pero, como tantos a través de los tiempos, Arturo no pudo escapar a la convicción.

Daniells comenzó su ministerio en Texas en 1878, donde trabajó como secretario de Jaime y de Elena por un año. En 1886, mientras hacía evangelización, recibió un llamado para ir a Nueva Zelanda y Australia, donde trabajó como administrador eclesiástico durante catorce años. Mientras estuvo "en las antípodas", trabajó estrechamente con Guillermo White y su madre. Él y Guillermo [Willie] crearon las estructuras que Daniells propuso en 1901 para la reorganización de la iglesia.

En 1901, Daniells fue elegido presidente de la Asociación General, cargo que conservó por 21 años; más tiempo que ningún otro presidente. En parte debido a la organización más eficaz adoptada en 1901/1903, el adventismo creció rápidamente durante su administración.

Más adelante, creó la Asociación Ministerial de la Asociación General, mediante la cual ejerció una influencia sobre una generación de predicadores jóvenes, a fin de enfatizar a Cristo y la salvación a través de él en su vida y su ministerio. Su libro *Christ Our Righteousness* [Cristo, nuestra justicia] revivió los temas de 1888 relacionados con la salvación; y es un clásico adventista.

Daniells era una persona con un objetivo. En eso imitó a Pablo y a Jesús.

¡Yo necesito ser esa clase de persona!

Ayúdame, Señor, hoy y cada día, a "pro[seguir] a la meta, al premio del supremo llamamiento de Dios en Cristo Jesús".

Repensar la organización de la iglesia -4: El experimento australiano

Hay un solo cuerpo y un solo Espíritu, así como también fueron llamados a una sola esperanza; un solo Señor, una sola fe, un solo bautismo; un solo Dios y Padre de todos. Efesios 4:4-6, NVI.

¿Cómo mantenemos la unidad y la eficiencia en una iglesia mundial? No es una tarea fácil, pero es importante.

Parte de la dificultad que enfrentó en la década de 1890 la iglesia, que se esparcía rápidamente, era el de la comunicación. En aras de la unidad, la política operativa decretaba que la sede de la iglesia en Battle Creek tenía que aprobar todas las decisiones por encima del nivel de Asociación.

A. G. Daniells habló del problema de la demora en la comunicación y de la toma de decisiones desde la perspectiva de 1913. La dificultad era que, en el mejor de los casos, el correo tardaba cuatro semanas en ambas direcciones, y a menudo, cuando llegaba, los miembros de la Comisión Ejecutiva de la Asociación General no estaban en sus oficinas. "Recuerdo", señaló Daniells, "que tuvimos que esperar tres o cuatro meses antes de poder obtener una respuesta a nuestras preguntas". Y aun así, quizá se trataba de una consulta de cinco o seis líneas, diciendo que los dirigentes de la Asociación General no entendían el asunto y necesitaban más información. Y así era hasta que "después de seis o nueve meses, quizá, resolvíamos el asunto". A esa altura de su argumento, la audiencia de Daniells no tuvo problemas en entender su significado cuando afirmó que "continuamente encontramos que nuestra obra se ve obstaculizada".

Elena de White también tenía problemas con la estructura de 1861/1863 y su toma de decisiones centralizadas. Al haber estado años en los campos misioneros de la iglesia, ella reconoció que "los hombres de Battle Creek no son más inspirados para dar consejos infalibles que los hombres de otros lugares, a quienes el Señor les ha confiado la obra en su localidad" (*Carta* 88, 1896).

Pero, el desafío era cómo descentralizar y, al mismo tiempo, mantener la unidad. La respuesta fue la Asociación-Unión, "inventada" en Australia a mediados de la década de 1890. La Asociación-Unión Australasiana constaba de varias asociaciones y misiones locales en su territorio, y servía de intermediaria entre la Asociación General y las asociaciones locales. Con poder ejecutivo para actuar dentro de su territorio, regionalizaba la toma de decisiones mientras, al mismo tiempo, mantenía la unidad.

Para cuando los líderes de la iglesia australiana habían ya diseñado la Asociación-Unión, A. T. Robinson había llegado de Sudáfrica con el sistema departamental. Australia también lo adoptó.

La mayoría de nosotros no pensamos mucho en la mecánica de hacer funcionar una iglesia mundial. Quizá deberíamos hacerlo. Incluso en este aspecto "mundano", vemos la mano guiadora de Dios.

Repensar la organización de la iglesia -5: El Congreso de la Asociación General de 1901

Y por un profeta Jehová hizo subir a Israel de Egipto, y por un profeta fue guardado. Oseas 12:13.

Algunas cosas parecen casi imposibles de hacer. Una de ellas fue la reestructuración de la Iglesia Adventista en 1901. Los principales dirigentes habían discutido el tema por más de diez años, pero no habían logrado nada.

Todo eso cambió a partir de una reunión de dirigentes de la iglesia presidida por A. G. Daniells, en la biblioteca del Colegio de Battle Creek el 1° de abril de 1901. Daniells dijo a los allí congregados que algunos de ellos se habían reunido la noche anterior, pero que querían abrir la discusión a otras personas y también permitir que "la hermana White [...] esté presente y ponga ante nosotros alguna luz que pudiera tener para nosotros".

Sin embargo, Elena de White no quiso hacerse cargo de la reunión. "Pensé", dijo a Daniells, "en dejar que usted dirija, y luego, si yo tengo alguna cosa para decir, lo diré". Él respondió que él y sus colegas no querían seguir analizando el tema de la reorganización hasta haberla escuchado a ella.

La señora de White contrarrestó, diciendo: "Yo preferiría no hablar hoy [...] no porque no tenga nada que decir, porque lo tengo". Entonces, presentó durante una hora y media una de las charlas más influyentes de su ministerio.

En términos precisos, exigió "sangre nueva" y una "organización totalmente nueva", que ampliara la base de gobierno de la iglesia. Al oponerse a la centralización de poder en pocas personas, no dejó dudas de que el "poder gobernante monárquico" y cualquier administrador que tuviese un "tronito" tendría que irse. Instó a "una renovación sin más demoras. Dejar que pase este congreso y terminar como en otros congresos, con la misma manipulación, con el mismo tono y el mismo orden, ¡Dios no lo permita! Dios no lo permita, hermanos" (*Manuscrito* 43a, 1901).

Al día siguiente, en la reunión inaugural del Congreso de la Asociación General, ella tomó la palabra y pidió la reorganización en términos precisos, aunque "no podría decir exactamente cómo llevarla a cabo" (1901, GCB, p. 25). Desde su perspectiva, era su deber instar a la reforma, pero era responsabilidad de los delegados crear las estructuras.

Aquí encontramos algunas revelaciones interesantes sobre el rol profético de Elena de White. En este caso, ella funcionó como la "bujía" para que las cosas avanzaran. Sin su función de "encendido", en 1901, la iglesia probablemente no habría tomado ningún voto firme en cuanto a la reorganización. El don profético es una de las formas en que Dios guía a su pueblo.

Repensar la organización de la iglesia -6: El Congreso de la Asociación General de 1901

No tenemos aquí ciudad permanente, sino que buscamos la por venir. Hebreos 13:14.

Esta Tierra no es nuestro hogar. Ese motivo subyacente y las necesidades de la misión propulsaron la facción ganadora en el Congreso de la Asociación General de 1901. G. A. Irwin, el presidente, abrió las reuniones reconociendo la fuerza de la súplica de Elena de White a la reforma, pero se detuvo en generalidades.

En ese momento, A. G. Daniells se hizo cargo y propuso que "se suspendan las pautas y los procedimientos acostumbrados para organizar y resolver los asuntos del congreso", y que designaran una comisión general para introducir recomendaciones relacionadas con la reorganización de la iglesia y otros temas de preocupación. Su moción fue aprobada.

Los dirigentes nombraron a Daniells como presidente de la comisión de reorganización. Y él y Guillermo White fueron las voces cantantes en la organización; aunque la coalición de Jones y Waggoner trató de desplazar el proceso en su dirección.

Cuando Daniells habló de reorganizar la iglesia, tenía en mente reestructurar la Administración para una extensión misionera más exitosa. Dejó en claro, en la segunda mañana del congreso de 1901, ante los delegados, que a menos que se hiciera algo específico "llevará un milenio dar este mensaje al mundo".

El Congreso de la Asociación General de 1901 dio lugar a algunos de los cambios más importantes de la historia de la iglesia. Los más importantes en el aspecto organizativo fueron cinco: (1) la creación de las asociaciones-uniones y de las misiones-uniones, que supervisarían las asociaciones y las misiones locales; y así se dispersaría la autoridad administrativa de los dirigentes de la Asociación General; (2) la supresión de la mayoría de las organizaciones auxiliares y la adopción del sistema departamental; (3) la comisión ejecutiva de la Asociación General ascendió a 25 miembros; (4) la propiedad y la administración de la mayoría de las instituciones pasó, de la Asociación General, a las asociaciones-uniones; y (5) la Asociación General no tendría presidente, solo un director que la comisión ejecutiva podía remover en cualquier momento que lo deseara.

La iglesia había hecho cambios importantes, basados en la experiencia misionera de Daniells y de Guillermo White. Y el liderazgo había marcado la diferencia. Dios todavía obra a través de su pueblo, tanto en forma colectiva como individual, para guiar a su iglesia.

Repensar la organización de la iglesia -7: El Congreso de la Asociación General de 1903

¿De dónde surgen las guerras y los conflictos entre ustedes? Santiago 4:1, NVI.

¡**E**xcelente pregunta!
La respuesta es la naturaleza humana universalmente pervertida. Queremos salirnos con la nuestra. Queremos proteger territorio.

Así son las personas en todas partes, tanto en sus familias como en su vida profesional. En la iglesia, puede surgir una disensión así cuando la "misión" personal suplanta la misión evangélica ordenada por Dios.

Hubo dos problemas estructurales que siguieron después de las reuniones de 1901. El primero fue que la poderosa rama médica, bajo el control del Dr. John Harvey Kellogg, todavía estaba afuera del sistema departamental. El segundo era el tema de la presidencia.

Para 1902, había surgido una importante lucha de poder entre A. G. Daniells, el "director" de la comisión ejecutiva de la Asociación General, y Kellogg. Surgió a raíz del hecho de que Daniells exigía responsabilidad fiscal, mientras que el médico tenía planes de gastos ilimitados, mientras acrecentaba su imperio médico.

La solución a la dificultad parecía ser clara para Kellogg, que controlaba un tercio de los votos en la comisión ejecutiva y tenía influencia sobre los demás: deshacerse de Daniells y reemplazarlo por A. T. Jones, que estaba a favor del punto de vista de Kellogg.

Los sonidos atronadores de la lucha sacudieron a la iglesia en noviembre de 1902. El problema: quién controlaría la iglesia y por qué razones. Podemos estar agradecidos porque Daniells ganó la batalla, que determinó el propósito del adventismo en el siglo XX.

Mientras tanto, al descubrir que con propósitos legales era casi una necesidad, Daniells había vuelto a usar el título de "presidente".

Esas fueron las luchas que sentaron las bases del Congreso de la Asociación General de 1903. Esas reuniones convirtieron el programa médico en un departamento de la iglesia, restablecieron la presidencia y prepararon el escenario para el cisma.

Con mucha frecuencia en la historia de la iglesia, la misión se transforma en "yo y mi programa". Esa es la muerte de la paz y de la espiritualidad. El diablo siempre está cerca para alentarnos a impulsar nuestras agendas individuales. Todos nos vemos tentados a ser esenciales, a sentarnos en nuestro "tronito".

Señor, ayúdanos a examinar nuestros motivos mientras trabajamos para ti. Sálvanos de "nosotros mismos".

Perspectiva sobre la reestructuración de 1901/1903

Multiplicaré asimismo el fruto de los árboles, y el fruto de los campos. Ezequiel 36:30.

L a reestructuración de la iglesia la configuró para la productividad y la eficiencia cuando su programa misionero mundial avanzaba a toda velocidad, de una manera que habría sido imposible con los problemas de la estructura anterior.

Sin embargo, deberíamos señalar que la organización de 1901/1903 no era una estructura nueva. Retuvo el esquema general del plan de 1861/1863, pero lo modificó con el fin de satisfacer las necesidades de una iglesia en desarrollo.

No obstante, la modificación no era el ideal que algunos de los delegados llevaron consigo en 1901/1903. La facción Jones/Waggoner había intentado la revolución total. Finalmente, su intento de una reestructuración drástica de la iglesia perdió por varias razones. Una de las principales era que su modelo era teológicamente inadecuado, en el sentido de que se centraba en el miembro de iglesia individual y no daba lugar a un abordaje práctico para la acción unificada. En teoría, sonaba lindo decir que cada persona trabajaría en armonía con los demás si estaba convertida, pero la imagen bíblica refleja menos perfeccionismo y una visión más compleja del pecado que la de los aspirantes a revolucionarios del adventismo.

El partido revolucionario, regularmente, también sacaba las citas de Elena de White fuera de su contexto literario e histórico, y así le hacía decir cosas que ella no creía. Ella, por ejemplo, no tenía problemas con el título de "presidente", y lo usaba con frecuencia.

La propuesta de Daniells tenía los pies más sobre la Tierra, y estaba totalmente en armonía con la de Jaime White, quien había diseñado la organización de 1861/1863. Ambos hombres buscaban una estructura eficaz, que completara la tarea de llevar el mensaje adventista hasta los extremos de la Tierra en el tiempo más corto posible, para que Cristo pudiera regresar.

La *eficiencia para la misión* es la palabra clave en la historia organizativa adventista del séptimo día. Si bien la mayoría de los delegados al Congreso de 1903 se pusieron de acuerdo en las conclusiones finales, M. C. Wilcox hizo un comentario importante, al señalar que la iglesia no debería ser inflexible en su organización. Debería estar dispuesta a adaptarse según lo demanden las necesidades de la misión.

Gracias, Padre, por la estructura de la iglesia, que puede extenderse a todo el mundo de manera unificada. Queremos que Jesús venga, más que ninguna otra cosa.

Babilonia se reinventa

Por esto fue llamado el nombre de ella Babel, porque allí confundió Jehová el lenguaje de toda la tierra, y desde allí los esparció sobre la faz de toda la tierra. Génesis 11:9.

Después de 1903, A. T. Jones se volvió implacable en su ataque contra Daniells, Elena de White y la estructura de la iglesia. Para él, la libertad religiosa había llegado a ser libertad de la organización eclesiástica.

En 1907, Daniells advirtió que Jones y otros buscaban "sembrar descontento entre las iglesias aisladas; donde pueden encontrar una iglesia que está descoyuntada del cuerpo, avivarán el descontento hasta convertirlo en llama y, si es posible, los inducirán a separarse de la organización general".

En cuanto a la Asociación General, Jones predijo que "iba a haber un quiebre y una desintegración tan completa de eso, que no quedaría nada".

Elena de White percibió que, en su campaña en favor del congregacionalismo, Jones y sus colegas estaban tratando de hacer volver al adventismo a la Babilonia de la confusión, de la que ella y su esposo se habían esforzado tanto en sacar al movimiento en la década de 1850. En 1907, escribió: "¡Oh, cómo se regocijaría Satanás si tuviera éxito en sus esfuerzos por infiltrarse en medio de este pueblo y desorganizar la obra en un momento cuando la organización completa es esencial, puesto que será el mayor poder [...] para refutar pretensiones que no tienen apoyo en la Palabra de Dios! Necesitamos sujetar las riendas en forma pareja, para que no se destruya el sistema de organización y orden que se ha levantado gracias a una labor sabia y cuidadosa [...]. Algunos han adelantado la idea de que, a medida que nos acerquemos al fin del tiempo, cada hijo de Dios actuará independientemente de toda organización religiosa. Pero, he sido instruida por el Señor en el sentido de que en esta obra no existe tal cosa como que cada hombre puede ser independiente" (TM, p. 489).

En 1909, el año en que la iglesia debió desfraternizar a Jones, ella habló de "almas engañadas" que propugnan "el espíritu de desorganización". Si bien dejaba margen para la opinión independiente, siguió diciendo firmemente: "Tengan autoridad los representantes de su iglesia de todas partes de la Tierra, cuando están reunidos en el Congreso de la Asociación General" (9 TI, pp. 206, 209). Así que, se puso del lado de Daniells en términos muy claros; aunque continuó advirtiendo a él acerca de ejercer demasiado control personal. El ideal de ella era *unidad en la diversidad.*

Ahora sabes por qué es importante rechazar las apelaciones periódicas al congregacionalismo dentro del adventismo. La reforma es una cosa, pero la revolución en pro de los actos desarticulados es otra totalmente diferente.

Desastre y desorientación

En mi angustia invoqué a Jehová, y clamé a mi Dios; él oyó mi voz desde su templo, y mi clamor llegó a sus oídos. 2 Samuel 22:7.

El adventismo experimentó mucha angustia durante los primeros años del siglo XX. Y, en medio de la angustia, hubo muchas súplicas a Dios.

El siglo comenzó con el enorme incendio de fama mundial que redujo a cenizas el Sanatorio de Battle Creek el 18 de febrero de 1902. Y, como si esto fuera poco, un segundo incendio el 30 de diciembre destruyó el edificio de la editora Review and Herald y las oficinas de la Asociación General.

La duda era si volver a construir en Battle Creek o trasladar las instituciones de la iglesia a otra parte. El Dr. Kellogg, por su parte, se propuso reconstruir el sanatorio, más grande y mejor que antes, a pesar del hecho de que los dirigentes de la iglesia se oponían a una medida tan extravagante, en una época en que la organización de la iglesia estaba al borde de la quiebra debido a la expansión excesivamente rápida en los campos mundiales alrededor del globo. El dinero y la pregunta de quién mandaba pronto dividieron a Daniells y a Kellogg, en lo que se convirtió en una lucha hasta el final.

Pero, el dinero y el poder no fueron las únicas cuestiones que los separaban. El médico, a esta altura, también sostenía aberraciones teológicas relacionadas con el panteísmo; un criterio que hacía de Dios una fuerza dentro de la naturaleza, antes que estar por encima de ella. De modo que Kellogg pudo escribir, en su *Living Temple* [Templo viviente], que "en el árbol hay presente un poder que lo crea y lo mantiene, un hacedor de árboles en el árbol, un hacedor de flores en la flor".

Kellogg no estaba en soledad en su perspectiva panteísta. E. J. Waggoner, que tuvo protagonismo en 1888, enseñó en el Congreso de la Asociación General de 1897 que Cristo "se mostraba como un árbol, o como hierba". Y, en el congreso de 1899, Waggoner proclamó que "un hombre puede obtener la justificación al tomar un baño, cuando sabe de dónde proviene el agua".

La lucha entre Kellogg y sus adeptos con la facción de Daniells duró varios años. Elena de White trató durante algún tiempo de llevar paz, pero en 1903, tanto en público como en sus escritos, se ponía cada vez más de parte de Daniells. Finalmente, Kellogg abandonó la Iglesia Adventista, fue desfraternizado de la congregación de Battle Creek en 1907, y se llevó consigo a A. T. Jones, a E. J. Waggoner y a otros.

El pueblo de Dios siempre ha tenido tiempos de angustia. La pregunta para cada uno de nosotros es dónde centrar nuestra atención en esos momentos. Nuestra única seguridad es Jesús y aferrarnos de sus principios.

Renacer de las cenizas -1

Escuchadme, costas, y esfuércense los pueblos; acérquense, y entonces hablen. Isaías 41:1.

La renovación y la reconstrucción estaban a la vanguardia del pensamiento adventista en los primeros años del siglo XX. Los fuegos devastadores no solo destruyeron la presencia institucional de la iglesia en Battle Creek; la iglesia no solo perdió a J. H. Kellogg, A. T. Jones, E. J. Waggoner y a otros, sino también, en el proceso, Kellogg había arrebatado a la iglesia la propiedad del Sanatorio de Battle Creek reconstruido y la de la Escuela de Medicina de la iglesia (el Colegio Médico Misionero Norteamericano).

Era hora no solo de reconstruir, sino además de hacer algo en un lugar nuevo. A comienzos del siglo XX, la continua migración de adventistas a Battle Creek se había vuelto un problema concreto. En vez de vivir en varios lugares donde pudieran dar testimonio de su fe, una gran porción de la feligresía adventista se había congregado en la ciudad, chismeando entre sí y entorpeciendo la misión adventista en otras formas.

Más allá de eso, Battle Creek se había centralizado excesivamente como la base de poder para el adventismo mundial. No solo las instituciones más grandes e influyentes de la iglesia estaban ubicadas allí, sino también la sede mundial. Un puñado de hombres, que eran miembros de varias juntas interconectadas, "gobernaban" al adventismo en todas partes. En síntesis, para 1900, Battle Creek había llegado a ser, para el adventismo, lo que Jerusalén fue para los judíos y lo que Salt Lake City es para los mormones. Sin embargo, el nuevo siglo fue testigo de la desintegración de la "ciudad santa" del adventismo.

Elena de White había estado recomendando esto desde principios de la década de 1890. Sin embargo, no muchos habían respondido. Los primeros dirigentes institucionales en iniciar la partida desde la ciudad fueron E. A. Sutherland y P. T. Magan, que habían transferido el Colegio de Battle Creek a Berrien Springs, Míchigan, en 1901.

El incendio de 1902, que destruyó la planta de la Review and Herald, brindó el ímpetu necesario para sacar de la ciudad el programa de publicaciones y la sede de la Asociación General.

El mayor problema para muchos era adónde ir. Al comienzo parecía que la ciudad de Nueva York podría ser la ubicación adecuada, pero para 1903 Washington, D.C. se había convertido en el lugar preferido.

El congregarse en "centros" adventistas ha infestado la testificación adventista prácticamente desde su comienzo. Quizá, parte de nuestra comisión sea que seamos más quienes nos mudemos a zonas donde podamos testificar a nuestros vecinos. Medita en esto.

Renacer de las cenizas -2

Sanaré tus heridas, dice Jehová. Jeremías 30:17.

L a cicatrización es algo maravilloso, ya sea para el cuerpo humano o para la iglesia; de hecho, a veces, el cuerpo sanado es más fuerte que antes. Así sería para el adventismo, con sede en su nueva ubicación alejada de la influencia de Kellogg, de Jones, y de sus enseñanzas disidentes y sus métodos divisorios.

Los años siguientes vieron el establecimiento de un nuevo centro de operaciones justo dentro del límite de la ciudad de Washington. Los dirigentes de la iglesia no solo establecieron la sede de la Asociación General y la Review and Herald Publishing Association en el distrito de Columbia, sino además, a unos tres kilómetros por la ruta de Takoma Park, Maryland, construyeron el Sanatorio Washington y el Colegio de Capacitación Washington. Esta última institución fue rebautizada en 1907 como Seminario Washington para las Misiones Extranjeras. De modo que la nueva sede pronto lució toda una colección de instituciones adventistas típicas.

Washington, D.C. y Takoma Park continuaron siendo la sede del adventismo mundial durante casi nueve décadas. La Review and Herald Publishing Association, con el tiempo, se trasladó a Hagerstown, Maryland, entre 1982 y 1983, y las oficinas de la Asociación General se trasladaron a Silver Spring, Maryland, en 1989. El sanatorio y el colegio han permanecido en sus ubicaciones originales. Al primero ahora se lo conoce como Hospital Adventista de Washington; y el último, como el Columbia Union College.

La escisión de Battle Creek trajo consigo un cambio importante en el programa médico adventista; y esta vez el enérgico Kellogg no estaba al mando.

El primer aspecto de la nueva obra médica adventista consistió en una nueva generación de sanatorios adventistas. El punto focal de las actividades médicas pasó de Míchigan al sur de California.

Elena de White había comenzado a orientarse hacia California en 1902, incluso antes de que la dificultad de Kellogg alcanzara un nivel crítico. Dios, escribió, "está preparando el camino para que nuestro pueblo logre la posesión, a bajo costo, de propiedades en las que hay edificios que pueden utilizarse en nuestra obra" (*Carta* 153, 1902), antes que una "institución gigantesca" (7 TI, p. 96). Elena de White aconsejó que la iglesia estableciera muchos sanatorios más pequeños en diferentes lugares.

Sin importar la profundidad de la herida, servimos a un Dios que puede sanar. *Gracias, Dios, por ese aspecto de la gracia.*

Dios todavía sigue liderando -1

Como el águila que excita su nidada, revolotea sobre sus pollos, extiende sus alas, los toma, los lleva sobre sus plumas, Jehová solo le guió, y con él no hubo dios extraño. Deuteronomio 32:11, 12.

L a conducción de Dios. A veces, pensamos que eso es historia antigua. No es así. Una de las interesantes historias de la conducción divina en el adventismo de comienzos del siglo XX tiene que ver con el restablecimiento de la rama médica de la iglesia después de la pérdida del Sanatorio de Battle Creek y del Colegio Médico Misionero Norteamericano, en manos de Kellogg.

Aun antes de esa pérdida, ya en el verano de 1902, Elena de White impulsaba la necesidad de un centro médico de extensión en California. El 5 de septiembre escribió al presidente de la Asociación General que "constantemente el Señor pone delante de mí el sur de California como un lugar donde debemos establecer instituciones médicas. Cada año, esta región es visitada por muchos miles de turistas. Deben establecerse sanatorios en este sector del Estado" (*Carta* 138, 1902).

Tres semanas después, escribió que "durante meses el Señor me ha dado instrucciones de que él está preparando el camino para que nuestro pueblo logre la posesión, a bajo costo, de propiedades en las que hay edificios que pueden utilizarse en nuestra obra" (*Carta* 153, 1902).

La señora de White no tenía dudas en cuanto a que el adventismo necesitaba "sanatorios más pequeños en muchos lugares", para "alcanzar a las multitudes de inválidos que acuden a los centros de salud del Sur de California". Después de todo, "nuestros sanatorios se deben establecer con un solo objetivo: el progreso de la verdad presente" (*TI* 7: 98, 97).

Esas eran buenas ideas. Pero ¿de dónde saldría el dinero para concretarlas? La iglesia, en parte debido a la rápida expansión en el ámbito mundial en la década anterior, estaba al borde de la quiebra. Había terminado 1900 con solo 32,93 dólares en la tesorería de la Asociación General. Más allá de eso, incluso los 32,93 dólares representaban dinero prestado. Durante varios años, la Asociación General había existido sobre la base de un programa apenas suficiente para las necesidades diarias de los gastos deficitarios. Y eso fue justo antes de los incendios que redujeron a cenizas las instituciones de Battle Creek.

Así que, ¿de dónde iba a salir el dinero, en aquel período de bancarrota casi total y de reconstrucción?

Aquí se plantea un interrogante de primer grado, que ni siquiera tenía una respuesta de cuarto grado. Sin la dirección de Dios, no existiría esa nueva generación de sanatorios que entusiasmaba a Elena de White.

Pero, él puede realizar lo que es humanamente imposible.

Dios todavía sigue liderando -2

Reconócelo en todos tus caminos, y él enderezará tus veredas. Proverbios 3:6.

Ayer dejamos a Elena de White con sus sueños "imposibles" de adquirir varias propiedades al sur de California.

Y era un momento excelente para comprar esas propiedades. A fines del siglo XIX, otros habían construido muchos sanatorios hermosos en esa zona. Pero, luego hubo sequías prolongadas. Sin agua, las instituciones comenzaron a cerrar. Esos cierres se presentaron como una oportunidad para los adventistas. Pero, incluso una buena oferta no sirve de mucho para quienes no tienen nada de dinero.

Bueno, se las arreglaron para desenterrar algo. La primera propiedad comprada para la iglesia fue el Colegio San Fernando, adquirido por diez mil dólares en 1902: menos de un cuarto de su costo original.

La segunda fue un sanatorio inactivo en Paradise Valley, cerca de San Diego, que consistía en un edificio de tres pisos en un terreno de nueve hectáreas. Los que lo fundaron habían invertido mucho dinero en la propiedad, pero llegaron los tiempos difíciles y el edificio había permanecido desocupado durante más de diez años. Cuando Elena de White visitó por primera vez Paradise Valley, estaba convencida de que los adventistas lo comprarían.

El edificio principal había costado 25 mil dólares, pero ahora sus dueños ofrecían la propiedad completa por 12 mil dólares. Pero ¿dónde podrían conseguir el dinero los adventistas locales? No podían acudir a la Asociación General. Y la Asociación Californiana del Sur, con sus 1.100 miembros, tenía una deuda de 40 mil dólares y recientemente había comprado la propiedad de San Fernando. Esas cifras de dinero parecen pequeñas hoy, pero para aquellos tiempos eran enormes. De ningún modo la Asociación podía reunir 12 mil dólares.

Incluso cuando el precio bajó a 8 mil dólares y luego a 6 mil, todavía parecía imposible. Pero, cuando llegó a 4 mil dólares, la señora de White personalmente sacó un préstamo del banco por 2 mil dólares a un interés del 8 por ciento, consiguió que una amiga íntima pusiera 2 mil más… y telegrafió para comprar la propiedad.

Se había dado el primer paso para establecer el programa médico en el sur de California. Ese primer paso, por supuesto, fue fácil.

Y, ¿cómo guió Dios a su iglesia?

La respuesta corta es haciendo que las personas distinguieran su visión de lo que se puede hacer. Él abre las puertas; de nosotros depende que pasemos por ellas.

Dios todavía sigue liderando -3

Me pastoreará. Salmo 23:2.

Poco después de la compra del Sanatorio Paradise Valley, Dios reveló a Elena de White que había que establecer un sanatorio adventista cerca de Los Ángeles. Encontrar la propiedad fue fácil. El pastor John A. Burden pronto descubrió el Hotel Glendale, de 75 habitaciones, con forma de castillo. Construido a un costo de 60 mil dólares en 1886, ahora costaba 26 mil. Burden creía que la aceptación de su oferta de 15 mil dólares sería una señal de la aprobación de Dios. Todas las dudas se disiparon cuando el dueño le informó que podría adquirirla por 12 mil dólares.

Pero, los adventistas afrontaban la misma cuestión de siempre: ¿Dónde conseguir dinero? La pequeña Asociación estaba prácticamente en bancarrota. Recientemente había comprado las propiedades de San Francisco y de Paradise Valley. Y los 20 dólares que Burden había sacado de su bolsillo como adelanto sin duda no alcanzaron para mucho. La Asociación ni siquiera podía pagar los 1.000 dólares de depósito, y la junta de la Asociación había rechazado la compra.

Bajo esas circunstancias desalentadoras, Burden y el presidente de la Asociación personalmente anticiparon el depósito con sus propios ahorros. A esa altura, llegó una carta de Elena de White en la que preguntaba por qué se estaba demorando la obra. El presidente de la Asociación la leyó en la junta. Eso rompió el muro de resistencia. Empeñaron lo suficiente como para comprar la propiedad de Glendale.

La obtención de las propiedades de Paradise y de Glendale se dio mediante una combinación de visión y de sacrificio. Pero, todavía faltaba la verdadera prueba.

La iglesia había adquirido ambas propiedades en 1904. Pero, la señora de White aseguró que Dios todavía tenía otra para la iglesia. En octubre de 1901 había afirmado que Dios le había mostrado claramente en una visión la propiedad de un sanatorio al sur de California, que consistía en "un edificio ocupado" con "árboles frutales en los terrenos del sanatorio". Tan real fue la visión que le pareció que ella misma vivía allí (*Manuscrito* 152, 1901).

No obstante, ella no conocía la ubicación exacta de la propiedad.

Dios es una persona del momento oportuno. Sabe cuándo es justo la ocasión para que determinados movimientos hagan progresar su causa en la Tierra. Pero, quiere que nosotros estemos en sintonía con su sincronización, con el fin de poder usarnos en formas inesperadas.

Dios todavía sigue liderando -4

Los llevó por el desierto como un rebaño. Salmo 78:52.

Ayer vimos que Elena de White, en 1901, había contemplado en visión la propiedad de un tercer sanatorio al sur de California que la iglesia debía adquirir. Sin embargo, no conocía la ubicación de la propiedad. Y ni la compra de Glendale ni la de Paradise cumplían con los requisitos.

Pronto, los adventistas descubrieron un lugar llamado Loma Linda. El predio había costado a sus dueños 150 mil dólares; pero, debido al fracaso económico, salió a la venta por 110 mil dólares y luego bajó a 85 mil. Pero, bien podrían haber sido 1.000 millones de dólares, para una Asociación que ni siquiera podía juntar 1.000, y que recientemente había adquirido importantes propiedades en San Fernando, Paradise Valley y Glendale.

No es difícil imaginarse la creciente perplejidad de los dirigentes de la Asociación cuando la señora de White comenzó a recomendar la compra de la propiedad de un tercer sanatorio pocos meses después de adquirir otros dos. ¿No iba a detenerse nunca? Pero, ella se puso firme. Confiaba en que la compra de la propiedad de Loma Linda era la voluntad de Dios.

Lo bueno fue que los dueños pronto redujeron el precio a 40 mil dólares. Pero, ni siquiera eso ayudó a quienes no tenían nada de dinero.

Lamentablemente, el tiempo no se detenía. Tenían que ofrecer un depósito en seguida o perder la propiedad de Loma Linda. Elena de White, que todavía no había visto Loma Linda, envió un telegrama a John Burden para hacer un depósito inmediato.

Él lo hizo, reconociendo que la Asociación le había manifestado explícitamente que no se los podría obligar. El buen pastor, al darse cuenta de que podría perder el depósito de 1.000 dólares, decidió seguir el consejo de Elena de White antes que el de los dirigentes de la Asociación. Al captar la visión de ella de que la propiedad de Loma Linda era la voluntad de Dios, avanzó por fe.

Pensar en grande no es un rasgo heredado para muchos de nosotros. Sin embargo, a lo largo de toda la historia adventista, lo que ha impulsado a la iglesia es el hecho de pensar en grande.

Ayúdanos, Señor, a poder pensar en grande; a poder imaginar lo que tú tienes en mente y a tener una parte en la activación de tu obra.

Dios todavía sigue liderando -5

Yo soy Jehová Dios tuyo, que te enseña provechosamente,
que te encamina por el camino que debes seguir. Isaías 48:17.

E l adventismo al sur de California, a mediados de 1905, había llegado al final de su "soga" financiera. No obstante, después de la compra de tres propiedades importantes, Elena de White ahora recomendaba una cuarta.

Las condiciones de compra de la propiedad de Loma Linda eran un depósito de 5 mil dólares (con vencimiento el 15 de junio), con sumas iguales el 26 de julio, el 26 de agosto y el 31 de diciembre; los 20 mil dólares restantes vencerían en tres años. Pero, como ya sabes, no había dinero a la vista. Verdaderamente la fe, en este caso, se basaba en cosas "que no se ve[n]" (Heb. 11:1)… salvo en visión.

Mientras tanto, la señora de White visitó por primera vez la propiedad de Loma Linda el 12 de junio.

–Guillermo –dijo al bajar del tren que la llevó–, yo ya estuve aquí antes.

–No, mamá –respondió él–, nunca estuviste aquí antes.

–Entonces, es este mismo lugar el que el Señor me ha mostrado –dijo–, porque conozco todo esto.

Ella no tenía ninguna duda en su mente. Dirigiéndose a los líderes de la iglesia que examinaban la propiedad, declaró: "Debemos conseguir este lugar". Mientras el grupo evaluaba los edificios y los terrenos, Elena de White declaró repetidas veces: "Este es exactamente el lugar que el Señor me mostró". Y, cuando ella y Burden entraron en el edificio de recreación, proféticamente afirmó: "Este edificio será de gran valor para nosotros. Se establecerá una escuela aquí […] Battle Creek está en decadencia. Dios restablecerá su obra médica en este lugar" (ver A. L. White, *Ellen G. White,* t. 6, p. 18).

Pero, las palabras y las visiones no son dinero en efectivo. No tenían más que tres días para reunir lo que faltaba de los primeros 5 mil dólares o perderían la opción de la propiedad y los mil dólares que Burden había depositado.

Ahora bien, esta es una propuesta para los débiles de corazón. ¿Cómo respondemos ante la vida cuando las cosas se ponen ajustadas? Con solo tres días de margen y sin dinero en el horizonte, lo más sensato hubiese sido darse por vencidos y decir que ya habían hecho suficiente. Pero, entonces está el paso de fe. En algún lugar se nos dice que "la oración mueve el brazo de la Omnipotencia". Y así es. Así fue en Loma Linda, como veremos durante los próximos dos días, y puede ser así en tus cuestiones personales. Nuestro Padre incentiva la fe y la recompensa.

Dios todavía sigue liderando -6

El Señor te guió a través del vasto y horrible desierto, esa tierra reseca y sedienta.
Deuteronomio 8:15, NVI.

Dios todavía sigue liderando a su pueblo a través de algunos terrenos difíciles. Y este tiene solo dos opciones: quedarse con él o regresar a la vida "fácil" del Egipto espiritual.

Tres dirigentes adventistas de California tenían tres días para recaudar 5 mil dólares para la compra de Loma Linda, y sin otra cosa que "arena financiera" a la vista.

Pero, sí tenían una pista posible. Un par de semanas antes, Burden y el pastor R. S. Owen habían oído hablar de una persona que podría tener algunos recursos. Después de tomar el tren hasta cerca de su casa, caminaron los dos kilómetros restantes. Pero, no había nadie en la casa.

Regresaron a la estación del tren y esperaron. Pero, por alguna razón, no le hicieron señas, y el tren pasó de largo a toda velocidad. Con dos horas disponibles antes del próximo tren, los hombres volvieron caminando a la cabaña, que ahora tenía la luz prendida.

–¡Alabado sea el Señor! –exclamó el agricultor mientras Burden le explicaba la situación–. Estuve orando durante meses para que el Señor me enviara un comprador para poder salir de la ciudad y dedicar mis recursos al avance de su causa. Hace algunos días, vino un hombre y compró mi casa, y el dinero ahora está depositado en el banco. El diablo me ha estado tentando a invertirlo nuevamente en tierras, pero estoy seguro de que el Señor lo quiere para adquirir esta propiedad.

En ese momento, ofreció 2.400 dólares a los sorprendidos pastores.

Luego, justo antes de la fecha de vencimiento del 15 de junio, Burden pidió un préstamo a una señora llamada Baker, que también había captado la visión.

–¿Está dispuesta a arriesgar mil dólares? –le preguntó.

–Sí –respondió ella.

–Es posible que los pierda –le recordó él.

–Bueno –dijo ella–, asumo el riesgo.

Después, Burden se volvió a reunir con R. S. Owen.

–No tengo el dinero –declaró–, pero hipotecaré mi casa para esto.

Con la hipoteca de Owen, finalmente tuvieron los primeros 5 mil dólares el mismo día del vencimiento.

Hasta aquí, todo bien. Pero los siguientes 5 mil dólares vencían en cinco semanas, y ahora realmente no tenían buenas perspectivas para conseguir más dinero.

A veces, los desiertos de la vida son más extensos de lo que esperamos. Pero, solo porque las cosas se pongan más difíciles, eso no significa que Dios no esté con nosotros.

Dios todavía sigue liderando -7

Recuerda que durante cuarenta años el Señor tu Dios te llevó por todo el camino del desierto, y te humilló y te puso a prueba para conocer lo que había en tu corazón y ver si cumplirías o no sus mandamientos. Deuteronomio 8:2, NVI.

La fecha para la segunda cuota del depósito para la propiedad de Loma Linda, del 26 de julio, se acercaba rápidamente para los líderes adventistas, que tenían dificultades. De hecho, llegó el día y todavía no tenían ninguna esperanza a la vista.

Esa mañana, los dirigentes de la Asociación se reunieron, profundamente perplejos. A esa altura, recuerda el pastor Burden, "era fácil y natural culpar y censurar a los que habían impulsado el asunto contra lo que parecían ser razones sólidas y el sentido común".

Pero, él y otros no podían olvidar la afirmación en cuanto a la propiedad proveniente de Elena de White.

–Esperemos el correo de la mañana –sugirió alguien.

Pronto, llegó el cartero. Al abrir una carta proveniente de Atlantic City, Nueva Jersey, encontraron un giro bancario por 5 mil dólares: justo la suma necesaria para hacer el pago.

–No hace falta decir –nos comenta Burden– que los sentimientos de quienes habían sido críticos cambiaron rápidamente. Los ojos se llenaron de lágrimas, y uno que había sido especialmente crítico fue el primero en romper el silencio. Con voz temblorosa, expresó:

–Parece que el Señor está en este asunto.

Y, por cierto que así era. Inmediatamente pagaron los segundos 5 mil dólares, una vez más, el mismo día de su vencimiento.

Ahora enfrentaban el desafío del tercer pago de 5 mil dólares, que vencía en 31 días. Una vez más procuraron recaudar el dinero, sin éxito. Pero, pocos días antes de la fecha del 26 de agosto, un señor de Óregon se enteró del proyecto, y escribió que acababa de vender una propiedad y podía poner 4.500 dólares a disposición. El tercer pago fue hecho a tiempo.

La pelota rodaba ahora. Tenían tres meses para reunir los últimos 5 mil dólares, pero les ofrecieron un descuento de 1.000 dólares por pago inmediato. Eso fue suficiente para incentivar donaciones en las reuniones campestres para la cuota de diciembre, que pagaron pocos días después del pago de agosto.

Padre, es muy fácil para mí criticar a los demás cuando las cosas no salen como yo pienso. Dame la gracia de la paciencia cuando las cosas salen bien, y la gracia del perdón cuando resuelves los problemas de otro modo.

Dios todavía sigue liderando -8

El Señor mismo marchará al frente de ti y estará contigo; nunca te dejará ni te abandonará.
No temas ni te desanimes. Deuteronomio 31:8, NVI.

Una vez hecho el depósito, tuvieron tres años de misericordia para realizar el pago final de 20 mil dólares para Loma Linda. Pero, con el aumento del entusiasmo y la oferta de los dueños anteriores de un descuento de mil dólares si los adventistas pagaban el dinero restante de inmediato, los dirigentes de la Asociación se movieron con rapidez.

El ímpetu para el empujón final provino de alguien que no era miembro de iglesia, que llegó para quedarse en el sanatorio aun antes de que este estuviese listo para los pacientes. Era incómodo, pero el personal hizo lo mejor de su parte para hacerla sentir cómoda. "Mientras ella andaba por los jardines al día siguiente", escribe Burden, "vimos que parecía muy solitaria, así que nos propusimos animarla. Mientras conversábamos sobre la belleza del lugar, ella manifestó:

"–Justo estaba pensando en lo feliz que sería yo viviendo en un lugar así. Estoy completamente sola. Mi esposo falleció. Estoy tan sola que hasta tengo ganas de morirme.

"Le sugerimos que podría quedarse a vivir allí. Ella preguntó cuánto costaría. Cuando le dijimos la suma, dijo:

"–Vaya, tengo esa cantidad en efectivo.

"Fuimos a la oficina y redactamos una renta vitalicia".

La suma, por supuesto, era mucho menor que los 19 mil dólares que necesitaban, pero la bendición inesperada los animó. Pronto, encontraron a un miembro de iglesia que les prestó 15 mil dólares por tres años.

Todavía ocurren milagros modernos. En menos de seis meses, la iglesia había recaudado los 40 mil dólares, y la propiedad de Loma Linda les pertenecía. "El consejo" de Elena de White "se había confirmado", escribió Burden, entusiasmado. "Al avanzar por fe, el Señor abrió el camino delante de nosotros, y el dinero llegó de fuentes inesperadas. Casi todos finalmente se convencieron de que Dios verdaderamente estaba llevando adelante la empresa".

Loma Linda, según lo predicho, posteriormente se convirtió en una escuela de Medicina hecha y derecha, cuyos graduados han bendecido a las personas alrededor del mundo con sus cuidados físicos y el amor de Jesús.

Dios todavía conduce a su iglesia, aunque esta no sea perfecta, y aunque sus miembros y sus directivos quizá no se pongan de acuerdo en cuanto a cómo avanzar. A pesar de todo eso, el Señor todavía dirige.

El fallecimiento de Elena de White

*Porque yo sé a quién he creído, y estoy seguro que es poderoso para
guardar mi depósito para aquel día. 2 Timoteo 1:12.*

Anteriormente vimos que José Bates, Jaime White y Elena de White fueron los fundadores de la Iglesia Adventista del Séptimo Día. Bates falleció en 1872 y Jaime en 1881, pero Elena continuó guiando a la Iglesia Adventista hasta 1915. Aunque nunca ostentó un cargo administrativo oficial en la iglesia, poseía una inmensa autoridad carismática. Sus escritos y sus consejos tenían un significado especial para las personas en particular y para el adventismo en general.

El 16 de julio de 1915, "la viejecita de cabellos blancos, que siempre hablaba tan cariñosamente de Jesús" (en palabras de sus vecinos no adventistas) falleció a la edad de 87 años. Las últimas palabras que su familia y sus amigos le oyeron decir fueron: "Yo sé en quién he creído" (*NB* 492). Su fallecimiento, indicó su hijo, "fue como una vela que se apaga; así de tranquilo".

Quizás haya muerto tranquilamente, pero su larga vida fue de actividad y logros constantes. Sorprendentemente activa en su vejez, asistió a su último Congreso de la Asociación General en Washington, D.C., en 1909. Después de las reuniones, visitó su antigua ciudad natal de Portland, Maine, donde había comenzado su ministerio profético unos 65 años antes. Fue su último viaje al este de los Estados Unidos. Aunque era de edad avanzada, aun así habló 72 veces en 27 lugares, durante el viaje de 5 meses.

Al volver a su casa al sur de California, dedicó sus últimos años a componer libros como *Los hechos de los apóstoles* (1911), *Obreros evangélicos* (1915), *Notas biográficas de Elena G. de White* (1915), la versión final de *El conflicto de los siglos* (1911) y *Profetas y reyes* (publicado en 1917, después de su muerte).

El 13 de febrero de 1915, de mañana, Elena de White tropezó y se cayó en su casa de Elmshaven. Un examen de rayos X reveló que se había quebrado la cadera izquierda. Pasó sus últimos cinco meses en casa y en una silla de ruedas. El 24 de julio fue enterrada junto a su esposo, en el cementerio Oak Hill de Battle Creek, Míchigan. Juntos, esperan la resurrección en la Segunda Venida; una enseñanza por la que ambos habían dado la vida.

Espero encontrarme con ellos en aquel día en que todos recibamos a Jesús en el aire.

Crecimiento misionero incomparable: 1900-1950 -1

Creció, y se hizo árbol grande. Lucas 13:19.

L os comienzos del adventismo del séptimo día verdaderamente fueron como la proverbial semilla de mostaza. Pero ¡cómo creció una vez que las raíces finalmente se establecieron! Al haberse esparcido alrededor del mundo en la década de 1890, en los primeros años del nuevo siglo el adventismo estaba listo para una expansión explosiva, guiada y contenida por su estructura organizativa robustecida.

Parte de la razón del éxito fue que durante las tres primeras décadas del siglo XX dos de los dirigentes de la iglesia más orientados hacia la misión conservaron sus cargos elevados. Arturo G. Daniells trabajó como presidente de la Asociación General desde 1901 hasta 1922, y luego como secretario de la Asociación General durante los siguientes cuatro años. Mientras tanto, William A. Spicer fue secretario entre 1903 y 1922, y presidente desde 1922 hasta 1930.

El cargo presidencial, obviamente, es importante para fijar direcciones, pero en el adventismo, el cargo de secretario es igualmente vital en términos de las misiones extranjeras, puesto que ese puesto se encargaba de la función de la Junta de las Misiones Extranjeras en 1903.

Spicer y Daniells no solo eran dirigentes capaces, sino también estaban dedicados a las misiones y a la predicación del mensaje del tercer ángel "a toda nación, tribu, lengua y pueblo" (Apoc. 14:6).

Es difícil de captar la magnitud de los cambios en la extensión misionera adventista. En 1880, la iglesia contaba con 8 misiones extranjeras. La misma cantidad se mantuvo en 1890. Pero, en 1900 eran 42, para 1910 se había incrementado a 87 misiones, y la cifra creció a 153 y a 270 en 1920 y 1930, respectivamente. La dinámica expansiva estaba comenzando a transformar al adventismo del séptimo día, de una iglesia estadounidense, en un movimiento mundial. La década de 1890 fue crucial para el desarrollo misionero. Antes de ese período, la iglesia había presenciado poco crecimiento en la cantidad de misiones, pero desde la década de 1890 la cantidad aumentó rápidamente. Esa propagación continua a todo el mundo no solo alteró los límites geográficos de la iglesia, sino también cambió cada vez más la naturaleza del adventismo en sí.

Qué sorprendidos habrían estado los pioneros del adventismo sabatario si lo hubiesen visto desde la perspectiva de 1930. Pero, la transformación masiva apenas había comenzado. La iglesia actual sería irreconocible para los dirigentes de 1930. Y me imagino que los dirigentes de hoy experimentarían el mismo impacto si pudiesen ser transportados a 2030. El adventismo es una iglesia en movimiento.

Crecimiento misionero incomparable: 1900-1950 -2

En un buen campo, junto a muchas aguas, fue plantada, para que hiciese ramas y diese fruto, y para que fuese vid robusta. Ezequiel 17:8.

Para 1900, el rápido crecimiento se había convertido en la modalidad adventista. Sus raíces se habían fijado, sus ramas se habían establecido, y comenzó a producir abundantes frutos alrededor del mundo.

En 1890, el adventismo tenía 255 obreros evangélicos y 27.031 miembros en los Estados Unidos, y 5 obreros y 2.680 miembros en el exterior. Para 1910, las estadísticas estadounidenses muestran 2.326 obreros evangélicos y 66.294 miembros, mientras la feligresía fuera de los Estados Unidos estaba en 38.232, atendida por 2.020 obreros. Dos décadas más tarde, las cifras eran de 2.509 obreros y 120.560 miembros en los Estados Unidos, y 8.479 obreros y 193.693 miembros en el extranjero. Para 1950, la cantidad de obreros evangélicos en los Estados Unidos estaba en 5.588 y la feligresía en 250.939. Las cifras de los no estadounidenses eran de 12.371 y 505.773.

Esos números, bastante asombrosos, indican no solo un crecimiento rápido sino un cambio en la proporción de adventistas fuera de los Estados Unidos. A mediados de la década de 1920, la iglesia llegó al punto en que tenía más miembros fuera del continente de su nacimiento que adentro. Así que, la iglesia no solo predicaba en todo el mundo sino además fue el comienzo de su internacionalización, un proceso que todavía está en marcha.

Algunas de las implicaciones de la internacionalización ya se estaban evidenciando para 1900. Una era la expansión de las bases nacionales para enviar misioneros al extranjero. Si bien esa práctica había comenzado durante el siglo XIX, conscientemente Daniells trató de fomentar más el adventismo en países como Alemania, Inglaterra y Australia, con la intención de convertirlas en bases nacionales más fuertes para una mayor expansión.

En las primeras décadas del siglo XX, la iglesia alemana, bajo el liderazgo de L. R. Conradi, promovió el adventismo en Medio Oriente y África Oriental. Mientras tanto, los misioneros australianos difundieron rápidamente el mensaje en gran parte del Pacífico Sur. Y el adventismo británico, con el imperio mundial de su nación y su tradición misionera fuertemente desarrollada, avanzó rápidamente para implantar el adventismo en muchas partes del mundo. A medida que progresaba el siglo, cada vez más misiones, tanto en países desarrollados como en subdesarrollados, se transformaban en asociaciones, que podían funcionar como bases nacionales para más centros de extensión misionera.

Paso a paso, Dios todavía estaba guiando a su pueblo.

Crecimiento misionero incomparable: 1900-1950 -3

Di a los hijos de Israel que marchen. Éxodo 14:15.

L os hijos de Israel nunca hubiesen llegado a Canaán sin fe en la conducción de Dios, quien les dio coraje para pasar el Mar Rojo. También, la orden de predicar el mensaje de los tres ángeles a todo el mundo, combinada con la fe en la misión profética y la habilitación de Dios, dio coraje y entusiasmo a los primeros adventistas para hacer hasta lo imposible para Dios. ¡Y lo hicieron!

O, al menos, Dios lo hizo a través de ellos. Pero, deberíamos observar que el Señor no lo hizo sin ellos. No solo entregaron su vida por el servicio misionero, sino también sus diezmos y sus ofrendas misioneras incentivaron la siempre agresiva obra misionera de la iglesia. Era un programa en el que todos los miembros podían participar.

Parte de su ayuda iba dirigida a los nuevos ministerios de medios de comunicación, que ayudaban a llevar velozmente el mensaje adventista hasta los confines de la Tierra. Siguiendo la tradición de los medios masivos de Joshua V. Himes, H. M. S. Richards visualizó las posibilidades inherentes a la radio. En 1930, comenzó con *The Tabernacle of the Air* [El tabernáculo del aire]. Rebautizado como *The Voice of Prophecy* [La voz de la profecía], llegó a ser uno de los primeros programas religiosos en entrar en la esfera de la radiodifusión nacional.

En un mundo en el que la televisión todavía era un medio de comunicación nuevo y poco probado, el programa *Faith for Today* [Fe para hoy], de William Fagel, que salió al aire por primera vez en mayo de 1950, pronto fue seguido por *It is Written* [Está escrito], de George Vandeman.

Los adventistas, que hablaban una multitud de idiomas, habían duplicado aquellos primeros esfuerzos de comunicación alrededor del mundo. Además, desde 1971, la Radio Mundial Adventista comenzó a crear poderosas estaciones radiales en diferentes partes del mundo, con la idea de cubrir el planeta con el mensaje de los tres ángeles. Y, a fines de la década de 1990, la iglesia ingresó en áreas estratégicas de extensión como Internet y la creación de una red de comunicación televisiva satelital, con enlaces descendentes en miles de lugares.

Ciertamente, el primer ángel, que tiene "el evangelio eterno para predicarlo a los moradores" de todas partes de la Tierra, está volando "por en medio del cielo" (Apoc. 14:6).

La era de los milagros todavía no terminó.

En la madurez -1

Avancemos hacia la madurez. Hebreos 6:1, NVI.

No solo las personas crecen y se desarrollan; también, las iglesias. Hemos pasado un año examinando el nacimiento del adventismo; su niñez, mientras buscaba las doctrinas bíblicas que llegaron a definirlo como pueblo; y la flexión de sus músculos adolescentes al comenzar a expandirse alrededor del mundo.

Para las décadas de 1950 y 1960, había alcanzado un grado de madurez hacia el que había estado avanzando durante todas las décadas anteriores. Una señal de esto fue una internacionalización de la iglesia más auténtica que la vista en el pasado. En parte, eso había significado que los "misioneros extranjeros" de los Estados Unidos, Europa, Gran Bretaña, Australia, Nueva Zelanda y Sudáfrica ya no controlaban la obra en los campos más nuevos de obra adventista, sino que la iglesia había formado dirigentes autóctonos en casi cada lugar de su extenso programa misionero.

Hoy, los administradores de los sectores geográficos del adventismo, a través de las divisiones de la Asociación General, son oriundos de las regiones que dirigen. Eso significa que los asiáticos dirigen la iglesia en Asia; los africanos, en África; y los latinoamericanos, en Sudamérica y Centroamérica. El dirigente de cada División mundial también es vicepresidente de la Asociación General.

Más allá de eso, hay personas de algunas partes del mundo que hace apenas unos años todavía dependían de los dirigentes estadounidenses, pero que ahora ocupan algunos de los cargos más importantes de la administración central de la Asociación General.

Esa clase de internacionalización es muy distinta de la mentalidad "misionera" sustentada en gran medida durante las décadas de 1950 y 1960. De hecho, el mismo concepto de misionero ha cambiado. Mientras que hace algunos años ser misionero significaba ir como europeo o estadounidense a algún país no cristiano o no protestante que podría ser bastante primitivo, actualmente el término implica trabajar en otro lugar que no sea su país natal. Y la misión se ha convertido en una vía de doble sentido, con "misioneros" que no solo van desde los Estados Unidos a África, sino también algunos van de África a trabajar en los Estados Unidos. "De todas partes a todas partes" refleja la forma actual de la misión adventista en forma más adecuada que la palabra "misionero". La iglesia alrededor del mundo está creciendo.

Y, en su madurez, nuestra oración debe ser porque *no se olvide hacia dónde está yendo*.

En la madurez -2

Mas el que fue sembrado en buena tierra, éste es el que oye y entiende la palabra, y da fruto; y produce a ciento, a sesenta, y a treinta por uno. Mateo 13:23.

El adventismo del séptimo día ha descubierto mucho suelo fructífero en casi todas las partes de la Tierra. Atrás quedaron los días en que, mayormente, era una iglesia estadounidense; de hecho, en 2007, alrededor del 8 por ciento de los adventistas del mundo vivía en los Estados Unidos. El país que primero envió a los misioneros quedó eclipsado por el tamaño de sus hijos. Actualmente, más de 5 millones de los casi 17 millones de miembros de iglesia viven en África; más de 5 millones, en Sudamérica y Centroamérica; y más de 2,5 millones, en Asia Oriental y la India. Por el contrario, la División Norteamericana solo recientemente ha superado la marca del millón de miembros.

Y el formato del adventismo mundial continúa transformándose, a medida que las diversas partes del mundo entran en el período de crecimiento. Recientemente, ha habido una oleada en la India, donde la feligresía en la División Sudasiática saltó de 290.209 en 1999 a más de 1 millón para fines de 2005.

Y las cifras de la feligresía no solo son un indicador de la dinámica adventista mundial. Un vistazo al informe estadístico de la Asociación General indica que para enero de 2006 tenía 661 uniones y asociaciones/misiones locales, 121.565 congregaciones, 5.362 escuelas, 1.462 colegios secundarios, 106 institutos terciarios y universidades, 30 industrias de alimentos, 167 hospitales y sanatorios, 159 hogares de ancianos y orfanatos, 449 clínicas y dispensarios, 10 centros de medios de comunicación y 65 casas editoras. Las diversas instituciones empleaban a unas 203.508 personas. Las publicaciones de la iglesia se imprimen en 361 idiomas, y en su obra oral se utilizan 885 idiomas.

Y las cosas no se han frenado. Al contrario, el crecimiento se ha acelerado. Al ritmo de crecimiento actual, podríamos esperar encontrar 40 millones entre 2025 y 2030, si el tiempo dura.

Esperemos que no. Después de todo, Dios nunca fundó el adventismo para que se transformara en una gran iglesia con muchos juguetes (instituciones); al contrario. No quiere a ningún adventista del séptimo día en la Tierra: desea que entremos en el Reino celestial. Ese es el objetivo; de eso se trata toda la actividad y el sacrificio. Lo bueno es que Dios ha guiado a su pueblo en el pasado más allá de sus sueños más descabellados. Y lo hará en el futuro, si no olvidamos quiénes somos y por qué estamos aquí.

El significado de todo esto

Y cuando mañana te pregunte tu hijo, diciendo: ¿Qué es esto?, le dirás: Jehová nos sacó con mano fuerte de Egipto. Éxodo 13:14.

¿Qué es esto? Esa era la pregunta de la Pascua judía, con su comida extraña y el esparcimiento de sangre en los dinteles. Dios estaba interesado en que su antiguo pueblo no perdiera contacto con su conducción en el pasado.

El mismo Dios gobierna hoy. Y "no tenemos nada que temer del futuro, a menos que olvidemos la manera en que el Señor nos ha conducido, y lo que nos ha enseñado en nuestra historia pasada" (NB, p. 216).

Hemos pasado casi un año meditando en esa historia. Hasta aquí, hemos visto nacer al adventismo a partir del movimiento de Guillermo Miller, luchar para hallar una identidad en el período posterior a 1844, estirar los jóvenes músculos en las décadas de 1850 a 1870, transformarse y reorientarse por el mensaje de 1888 y avanzar hacia la madurez en el siglo XX.

En síntesis, la iglesia está casi irreconocible desde sus primeros años. De hecho, incluso en los últimos sesenta años se ha remodelado de tal forma que los líderes de la década de 1940 apenas podrían haberlo imaginado. Y, en las décadas siguientes, indudablemente, ocurrirá lo mismo; y probablemente aún más.

De un puñado de creyentes dispersos sin ninguna estructura institucional, el adventismo del séptimo día se ha convertido en una iglesia mundial de unas 17 millones de personas, con una curva que marca una tendencia de crecimiento acelerado.

Si bien comenzó como una minoría mal vista, en algunos países, actualmente, es una confesión religiosa líder e incluso la confesión dominante; aunque en la mayoría de los países todavía tiene, y probablemente siempre tenga, estatus minoritario.

Pero ¿por qué estamos aquí? La respuesta, obviamente, no es para crear una confesión religiosa fuerte con conciencia social, que brinde un lugar cómodo de camaradería para sus miembros. Esas son cosas buenas, pero no son suficientes. La razón de la existencia del adventismo es preparar a un pueblo para un mundo mejor y predicar los mensajes finales de Dios al mundo antes de la Segunda Venida.

Durante los últimos días del año, meditaremos en el significado de la historia adventista, incluyendo las pregunta de "¿Qué pasó con todos esos milleritas?" y "¿Por qué el adventismo del séptimo día triunfó donde los demás fracasaron?"

El pueblo de Dios todavía necesita hacerse la pregunta del Éxodo de "¿Por qué?"

Y ¿qué sucedió con todos esos milleritas? -1

Afirmad vuestros corazones; porque la venida del Señor se acerca. Santiago 5:8.

Hemos pasado casi un año meditando en cómo el Señor condujo al movimiento adventista. Hemos visto que el adventismo del séptimo día se expandió, de la nada, a casi 17 millones de miembros en el ámbito mundial. El camino entre la nada y la madurez no fue sencillo; tampoco estuvo libre de dificultades. Pero, paso a paso, la verdad fue revelada y predicada "a toda nación, tribu, lengua y pueblo" (Apoc. 14:6).

Pero ¿qué significa todo esto? ¿Qué lecciones podemos espigar de la historia adventista? Y ¿qué podrían significar esas lecciones para el futuro del movimiento? Es a esas preguntas que acudimos en los últimos días de nuestro viaje a través de la historia adventista.

Lo primero que haremos, en nuestra búsqueda de una perspectiva, es echar un vistazo a las confesiones religiosas posmilleritas. Hace algunos meses, vimos que entre 1844 y 1848 se desarrollaron tres corrientes distintas del adventismo. Los primeros fueron los espiritualizadores, que renunciaron a la interpretación literal de las Escrituras e incluso espiritualizaron el significado de palabras concretas. Así, podían afirmar que Cristo entró en su corazón espiritualmente el 22 de octubre de 1844.

En el segundo grupo estaban los adventistas de Albany, que se organizaron en 1845 con el fin de distanciarse de los espiritualizadores fanáticos. Los proponentes del grupo finalmente abandonaron toda creencia firme en el esquema profético de Miller.

Un tercer grupo, los sabatarios, continuaron aferrándose a una Segunda Venida literal (a diferencia de los espiritualizadores) y a los principios de Miller de interpretación profética (a diferencia de los adventistas de Albany). De modo que los sabatarios llegaron a considerarse como los únicos verdaderos herederos del adventismo previo al chasco.

Entre 1844 y 1866 surgieron seis confesiones religiosas a partir de las tres ramas del millerismo. El grupo de Albany dio a luz a cuatro: La Asociación Evangélica Norteamericana (1858); los Cristianos Adventistas (1860); la Iglesia de Dios (Óregon, Illinois; década de 1850); y la Unión Vida y Adviento (1863). El movimiento sabatario terminó en dos: los adventistas del séptimo día (1861-1863) y la Iglesia de Dios del séptimo día (1866).

Los espiritualizadores, con su diversidad, su individualidad extrema y la falta de organización, formaron grupos no permanentes. Diferentes espiritualizadores, con el tiempo, fueron atraídos por otros "ismos" o grupos adventistas más estables; se esfumaron nuevamente en la cultura en general.

Pero ¿qué ocurrió con el resto? Y ¿por qué? Esos interrogantes conducen directamente a pensamientos importantes sobre el significado de la experiencia adventista a través del tiempo.

Y ¿qué sucedió con todos esos milleritas? -2

Aparecerá por segunda vez, sin relación con el pecado, para salvar a los que le esperan. Hebreos 9:28.

Si bien no disponemos de estadísticas de feligresía, podemos sugerir, sin miedo a equivocarnos, que los Adventistas Evangélicos y los Adventistas Cristianos eran, por lejos, los más numerosos a comienzos de la década de 1860, en que los Adventistas Cristianos constantemente sobrepasaban a los Evangélicos. Una razón del éxito relativo de los Cristianos Adventistas parece ser que tenían doctrinas únicas, que les brindaban algo que les servía como sostén. Sus doctrinas del estado inconsciente de las personas en la muerte y de la destrucción final de los impíos brindaban un elemento fundamental para su identidad, y finalmente superaron su énfasis en el Advenimiento.

A los evangélicos, por otro lado, lo único que los separaba de la población en general era la idea del Advenimiento premilenial. Cuando una porción significativa del protestantismo conservador también adoptó formas de premilenialismo en las décadas posteriores a la Guerra Civil Norteamericana, el adventismo evangélico tuvo pocas razones para continuar con una existencia separada. Para comienzos del siglo XX, lo que probablemente haya sido el cuerpo millerita más grande a comienzos de la década de 1860 se había esfumado, como cuerpo religioso separado.

En 1860, el primer censo adventista estimaba unos 54.000 creyentes, de los cuales unos 3.000 guardaban el séptimo día. Pero, para 1890, el censo del Gobierno de los Estados Unidos indicó un cambio radical en el tamaño relativo de las confesiones adventistas. Los adventistas del séptimo día, que alguna vez fueron minúsculos, para ese entonces habían logrado el predominio, con 28.991 miembros en los Estados Unidos. Los Adventistas Cristianos los seguían, con 25.816 seguidores. Las otras cuatro confesiones oscilaban entre 647 y 2.872 adherentes cada una.

Un siglo después, solo existían cuatro de las seis confesiones adventistas todavía. En los primeros años del siglo XXI, los adventistas del séptimo día informaron más de 1 millón de miembros en los Estados Unidos y más de 15 millones en todo el mundo; mientras que los Adventistas Cristianos poseían 25.277 en los Estados Unidos y prácticamente ninguno fuera de este país. Las otras dos confesiones adventistas que sobrevivían informaron 3.860 y 9.700 miembros.

Así, para 2006, los adventistas del séptimo día dominaban el mundo posmillerita. Según declarara Clyde Hewitt, un historiador adventista cristiano: "el más pequeño de los grupos que se ramificaron fue el que llegaría a ser el más grande".

Y, una vez más nos queda la pregunta de: ¿Qué fue lo que impulsó a los adventistas del séptimo día en su misión, que los demás no tenían?

El porqué del éxito -1

Porque de suyo lleva fruto la tierra, primero hierba, luego espiga, después grano lleno en la espiga.
Marcos 4:28.

¿**P**or qué algunas cosas crecen y otras no? ¿Por qué el diminuto grupo sabatario, con sus doctrinas poco populares, no solo sobrevivió sino además prosperó?

Esa cuestión es imposible de responder con absoluta certidumbre, pero los datos históricos sugieren varias razones. Sin embargo, antes de explorarlas, necesitamos echar un vistazo a un interrogante estrechamente relacionado: ¿Por qué triunfó el millerismo? Parece que ambos movimientos experimentaron el éxito, básicamente, por las mismas razones.

Una serie de eruditos no adventistas también se ha planteado la pregunta del porqué del crecimiento, especialmente en términos de millerismo. Uno de ellos sugiere que el movimiento surgió en el momento correcto. De modo que los desastres naturales (como el cambio de los patrones climáticos) y las crisis socioeconómicas (como el pánico o la depresión de 1837) brindaron un clima en el que la gente buscaba soluciones en tiempos de estrés y tensión. En resumen, el mensaje de Miller brindó esperanza, en un mundo en el que el esfuerzo humano no lograba alcanzar los resultados esperados. En otras palabras, cuando nos pasan las peores cosas, en términos humanos, las opciones milenialistas parecían ser las más viables. Encontramos esa verdad ilustrada, en la historia adventista del séptimo día, por el aumento de los resultados evangelizadores durante la Primera Guerra Mundial y otros períodos problemáticos del siglo XX.

Un segundo erudito no adventista vio el éxito del millerismo en su ortodoxia: su armonía esencial con otras fuerzas religiosas de la época. La única "herejía" esencial del millerismo era su visión del Advenimiento premilenial. Pero, la misma ortodoxia del movimiento en la mayoría de las cuestiones hizo que la población estuviese abierta a su mensaje poco convencional.

Una tercera respuesta para el éxito del millerismo es que surgió en un lugar de reavivamiento que le proveyó un método para hacer proselitismo, una atmósfera de esperanza milenial que brindaba dirección al movimiento, y un temperamento dominante de fe que permitió que la gente respondiera al reavivamiento y aceptara la visión del nuevo mundo venidero.

Esos factores externos sin duda brindaron el terreno en el que pudieron prosperar el millerismo y el adventismo del séptimo día. Pero, aún más importantes fueron las fuerzas internas (que examinaremos en los días siguientes) que llevaron al millerismo y al adventismo del séptimo día al éxito de sus respectivas misiones.

Esas mismas fuerzas, podría agregar, no solo inspiran a los movimientos a la acción, sino también a las personas. Por lo tanto, tienen significado para nuestra vida en el siglo XXI.

El porqué del éxito -2

[El reino de Dios] es como el grano de mostaza, que cuando se siembra en tierra, es la más pequeña de todas las semillas que hay en la tierra; pero después de sembrado, crece [...] y echa grandes ramas, de tal manera que las aves del cielo pueden morar bajo su sombra. Marcos 4:31, 32.

Un factor que hace que un movimiento tenga éxito es que tenga sentido tanto para los que están adentro como para los que están afuera de sus límites.

Este es un tema en el que tienen problemas algunos grupos milenialistas. Al fin y al cabo, los movimientos apocalípticos tienden a atraer a dos tipos de personalidad. Por un lado, tenemos el racionalismo, que desempaqueta las profecías bíblicas y desarrolla el esquema de los acontecimientos apocalípticos. Del otro, se congregan los tipos emocionales, que son atraídos por la agitación de la expectativa apocalíptica y que, a menudo, se sumergen en un extremismo fanático e irracional.

Un movimiento se desintegra cuando las fuerzas racionales no son lo suficientemente fuertes como para contener a las fuerzas del irracionalismo y del emocionalismo. Fue en este lugar que el ala espiritualizadora del adventismo quedó en la nada. Por decirlo de algún modo, una vez que los fanáticos y los "chiflados" se hacen cargo, el movimiento se sale de control y pierde el rumbo.

Una de las fortalezas del millerismo era el desarrollo racional de su doctrina central. Ese elemento atraía a los creyentes a su causa por su misma lógica. Sin embargo, el millerismo, en el mejor de los casos, también daba lugar al emocionalismo religioso; pero ese emocionalismo, idealmente, ocurría dentro de los límites de una perspectiva racional de vida. La combinación daba vitalidad y estabilidad al movimiento, e intensificaba su atractivo.

El adventismo del séptimo día ha participado del mismo equilibrio, aunque a veces pareciera desviarse demasiado hacia el polo puramente racional. Tanto el millerismo como el adventismo del séptimo día, por supuesto, han tenido sus elementos alborotadores y fanáticos, pero la estabilidad de su éxito puede atribuirse, en gran medida, a su capacidad de apelar al elemento racional en las personas. De modo que han apuntado a convertir personas a la "verdad".

Y tengo que admitir que, como adulto convertido de un agnosticismo razonado al adventismo del séptimo día, una cosa que me atrajo enormemente del mensaje adventista fue que tenía sentido en un mundo confuso. Con 19 años, descubrí que la lógica y la coherencia de las principales enseñanzas de la iglesia eran irresistibles. No solo tenían sentido, sino también se mantenían unidas como un paquete: un paquete de esperanza en un Dios de amor, que pondrá fin a la confusión del pecado de un modo que esté en armonía con su carácter.

El porqué del éxito -3

Creced en la gracia y el conocimiento de nuestro Señor y Salvador Jesucristo. 2 Pedro 3:18.

Otro factor que llevó al éxito evangelizador del millerismo y del adventismo del séptimo día es el contenido, o el elemento doctrinal, en su visión de la verdad. De modo que el millerismo tenía lo que consideraba que era una importante interpretación bíblica, para ofrecer a las personas en busca de significado: el regreso premilenial de Cristo. Como resultado, el millerismo no era solamente una parte del andamiaje eclesiástico: era un símbolo de algo distintivo, que lo diferenciaba de otros grupos religiosos. Tenía un mensaje que predicar. Y muchos respondieron a eso.

Como vimos anteriormente, una de las razones de la desaparición del adventismo evangélico fue que este había perdido su peculiaridad doctrinal, una vez que una parte importante del protestantismo estadounidense aceptó el premilenialismo. Después de eso, el adventismo evangélico no tenía razón de existir. Por otro lado, los adventistas cristianos adoptaron la inmortalidad condicional, como punto focal que brindaba una razón para una existencia confesional separada.

Por el contrario, los adventistas del séptimo día crearon todo un arsenal de creencias no convencionales, y consideraban que su misión especial era compartirlas con el mundo. Y, así como una cometa vuela a contraviento, así también hay una dinámica en los movimientos religiosos vitalizados por las diferencias y hasta por la oposición. Ser diferente otorga un sentido de identidad y significado a las personas, y a los grupos sociales.

Clyde Hewitt, al tratar de explicar el crecimiento del adventismo del séptimo día en contraste con la falta de crecimiento de su comunidad adventista cristiana, observa que "las creencias distintivas de la confesión [adventista del séptimo día], si bien hacen que sean vistas con sospecha por muchos creyentes cristianos tradicionales, aparentemente les ha dado a sus fieles miembros una determinación de carácter individual y grupal que llega a explicar su éxito". Por otro lado, el adventismo del séptimo día (al igual que el millerismo) está lo suficientemente cerca de la ortodoxia, en la mayoría de las doctrinas centrales, como para hacerse oír entre otros cristianos.

Está bien ser diferentes (pero no "raros"). Eso es cierto, mientras las diferencias más importantes descansen en principios sólidos: bíblicos y de otro tipo. Una de las grandes fortalezas del adventismo es el estilo de vida y los compromisos doctrinales que lo distinguen como movimiento único. Representa algo bíblico, algo verdadero, algo por lo que vale la pena vivir. Esa es parte de la atracción del mensaje adventista, para las personas que buscan la respuesta a los problemas más perplejos de la vida.

El porqué del éxito -4

Escoge tú de entre todo el pueblo varones de virtud, temerosos de Dios, varones de verdad, que aborrezcan la avaricia; y ponlos sobre el pueblo por jefes de millares, de centenas, de cincuenta y de diez. Éxodo 18:21.

L os hijos de Israel no llegaron a Canaán sin organización; de hecho, no se puede lograr ningún cometido de gran magnitud sin ella.

Un tercer elemento que llevó al éxito evangelizador del adventismo del séptimo día fue una estructura organizativa suficiente para llevar adelante la misión y afrontar los desafíos de su mensaje.

Fue la falta de organización suficiente lo que marcó la desaparición de los espiritualizadores y provocó la falta de crecimiento de las dos confesiones adventistas de la Iglesia de Dios. Sin suficiente organización, no podían concentrar sus recursos para la misión ni mantener la unidad. El resultado fue un costoso cisma.

Fue al momento de la posibilidad de organizarse cuando también se separaron los adventistas cristianos y los adventistas del séptimo día. La Iglesia Adventista del Séptimo Día fue la única de las confesiones adventistas en depositar suficiente autoridad en todo nivel eclesiástico superior al de la congregación local. Clyde Hewitt, al lamentar la situación de los adventistas cristianos, indica que la falta de una "organización centralizada y fuerte" es una de las razones por las cuales la "contracción amenaza con superar a la expansión", en su confesión religiosa. Como resultado de su estructura congregacional, señala Hewitt, los cristianos adventistas no pudieron movilizarse para la acción conjunta. Si hubiesen tenido una organización adecuada, sugirió en 1990, los adventistas cristianos podrían ser "una confesión creciente, y no moribunda".

Por el contrario, los estudios de la estructura organizativa de los adventistas del séptimo día indican que la estructura de la iglesia fue diseñada a conciencia, teniendo en mente la extensión misionera tanto entre 1861 y 1863 como entre 1901 y 1903.

La comisión mundial para la iglesia en el tiempo del fin, de llevar el mensaje de los tres ángeles de Apocalipsis 14:6 al 12 "a toda nación, tribu, lengua y pueblo", demanda una estructura organizativa suficiente para la tarea.

La misión del adventismo no es simplemente para con las congregaciones o las comunidades locales, sino también para con todo el mundo. Podemos agradecer a Dios por habernos brindado una estructura de la talla de la tarea. Quizá no siempre lo apreciamos como deberíamos. Pero, tanto los principios bíblicos como la historia adventista demuestran que no ocurrió de forma accidental.

El porqué del éxito -5

Y vi a otro ángel, que volaba por el cielo y llevaba la eterna Buena Noticia para proclamarla a los que pertenecen a este mundo: a todo pueblo y toda nación, tribu y lengua. Apocalipsis 14:6, NTV.

El factor final, y el más importante, en la rápida expansión del millerismo, fue su sentido de misión profética y la urgencia resultante, generada por esa interpretación.

El millerismo fue un movimiento motivado por la misión. El sentido de responsabilidad personal de advertir al mundo respecto de que el fin estaba cercano literalmente llevó a Guillermo Miller, Joshua V. Himes y a sus colegas milleritas a dedicar todo lo que tenían para anunciar el Juicio inminente. Himes lo expresó muy bien en un editorial del primer número de *Midnight Cry* [El clamor de medianoche]. "Nuestra obra", escribió, "es de una magnitud indecible. Es una misión y una empresa diferente, en algunos aspectos, de cualquier cosa que alguna vez haya despertado las energías de los hombres [...]. Es una *alarma*, y un clamor, proferido por los que desde entre todas las sectas protestantes, como vigías de pie sobre las murallas del mundo moral, creen que HA LLEGADO LA CRISIS MUNDIAL, y que, bajo la influencia de esta fe, están unidos para proclamar al mundo: '¡Aquí viene el esposo; salid a recibirle!' "

Debemos enfatizar que ese abrumador sentido de urgencia se basaba en una interpretación de las profecías de Daniel y del libro de Apocalipsis. Los milleritas creían de todo corazón que tenían un mensaje que la gente *debía escuchar*. Esa creencia y la dedicación total que la acompañaba estimularon a los milleritas a una misión infatigable.

Esa misma visión, basada en los mismos principios, también proveyó la motivación principal de la misión adventista del séptimo día. Desde su comienzo, los adventistas sabatarios nunca consideraron que eran simplemente otra confesión religiosa. Al contrario, interpretaban que su movimiento y su mensaje constituían el cumplimiento de la profecía. Se veían como un pueblo profético, que tenía el mensaje de Dios para los últimos días para llevarlo a todo el mundo antes de la cosecha de la Tierra (Apoc. 14:14-20).

Es la pérdida de esa interpretación lo que está quitando gran parte de su verdadera importancia y significado al adventismo actual. La erosión de esa visión retarda el crecimiento de la iglesia y, finalmente, transformará el dinamismo del movimiento adventista en un monumento del movimiento y, quizá, hasta en un museo del monumento del movimiento.

El porqué del éxito -6

Teman a Dios –gritaba–. Denle gloria a él, porque ha llegado el tiempo en que ocupe su lugar como juez. Apocalipsis 14:7, NTV.

No es solo otra iglesia! ¡Es un movimiento profético! La profunda convicción de que la interpretación profética básica de Miller había sido correcta alimentaba ambas interpretaciones. Desde la perspectiva sabataria, los demás grupos adventistas habían perdido el rumbo y finalmente su misión, debido a su negación de los principios de interpretación profética de Miller.

Esa negación asumió dos direcciones diferentes. Una, suponía el rechazo de la interpretación obvia de los pasajes bíblicos que, evidentemente, parecían ser bastante literales en teoría. De modo que la creencia de que Cristo ya había venido minaba el vigor misionológico de los espiritualizadores. Al fin y al cabo, si Cristo ya había venido, ¿qué razón habría para cualquier tipo de misión?

Por otro lado, los adventistas de Albany rechazaron el incentivo para la misión que había convencido y facultado al millerismo, cuando abandonaron los principios de interpretación profética de Miller en su rechazo de las grandes profecías de tiempo de Daniel y Apocalipsis. Sin esa certeza del flujo de la historia profética, perdieron el sentido de convicción y de urgencia. Finalmente, tuvieron que hallar el significado de su existencia en otras doctrinas, como la inmortalidad condicional. Eso quizás haya sido bastante bueno, para una especie de existencia confesional *statu quo*; pero el grupo de Albany abandonó la causa principal que había impulsado la misión millerita en forma agresiva.

Por el contrario, los sabatarios fundaron su movimiento en esa misma causa principal. No solo retuvieron el esquema de interpretación profética de Miller, sino además lo extendieron de tal forma que eso dio significado para su chasco y el tiempo restante antes del advenimiento de Cristo. La obra de Cristo en el Santuario celestial y la naturaleza progresiva del mensaje de los tres ángeles de Apocalipsis 14 fue primordial para esa interpretación ampliada.

Padre celestial, ayúdanos, al pensar en el pasado adventista y en el futuro adventista, a reconocer la importancia de la profecía apocalíptica para la actualidad adventista. Reconocemos que una comprensión renovada de la relevancia y la importancia del apocalipticismo para el siglo XXI es la única esperanza de un adventismo vibrante.

El porqué del éxito -7

Adoren al que hizo los cielos, la tierra, el mar y todos los manantiales de agua. Apocalipsis 14:7, NCV.

S i bien los adventistas sabatarios reconocían que Guillermo Miller y Carlos Fitch, respectivamente, fueron los iniciadores del mensaje del primer y el segundo ángeles, consideraban que su propio movimiento, con su énfasis en los Mandamientos de Dios, fue el que inició el tercer mensaje. Su visión de la lucha durante el tiempo del fin por los Mandamientos de Dios, descrita en Apocalipsis 12:17, y la exposición más completa de ese versículo en Apocalipsis 13 y 14, reforzaban su convicción de que no solo eran herederos del millerismo, sino también Dios había predicho que su movimiento predicaría el mensaje de los tres ángeles a todo el mundo inmediatamente antes de la cosecha del fin del tiempo de Apocalipsis 14.

Como resultado, esa interpretación profética finalmente los impulsó a la misión. A comienzos del siglo XX, la convicción de que su movimiento constituía el cumplimento de la profecía había dado lugar a uno de los programas de extensión más ampliamente generalizados de la historia del cristianismo. Habían establecido obra en 204 de los 230 países reconocidos en aquel entonces por las Naciones Unidas.

Esa clase de dedicación no se dio por casualidad: era el resultado directo de una convicción profética acerca de su responsabilidad. Fue primordial el imperativo del primer ángel de Apocalipsis 14:6 de predicar "a toda nación, tribu, lengua y pueblo" y el mandato de Apocalipsis 10:11 para los chasqueados: "Es necesario que profetices otra vez sobre muchos pueblos, naciones, lenguas y reyes".

Clyde Hewitt, al tratar de explicar el éxito de los adventistas del séptimo día en contraposición con el desgaste sufrido por los adventistas cristianos, abordó un elemento esencial, al observar que "los adventistas del séptimo día están convencidos de que se les ha ordenado divinamente que lleven adelante la obra profética iniciada por Guillermo Miller. Están dedicados a esa tarea".

En cambio, el padre de Hewitt escribió, en 1944, que los adventistas cristianos habían abandonado la interpretación de Miller sobre Daniel 8:14 y los 2.300 días, y no tenían unanimidad sobre el significado del texto. Y en 1984 he entrevistado a otro destacado erudito adventista cristiano, que mencionó que su confesión ya no tenía una interpretación consensuada del millerismo: el corazón mismo de la contribución de Miller.

Señor, ayuda a tu iglesia moderna a reconocer que la profecía bíblica no es historia muerta, sino que su mera interpretación la vivificará plenamente, a medida que la trayectoria de la Tierra avance hacia su punto culminante.

El porqué del éxito -8

Esto significa que el pueblo de Dios tiene que soportar la persecución con paciencia, obedeciendo sus mandamientos y manteniendo la fe en Jesús. Apocalipsis 14:12, NCV.

Cuando las iglesias adventistas de Albany y los espiritualizadores se bajaron de la plataforma profética de Miller, su interpretación de los acontecimientos proféticos comenzó a deteriorarse, y con esa erosión llegó una carencia de visión y de misión. Por el contrario, la rama adventista del séptimo día del millerismo se tomó en serio las profecías.

Deberíamos observar que el mero hecho de estar convencidos de que tenían la "doctrina correcta" no explica plenamente la propagación del adventismo sabatario. A fin de cuentas, los bautistas del séptimo día predicaban el día de reposo sabático con convicción, pero sus 4.800 miembros de los Estados Unidos en 2003 son menos de los que tenían en 1840. Como un predicador bautista del séptimo día del siglo XIX dijera a Bates, los bautistas han podido "convencer a la gente de la legalidad del día de reposo sabático, pero no pudieron conseguir que se movieran como los adventistas sabáticos".

También, muchos de los grupos no sabatarios predicaban un advenimiento premilenial, pero sin los mismos resultados que los adventistas del séptimo día. Clyde Hewitt señala que su "pueblo adventista cristiano no ha sido una iglesia evangélica, y no ha hecho mucho impacto en el mundo". El resultado, indica, ha sido la pequeñez, no solo en números sino, sobre todo, "en sueños, en visiones. La pequeñez engendra pequeñez". También, observa que los adventistas cristianos no pueden atribuir su falta de crecimiento a las doctrinas impopulares, puesto que la lista de doctrinas impopulares de la Iglesia Adventista del Séptimo Día "incluye todas las de la fe adventista cristiana y añade varias más". Más bien, establece el éxito adventista del séptimo día sobre la convicción de que tenían una misión profética, siguiendo la tradición de Guillermo Miller.

En resumen, la causa principal del éxito es mucho más que simplemente el hecho de que los sabatarios creyeran que tenían la "verdad" del sábado y de la Segunda Venida. *La fuerza conductora detrás del adventismo del séptimo día ha sido su convicción de que son un pueblo profético con un mensaje peculiar acerca de la pronta venida de Cristo a un mundo afligido. Esa interpretación profética de su misión, integrada con sus doctrinas dentro del marco del mensaje de los tres ángeles, proporcionó a los sabatarios la fuerza motriz para sacrificarse y esparcir su mensaje por todas partes.*

Es esa misma interpretación que el adventismo corre peligro de olvidar a comienzos del siglo XXI.

Y ¿qué sucedió con todos esos milleritas? -3

Sin profecía el pueblo se desenfrena; mas el que guarda la ley es bienaventurado. Proverbios 29:18.

Y ¿qué sucedió con todos esos milleritas? Mucho... pero no tanto. Varias de las confesiones posmilleritas han muerto y están enterradas. Otras están en proceso de morir. Indudablemente, esa es la inferencia que hace Richard C. Nickels de la historia de la Iglesia de Dios (del séptimo día), publicada en 1973, que concluye con una sección titulada: "¿Una iglesia moribunda?" Las últimas y fatídicas palabras del libro son las del mensaje de Cristo a la iglesia de Sardis: "Estaba viva, y sin embargo estaba muerta". Del mismo modo, la última parte de la *Historia de los adventistas cristianos* en tres tomos (1990), de Clyde Hewitt, es "¿Se le debería decir a una confesión religiosa que está muriendo?"

Esos pensamientos nos recuerdan la primera visión de la joven Elena de White en diciembre de 1844. Antes de seguir con esto, deberíamos destacar que ella realizó muy pocas predicciones. Pero, quizá la más interesante se encuentra en el mismo comienzo de su ministerio.

Al escribir acerca de la experiencia de los adventistas posterior al Chasco, mencionó: "Vi un sendero recto y angosto trazado muy por encima del mundo. El pueblo adventista andaba por ese sendero, en dirección a la ciudad que se veía en su último extremo. En el comienzo del sendero, detrás de los que ya andaban, había una brillante luz que, según me dijo un ángel, era el 'clamor de medianoche'. Esta luz brillaba a todo lo largo del sendero, y alumbraba los pies de los caminantes, para que no tropezaran. Delante de ellos iba Jesús guiándolos hacia la ciudad, y si no apartaban los ojos de él, iban seguros. Pero no tardaron algunos en cansarse [...].

"Otros negaron temerariamente la luz que brillaba tras ellos, diciendo que no era Dios quien los había guiado hasta allí. Pero, entonces se extinguió para ellos la luz que estaba detrás y dejó sus pies en tinieblas, de modo que tropezaron y, perdiendo de vista el blanco y a Jesús, cayeron fuera del sendero abajo, en el mundo sombrío y perverso" (PE, pp. 14, 15).

El clamor de medianoche, según vimos anteriormente, era la orientación de Dios en las interpretaciones proféticas que condujeron al chasco de octubre de 1844. La realidad de la historia es que todas las confesiones posmilleritas, salvo los adventistas del séptimo día, abandonaron "la luz que estaba detrás" y cayeron al vacío, o casi (es decir, "cayeron fuera del sendero abajo"). Así ocurrió con la Asociación Adventista Evangélica, los Adventistas Cristianos, otrora poderosos, y otros.

Por el contrario, el único grupo que mantuvo el fundamento profético continúa prosperando como un dinámico movimiento mundial. Lo único que tiene que temer es olvidarse de la conducción del Señor en su historia pasada.

Las piedras viejas todavía hablan

Fue allí, en Gilgal, donde Josué apiló las doce piedras que había tomado del río Jordán. Entonces Josué les dijo a los israelitas: "En el futuro, sus hijos preguntarán: '¿Qué significan estas piedras?' Y ustedes podrán decirles: 'Aquí es donde los israelitas cruzaron el Jordán sobre tierra seca". Josué 4:20-22, RSV.

Comenzamos el viaje de nuestro año a través de la historia adventista con este texto. No es casual que cerremos con él. La verdad de Dios no ha cambiado con el paso del tiempo. La Biblia es un libro histórico. Delinea los grandes momentos de la historia de la salvación desde la Creación hasta la Segunda Venida.

De modo que la Biblia es un libro de los recuerdos de la maravillosa conducción de Dios para con su pueblo.

Y esa conducción no ha concluido. Sigue y seguirá, hasta ganar la victoria final.

Es cuando las iglesias pierden el sentido de la importancia y la realidad de la conducción de Dios en su historia pasada cuando están en problemas. Así como ocurrió en los tiempos bíblicos, así también es hoy.

Y no fue casual que la anciana Elena de White alertara a sus lectores sobre el tema: "Como he participado en todo paso de avance hasta nuestra condición presente, al repasar la historia pasada puedo decir: '¡Alabado sea Dios!' Al ver lo que el Señor ha hecho, me lleno de admiración y de confianza en Cristo como director. No tenemos nada que temer del futuro, a menos que olvidemos la manera en que el Señor nos ha conducido, y lo que nos ha enseñado en nuestra historia pasada" (NB, p. 216).

¡A menos que olvidemos! Como adventistas del séptimo día, no tenemos nada que temer del futuro, a menos que olvidemos la conducción de Dios en nuestro pasado.

La senda del pasado indica el camino hacia el futuro. Cuando los cristianos se olvidan de la conducción pasada de Dios, también pierden su sentido de identidad en el presente. Y esa pérdida de identidad ocasiona una pérdida de misión y de propósito. A fin de cuentas, si no sabes quién eres en relación con el plan de Dios, ¿qué tienes para decir al mundo?

La historia cristiana, señalamos hace 364 días, está plagada de grupos religiosos que se han olvidado de dónde provienen y, como resultado, no tienen un rumbo para el futuro.

Ahora, al final del año, sabemos que la historia adventista está plagada de grupos muertos y moribundos, y que todos ellos se han olvidado de su pasado profético.

Ese olvido es una de las mayores tentaciones del adventismo del séptimo día. Pero, no tenemos nada que temer del futuro, *¡a menos que olvidemos!*

Guía para el Año Bíblico
en orden cronológico

ENERO

- ◯ 1. Gén. 1; 2
- ◯ 2. Gén. 3-5
- ◯ 3. Gén. 6-9
- ◯ 4. Gén. 10, 11
- ◯ 5. Gén. 12-15
- ◯ 6. Gén. 16-19
- ◯ 7. Gén. 20-22
- ◯ 8. Gén. 23-26
- ◯ 9. Gén. 27-29
- ◯ 10. Gén. 30-32
- ◯ 11. Gén. 33-36
- ◯ 12. Gén. 37-39
- ◯ 13. Gén. 40-42
- ◯ 14. Gén. 43-46
- ◯ 15. Gén. 47-50
- ◯ 16. Job 1-4
- ◯ 17. Job 5-7
- ◯ 18. Job 8-10

- ◯ 19. Job 11-13
- ◯ 20. Job 14-17
- ◯ 21. Job 18-20
- ◯ 22. Job 21-24
- ◯ 23. Job 25-27
- ◯ 24. Job 28-31
- ◯ 25. Job 32-34
- ◯ 26. Job 35-37
- ◯ 27. Job 38-42
- ◯ 28. Éxo. 1-4
- ◯ 29. Éxo. 5-7
- ◯ 30. Éxo. 8-10
- ◯ 31. Éxo. 11-13

FEBRERO

- ◯ 1. Éxo. 14-17
- ◯ 2. Éxo. 18-20
- ◯ 3. Éxo. 21-24
- ◯ 4. Éxo. 25-27
- ◯ 5. Éxo. 28-31

○ 6. Éxo. 32-34

○ 7. Éxo. 35-37

○ 8. Éxo. 38-40

○ 9. Lev. 1-4

○ 10. Lev. 5-7

○ 11. Lev. 8-10

○ 12. Lev. 11-13

○ 13. Lev. 14-16

○ 14. Lev. 17-19

○ 15. Lev. 20-23

○ 16. Lev. 24-27

○ 17. Núm. 1-3

○ 18. Núm. 4-6

○ 19. Núm. 7-10

○ 20. Núm. 11-14

○ 21. Núm. 15-17

○ 22. Núm. 18-20

○ 23. Núm. 21-24

○ 24. Núm. 25-27

○ 25. Núm. 28-30

○ 26. Núm. 31-33

○ 27. Núm. 34-36

○ 28. Deut. 1-5

MARZO

○ 1. Deut. 6; 7

○ 2. Deut. 8; 9

○ 3. Deut. 10-12

○ 4. Deut. 13-16

○ 5. Deut. 17-19

○ 6. Deut. 20-22

○ 7. Deut. 23-25

○ 8. Deut. 26-28

○ 9. Deut. 29-31

○ 10. Deut. 32-34

○ 11. Jos. 1-3

○ 12. Jos. 4-6

○ 13. Jos. 7-9

○ 14. Jos. 10-12

ABRIL

○ 21. Sal. 31-33

○ 22. Sal. 34-36

○ 23. Sal. 37-39

○ 24. Sal. 40-42

○ 25. Sal. 43-45

○ 26. Sal. 46-48

○ 27. Sal. 49-51

○ 28. Sal. 52-54

○ 29. Sal. 55-57

○ 30. Sal. 58-60

MAYO

○ 1. Sal. 61-63

○ 2. Sal. 64-66

○ 3. Sal. 67-69

○ 4. Sal. 70-72

○ 5. Sal. 73-75

○ 6. Sal. 76-78

○ 7. Sal. 79-81

○ 8. Sal. 82-84

○ 9. Sal. 85-87

○ 10. Sal. 88-90

○ 11. Sal. 91-93

○ 12. Sal. 94-96

○ 13. Sal. 97-99

○ 14. Sal. 100-102

○ 15. Sal. 103-105

○ 16. Sal. 106-108

○ 17. Sal. 109-111

○ 18. Sal. 112-114

○ 19. Sal. 115-118

○ 20. Sal. 119

○ 21. Sal. 120-123

○ 22. Sal. 124-126

○ 23. Sal. 127-129

○ 24. Sal. 130-132

○ 25. Sal. 133-135

○ 26. Sal. 136-138

○ 27. Sal. 139-141

- ○ 2. Ose. 1-4
- ○ 3. Ose. 5-7
- ○ 4. Ose. 8-10
- ○ 5. Ose. 11-14
- ○ 6. 2 Rey. 18; 19
- ○ 7. Isa. 1-3
- ○ 8. Isa. 4-6
- ○ 9. Isa. 7-9
- ○ 10. Isa. 10-12
- ○ 11. Isa. 13-15
- ○ 12. Isa. 16-18
- ○ 13. Isa. 19-21
- ○ 14. Isa. 22-24
- ○ 15. Isa. 25-27
- ○ 16. Isa. 28-30
- ○ 17. Isa. 31-33
- ○ 18. Isa. 34-36
- ○ 19. Isa. 37-39
- ○ 20. Isa. 40-42
- ○ 21. Isa. 43-45
- ○ 22. Isa. 46-48
- ○ 23. Isa. 49-51
- ○ 24. Isa. 52-54
- ○ 25. Isa. 55-57
- ○ 26. Isa. 58-60
- ○ 27. Isa. 61-63
- ○ 28. Isa. 64-66
- ○ 29. Miq. 1-4
- ○ 30. Miq. 5-7
- ○ 31. Nah. 1-3

AGOSTO

- ○ 1. 2 Rey. 20; 21
- ○ 2. Sof. 1-3
- ○ 3. Hab. 1-3
- ○ 4. 2 Rey. 22-25
- ○ 5. Abd.; Jer. 1; 2
- ○ 6. Jer. 3-5
- ○ 7. Jer. 6-8

SEPTIEMBRE

○ 14. Eze. 12-14

○ 15. Eze. 15-18

○ 16. Eze. 19-21

○ 17. Eze. 22-24

○ 18. Eze. 25-27

○ 19. Eze. 28-30

○ 20. Eze. 31-33

○ 21. Eze. 34-36

○ 22. Eze. 37-39

○ 23. Eze. 40-42

○ 24. Eze. 43-45

○ 25. Eze. 46-48

○ 26. Dan. 1-3

○ 27. Dan. 4-6

○ 28. Dan. 7-9

○ 29. Dan. 10-12

○ 30. Est. 1-3

OCTUBRE

○ 1. Est. 4-7

○ 2. Est. 8-10

○ 3. Esd. 1-4

○ 4. Hag. 1; 2
   Zac. 1; 2

○ 5. Zac. 3-6

○ 6. Zac. 7-10

○ 7. Zac. 11-14

○ 8. Esd. 5-7

○ 9. Esd. 8-10

○ 10. Neh. 1-3

○ 11. Neh. 4-6

○ 12. Neh. 7-9

○ 13. Neh. 10-13

○ 14. Mal. 1-4

○ 15. Mat. 1-4

○ 16. Mat. 5-7

○ 17. Mat. 8-11

○ 18. Mat. 12-15

○ 19. Mat. 16-19

○ 20. Mat. 20-22

○ 21. Mat. 23-25	○ 8. Juan 14-17
○ 22. Mat. 26-28	○ 9. Juan 18-21
○ 23. Mar. 1-3	○ 10. Hech. 1; 2
○ 24. Mar. 4-6	○ 11. Hech. 3-5
○ 25. Mar. 7-10	○ 12. Hech. 6-9
○ 26. Mar. 11-13	○ 13. Hech. 10-12
○ 27. Mar. 14-16	○ 14. Hech. 13; 14
○ 28. Luc. 1-3	○ 15. Sant. 1; 2
○ 29. Luc. 4-6	○ 16. Sant. 3-5
○ 30. Luc. 7-9	○ 17. Gál. 1-3
○ 31. Luc. 10-13	○ 18. Gál. 4-6

NOVIEMBRE

	○ 19. Hech. 15-18:11
	○ 20. 1 Tes. 1-5
○ 1. Luc. 14-17	○ 21. 2 Tes. 1-3
	Hech. 18:12-19:20
○ 2. Luc. 18-21	
○ 3. Luc. 22-24	○ 22. 1 Cor. 1-4
○ 4. Juan 1-3	○ 23. 1 Cor. 5-8
○ 5. Juan 4-6	○ 24. 1 Cor. 9-12
○ 6. Juan 7-10	○ 25. 1 Cor. 13-16
○ 7. Juan 11-13	○ 26. Hech. 19:21-20:1

2 Cor. 1-3

○ 27. 2 Cor. 4-6

○ 28. 2 Cor. 7-9

○ 29. 2 Cor. 10-13

○ 30. Hech. 20:2

○ Rom. 1-4

DICIEMBRE

○ 1. Rom. 5-8

○ 2. Rom. 9-11

○ 3. Rom. 12-16

○ 4. Hech. 20:3-22:30

○ 5. Hech. 23-25

○ 6. Hech. 26-28

○ 7. Efe. 1-3

○ 8. Efe. 4-6

○ 9. Fil. 1-4

○ 10. Col. 1-4

○ 11. Heb. 1-4

○ 12. Heb. 5-7

○ 13. Heb. 8-10

○ 14. Heb. 11-13

○ 15. Fil.
1 Ped. 1; 2

○ 16. 1 Ped. 3-5

○ 17. 2 Ped. 1-3

○ 18. 1 Tim. 1-3

○ 19. 1 Tim. 4-6

○ 20. Tito 1-3

○ 21. 2 Tim. 1-4

○ 22. 1 Juan 1; 2

○ 23.1 Juan 3-5

○ 24. 2 Juan

○ 3 Juan y Judas

○ 25. Apoc. 1-3

○ 26. Apoc. 4-6

○ 27. Apoc. 7-9

○ 28. Apoc. 10-12

○ 29. Apoc. 13-15

○ 30. Apoc. 16-18

○ 31. Apoc. 19-22